A Orquestra do Reich

Coleção Estudos
Dirigida por J. Guinsburg

Equipe de realização – Tradução: Rainer Patriota e Nelson Patriota; Revisão técnica: Ibaney Chasin; Edição de texto: Maria Cristina Daniels; Revisão: Daniel Guinsburg Mendes; Sobrecapa: Sergio Kon; Produção: Ricardo W. Neves, Raquel Fernandes Abranches, Sergio Kon, Luiz Henrique Soares e Elen Durando.

Misha Aster

A ORQUESTRA DO REICH

A FILARMÔNICA DE BERLIM
E O NACIONAL-SOCIALISMO, 1933-1945

Título do original em inglês
The Reich's Orchestra – The Berlin Philharmonic 1933-1945

Copyright © 2010 Misha Aster Mosaic Press

CIP-Brasil. Catalogação-na-Fonte
Sindicato Nacional dos Editores de Livros, RJ

A8740

Aster, Misha, 1978-
    A orquestra do Reich : a filarmônica de Berlim e o nacional-socionalismo, 1933-1945 / Misha Aster; [tradução Rainer Patriota, Nelson Patriota, Ibaney Chasin]. – São Paulo: Perspectiva, 2012.
    (Estudos ; 310)

    Tradução de: The Reich's orchestra : the Berlin Philharmonic 1933-1945
    Inclui bibliografia
    ISBN 978-85-273-0969-1

    1. Furtwängler, Wilhelm, 1886-1954. 2. Berliner Philharmoniker – História. 3. Música e Estado – Berlim (Alemanha) – História - Séc. XX. 4. Nacionalismo na música – Berlim (Alemanha). I. Título. II. Série.

12-8771.	CDD: 784.2	
	CDU: 785.11	
29.11.12	05.12.12	041190

Direitos reservados em língua portuguesa à
EDITORA PERSPECTIVA S.A.

Av. Brigadeiro Luís Antônio, 3025
01401-000 São Paulo SP Brasil
Telefax: (011) 3885-8388
www.editoraperspectiva.com.br

2012

Sumário

Nota Prefacial – *Rainer Patriota* XI
Agradecimentos. XVII
Introdução XIX

1   O CAMINHO PARA A REICHSORCHESTER 1
2   A COMUNIDADE FILARMÔNICA 49
3   BALANÇOS E FINANÇAS 95
4   FILARMÔNICOS NO TRABALHO 139
5   A NOSSA MÚSICA ALEMÃ: PROGRAMAÇÃO. 189
6   OS EMBAIXADORES DA NAÇÃO ALEMÃ –
    AS VIAGENS INTERNACIONAIS DA FILARMÔNICA 225

Epílogo: OS HERDEIROS DA REICHSORCHESTER.......... 261

Posfácio:
De Uma Alma Sonora "Humaníssima"? – *Ibaney Chasin* ... 283

Fontes Documentais 327
Bibliografia 329
Índice Onomástico 333

Dedicado ao dr. Igor Kuchinsky,
"testemunha da história" (1908-1945-2006)

Nota Prefacial

O presente título chega ao leitor brasileiro a partir de uma feliz e louvável parceria entre a editora Perspectiva e a Universidade Federal da Paraíba. Instituições distintas – uma pública e outra privada – de regiões distintas do país – o Nordeste e o Sudeste – articuladas para viabilizar, em língua portuguesa, a publicação de um livro que, embora de data recente (a primeira edição é de 2007), já desfruta de grande prestígio internacional, com tradução para diversos idiomas.

A Orquestra do Reich: A Filarmônica de Berlim e o Nacional-Socialismo é o primeiro livro de Misha Aster, um jovem canadense (1978) que, de poucos anos para cá, vem se relevando no cenário internacional como um intelectual de perfil complexo: homem das letras, homem da práxis, um ser transdisciplinar. Misha Aster é dramaturgo, historiador, diretor teatral e de ópera, pesquisador musical e produtor cultural, com passagem por importantes centros difusores de arte e de ensino da América do Norte e da Europa, como a Concordia University, no Quebec; o Tiroler Landstheater, em Insbruck (Áustria); o American Repertory Theater, em Cambridge; o Teatro La Fenice, em Veneza; e a Staatsoper unter den Linden, em Berlim.

A presente edição é resultado de uma parceria entre o setor público e o privado. Ora, *A Orquestra do Reich* nos conta a história de um vínculo dessa natureza. Porém, aqui não se trata de uma associação pontual instituída de forma livre segundo as leis do mercado e da democracia, mas de algo bem diverso: do processo de açambarcamento de uma instituição privada e autônoma – a Orquestra Filarmônica de Berlim, GmbH – por uma instituição pública e política – o Ministério da Propaganda de Goebbels. Açambarcamento que, não obstante, se daria – entre 1933 e 1934 – com o consentimento dos músicos e administradores do conjunto, os quais, desde então, *volens nolens*, passariam automaticamente a cooperar e barganhar com o regime reacionário, ditatorial, sanguinário e sufocante de Hitler até a sua derrocada final em 1945.

E refira-se desde já: o leitor não tem em mãos um livro "acadêmico", escrito com o peso das abordagens sistemáticas, muitas vezes áridas, lentas. Trata-se, antes, de um "estudo de caso" redigido com agilidade e certa tensão narrativa – qualidades de quem domina a linguagem de palco e busca o máximo aproveitamento dos recursos que emprega. Com sua escrita concisa, Misha irradia a prudência de um espírito sóbrio, sem ressentimentos e traumas. A isso corresponde o caráter não judicante da obra: nenhum tribunal é instituído para sentenciar os protagonistas dessa história, a saber, os músicos da Filarmônica de Berlim e, em especial, os dois maiores e polêmicos regentes que, em épocas distintas, moldaram a sonoridade da orquestra – Furtwängler e Von Karajan. *A Orquestra do Reich*, ao contrário, nasce com o exclusivo propósito de reconstruir e elucidar os nexos factuais de um episódio da história musical e política da Alemanha que, apesar de crucial, ainda não havia recebido a devida atenção.

Talvez se possa dizer, um tanto metaforicamente, que *A Orquestra do Reich*, longe dos tribunais, se aproxima muito mais de um drama épico, cujas personagens são desveladas através de ações e fala em primeira pessoa, bastando isso para que, ao final, o espectador venha a ter a exata dimensão do que lhe fora exibido. Em cena: a vida cotidiana da Filarmônica e, sem dúvida, a conspurcação moral de artistas que, de um modo ou de outro, deram as mãos ao diabo. De um modo ou de outro, na medida em que os motivos decisivos – ou o conjunto de motivos – que levam um músico a selar um "pacto fáustico" podem variar imensamente, indo da mais imediata e prosaica comodidade material e psicológica até o alinhamento consciente com os projetos ideológicos do nazismo. Há também os casos mais "heroicos", como o de Furtwängler que, não sendo propriamente um antissemita, teria abraçado os poderes satânicos do nacional-socialismo na vã e sinistra ilusão de que a arte – a música alemã, mais exatamente – está, eticamente, acima da vida. E se assim o é, toda e qualquer mediação é válida para difundir sua mensagem sublime e misteriosa aos mortais. Apesar disso – e o livro de Misha Aster nos conduz a essa conclusão –, o aclamado maestro não se mostrou insensível aos benefícios materiais propiciados por esse nobre "sacrifício" em prol da grande arte. De fato, servir – ainda que com reservas e recalcitrâncias – ao regime de Hitler e Goebbels também foi, no caso Furtwängler, um ato "humano, demasiado humano", motivado, ademais, pela premissa da superioridade musical do povo germânico.

O leitor atento há, sem dúvida, de perceber a atmosfera degradante que envolve as personagens postas em cena em *A Orquestra do Reich*, uma obra que persuade não à força de eloquentes gestos retóricos, mas pelo realismo que caracteriza o estilo direto – e às vezes mordaz – de seu autor. Estilo, pontue-se, onde pequenos detalhes podem ser muito reveladores.

Contudo, ao final, Misha Aster presta uma homenagem à Filarmônica de Berlim. Instituição que, "nascida de uma rebelião", sem abdicar de seu altíssimo padrão de qualidade se manteve unida e firme ao longo dos terríveis anos de dominação nazista, encontrou seu espaço no pós-guerra e hoje é reconhecida como um dos conjuntos musicais de maior credibilidade e prestígio do planeta. Para o autor, a Filarmônica é um exemplo insigne de determinação, espírito de coletividade e empreendedorismo. Através de lentes, por assim dizer, weberianas, a orquestra é investigada fundamentalmente enquanto *instituição*. Organização que, graças a seu pragmatismo e sua excelência artística, sobreviveria aos tempos sombrios do nazismo, mesmo se por vias morais infamantes. E se Misha Aster não está imediatamente preocupado com os problemas estético-musicais implicados no tema que enfrenta, *A Orquestra do Reich*, *de per si*, suscita ao leitor curiosidades e preocupações de amplo espectro, que necessariamente aportam no campo estético. Sem dúvida, um valor a mais do texto.

* * *

No posfácio que acompanha a presente edição, Ibaney Chasin – amparado em sólida bibliografia – formula questionamentos intrigantes a respeito das relações entre a música alemã – a Filarmônica, em particular – e o nazismo. Considerações cujo ponto de partida é o reconhecimento de um elo genética e historicamente posto entre a tradição romântica alemã e os processos ideológicos nacionais que culminarão com o Terceiro Reich e seus eventos históricos terríveis. Ou seja, para Chasin, a união entre a maior instituição artística da cultura alemã e o regime político mais sanguinário e degenerado de que se tem notícia na história moderna não é meramente circunstancial. As duas tradições, a musical e a política, são como que ramos de um tronco comum, frutos diversos da chamada "miséria alemã", o atraso característico do desenvolvimento capitalista alemão que faria medrar em escala social o mito da "superioridade ariana", superioridade fundada na "pureza" racial de um povo "profundo", "místico", "metafísico".

E aí é que está: o mito da "superioridade ariana" também permeia o ideário de músicos e teóricos da música alemães desde o remoto século XVIII. Prevenido contra o risco das conclusões simplistas, mas com a contundência habitual que o caracteriza, Chasin nos chama a atenção para o inquietante problema dos nexos entre os *valores musicais* da tradição sinfônica alemã oitocentista – especialmente na forma como estes seriam interpretados pela Filarmônica aos tempos de Furtwängler e Von Karajan – e os *valores humanos e ideológicos* que perpassam e vincam essa mesma tradição. Daí as questões que o posfácio enforma, a saber: que sonoridade pode ser produzida por um conjunto musical educado no interior de uma sociedade *nacionalista*, ou que é regida por ideais de grandeza, inexorabilidade e superioridade? Vale dizer, que *tipo* de *sonoridade* almeja um *corpus* orquestral de cem homens, *corpus*, bem entendido, onde o coletivo predomina sobre o individual? O que nos propõe, ou pode propor, a sonoridade da Filarmônica? O que nela se insinua humanamente?

Na trilha das indagações levantadas e suscitadas por Chasin, ouve-se o eco das palavras de Nikolaus Harnoncourt sobre a condição do músico de orquestra. Alemão de raízes austríacas, protagonista no cenário musical europeu contemporâneo, ele não tece opiniões muito favoráveis a respeito da orgânica musical e humana dos grandes agrupamentos orquestrais. Aponta, sim, para um ambiente de obediência não ilustrada, de autoanulação, de pobreza espiritual, de competitividade dilacerante, de medo[1]. E sobre o papel do maestro, desempenhado por ele próprio há muitos anos, sua avaliação também é bastante assertiva:

> Considero uma profissão extremamente perigosa. O maestro não é simplesmente um *primus inter pares*. Ele conduz uma orquestra de cem ou mais homens, ano a ano, o tempo todo. Ele tem sempre razão e ponto final. A ele cabe decidir e convencer as pessoas. É uma das poucas profissões em que alguém exerce sobre muitos homens uma autoridade permanente, direta, sem a mediação de outras instâncias como numa grande empresa.[2]

E pontua, num outro contexto: "sempre será problemática a relação entre maestro e orquestra, pois há algo de desumano no fato de um só homem, em última instância, decidir tudo o que outros cem devem fazer"[3].

Acerca dos problemas da *tradição romântica alemã* importa aqui aludir à existência, no interior da cultura germânica, de uma linha crítica de reflexão que, remontando a Goethe e Hegel, inclui ainda figuras da estatura de Thomas Mann e Hermann Hesse. Goethe e Hegel mostraram grande entusiasmo frente a Mozart; Thomas Mann, em seu *Fausto*, desvelaria com acerbo patetismo o estranhamento artístico de seu protagonista nietzschiano-schoenbergiano. Hermann Hesse, em *O Lobo da*

---

1 Cf. Monika Mertl, *N. Harnoncourt: Vom Denken des Herzens – Eine Biographie*, Residenz: St. Pölten/Salzburg, 2004, p. 118-124.
2 Ibidem, p. 123.
3 Nikolaus Harnoncourt, *Töne sind höhere Worte: Gespräche über romantische Musik*, Residenz: St. Pölten/Salzburg, 2007, p. 100.

Estepe (1928), nos defronta com a relação visceral – e problemática – dos alemães com a música; considera:

> No espírito alemão domina o direito maternal, a sujeição natural na forma e uma hegemonia da música como não se conheceu em nenhum outro povo. Nós, os intelectuais, em vez de nos defendermos varonilmente contra isso e reduzir a obediência ao espírito, ao logos e à palavra, sonhamos todos com uma linguagem sem palavras, que possa exprimir o inexprimível, que possa representar o irrepresentável. Em vez de tocar seu instrumento da forma mais fiel e honesta possível, o intelectual alemão está sempre em luta com a palavra e a razão e fazendo a corte à música... Nenhum de nós, intelectuais, se achava em seu elemento dentro da realidade; éramos estranhos e inimigos dela. Por isso, o espírito desempenha um papel tão lastimável em nossa realidade alemã, em nossa história, em nossa política, em nossa opinião pública.[4]

Hierarquias são fatos da vida e enquanto tais devem ser reconhecidas, na vida e na arte. Porém, hierarquias nunca são absolutas e por isso nem sempre de fácil reconhecimento e demarcação. Nesse sentido, a complexidade da natureza e da história da música ocidental é enorme. Entendê-las é missão de toda pesquisa honesta, e as elucidações e reflexões contidas nesse livro são, sem dúvida, parte dela.

* * *

A edição brasileira de *A Orquestra do Reich* traduziu o texto original de Misha Aster. Escrito em inglês, foi publicado pela Souvenir Press, em 2010. As citações de fonte alemã que o autor verteu para o inglês – material de arquivo, cartas, livros etc. – foram cotejadas com os originais que, obviamente, compõem a edição alemã – Siedler, Munique, 2007. Na maioria dos casos, foram vertidas ao português diretamente do alemão. Citações da edição alemã que não constam da edição inglesa, na medida em que pareceram relevantes, foram traduzidas e inseridas na presente edição.

Rainer Patriota

---

[4] Herman Hesse, *O Lobo da Estepe*, trad. Ivo Barroso, 2. ed., Rio de Janeiro: BestBolso, 2010, p. 156.

Agradecimentos

A realização deste livro é o testemunho concreto da determinação e generosidade de Walter Küssner, um homem cuja inteligência extraordinária só se compara à nobreza de seu imenso coração. De seus colegas da Fundação Filarmônica de Berlim (Stiftung Berliner Philharmoniker), é uma honra agradecer a Gerhardt Forck, por seu apoio entusiástico e pelos benefícios nascidos de sua orientação prática e intelectual; à *Intendentin* Pamela Rosenberg, cuja acolhida ativa deste projeto impulsionou-o à sua crítica etapa final; aos *Orchestervorstand* da Filarmônica de Berlim, Peter Riegelbauer e Jan Diesselhorst; e a Frank Kersten, diretor comercial da Stiftung Berliner Philharmoniker. Um agradecimento especial reservo a Jutta March, apaixonada guardiã dos arquivos da orquestra, a Klaus Stoll e a Rudi Watzel.

Ademais, gostaria de expressar minha gratidão a colegas acadêmicos que ofereceram críticas construtivas durante a feitura deste texto: Albrecht Dümling, dra. Sophie Fettauer e ao dr. Heinz von Loesch; e, especialmente, ao professor Wolf Lepenies, pela recepção generosa deste trabalho e pelas palavras munificentes na sua introdução à edição alemã.

Este projeto começou como uma conversa, há muitos, muitos anos atrás. A partir daí, inúmeras outras aconteceram, as mais preciosas com as testemunhas da própria história escrita nessas páginas. Por sua bondade e receptividade, agradeço de coração a Johannes Bastiaan e sua devotada esposa, a Erich Hartmann, e à notável Gerda Taschner. Manifesto minha gratidão também a Enrique Sanchez Lansch, por sua diligência criteriosa, bem como à inteligência de Michael Abramowich.

Transformar algumas poucas ideias e parágrafos difusos num livro não é tarefa fácil, mesmo em circunstâncias favoráveis. As particularidades desse empreendimento, tão singular, centuplicaram essas dificuldades usuais. Sou profundamente grato ao dr. Stephan Meyer, que estava disposto a correr um risco, e ao dr. Tobias Winstel, da editora Random House/Siedler, por sua fé, tino e cuidados; a Jan Schleusener, por sua meticulosidade sorridente jamais abandonada no curso desta tarefa ingrata. Também a Reinhardt Lüthje, que traduziu este estudo do inglês para o alemão.

É uma honra para estas páginas poder reconhecer a influência de inúmeras pessoas de qualidade que instruíram, inspiraram e modelaram as perspectivas aqui postas: ao sr. Jim Volk, a Mario Di Paolantonio, aos professores Valentin Boss e Peter Hoffman e ao rabino Edward Goldfarb, meu agradecimento e admiração. E, finalmente, a Soula, por seu apoio constante, a meus grandes mestres, e a meus pais, por seu amor.

Introdução

No final do século XIX, os músicos da Bilseschen Kapelle (Orquestra Bilse) receberam passagens de trem de quarta classe para uma turnê de concertos em Varsóvia. O regime duro imposto por seu regente, Benjamin Bilse, já os havia irritado em outras ocasiões. Esta nova provocação foi a gota d'água que fez transbordar o copo. Os músicos, revoltados, separaram-se de Bilse e fundaram a própria orquestra que, inicialmente sob o nome de Vormals Bilseschen Kapelle (Antiga Orquestra Bilse) e, logo depois, como Berliner Philharmonische Orchester (Orquestra Filarmônica de Berlim) fez furor.

A nova orquestra foi criada como uma associação musical autônoma e autogestada, onde os músicos eram os próprios acionistas. Tratava-se de uma espécie de cooperativa musical. Nos cinquenta anos seguintes, a orquestra ganharia renome mundial e excursionaria por toda a Europa. Após acordo com o agente berlinense Hermann Wolff, os melhores regentes e solistas viriam a Berlim para tocar com a Filarmônica: Hans von Büllow, Clara Schumann, Johannes Brahms, Pablo de Sarasate, Gustav Mahler, Joseph Joachim, Ferruccio Busoni, Sergei Rachmaninov, Jascha Heifetz, Arthur Nikisch e outros. Quando Nikisch morreu, o jovem Furtwängler assumiu a direção dos concertos mais famosos da orquestra, os Philharmonische Konzerte (Concertos Filarmônicos).

Porém, em 1933, com a ascensão dos nazistas ao poder, a orquestra, que vinha enfrentando graves problemas financeiros, foi comprada pelo Estado alemão. Os músicos se tornaram funcionários públicos sob a autoridade direta do Ministério do Reich para o Esclarecimento do Povo e Propaganda (Reichsministerium für Volksaufklärung und Propaganda, RMVP), de Joseph Goebbels. Pelos vinte anos seguintes, a orquestra serviu como a mais importante embaixadora cultural da Alemanha nazista, excursionando internacionalmente, tanto antes quanto durante a Segunda Guerra, provendo música que acompanharia uma pletora de eventos públicos – dos comícios de Nurembergue à abertura dos Jogos Olímpicos de 1936 e os aniversários de Hitler.

Durante o Terceiro Reich nunca se escreveu um livro cujo assunto fosse a Filarmônica de Berlim, em qualquer língua. Este, ora apresentado, representa o primeiro estudo abrangente sobre a relação entre o regime de Hitler e a joia de sua coroa musical. O que se tentou fazer aqui não foi um livro de história da música, ou mesmo uma análise da estética nazista. Na verdade, a música desempenha apenas um papel secundário neste trabalho. De fato, como meu título sugere, *A Orquestra do Reich: A Filarmônica de Berlim e o Terceiro Reich* é um estudo de caso histórico onde se buscou delinear um relato factual, abrangente e sistemático do relacionamento entre duas entidades corporativas: a Orquestra Filarmônica de Berlim e o Estado nazista. A relação é aqui apresentada como o encontro entre dois poderes autônomos, por isso "A Orquestra Filarmônica *e* o Terceiro Reich", não "durante", "com", "sob" ou alguma outra conjunção subordinativa. As páginas seguintes propõem uma investigação sobre uma comunidade que praticava música e política em diálogo com um regime que, em escala mais ampla, fazia o mesmo. Documentos primários permitem distinguir as diversas maneiras como o regime usava a orquestra e a orquestra usava o regime. A patronagem do regime nazista proporcionou à Filarmônica de Berlim inúmeros privilégios exclusivos dentre as instituições culturais germânicas. A orquestra aceitou esses benefícios com um misto de gratidão, apreensão e apologia. Como os músicos buscavam usar seu extraordinário *status* para alcançar algum grau de autonomia artística e organizacional, tensões entre princípio ideológico, jurisdição legal, posições pessoais e regulação pragmática revelaram contradições profundas no coração do Estado nazista. Embora a malévola influência nazista nunca possa ser descartada dessa equação, não é menos importante reconhecer que havia uma lógica funcional própria para a organização da orquestra e seu desenvolvimento entre 1933 e 1945. Modelos de estrutura financeira e gerencial foram produzidos durante o Terceiro Reich para a Filarmônica, e muitos de seus elementos se mantêm ainda hoje integrados à sua orgânica.

A relativa escassez de pesquisas sobre esse tema é surpreendente, considerando o renome da Filarmônica e sua condição ímpar na constelação da política cultural do nacional-socialismo. Dentre histórias gerais sobre o nazismo na Alemanha utilizadas para a elaboração deste manuscrito, mencione-se: *Hitlers Weltanschauung* (1972), de Eberhard Jäckel; *The Third Reich: A New History* (2000), de Michael Burleigh; e as duas primeiras partes da trilogia sobre o Terceiro Reich escrita por Richard Evans, *Aufstieg* e *Diktatur*. Jäckel, Burleigh e Evans, todos historiadores respeitados, oferecem narrativas políticas escritas a partir de perspectivas interpretativas que são reciprocamente distintas, incluindo reflexões sobre a política cultural nazista, discussões sobre a rivalidade Goebbels-Göring, referências a Wilhelm Furtwängler e breves referências sobre a história da Filarmônica de Berlim. Com relação a estes dois últimos tópicos, marque-se que cada um dos autores assume conclusões de outras fontes secundárias, o que perpetua uma variedade de equívocos recorrentes que este livro tenta reparar.

O livro de Timothy Mason, *Sozialpolitik im Dritten Reich: Arbeiterklasse und Volksgemeinschaft*, de 1979, bem como *Der Führerstaat, Mythos und Realität: Studien zur Struktur und Politik des Dritten Reiches*, de Gerhard Hirschfeld e Wolfgang J. Mommsen, de 1981, materializam uma ferramenta intelectual útil ao deslindarem a emaranhada relação entre a Filarmônica de Berlim e o Estado nazista. E tal materialização efetivam posta a elucidação das interpretações de cunho "intencionalista" e "funcionalista" sobre as atividades do regime. O "intencionalismo", como conceito explicativo, sustenta que a ideologia nazista – como a que está presente, principalmente, no livro *Mein Kampf*, de Hitler, nos escritos de Alfred Rosenberg e em outros documentos-chave –, definiu um programa de ação política cuja implementação, pelo governo, seria a execução rigorosa desse programa. Os "funcionalistas", por sua vez, argumentam que, apesar das declarações ideológicas dos ministros e servidores do regime, a complexidade em governar a Alemanha forçou um compromisso pragmático que temperou, mitigou e até marginalizou a presença real do dogma nacional-socialista em muitas áreas da jurisdição do Estado. Ambas as posições conceituais reconhecem a natureza amplamente burocrática da administração adotada pelo Estado como meio de objetivação da agenda e controle. O caso da Filarmônica, pontue-se, ilustra claramente as tensões entre estas duas tendências poderosas.

A Filarmônica de Berlim é mencionada em várias investigações musicais importantes sobre a Alemanha nazista: *Musik im NS-Staat* (1982), de Fred K. Prieberg; *The Politics of Music in the Third Reich* (1991), de Michael Meyer; *Music in the Third Reich* (1994), de Erik Levi; e *The Twisted Muse: Musicians and their Music in the Third Reich* (1997), de Michael Kater. Prieberg foi pioneiro na área e sua pesquisa exaustiva, particularmente seu *Handbuch der deutschen Musiker, 1933-1945*, é uma fonte de informação inestimável. Levi constrói uma narrativa fluente, mas insuficientemente referenciada. Assertivas suas sobre a Filarmônica não puderam ser confirmadas por minhas pesquisas. Meyer, por seu turno, toma muito de Prieberg, enquanto Kater, como indica o título de seu estudo – *The Twisted Muse: Musicians and their Music in the Third Reich* – centra-se sobre casos individuais, sobretudo. Não obstante, presta um importante serviço ao mostrar como a dimensão qualitativa era ainda determinante para a carreira de um músico na Alemanha nazista, conquanto evite a condenação moral dos que trabalharam sob esse regime.

A figura de Furtwängler, invariavelmente, incita à polêmica. Na historiografia do Terceiro Reich, poucas são as figuras que tão completamente encarnam o charco moral dessa experiência histórica e, ao mesmo tempo, entram para o imaginário como o ideal do artista romântico. O caso Furtwängler desperta paixões entre músicos, eruditos e amadores que estão para além das diferenças de opinião. Entre as vozes eruditas, Prieberg e Kater são reciprocamente violentos no debate travado. O desacordo ultrapassa a divergência na avaliação moral do caráter e ações de Furtwängler; decaem, frequentemente, na amarga correção das metodologias um do outro, pondo em questão as respectivas qualificação e competência. Embora em tom dificilmente aceitável numa polêmica civilizada, a disputa entre Prieberg e Kater ilustra a atmosfera emocionalmente carregada que cerca a personalidade poderosa de Furtwängler.

De minha parte, tentei, empenhadamente, não "tomar partido" (para usar o título da desafiante, se não inteiramente confiável, dramatização histórica de Ronald Harwood, de 1955, do processo de desnazificação de Furtwängler) quanto à ética do regente. Meu intento, antes, foi tomar Furtwängler não como um ator histórico autônomo, mas a partir de sua relação com a Filarmônica de Berlim. De fato, pelo que sei, o ensaio de Pamela Potter, "The Nazi 'Seizure' of the Berlin Philharmonic, or the Decline of a Bourgeois Musical Institution", publicado na obra organizada por Glenn R. Cuomo, *National Socialist Cultural Policy*, é a única reflexão acadêmica que trata diretamente da questão.

Do material disponível relacionado à Filarmônica durante o Terceiro Reich, dois temas – Furtwängler, por um lado, e o destino dos músicos judeus da orquestra, por outro – têm sombreado as considerações dos outros aspectos da cultura e do desenvolvimento geral da orquestra entre 1933-1945. Furtwängler é um tópico à parte e tema de numerosas biografias populares e eruditas, incluindo *Kraftprobe*, de Prieberg; *The Devil's Music Master*, de Shirakawa; e *Furtwängler*, de Haffner, para não mencionar uma verdadeira indústria de documentários e até peças de teatro. Naturalmente, o regente teve um papel protagonista em relação à Filarmônica no curso do nazismo, mas sua influência pode ser superestimada e não deveria obscurecer as escolhas individuais, dilemas, experiências, vidas artísticas e políticas de quase cem músicos da orquestra, dos quais menos de 5% eram judeus em 1933. Em compensação, as memórias pessoais da secretária de Furtwängler, Berta Geissmar – *Musik im Schatten der Politik oder Taktstock und Schaftstiefel* – são um relato vívido e acessível que conta detalhes das mudanças sofridas pela Filarmônica no período de 1920-1935. Porém, há que referir que a autora, judia, confere peso excessivo ao caráter antissemita dos primeiros anos do nazismo, sem se dar conta de que o impacto da política sobre a Filarmônica foi claramente limitado à época. O livro relata numerosos casos de encontros e eventos importantes para a compreensão do que aconteceu nesses anos. Contudo, sua visão é narrada em primeira pessoa e excessivamente colorida pelas lentes positivas de Furtwängler, faltando-lhe, às vezes, o rigor dos fatos. Além disso, o texto cobre apenas até 1935, ano em que Geissmar emigrou para a Inglaterra.

O livro de Erich Hartmann, *Die Berliner Philharmoniker in der Stunde Nul*, de 1996, é uma descrição pessoal valiosa de sua experiência na orquestra entre 1944 e 1946. Hartmann, contrabaixista da orquestra a partir de 1943, dá importantes informações acerca do destino de colegas e pinta um retrato ímpar da atmosfera interna do grupo "in der Stunde Null" (na hora zero). Seja como for, a vida da orquestra durante a guerra – especialmente em sua fase final –, não foi representativa da experiência geral da orquestra no Terceiro Reich e Hartmann, tendo ingressado no grupo somente no final de 1943, tinha uma visão limitada da lógica do desenvolvimento da orquestra sob o nazismo.

O livro de Hartmann se liga a uma série de materiais de referência produzidos pela própria Filarmônica de Berlim. *Einhundert Jahre Berliner Philharmonisches Orchester: Darstellung in Dokumenten* é a história padrão da orquestra tal como figura em documentos. Compilados por Peter Muck, veterano violista da Filarmônica, os três volumes, amplamente citados em todos os demais escritos sobre o assunto desde sua publicação, representam o trabalho mais exaustivo já escrito sobre a instituição. Com relação, especificamente, ao período de 1933-1945, a seleção de Muck é judiciosa, apresentando antes os acontecimentos musicais que os institucionais ou políticos, ainda que, equivocadamente, enfatize casos de protestos internos havidos. Gerassimos Avgerinos, timpanista, escreveu e publicou com recursos próprios, em 1972, dois livros: *Künstler Biographien* – uma enciclopédia sobre todos os músicos que já tocaram na Filarmônica de Berlim, e *Das Berliner*

Philharmonische Orchester als eigenständige Organisation. As fontes de referência de Avgerinos, infelizmente, são escassas, mas as informações enciclopédicas citadas nos dois livros são extremamente úteis e parecem muito precisas.

O principal motivo para a atenção diminuta que a historiografia deu ao tema deste livro é a escassez de material documental. Entre novembro de 1943 e janeiro de 1944, devido a um bombardeio aliado, da Filarmônica foram ceifados tanto escritórios administrativos como a sede musical, a Alte Philharmonie. Com essa destruição, o grosso da correspondência primária da orquestra, seus arquivos e documentos foram presumidamente tidos como desaparecidos. O Bundesarchiv (incluindo o antigo Centro de Documentação de Berlim, dirigido pelos americanos), que abrigava a maior parte dos papéis salvos do Ministério da Propaganda de Goebbels, é a mais ampla fonte específica de matéria documental sobrevivente que pertenceu à orquestra. E, de fato, o estudo sistemático desse arquivo nos dá uma impressão vívida do tom e natureza das linhas da comunicação oficial entre a administração da Filarmônica e os escritórios do Ministério da Propaganda.

O Arquivo Estatal Secreto de Berlim-Dahlem (Geheime Staatsarchiv) concentra, basicamente, documentos anteriores a 1933, vicinais, pois, à temática deste livro. Importantes dentro de sua coleção, entretanto, são os documentos dos Ministérios Prussianos do Interior e das Finanças, concernentes à busca de uma fórmula satisfatória de financiamento para a Filarmônica em fins dos anos de 1920 e começos dos anos de 1930, com o que, atente-se, criam-se precedentes às reformas posteriores a 1933.

O próprio arquivo da Filarmônica é diminuto e, depois de 1945, foi reconstruído fundamentalmente a partir de doações de antigos músicos da orquestra ou de seus familiares. As coleções de fotografias pessoais oferecem imagens privadas de turnês, viagens e concertos. Dúzias e dúzias de pastas contêm documentos oficiais herdados, como certificações de *Uk*[1], "certificados de raça ariana", solicitações de passaporte e planos de viagem. Do arquivo também constam algumas listas de

---

1   Cf. A Comunidade Filarmônica, infra, p. 49 e s.

músicos do pós-guerra que podem ser úteis quando cruzadas com outras informações.

De qualquer modo, o mais valioso tesouro descoberto no curso das pesquisas para este livro foram as coleções particulares. O acesso aos arquivos pessoais de Johannes Bastiaan, Carl Höfer e Heinz Wiewiorra, antigos membros da Filarmônica, proporcionou um rico panorama da vida privada da orquestra: tratam-se de circulares, planos de viagens, mensagens da diretoria – documentos ainda não inclusos na pesquisa sistemática sobre o tema. Esse material também oferece um contrabalanço efetivo à pesada burocracia do Arquivo Nacional. Enquanto esse órgão cataloga correspondência entre a administração da Filarmônica e o Ministério da Propaganda, as coleções dos músicos retratam o trânsito dentro da orquestra, e entre sua administração e a de seus músicos. Quando essas referências são cruzadas, começa-se a mapear o fluxo bidirecional de informação e poder. As fontes primárias dos arquivos mencionados dão forma à estrutura deste livro. Então, não obstante as tentativas de totalidade, a insuficiência de dados leva a lacunas determinativas. Nesse sentido, em lugar de sucumbir a especulações, optei simplesmente pelas interrogações na esperança de estimular pesquisas futuras. Ao mesmo tempo, utilizando todo o material documental disponível, desejo que as páginas sequentes possam desvelar fontes originais para uma posterior revisão bibliográfica. Ao leitor não especializado, por sua vez, que consigam sugerir um sabor ímpar desse estado de "normalidade" incômoda – às vezes chocante, outras um tanto cômica –, dessa comunidade histórica.

As questões abordadas são organizadas de forma temática, não cronológica. Os capítulos modelam os seguintes campos: 1. a evolução da estrutura organizacional da Filarmônica; 2. os músicos da orquestra como uma comunidade musical e política; 3. as condições financeiras instáveis da orquestra; 4. dos inúmeros cenários e públicos da orquestra; 5. dos constrangimentos artísticos e políticos da programação da Filarmônica, incluindo compositores, regentes e músicos vitimados e celebrados; 6. capítulo final: as turnês internacionais da orquestra como síntese das questões anteriores, turnês que cristalizam sua precária condição dual de serviço de propaganda, por um lado, e de maestria artística, por outro. Um epílogo trata da situação da orquestra no imediato pós-guerra. O objetivo de "espiralar" através da história capítulo a capítulo é engendrar uma matriz de narrativas paralelas que, ao sobrepor temas, oferece uma impressão cumulativa dos atores históricos e de seu tempo transtornado. A vida da Filarmônica durante o Terceiro Reich foi um caso realmente excepcional de privilégios. Uma existência numa "bolha de vidro" – como certa vez foi descrita –, sob a proteção de Furtwängler e o patronato de Goebbels. Ao mesmo tempo, a experiência da orquestra tipificou exemplarmente a condição ambivalente da Alemanha nos anos do nazismo, que variava entre o desespero e o medo, a ingenuidade e a ambição, a reticência e o oportunismo. Talvez, no passado, o momento não tenha sido adequado para se contar esta história. Certamente, no caso da Filarmônica de Berlim, o gigante Herbert von Karajan, com sua história pessoal estreitamente atada aos mistérios do Terceiro Reich, emblemou as ambiguidades morais da Alemanha sob a experiência nazista, e as da instituição que ele dirigiu. Indubitavelmente, uma discussão sobre a Filarmônica de Berlim e o Terceiro Reich não era encorajada nos recintos da Philharmonie durante o domínio de Von Karajan. Mas hoje, quase duas décadas depois da morte do grande maestro, mais de cinquenta anos após a morte de Wilhelm Furtwängler, seis décadas depois que a guerra desencadeada por Berlim afogou seus próprios perpetradores, pulsa, ao tempo de se comemorar os 125 anos da Filarmônica de Berlim, uma persistente curiosidade sobre ela. É minha esperança que este livro ilumine uns poucos recantos, abale alguns poucos mitos e encoraje novas pesquisas que desvelem a complexidade fascinante, incômoda e dinâmica desta história relevante.

1. O Caminho Para a Reichsorchester

A Orquestra Filarmônica de Berlim é uma comunidade musical nascida de uma rebelião. Em 1882, um grupo de músicos descontentes com a famosa Bilseschen Kapelle rompeu com seus patrões autocráticos para formar um agrupamento independente que, com rapidez, tornou-se um dos conjuntos orquestrais mais celebrados da Europa. Seu caráter sobranceiro, desafiador e ambicioso determinou sua progressiva constituição e singularizou sua prática musical única. Mesmo quando grandes regentes como Hans von Büllow, Arthur Nikisch, Richard Strauss e Wilhelm Furtwängler assumiram posições relevantes *vis-à-vis* a orquestra, o poder de cada um deles se restringia à direção das séries de concertos principais – os Philharmonische Konzerte –, jamais ferindo a soberania coletiva dos músicos.

A partir de 1903, a orquestra evoluiu, formalizando sua autogovernança numa entidade cooperativa – a GmbH, conforme a sigla em alemão –, da qual cada músico do grupo era um acionista. Cinquenta e seis membros compunham a cooperativa, sendo que a distribuição acionária fundava-se no princípio da antiguidade. Os que se aposentavam estavam obrigados a vender suas ações aos colegas mais jovens. Os músicos elegiam um conselho (*Vorstand*) – formado por três delegados que eram membros da orquestra e cujos mandatos anuais podiam ser renovados por até três anos –, que atuava como seu representante e administrador geral. As matérias institucionais – de ensaios a concertos, de assuntos legais a questões orçamentárias – eram todas resolvidas pelo diretor ou gerente geral, também conhecido como *Geschäftsführer*, e dois dos membros do Vorstand, que se alternavam. A orquestra definia com absoluta autonomia suas relações comerciais e fazia acordos contratuais em igualdade de condições com as agências produtoras de concertos e turnês. Tempos depois, contudo, o entusiasmo da emancipação desgastou-se sob o peso da expansão institucional e da instabilidade financeira. A Primeira Guerra mundial não diminuiu os êxitos musicais da orquestra, mas a inflação do pós-guerra trouxe dificuldades. Nos anos vinte, a situação foi se tornando cada vez mais insustentável. Os músicos, que haviam fugido do sistema de patronagem, viram-se então forçados, para sobreviver, a retomar o caminho abandonado.

Na busca, cada vez mais desesperada por subvenção financeira durante os anos de 1920, e reconhecendo que a cidade de Berlim, seu maior patrocinador, já não dispunha de meios suficientes, a Filarmônica procurou garantir apoio estatal para além das fronteiras da cidade. Para tanto, valeu-se de sua reputação internacional, ao mesmo tempo que executava um repertório de viés nacionalista e se apresentava à Alemanha e ao resto do mundo como a "orquestra alemã"[1]. Esse movimento refletia o senso de autoestima da orquestra e soava bem aos políticos de Berlim, interessados em aliviar o ônus financeiro que a orquestra representava sem colocar em risco a viabilidade dessa joia cultural da cidade: "Dado o significado da Orquestra Filarmônica para a vida musical de Berlim e de toda a Alemanha, é nossa intenção viabilizar sua sobrevivência e assegurar a continuidade de seu nome como a melhor orquestra alemã e uma das melhores do mundo."[2]

---

1   GStA, BPhO*, Höber a Höpker-Ashoff, do Ministério das Finanças da Prússia, 27.1.1931; BArch R55.1146, BPhO, de Höber ao Ministro do Interior, 11.7.1931.

*   BPhO é a nomenclatura utilizada para se referir à Orquestra Filarmônica de Berlim (N. da E.).

2   BArch R55.1144, Magistrado Berlinense para a Arte ao Ministério do Interior do Reich (MIR), 9.12.1926.

A discussão sobre a relevância cultural da Filarmônica para o Reich alemão como um todo era intrincada devido a muitos fatores. Primeiro: subsidiar instituições culturais de elite em tempos de desemprego severo, hiperinflação e crise social não agradava políticos de esquerda ou direita. Segundo: propaganda cultural germânica em países europeus não era uma prioridade do governo central nos anos 1920 e a tentativa de promover o turismo cultural na Alemanha era ineficaz[3]. Além do mais, a natureza subjetiva dos argumentos de tal debate cultural não tinha um apelo político direto. Ainda que a orquestra excursionasse e fosse transmitida pela rádio, era difícil para os políticos do Reich justificarem investimentos numa instituição local – ademais berlinense – baseados nos elogios da crítica e numa reputação artística. Finalmente, para complicar ainda mais a situação, o governo de Estado não tinha um ministério diretamente responsável pelas questões culturais, tornando um desafio, para cada um dos departamentos governamentais envolvidos, talhar argumentos que, ao sustentarem um pleito pela Filarmônica, contemplassem tais departamentos em seus próprios interesses específicos. Em outros termos, como criar uma argumentação geral convincente em prol da orquestra que atendesse de um só golpe interesses políticos – dos distintos departamentos oficiais do Reich – politicamente divergentes? A situação era um pesadelo jurídico. A linha oficial do governo central era clara: cada província devia cuidar de suas próprias instituições culturais[4]. A Prússia era igualmente firme: "Quando em Berlim, a orquestra serve exclusivamente à vida cultural da capital. Suas turnês pela Alemanha não estão limitadas ao território estatal prussiano. Nas turnês internacionais, representa exemplarmente a cultura de toda a Alemanha."[5] Não obstante, devido à persistência tanto da orquestra quanto das autoridades municipais, o Ministério do Interior do Reich e os Ministérios da Ciência e da Educação da Prússia concordaram

---

3   BArch R55.1133, do Prefeito de Munique ao Ministério do Interior do Reich, 6.2.1930.
4   BArch R55.1133, do Ministério do Interior do Reich ao vice-prefeito Scharnagl (Munique), mar. 1930.
5   BArch R55.1144, Ministério Prussiano de Ciências, Artes e Educação Popular e RMVP, 30.7.1933.

em estudar a possibilidade de subsidiar a Filarmônica de Berlim, tendo em vista sua "importância nacional"[6].

Em 23 de maio de 1929, o prefeito de Berlim, Gustav Böß, convocou uma reunião para se discutir a reorganização da Filarmônica[7]. O Reich e a província da Prússia estavam dispostos a apoiar a orquestra, mas exigiam em troca que ela se comprometesse a prestar contas, cláusula que faltava ao estatuto da orquestra até aquela data. Como instância de monitoramento da gestão financeira da orquestra, foi criada uma Sociedade de Trabalho (Arbeitsgemeinschaft), que asseguraria um financiamento estável da cidade de Berlim, da Prússia e do Reich em troca do controle acionário da Orquestra Filarmônica de Berlim, GmbH. Os percentuais em ações de cada uma das três instâncias estatais acionárias seriam proporcionais aos aportes da subvenção, que totalizariam 51% do capital inicial de RM 114.600 da GmbH[8]. Embora a Prússia estivesse relutante em aceitar de imediato esse arranjo, havia a expectativa de que o fizesse mais adiante[9].

Uma série de contratos interrelacionados foi celebrada vinculando o Reich, Berlim e, finalmente, a Prússia numa parceria de trabalho – numa Arbeitsgemeinschaft –, definindo os termos do ingresso da Sociedade de Trabalho na Filarmônica e detalhando o relacionamento entre os acionistas majoritários e minoritários dentro da GmbH[10]. O preâmbulo contratual estabelecia: "O objetivo desse empreendimento é a formação de um conjunto orquestral para apresentações artístico-musicais e a promoção da arte em Berlim e no exterior."[11]

Conforme os termos do acordo, a Sociedade de Trabalho garantiria à orquestra a ansiada estabilidade financeira, mesmo na ocorrência de déficit[12]. Em troca, os acionistas-músicos cederiam à Sociedade tanto o controle acionário – porque então possuía a maioria de votos na assembleia da GmbH –,

---

6 Ibidem.
7 BArch R55/1145, Texto relativo à Orquestra Sinfônica, 23.5.1929.
8 BArch R55/1145, Estatuto modificado da BPhO, 1929; G. Avgerinos, *Das Berliner Philharmonische Orchester als eigenständige Organisation*, p. 45.
9 BArch R55/1145, Magistrado Berlinense para a Arte ao Ministério do Interior do Reich, 25.6.1929.
10 Ibidem.
11 BArch R55/1145, Estatuto modificado da BPhO, c. 1929.
12 Ibidem, seção B, parágrafo 2.

quanto o do conselho fiscal, formado por treze membros – sete representantes da capital, dois do Reich e quatro músicos eleitos pelos próprios filarmônicos. Ademais, a orquestra comprometia-se a realizar até 32 concertos populares, vesperais e concertos de música de câmera por temporada bem como, "a pedido dos membros da Sociedade de Trabalho e com o aval da diretoria", a se apresentar em eventos especiais da cidade de Berlim e do governo do Reich sem cachê adicional"[13].

Essas medidas levaram a uma transformação radical da orgulhosamente independente Filarmônica de Berlim. Depois de 47 anos, parecia que a cooperativa musical autônoma, sob coação financeira, negociaria sua existência. Não obstante, a orquestra aceitou os termos propostos pela Sociedade de Trabalho por uma série de razões. Fundamentalmente, *in limine*, pela promessa de estabilidade financeira, compromisso que representava, para os músicos, alívio no curto prazo e segurança a longo. Também porque o acordo representava uma vitória da orquestra em sua cruzada para convencer o Reich e a Prússia de sua relevância– regional e nacional – extraordinária. A concessão criava o suporte financeiro, vital ao grupo, estabelecendo, assim, um precedente poderoso para futuras negociações. Ademais, porquanto o acordo com a Sociedade de Trabalho preservava a estrutura da GmbH, o que significava o reconhecimento dos direitos tradicionais dos músicos dentro da instituição e a promessa de uma autonomia ao menos parcialmente conservada, ainda que cosmética. E, por fim, na medida em que o acordo consagrou legalmente que o propósito da Sociedade de Trabalho era prover a estabilidade financeira da Filarmônica – o objetivo era lhe dar suporte, não interferir na direção artística. Eventuais apresentações especiais e em programas culturais beneficentes locais foram aceitas como condições razoáveis de patronagem pública[14].

Após um intenso período de negociação, troca de correspondência e elaboração jurídica, no outono de 1929 a questão parecia resolvida[15]. Então, a súbitas, em setembro, o mercado

---

13   Ibidem, seção C, parágrafo 8.
14   G. Avgerinos, op. cit., p. 45.
15   BArch R55/1145, "Com esta medida, o Reich alemão, representado pelo Ministro do Interior, assume uma parte – avaliada em RM 14.400 – das novas ações da BPhO GmbH que foram criadas através do aumento de capital [...]", Esboço, c. 1929.

acionário global colapsa, e o Reich volta atrás. Apesar do apoio que o acordo recebia dentro do Ministério do Interior[16], a posição vacilante do governo combinada ao ressurgimento de discordâncias jurisdicionais e agenda política condenaram as várias tentativas realizadas de reavivar o processo ao longo dos meses e anos seguintes[17].

Entrementes, a situação financeira da Filarmônica se deteriorava, e rapidamente. Dívidas se acumulavam, enquanto os salários atrasavam. Ao diretor geral da orquestra, Lorenz Höber, não restou alternativa se não mendigar nos gabinetes governamentais de todos os níveis de poder. Magistrados de Berlim, por sua vez, encaminhavam cartas desesperadas aos ministérios da Prússia e do Reich. A orquestra sobrevivia do que a municipalidade podia dotar e da ajuda de um restrito círculo de patronos privados[18]. Subsídios estatais pingavam esporadicamente, mas não cobriam senão uma fração daquilo que o plano da Sociedade de Trabalho previa. Num tal cenário, a estação de rádio estatal (Berliner Funk-Stunde A.G.) aparece como um parceiro potencial para a Filarmônica. Porém, o contrato firmado para uma série de concertos radiofônicos só alcançaria cobrir uma parcela modesta do déficit crescente da orquestra, ainda que o valor tenha sido maior do que todo o subsídio do Reich[19]. Por outro lado, a nomeação de Adolf Hitler como Chanceler, em 30 de janeiro de 1933, não ajudou em nada a situação da instituição, preocupante. No dia 7 de fevereiro de 1933, o prefeito de Berlim, Heinrich Sahm, voltou a escrever ao Ministro do Interior do Reich manifestando a esperança de que uma solução comum para a crise da Filarmônica pudesse ser encontrada em

---

16   BArch R55/1146, do Ministro do Interior do Reich ao Ministro das Finanças do Reich, 19.1.1933: "O Reich não está só especialmente interessado em conservar nossa melhor orquestra por motivos gerais, mas também por razões muito consideráveis de política externa".

17   BArch R55/1133, Nota do Ministro do Interior do Reich, 19.8.1930: "O pagamento extra do Reich para a Orquestra Filarmônica de Berlim fica suspenso por medida de economia já prevista"; BArch R55/1146, Gabinete das Finanças, 14.12.1932: "A transferência prevista de uma parte das ações por parte do Reich alemão foi rechaçada por este".

18   BArch R55/1145, BPhO, de Höber ao Ministério do Interior do Reich, 11.7.1931.

19   BArch R55/1146, do Ministério do Interior do Reich ao Ministro das Finanças do Reich, 19.1.1933; BArch R55/1146, do Prefeito Sahm ao Ministério do Interior do Reich, 23.1.1933.

1933[20]. Ao longo das semanas seguintes a mudança dos ventos foi lenta, mas perceptível. A princípio, o Ministério do Interior ainda negou suporte à orquestra, mas em meados de março, na correspondência oficial se falava de exceções:

> Em forma excepcional, para além da Orquestra Filarmônica de Berlim, a quem se outorgou um subsídio do Reich baseado no parágrafo 1 do orçamento, este ano só serão aprovadas subvenções à Filarmônica da Silésia, de Breslau, dada sua excepcional importância geopolítica, e à Orquestra Sinfônica Nacional-Socialista do Reich (NSRO).[21]

Não mais uma batata quente política, os argumentos que a orquestra vinha apresentando, no curso de anos seguidos, sobre sua importância nacional, começavam a ser reconhecidos, ou mesmo acentuados, pelo governo nacional-socialista. Conquanto a orquestra de Breslau e a NSRO não se igualassem à arte filarmônica, sob o novo regime, tendo em vista uma radical redefinição da política cultural, a orquestra berlinense foi honrada ao ser justaposta a outros símbolos musicais de importância nacional.

Uma das primeiras grandes consequências na esfera da política cultural depois da ascensão de Hitler foi a criação do Ministério da Propaganda, que seria comandado pelo chefe do distrito de Berlim e homem de confiança de Hitler, Joseph Goebbels. Investido de grande poder, o novo ministro não era apenas a mão controladora, mas influenciava distintas áreas: da educação escolar ao esporte, da programação radiofônica ao financiamento das artes visuais. Conquanto não denominado Ministério da Cultura, o Ministério da Propaganda consubstanciou uma aspiração frustrada da época de Weimar, a saber, a criação de um ministério responsável pela cultura. E logo se tornou um agente na saga da Filarmônica de Berlim.

A estatura nacional e internacional da Filarmônica de Berlim claramente atraía Goebbels que, profundamente familiarizado com os pressupostos ideológicos do nacional-socialismo, via a cultura não somente como uma expressão do caráter nacional alemão, mas como um instrumento essencial à sua modelagem.

---

20   BArch R 55/1146, do Prefeito Sahm ao MIR, 7.2.1933.
21   BArch R55/1137, MIR, dr. Donnevert, Nota, 17.3.1933.

Além do mais, a Filarmônica projetava para o resto do mundo o que havia de melhor na cultura musical alemã. E embora permanecesse oficialmente sob a jurisdição do Ministério do Interior, Goebbels, com a transição do poder em 1933, viu seu Ministério da Propaganda como parte interessada relevante na condução da orquestra. Logo, em 23 de março, autoridades do RMVP e do Ministério do Interior do Reich se encontraram para discutir a possibilidade de cooperação no suporte à Filarmônica. Como o Ministério da Propaganda não dispunha, ainda, de orçamento operacional independente, era pouco o que os representantes de Goebbels podiam oferecer. Mesmo assim, concordou-se em levar a questão às esferas superiores: "Um protocolo de compartilhamento de responsabilidades de trabalho com o Ministério da Propaganda está em preparação para ser apresentado ao Senhor Chanceler do Reich."[22]

Nas semanas seguintes os acontecimentos se sucederam velozmente. O regente principal da Filarmônica, Wilhelm Furtwängler, pediu socorro a Goebbels para que mantivesse a orquestra operando. Com isso, o ministro teve a chance de revelar suas verdadeiras intenções: "Após encontro com o dr. Furtwängler, o dr. Goebbels planeja assumir as responsabilidades pela Filarmônica"[23], noticiaram autoridades municipais de Berlim.

O Ministério do Interior, todavia, recusou. Cooperar era uma coisa, mas usurpar a autoridade de uma área com jurisdição própria, outra[24]. No dia 8 de abril de 1933, numa reunião convocada pelo Ministério do Interior, o pôquer político foi jogado. Os participantes: funcionários dos ministérios do Interior, das Finanças e da Propaganda, dois representantes da cidade de Berlim, representantes dos ministérios do Interior e das Finanças da Prússia e Furtwängler[25]. Logo ficou assentado que, apesar da gravidade da situação financeira da Filarmônica, a Prússia não poderia garantir apoio. Por seu turno, a cidade de Berlim também buscava se desenredar do ônus excessivo que a orquestra significava. Com o encolhimento das outras fontes

---

22   BArch R55/1146, RMVP, Assunto: Orquestra Filarmônica, 6.4.1933.
23   BArch R55/1146, do Secretário de Estado, Nota, 6.4.1933.
24   Ibidem: "Por motivos objetivos e políticos, posiciono-me contra uma cessão da Orquestra Filarmônica".
25   BArch R55/1146, Nota sobre uma conversação relativa à Orquestra Filarmônica, 19.4.1933.

de contribuição, a Sociedade Radiofônica do Reich (Reichs--Rundfunk-Gesellschaft) tinha, então, se convertido no principal parceiro financeiro da orquestra.

Diante do impasse, o Ministério da Propaganda redigiu um compromisso de garantias e o apresentou à orquestra. O Ministério do Interior respondeu com uma proposta que quase dobrava seu subsídio, de RM 65 mil para RM 120 mil. Decidiu-se, assim, que a Sociedade Radiofônica – que dependia do Ministério da Propaganda –, aumentaria sua contribuição de RM 75 mil para RM 155 mil. Diante disso, o prefeito de Berlim, Wilhelm Hafemann, aproveitou a oportunidade para sugerir que, ante essa generosidade inesperada, o Reich poderia assumir sozinho o controle total sobre os caminhos futuros da orquestra[26]. O encontro foi interrompido aqui, com estacas fincadas.

Ao invés de melhorar a situação da orquestra, entretanto, essas confabulações políticas a tornaram ainda pior. A cidade de Berlim fixou um limite para sua contribuição anual e fechou a torneira para qualquer outra ajuda emergencial[27]. Desalentado, Lorenz Höber, em tom implorativo, argumenta em carta ao Ministério do Interior do Reich que "não seria do interesse do governo ficar de braços cruzados e assistir a desintegração da Filarmônica de Berlim"[28]. O Ministério do Interior replicou, instruindo Höber a se dirigir ao Ministério da Propaganda que, por sua vez, respondeu que não dispunha de dinheiro[29], encaminhando-o de volta ao Ministério do Interior[30]. As autoridades municipais de Berlim não estavam preparadas para oferecer mais ajuda quando elas próprias eram evitadas por seus pares no nível do Estado[31]. Era um verdadeiro pesadelo burocrático.

---

26   Ibidem.
27   BArch R55/1146, BPhO, de Höber ao MIR, 11.5.1933.
28   BArch R55/1146, BPhO, Pfundtner, 7.4.1933.
29   BArch R55/1146, MIR, Wöllke, 10.5.1933: "O Ministério da Propaganda explicou que não tem dinheiro e opinou que enquanto a orquestra continuar conosco, embora de forma não oficial, temos o dever de cuidar dela".
30   BArch R55/1146, BPhO, Höber ao MIR, 11.5.1933: "Numa reunião ocorrida ontem no RMVP, o sr. Diretor Ministerial Greiner confirmou que, do ponto de vista orçamentário, a Orquestra Filarmônica de Berlim ainda se encontra sob o Ministério do Interior do Reich".
31   BArch R55/1146, Prefeito Sahm ao RMVP, 13.5.1933: "Como eu soube pelo sr. Presidente Laubinger, o apoio do Reich à Orquestra já não será dado pelo Ministério do Interior mas, sim, pelo vosso".

Ainda tentando manter-se viva, a Filarmônica iniciou uma turnê e aproveitou a oportunidade para, uma vez mais, jogar sua cartada nacionalista: "A Orquestra Filarmônica de Berlim GmbH suplica ao Ministério do Interior do Reich garantias para evitar sua extinção, especialmente neste momento que excursiona e obtém reconhecimento artístico sem paralelo, particularmente na França."[32] Inadvertidamente, a Filarmônica estava fazendo o jogo de Goebbels. No momento em que ela retornava de sua turnê, o Ministro da Propaganda ganhara sua batalha jurisdicional com o Ministério do Interior. Goebbels, pessoalmente, assegurou junto ao Ministério das Finanças do Reich o dinheiro necessário para saldar as dívidas e cobrir o déficit orçamentário da orquestra[33]. Com isso, negociações para formalizar uma relação de longo prazo entre a Filarmônica de Berlim e o Ministério da Propaganda foram iniciadas. Um Höber decididamente satisfeito escreveu: "Agora, o único problema é ver como nossa empresa [a GmbH] se integrará ao Ministério."[34]

Nesse contexto, Höber certamente estava pensando na Sociedade de Trabalho precedente – a de 1929 –, sugerindo que o Ministério da Propaganda "integrasse a GmbH e, através de contrato entre os músicos-acionistas e o Reich, garantisse a segurança da orquestra a longo prazo"[35]. O modelo da Sociedade de Trabalho, que pela primeira vez introduziu a ideia do Estado como parceiro da GmbH, constituiu o fundamento para a formulação final do *status* da orquestra. A posição negociada para a orquestra permaneceu inalterada ante a de 1929: concordando em sacrificar parte de sua autonomia em troca de segurança financeira, desejava, porém, conservar seu caráter corporativo independente. Na sequência, a agenda do Estado era, essencialmente, o controle orçamentário, mas dessa vez como parte de uma visão mais ampla de política cultural.

Igualmente em contraste com a visão político-cultural de 1929, agora, em 1933, o Estado empunhava todas as cartas do jogo. Sem autoridades municipais ou regionais à mesa, a Filarmônica ficou só e vulnerável. E fato, Goebbels não estava

---

32   BArch R55/1146, BPhO, de Höber ao MIR, 11.5.1933.
33   BArch R55/1147, RMVP, Von Keudell, Nota, 12.6.1933.
34   BArch R55/1147, BPhO, de Höber, Wolff ao RMVP, 30.5.1933.
35   Ibidem.

interessado em parceria, mas em controle. No acordo da Sociedade de Trabalho então em curso, não foi o Ministério da Propaganda, como originalmente sugeriu a orquestra, mas sim o governo do Reich, representado pelo Ministério, que ingressou na GmbH, e não como acionista mas, efetivamente, como monopolista. Isolada e desesperada, a filarmônica tinha pouco campo de manobra. Então, os músicos concordaram em vender a totalidade de seus ativos principais – sua GmbH – para o Reich. Assim, passaram de acionistas a servidores.

Isso tudo ocorreu muitos meses antes do desenlace formal do processo, e muito tempo transcorreria ainda para que uma base financeira estável pudesse ser consubstanciada[36]. Mas, em 30 de junho de 1933, chegava ao Ministério da Propaganda o primeiro memorando do gerente filarmônico Lorenz Höber, que se subscrevia com um "Heil Hitler"[37]. A Reichsorchester estava nascendo.

Em 1º de novembro, com a bênção pessoal de Hitler, a Filarmônica de Berlim foi oficialmente proclamada uma Reichsorchester[38]. Em 15 de janeiro de 1934, oitenta e cinco membros da Filarmônica venderam suas ações para o Reich alemão[39]. A cidade de Berlim transferiu sua cota de 3 mil marcos gratuitamente. Em fins de fevereiro de 1934, o Reich controlava 100% da GmbH[40]. Um relatório de Lorenz Höber expressava a tremenda sensação de alívio da orquestra, tingida, todavia, com as cores da incerteza:

> A conversão da Filarmônica em empresa estatal transformou radicalmente a estrutura de sua organização. Os membros da orquestra que, até janeiro de 1934, eram seus proprietários e acionistas, são agora empregados da empresa. Ao transferir suas ações ao Reich, esses músicos abriram mão de sua autonomia, de seus direitos de autogestão [...] Todavia, a orquestra não está contente simplesmente por ter sua existência garantida; é seu desejo engajar-se no Ministério para servi-lo no futuro. Ao agradecer ao Ministério pela segurança oferecida em troca

---

36 GStA IB 2287, Prefeito Sahm ao Ministério das Finanças da Prússia, 22.10.1933: "Até o inverno de 1933, o RMVP não conseguiu garantir, através do Ministério das Finanças, um orçamento para a Orquestra".
37 BArch R55/1147, BPhO, de Höber ao RMVP, Von Keudell, 30.6.1933.
38 BArch R55/1147, Schröder, Informe dos fatos, fev. 1934.
39 BArch R55/1147, RMVP ao RMF (Ministério das Finanças do Reich), 17.5.1934.
40 BArch R55/1147, RMVP, Von Keudell à BPhO, 21.2.34.

de suas ações, a orquestra aspira por uma vigorosa cooperação [com o Ministério].[41]

A personagem crucial do casamento entre a Filarmônica de Berlim e o Reich foi Wilhelm Furtwängler. Uma celebridade na Alemanha, um ícone reverenciado por músicos e pelo público, conhecido mesmo fora do meio artístico. Nascido numa família berlinense da alta burguesia, estava acostumado a circular no interior da elite cultural e política. Relacionamentos com pessoas importantes, a despeito das preferências ideológicas dos interlocutores, era algo perfeitamente natural para Furtwängler. Para comunicar seus pontos de vista, não hesitava em falar diretamente com as mais altas autoridades – mesmo que seus nomes fossem Hitler e Goebbels.

Tanto Goebbels quanto Hitler tinham Furtwängler em alta conta, fosse como músico, fosse como pessoa, e Furtwängler sentia-se à vontade em tratar com eles assuntos pessoais ou profissionais. O regente mantinha uma relação particularmente próxima com Goebbels, que em seu diário fez vários registros sobre ele. Em 1936, escreveria Goebbels:

> Ontem de manhã, longa conversa com Furtwängler no jardim de Wahnfried [Bayreuth]. Confidenciou-me todas as suas preocupações com sensibilidade e inteligência. Aprendeu muito e está completamente do nosso lado. Eu o ajudarei no que puder, particularmente com a Filarmônica [de Berlim].[42]

Até que ponto Furtwängler estava realmente "com" os nazistas, ou apenas se utilizava de astúcia pessoal e política para persuadir Goebbels a fazer concessões a atos de desobediência política, é motivo de discussão complexa e inflamada, mas não é a questão central deste livro[43]. No caso da Filarmônica, Goebbels identificou-a como um tremendo instrumento de propaganda cultural, forjando uma estratégia inteligente para encilhá-la e colocá-la a serviço, sob sua direta supervisão. Formalmente, Goebbels podia comandar o veículo, mas, funcionalmente, Furtwängler detinha

---

41 BArch R55/245, Höber, Informe, sem data.
42 J. Goebbels, *Tagebücher 1924-1945*.
43 Cf. F.K. Prieberg, *Kraftprobe*; M. Kater, *The Twisted Muse*; S.H. Shirakawa, "The Devil's Music Master".

as chaves. Do ponto de vista de Furtwängler, Goebbels oferecia segurança à orquestra e um preeminente *status* para si. Como Gerard von Westerman, um homem que trabalhou intimamente com o regente de 1939 a 1945, observaria mais tarde: "Furtwängler frequentemente fazia uso de sua influência sobre Goebbels; amiúde, obtinha êxito"[44].

Furtwängler regeu a Filarmônica pela primeira vez em 1917[45]. Porém, só assumiria uma posição formal no conjunto em 1922, quando sucedeu Arthur Nikisch. Daí em diante, desenvolveu com a orquestra uma parceria musical intensa e bem-sucedida, não obstante sua distância relativa frente ao grupo. Em verdade, o sentimento de Furtwängler com relação ao grupo não era de compaixão. Nutria, sim, um senso de responsabilidade um tanto presunçosa – intercedia em favor dos interesses da orquestra porque era o seu instrumento, uma expressão e reflexo de si mesmo. Em semelhante contexto, a tradição democrática da orquestra era encarada e sentida – também por ela própria – com pragmatismo: enquanto os resultados fossem positivos, as motivações de Furtwängler importavam pouco. Então, com seu instrumento estrebuchando-se em desespero, resolveu tomar para si a missão de salvá-lo.

Até 1933 – em seus 51 anos de história –, a Filarmônica jamais tivera um diretor artístico ou um *Intendant*. Historicamente, os regentes principais da Filarmônica não eram contratados pela orquestra, mas pelo produtor dos Philharmonische Konzerte, a agência Wolff & Sachs. Em verdade, Hans von Büllow e Arthur Nikisch foram diretores musicais da orquestra apenas porque dirigiram suas principais séries de concertos. Em 1924, Furtwängler tornou-se o primeiro-regente diretamente associado, isto é, eleito pelos músicos como Regente Principal[46].

Em 1929, concomitantemente às negociações da Sociedade de Trabalho, foi oferecido a Furtwängler um contrato com a Berliner Philharmoniker Orchester GMBH, que o nomeou diretor musical (*Dirigent*) por um período de dez anos. Seu salário de

---

44 BArch (BDC) RK W0002, Comissão de Exame Alemã, Diálogos com o sr. Von Westerman, 9.5.1946.
45 P. Muck, "*Einhundert Jahre Berliner Philharmonisches Orchester*", v. III.
46 BArch R55/245, Höber, Informe, sem data.

50 mil marcos ao ano, mais 15 mil marcos para "despesas", comprometia-o com trinta concertos anuais, sendo que seus Philharmonische Konzerte eram contratualmente apontados como "destaques artísticos"[47]. Além disso, o contrato previa que Furtwängler deveria ser consultado sobre todas as demais questões da programação. Detendo, em cláusula legal, o poder de veto sobre as novas contratações para a orquestra, poderia, ademais, requerer aposentadorias antecipadas, determinar a distribuição dos músicos na orquestra e arbitrar a escolha de qualquer diretor administrativo[48]. Toda essa centralização, outorgada, não tinha memória na tradição democrática da orquestra. E ainda que o papel de Furtwängler, para além da regência, fosse visto como puramente consultivo, seu contrato, excetuadas suas tarefas de regente, estabeleceu alguns precedentes significativos.

Existem ao menos três razões para essas enormes concessões a Furtwängler. Primeiro, a natureza das relações políticas e burocráticas requeria da cidade e do Reich a escolha de um interlocutor único e competente. No novo arranjo da Sociedade de Trabalho, a cidade de Berlim e o Reich estavam integrados à estrutura institucional. O gerente da orquestra (*Orchestervorstand*) poderia representar os músicos, mas era preciso uma autoridade executiva para presidir os três grupos de acionistas. Mais importante, porém, era a segunda razão: tanto a cidade de Berlim quanto a Filarmônica receavam perder Furtwängler. O regente dispunha de alternativas, incluindo postos em Viena e Nova York, que ofereciam opções lucrativas imediatas[49]. A orquestra temia que sem ele seus magros fundos logo secassem, as vendas de assinaturas decrescesse, e o conjunto, enfim, se desfizesse. As autoridades da cidade temiam uma imensa perda de prestígio com a saída de Furtwängler e, consequentemente, o fim da orquestra. Para adoçar-lhe o pote, o contrato de 1929 mencionava uma eventual posição de Furtwängler junto à Ópera de Berlim[50]. A terceira razão, enfim, era de índole pessoal, e dizia respeito ao senso de poder e responsabilidade do próprio Furtwängler. O regente era um homem

---

47   BArch R55.1145, Contrato, BPhO-Furtwängler, 1929.
48   Ibidem.
49   Cf. Herbert Haffner, *Furtwängler*, p. 120-126.
50   BArch R55.1145, Contrato, BPhO-Furtwängler, 1929.

presunçoso e, apesar de suas assertivas em contrário, um ser intensamente político, que detinha a posição mais forte nas negociações com a orquestra e com o Grupo de Trabalho, dominância que o atraía. Ele sabia o quanto a orquestra dependia dele e nada fez para desfazer esta situação. Já que a orquestra o respeitava e nele confiava, Furtwängler facilmente a fazia engolir suas concessões – porém, esses sentimentos eram irrelevantes: de fato, os filarmônicos não tinham escolha. Por seu turno, ao optar por ficar em Berlim, Furtwängler reforçava sua posição de dominância frente à orquestra, prometendo "que no futuro, quando no mundo se falasse na Orquestra Filarmônica, Wilhelm Furtwängler também seria nomeado, e que, reciprocamente, o nome Wilhelm Furtwängler permaneceria indelevelmente associado ao da Filarmônica"[51]. Essas ambições, pontue-se, não pereceram com o fracasso do plano da Sociedade de Trabalho.

Em 1º de agosto de 1933, bem antes que terminassem as negociações sobre a cessão da orquestra ao Reich, Furtwängler escreveu aos membros da Filarmônica de Berlim:

> Cavalheiros! O *Führer* e o governo do Reich me deram garantias de que a Filarmônica de Berlim será protegida, sob quaisquer circunstâncias. O senhor ministro da Propaganda, dr. Goebbels, vinculou essa certeza à garantia de minha liderança absoluta em todas as questões artísticas e pessoais da orquestra. Por isso, espero que no futuro toda a agitação dentro da orquestra cesse. Nenhuma decisão pode ser tomada sem mim e meu consentimento. Meus doze anos de associação a vocês, cavalheiros, devem servir como garantia de que todas as medidas tomadas por mim visam apenas os melhores interesses da orquestra.[52]

Nessa carta, Furtwängler pediu à orquestra que confiasse na sua liderança, não somente em relação às questões artísticas, mas também ante as pessoais e políticas, pois assumiria a responsabilidade pelo bem-estar da orquestra e, assim, esperava dos músicos a plena observância de seus julgamentos. Isso também representou um grande afastamento da tradição das decisões democráticas e da autogovernança da Filarmônica. E sublinhe-se: embora muito lhe tivesse sido concedido nas negociações

---

51 Ibidem.
52 BArch R55/1147, Furtwängler, Cópia, 1.8.1933.

contratuais de 1929, a "liderança absoluta" não foi uma condição nascida do governo, mas estabelecida pelo próprio Furtwängler. Isso significava não apenas lhe outorgar um papel consultivo, ou mesmo firmar seu direito de veto, mas estava implicando uma submissão oficial a um controle efetivo. Por um lado, o governo demandava à orquestra que sacrificasse a posse de sua identidade coletiva (a GmbH); por outro, Furtwängler insistia na rendição incondicional da autoridade executiva da Filarmônica. Paralelamente ao controle do Reich, Furtwängler estava orquestrando a reorganização da instituição a seu modo.

Com seu plano, em 1933, de reconstituir a Filarmônica como um órgão sob sua supervisão pessoal, Furtwängler propunha algo inteiramente novo, tanto para a orquestra quanto para si mesmo. Como o *Führer* da orquestra, assumia uma posição administrativa e musical à frente de uma grande instituição cultural. E, com essa concentração de poder, começou a plasmar uma estrutura organizacional apta à condução das tarefas diárias da orquestra que o insulasse dos encargos administrativos, e, por fim, que servisse à prestação de contas ao governo, fosse a financeira, fosse a política.

Para tanto, Furtwängler contou com dois aliados-chave: Lorenz Höber – em quem o regente acreditava e podia confiar, e que desde 1923 era gerente da orquestra –, e Berta Geissmar, sua secretária pessoal de longa data. Lorenz partilhava com seu irmão, Willi, a primeira estante das violas na Filarmônica. Foi eleito gerente geral (*Orchestervorstand*) um ano após a chegada de Furtwängler a Berlim, dirigindo a Filarmônica – organizativa e administrativamente – durante a tumultuada década que levou à ascensão de Hitler. Höber era responsável por todas as áreas da instituição – assuntos legais, financeiros, acordos contratuais, planejamento artístico, relações com o governo –, e ainda lidava com suas questões internas, como agenda e serviços. Conquanto reconhecesse que nos últimos anos a gerência da orquestra talvez tivesse cometido alguns poucos "erros superficiais" (*Schönheitesfehler*)[53], Furtwängler defendeu a permanência de Höber na estrutura reformada da orquestra. Basicamente, o músico-gerente deveria operar o escritório filarmônico,

---

53 BArch R55/1148, Furtwängler, Ref.: Comissão de Economia do Reich, 22.3.1934.

responder pelo agendamento dos concertos e preparativos de viagens e regular sua administração interna⁵⁴. Quanto a Geissmar, Furtwängler propôs que ela cuidasse do planejamento artístico da orquestra. Nascida numa família abastada, conheceu o regente em 1915, quando este, sucedendo Arthur Bodanzky, foi nomeado diretor de orquestra da corte de Mannheim, cidade natal de Geissmar. Como secretária de Furtwängler, organizava sua correspondência, contratos, despesas, programação de concertos e preparativos de viagens, primeiro em Mannheim, depois em Berlim, quando o maestro foi escolhido como sucessor de Arthur Nikisch. Entre 1922 e 1933, Geissmar trabalhou privadamente para Furtwängler, não como funcionária administrativa da Filarmônica.

Porém, com a reorganização da Filarmônica em curso, Furtwängler aproveitou a oportunidade e insistiu para que Geissmar fosse contratada como secretária geral", pelo que transferiria as despesas com seu salário – que seria de 10 mil marcos por ano – à orquestra⁵⁵. Para convencer de que essa pessoa não era somente ideal para seus interesses pessoais, mas para os da orquestra, Furtwängler destacaria seu domínio de várias línguas e o fato de que conhecia pessoalmente os centros musicais europeus e americanos. E para reforçar a argumentação, Furtwängler apostou nos ciúmes e rivalidades políticas: informou ao Ministério da Propaganda, de Goebbels, que seu arquirrival, Hermann Göring, ao lhe oferecer o cargo de diretor da Staatsoper, não só havia prometido nomeá-lo Conselheiro de Estado como dotá-lo de uma secretária. Como golpe de misericórdia, recordou-lhes, chantagista, que suas setenta a oitenta apresentações anuais frente à Filarmônica geravam mais da metade das receitas da orquestra⁵⁶.

Não obstante a ampla e bem apresentada argumentação furtwängleriana, o Ministério da Propaganda estava extremamente céptico quanto à possibilidade de efetivação de seu projeto⁵⁷. A razão: Berta Geissmar era judia. O antissemitismo na Alemanha dos primeiros anos do regime nazista era virulento

---

54 BArch R55/1148, Furtwängler, Setor e plano de trabalho da gerência comercial, c. 1933.
55 BArch (BDC) RK0002, RMVP, Von Keudell, Nota, 12.4.1934.
56 Ibidem.
57 BArch R55/1148, RMVP, Von Keudell, Nota, 14.3.1934.

e a origem judaica de Geissmar era largamente conhecida na comunidade musical. De forma irracional e leviana, ela foi acusada de arquitetar conspirações, manipular as escolhas de Furtwängler a favor de solistas judeus e promover a influência judaica dentro da Filarmônica. Gustav Havemann, um violinista berlinense, pedagogo e nazista recalcitrante que não tardou a impressionar a burocracia nazista, estava à frente dos ataques racistas e fez repetidas ameaças de extirpar Geissmar e sua influência da Alemanha. Em sua biografia, ela recorda o tom cheio de ódio com que foi acusada: "Acabo de ver o programa para o festival de Brahms, em Viena. É inacreditável que o festival aconteça deste modo! Claro está que a escolha dos solistas se deve à influência judia da senhora"[58]. A isso seguiram-se ameaças de que a Alemanha se veria livre dela e de sua influência. Os artistas em questão eram o violinista Bronislaw Huberman, o pianista Artur Schnabel e o violoncelista Pablo Casals, todos pertencentes ao grupo dos músicos mais renomados da época. Em 1933, a Áustria ainda era uma nação independente, a salvo da intervenção mais direta dos nacional-socialistas e, sem dúvida, fora do alcance de Havemann. Isso significava que o ataque era do tipo pessoal e só um dos muitos que Geissmar suportaria.

Não obstante, Furtwängler ficou ao lado de sua secretária, e embora fosse negado a ela o reconhecimento oficial como membro do corpo administrativo da orquestra, ele conseguiu, ao menos durante algum tempo, que a Filarmônica pagasse seu salário[59]. Por fim, Furtwängler arranjou outra secretária, Frau Freda von Rechenberg, de quem Geissmar se recorda como uma "ariana pura". Enquanto Rechenberg servia como representante de Furtwängler no trato com as autoridades, esperava-se que Geissmar pudesse trabalhar nos bastidores[60]. Ela permaneceu contribuindo com a administração da orquestra até a primavera de 1935, mas devido à acumulação de acusações e pressões, finalmente deixou a Alemanha. A princípio esteve na América, mudando-se depois para Londres, como secretária de *sir* Thomas Beecham. Rechenberg permaneceu

---

58   B. Geissmar, *Musik im Schatten der Politik*, p. 107.
59   BArch R55/1147, BPhO, Informe de necessidades, 30.6.1933.
60   B. Geissmar, op. cit., p. 183.

como secretária de Furtwängler, sem qualquer ligação direta com a Filarmônica, durante todos os anos do regime nazista. Em 1933, Geissmar era uma peça importante no plano de Furtwängler de reestruturação da Filarmônica. Dirigir a orquestra implicava um ônus de responsabilidade oficial que o maestro não poderia carregar sozinho. Além de Höber e Geissmar, Furtwängler deve ter estado atento à insistência do governo em ter alguma representação do partido nazista – NSDAP (Nationalsozialistische Deutsche Arbeiterpartei – Partido Nacional-Socialista Alemão dos Trabalhadores) – na nova constituição administrativa de sua aquisição musical. Não está claro se a nomeação do dr. Rudolf von Schmidtseck como "Representante e Conselheiro" da Filarmônica de Berlim, em setembro de 1933, foi uma iniciativa de Goebbels, dos burocratas do Ministério da Propaganda ou do próprio Furtwängler[61]. O relato de Geissmar sobre a chegada de *Unser Schutznazi* ("nossa proteção nazista") é ambíguo. Ela sugere que Von Schmidtseck "foi apresentado a Furtwängler e, logo em seguida, com a anuência dos gestores da orquestra, declarado "Comissário" da Filarmônica[62]. A quem ela se referia por "gestores" não está claro, uma vez que a estrutura de poder da orquestra, à época, estava em constante mudança. Além disso, o comentário não exclui a possibilidade de que a chegada de Von Schmidtseck tenha sido bem recebida. Seja como for, o que se sabe é que Furtwängler requisitou um representante para trabalhar com Höber e Geissmar nas atividades diárias da orquestra. Além disso, o trabalho subsequente que Von Schmidtseck realizou com Furtwängler deixou a impressão de que ele gozava de sua confiança[63]. Levando-se em conta o modelo de contratação que seria adotado daí em diante, mesmo que a criação do cargo não tivesse sido opção sua, Furtwängler manteve considerável influência sobre candidatos e indicações[64]. Finalmente, a nomeação de Von Schmidtseck foi considerada provisória pelo Ministério da Propaganda[65], o que pode sugerir que sua escolha não fora unânime.

---

61   P. Muck, op. cit, v. II, p. 105.
62   B. Geissmar, op. cit., p. 106.
63   BArch (BDC) RK 002, RMVP, Von Keudell, Nota, 14.3.1934.
64   Cf. os casos Stegmann, Stange e Von Benda.
65   BArch R55/1147, RMVP, Von Keudell, Nota, 11.4.1934.

Pouco se sabe acerca do dr. Ruldolf von Schmidtseck[66]. Na temporada de 1933-1934, dirigiu sete concertos da orquestra[67]. Segundo a descrição de Furtwängler, Von Schmidtseck era responsável pelas áreas financeira e de pessoal, pelos contratos, pela prestação de contas financeiras frente ao Ministério da Propaganda, pela correspondência com o partido e com outras instituições nazistas, pela disciplina dentro da orquestra e sua administração e – como membro do partido[68] – pelos assuntos de natureza ideológica dentro da organização[69]. E se Furtwängler parecia estar aparentemente disposto a fazer grandes concessões à influência do partido nazista através de Von Schmidtseck, suas ações relativas à interferência organizacional e ideológica nazista nos assuntos da orquestra sugerem que sua colaboração foi da boca prá fora[70]. Não há prova de que Von Schmidtseck fosse responsável por qualquer forma de incitação ideológica no interior da orquestra.

Furtwängler decidia, mais tarde, que Von Schmidtseck atuaria "como meu representante pessoal em todas as ocasiões em que estiver impossibilitado de comparecer (missões oficiais etc.)"[71]. Evidentemente, Furtwängler já tinha a intenção de se abster de alguns compromissos oficiais, provavelmente daqueles que estivessem abertamente associados ao partido. Ainda que por essas manobras a Filarmônica não fosse poupada de tais solenidades, engajando Von Schmidtseck, ou tirando proveito do seu posto, Furtwängler ludibriava os nazistas: sem ameaçar nem os interesses musicais da orquestra ou sua supremacia pessoal, fazia o "trabalho sujo", próprio do regime, de um modo aparentemente limpo. Von Schmidtseck foi nomeado gerente interino da Filarmônica por um contrato provisório que o vinculava explicitamente a Furtwängler[72]. Embora o contrato pudesse

66 G. Avgerinos, op. cit., p. 64.
67 P. Muck, op. cit., v. III.
68 BArch R55/1148, Furtwängler, Setor e plano de trabalho da gerência comercial, c. 1933.
69 Ibidem.
70 Cf. A Comunidade Filarmônica, infra, p.49 e s.
71 BArch R55/1148, Furtwängler, Setor e plano de trabalho da gerência comercial, c. 1933.
72 BArch R55/1147, Contrato, 1.4.1934: "Todos os assuntos artísticos devem ser resolvidos de acordo com o diretor principal, o Conselheiro de Estado dr. Furtwängler. O dr. Von Schmidtseck está à disposição da orquestra como

ser renovado no final de 1934[73], isso não ocorreu. Quando Furtwängler renunciou a seu cargo, em dezembro de 1934[74], Von Schmidtseck foi afastado do posto e jamais retornou[75].

Mas tornemos a uma questão nodal. O desfecho exitoso das negociações concernentes à absorção da Filarmônica pelo Reich, em janeiro de 1934, levou, naturalmente, a uma série de mudanças cruciais em sua estrutura e gestão. A Sociedade de Trabalho foi o modelo para a criação de um conselho administrativo (Aufsichtsrat) que, operando como um comitê executivo, tinha vigência sobre todas as áreas da Filarmônica – artística, orçamentária, contratual e de pessoal[76]. Com a assembleia geral dissolvida – pois a GmbH pertencia agora a um único acionista –, o Reich não estava obrigado a partilhar a direção com qualquer outro grupo, incluindo a própria orquestra. Em 1934, o Aufsichtsrat, presidido pelo Secretário de Estado Walther Funk, do Ministério da Propaganda[77], era constituído pelo subsecretário do Ministério do Interior, Hans Pfundtner, pelo diretor geral do Ministério da Propaganda, dr. Erich Greiner, pelo conselheiro do Ministério das Finanças do Reich, Joachin von Manteuffel, pelos conselheiros do Ministério da Propaganda, dr. Eugen Ott e Otto von Keudell e, como único representante da orquestra, por Lorenz Höber[78], uma concessão cosmética à orquestra[79].

As garantias obtidas por Furtwängler junto a Goebbels pressupunham uma relação de favores, mas o conselho administrativo representava uma autoridade legal que estava acima de sua reivindicada "liderança (*Führung*) absoluta". Se o interesse de Furtwängler era conservar certo grau de independência da Filarmônica perante o governo, isto não significava

Dirigent. Regerá todas as apresentações da orquestra sempre e quando não sejam conduzidas pelo conselheiro de Estado dr. Furtwängler".
73 Ibidem.
74 BArch (BDC) RK 0002, Furtwängler, Carta manuscrita, 4.12.1934.
75 BArch R55/1148, BPhO, de Stegmann ao RMVP, Funk, 19.12.1934.
76 BArch (BDC) RK 002, RMVP, Von Keudell, 12.3.1934.
77 Walther Funk foi, mais tarde, promovido por Hitler a Ministro da Economia do Reich. Nos processos de Nurembergue, em 1946, Funk foi condenado a vinte anos na prisão de Spandau.
78 BArch R55/245, da Direção da Orquestra Filarmônica de Berlim GmbH, 12.10.1935.
79 BArch (BDC) RK 002, RMVP, Von Keudell, 12.3.1934: "Concessão à orquestra que cumpre formalmente o desejo – em realidade impraticável – do sr. Furtwängler de criar um 'Conselho Assessor da Direção' formado por membros da orquestra".

que pretendesse preservar a estrutura comunitária da orquestra. Antes, visava assegurar seu próprio poder sobre um instrumento musical superlativo. O conselho administrativo, por seu turno, estava menos interessado no padrão artístico da orquestra *per se*, ou em satisfazer as ambições de Furtwängler, do que em cumprir um mandato para reformar a orquestra, transformando-a, dadas as necessidades do governo, num embaixador cultural efetivo e eficiente do Reich. Uma nova batalha política estava em gestação.

Em 10 de março de 1934, o dr. Erich Greiner convidou representantes do Ministério da Fazenda do Reich e o Secretário Walther Funk para uma reunião nos escritórios do Ministério da Propaganda, onde apresentou seu projeto para uma nova estrutura da Filarmônica[80]. O plano previa limitar a função de Furtwängler a "regente da orquestra" que, "por um salário negociado, seria contratado para um número anual específico de concertos em Berlim e no exterior"[81]. Isso significava reconduzir o regente ao *status* anterior ao das reformas de 1933 – uma figura musical representativa com autoridade organizativa insubstancial.

Além de definir o papel de Furtwängler, o plano criava duas novas figuras administrativas: o "diretor artístico" (também segundo regente) e o "gerente com formação comercial"[82]. Ambos os cargos eram novidade, introduzindo um nível de profissionalização administrativa antes inexistente na gestão da orquestra. Para esses cargos, Von Schmidtseck, intimamente ligado a Furtwängler, foi avaliado como não sendo nem um líder artístico adequado nem um administrador competente. Como diretor artístico e regente residente alternativo, Greiner imaginava um regente ao estilo de Carl Schuricht[83] – um músico respeitado que, não sendo uma ameaça a Furtwängler, ofereceria um contrapeso à sua dominância.

Mais importante que o cargo artístico, porém, era o de diretor comercial (*kaufmännischen Geschäftsführer*), cuja função responderia pelos negócios financeiros e comerciais da orquestra e pela significativa coordenação com os ministros

---

[80] Ibidem.
[81] Ibidem.
[82] Ibidem.
[83] BArch (BDC) RK 002, RMVP, Von Keudell, Nota, 14.3.1934.

de Estado[84]. Essa figura substituiria Höber e era vista pelo Ministério como uma "nomeação extremamente importante"[85]. Tirar o gerenciamento das mãos da orquestra e inserir um gestor profissional não era apenas uma questão ligada à competência administrativa, mas decisiva para determinar a forma futura da organização da orquestra.

Após a tomada do poder pelos nazistas, as práticas comerciais, os protocolos organizativos e as estruturas institucionais não mudaram da noite para o dia. Reformas – pragmáticas, jurídicas, ideológicas – demandavam implementação. A meta era a "unificação" (*Gleichschaltung*), isto é, a harmonização das instituições públicas e de governo com os princípios do nacional-socialismo. Isso subentendia não somente a aplicação das políticas raciais, mas a cravação das hierárquicas estruturas de poder em consonância com o "princípio do *Führer*", ou banhada na obediência submissa ao *Führer*, ao Partido e à Pátria.

A Filarmônica não estaria fora de tudo isso. O que Greiner e o Ministério da Propaganda procuravam num diretor comercial era um homem para acompanhar o processo de "unificação", a saber, um confiável membro do partido, experiente em negócios, que pudesse efetivamente gerir os negócios da Filarmônica e responder positivamente às demandas do governo. Quando, dois dias mais tarde, Furtwängler inteirou-se do plano, naturalmente se opôs à nomeação de um diretor comercial, argumentando que as qualidades de Höber e de Von Schmidtseck eram adequadas à função[86]. Ignorando suas objeções, o Ministério da Propaganda pôs em marcha a busca pelo homem certo.

No sistema burocrático do Terceiro Reich, inexistiam procedimentos ou caminhos processuais específicos para postulações, contratações e nomeações laborais. Os departamentos de pessoal dos vários ministérios funcionavam basicamente por meio do nepotismo burocrático. Numa escassa transparência processual, as postulações eram encaminhadas por relação ou referência pessoal, com contratações efetivadas ou pelos próprios chefes de departamento ou, no caso da Filarmônica, por consenso do Aufsichtsrat. O Terceiro Reich, todavia, gerava um

---

84 BArch (BDC) RK 002, RMVP, Von Keudell, 12.3.1934.
85 Ibidem.
86 BArch (BDC) RK 002, RMVP, Von Keudell, Nota, 14.3.1934.

ambiente traiçoeiro – era um regime nascido do espírito de vingança. Oportunismo, acrimônia, suspeição e ganância infectavam todos os espaços sociais. Com relação às nomeações políticas na Filarmônica, intrigas de bastidor sempre as rondaram.

Na primavera de 1934, o Ministério da Propaganda examinou alguns candidatos na busca por um gerente comercial filarmônico. Um certo senhor Müller[87], a quem Furtwängler descreveu como "muito simpático"[88], foi proposto, mas logo descartado. O maestro continuava tendo influência, ainda que formalmente desenraizado. Um homem chamado Sellschopp, de Lübeck, por breve período figurou como candidato, visto ser "curador especial do Ministério", mas recusou-se a trabalhar com Von Schmidtseck[89]. Paul Wehe – cujas referências atestavam ser não apenas "um extraordinário homem de negócios e gestor"[90], mas "um membro fiel e de absoluta confiança do partido [...], um cidadão honrado de mentalidade exemplar e consciência política elevadíssima"[91] –, tampouco foi contratado, apesar das credenciais políticas (membro do partido desde 1930) e comerciais adequadas[92]. Von Schmidtseck, provavelmente agindo no interesse de Furtwängler[93], manifestaria reservas – não especificadas – a seu respeito[94].

No dia da recusa de Paul Wehe, outro candidato foi apresentado a Furtwängler, que lhe pareceu mais adequado ao cargo[95]. Karl Stegmann, aparentemente, não tinha um passado musical, provinha do mundo comercial, pois sua família

---

[87] Não deve ser confundido com Otto Müller, harpista da Filarmônica e membro do *Vorstand* da orquestra entre 1895 e 1930.
[88] BArch (BDC) RK 002, RMVP, Von Keudell, Nota, 14.3.1934.
[89] BArch R55/1147, RMVP, Von Keudell, Nota, 11.4.1934.
[90] BArch R55/197, Barão Schleinitz, Referência, 8.5.1934.
[91] BArch R55/197, Presidente do Senado dr. Seeliger, Referência, 7.4.1934.
[92] Ibidem.
[93] BArch R55/197, RMVP, dr. Ott, Nota, 28.5.1934: "Sr. Von Schmidtseck manifestou, no dia 14 de maio, algumas dúvidas com respeito a Wehe, que não parecem tornar possível o trabalho produtivo em conjunto". Não há dados sobre que tipo de dúvidas são essas.
[94] BArch R55/197, RMVP, a *Pg.* (membro do partido) Wehe, 28.5.1934: A notificação a Wehe diz: "Prezado camarada Wehe! Em função da discussão pessoal no Ministério e da conversa com o Conselheiro de Estado, sr. Furtwängler, preciso comunicar ao senhor que, infelizmente, não posso fazer uso de seus préstimos como *Geschäftsführer* da BPhO GmbH. Os desejos do sr. Furtwängler estavam tão centrados numa dada lógica, que consideramos impossível não atender a eles".
[95] BArch (BDC) RK 00024, BPhO, de Schmidtseck ao RMVP, Ott, 24.5.1934.

negociava com produtos têxteis[96]. Para além do caráter determinado e de suas experiências comerciais ("extraordinários conhecimentos teóricos e práticos de contabilidade"[97]), Stegmann possuía uma grande vantagem: no ano anterior, havia prestado serviços à Frente de Trabalho Alemã que, apesar do nome, era uma organização antitrabalhista patrocinada pelos nazistas. Ali, sobretudo, se ocupara da "liquidação" da Agência Central de Emprego, adquirindo, assim, experiência em operações de "unificação" no interior dessa organização sindical[98]. Nesse processo, foi responsável por uma auditoria financeira completa dessa associação "marxista", expondo suas irregularidades e abusos às autoridades e supervisionando a transferência de seus ativos para o Estado[99]. Stegmann, membro da SA, foi descrito como um "nacional-socialista dos pés à cabeça"[100]. Além do mais, "ele sabe lidar com pessoas difíceis"[101]. O Ministério da Propaganda achara seu homem. Em 1º de junho de 1934, Karl Stegmann foi nomeado, em caráter probatório[102], segundo gerente da Orquestra Filarmônica de Berlim[103], permanecendo no cargo por quase onze anos.

Dois anos após sua nomeação, Stegmann enfrentaria um teste muito mais sério quando sua inscrição como membro do partido nazista esteve a ponto de ser revogada em razão de uma denúncia anônima[104]. A acusação: Stegmann havia pertencido a uma loja druídica. Redigindo um apelo apaixonado ao partido, ele tenta assim reafirmar suas credenciais ideológicas. Lembrou às autoridades do partido como, desde que fora contratado pelo Ministério da Propaganda, em 1934, tinha "buscado incessantemente oportunidades para trabalhar pelos interesses

---

96 BArch (BDC) RK 00024, Referência, 16.5.1934.
97 BArch (BDC) RK 00024, Associação Alemã de Empregados, Referência Stegmann, 17.5.1934.
98 BArch (BDC) RK 00024, Frente de Trabalho Alemã, Referência Stegmann, 1.6.1934.
99 BArch (BDC) RK 00024, Associação Alemã de Empregados, Referência Stegmann, 17.5.1934.
100 Ibidem.
101 Ibidem.
102 BArch (BDC) RK 00024, RMVP, Ott a Stegmann, 10.5.1934: "podendo ser revogado a qualquer época".
103 BArch (BDC) RK 00024, Contrato entre a BPhO e Karl Stegmann, 12.6.1934.
104 BArch (BDC) RK 00024, NSDAP, Nationalsozialistische Deutsche Arbeiterpartei, Resolução Karl Stegmann, 1.7.1936.

nazistas"¹⁰⁵. Stegmann apelou ao Ministério da Propaganda e aos seus benfeitores no Aufsichtsrat para que intercedessem a seu favor¹⁰⁶. Em fevereiro de 1937, Walther Funk, presidente do Aufsichtsrat filarmônico e futuro ministro da Economia do Reich, escreve uma petição a seu favor. Nela, Funk não somente louvava os serviços administrativos prestados por Stegmann à Filarmônica, como asseverava que, em sua "especial missão" na orquestra, conhecera um "nacional-socialista honrado e convicto". A carta também enfatizava, categoricamente que, caso sua inscrição partidária fosse revogada, a despeito de seus serviços exemplares, Stegmann não poderia, então, continuar vinculado à Filarmônica. Na palavra do peticionário:

> O sr. Stegmann foi nomeado diretor da Orquestra Filarmônica de Berlim GmbH, em 1934, com a missão especial de dar ao partido e seu programa o lugar merecido dentro desta organização musical, e ordenar sua área comercial. O sr. Stegmann cumpriu ambas as tarefas. Posso assegurar que, em suas funções, sempre se mostrou um nacional--socialista honrado e convicto. É possível que sua exclusão do partido também o obrigue a renunciar a seu posto como gerente da Filarmônica. Isto seria um golpe para a organização.¹⁰⁷

O diretor teve sorte: o chefe do Distrito de Berlim era Goebbels, seu chefe *de facto*. O apelo de Stegmann percorreu toda a cadeia de comando, chegando ao gabinete do Chanceler. Em 31 de maio de 1938, chegou a notícia de que Stegmann, "apesar de já ter pertencido a uma loja druídica, continuaria membro do partido. a. [assinado] Adolf Hitler"¹⁰⁸.

É difícil avaliar qual a dimensão do fervor nazista de Stegmann no cumprimento de suas tarefas junto à Filarmônica¹⁰⁹. Não há documentos internos da orquestra relatando

---

105   BArch (BDC) RK 00024, Informe Stegmann, 10.2.1937.
106   BArch (BDC) RK 00024, RMVP ao Tribunal Superior ao NSDAP, 10.11.1936.
107   BArch (BDC) RK 00024, RMVP, Funk ao suplente de chefe do distrito do NSDAP para a área da Grande Berlim, Görlitzer, 10.2.1937.
108   BArch (BDC) RK 00024, Transcrição, Adolf Hitler, 31.5.1938.
109   Um exemplo das opiniões políticas privadas de Stegmann é citado por Franz Jastrau em seu testemunho durante o processo de desnazificação de Furtwängler, em dezembro de 1946: "No ano de 1937, na Inglaterra, fui testemunha de como o sr. Huld, gerente local [...] e o sr. dr. Furtwängler [...] conversavam com o sr. Stegmann, nosso membro nazista [...] O sr. Huld disse: 'Querido Stegmann, você não deveria realizar turnês só pela Inglaterra

diretivas de natureza especialmente invasiva ou ideológica. Num ambiente tão politizado, entre documentos tão diversos como solicitações e apologias, é difícil distinguir convicção de bravata, persuasão ideológica de oportunismo profissional. Em última instância, no caso Stegmann, foi sua competência profissional, antes da exibição dos seus méritos nazistas, que o salvou. Por outro lado, uma coisa estava clara: sem boas credenciais nazistas, nem Stegmann nem qualquer outro ocuparia um cargo administrativo na Filarmônica.

Em junho de 1934, com o cargo – vital – de gerente comercial preenchido, Greiner procurou "imprimir velocidade à reorganização e reestruturação" da Orquestra Filarmônica de Berlim GmbH[110]. Seu estatuto foi ratificado "por uma assembleia extraordinária de acionistas"[111] em 18 de junho de 1934. A ratificação foi mera formalidade, visto que os membros da orquestra já haviam vendido suas ações ao Reich. Embora no papel permanecessem vigentes os estatutos referentes à maioria nas votações e à exigência de quórum de dois terços dos acionistas principais nas assembleias anuais gerais[112], posto o monopólio da orquestra, o Reich podia impor legal e unilateralmente sua vontade.

Os termos do novo estatuto da orquestra dividiam a organização em três partes: a Gerência, o Conselho de Administração (Aufsichtsrat) e a Assembleia dos Acionistas, com o poder concentrado nos dois primeiros[113]. A gerência era constituída por dois gestores que representavam a empresa interna e externamente[114]. Embora, em princípio, essa estrutura piramidal refletisse a lógica estruturalmente hierárquica do *Führerprinzip*, no caso da orquestra a corrente de poder fluía inversamente. O Reich,

---

e Escócia; deveria percorrer todas as nossas colônias, mas se deseja que este assunto não chegue a Hitler, então deve tomar cuidado'. O dr. Stegmann, como nazista, protestou um pouco, mas depois mirou o sr. dr. e disse: 'Sei, sr. dr., que vossa senhoria não tem qualquer simpatia por todo esse assunto'". BArch (BDC) RK W0002, p. 96.
110 BArch (BDC) RK 00024, RMVP, Greiner, Nota, 4.6.1934.
111 BArch (BDC) RK 00024, BPhO, de Schmidtseck ao RMVP, Ott, 24.5.1934.
112 BArch R55/951, Contrato da BPhO GmbH, 18.6.1934.
113 Ibidem, Parte 13: "A decisão sobre a aprovação do balanço fica nas mãos da assembleia ordinária dos associados, segundo proposta da comissão de controle; a aprovação do balanço implica a transferência da responsabilidade dos gerentes e da comissão para a assembleia".
114 Ibidem, Parte 7.

representado pelo Ministério da Propaganda, era o único acionista. A esse órgão cabia aprovar as nomeações para o conselho de administração. Este, por seu turno, controlava as indicações para a gerência, com a explícita anuência do Ministério e com o selo ratificador de Goebbels[115]. A gerência prestava contas à assembleia dos acionistas, no caso, o próprio Reich. Em suma, o novo estatuto servia para regular as relações do Reich consigo mesmo.

O sistema de dois gerentes representava uma variação heterodoxa do *Führerprinzip*. Era uma espécie de coabitação entre Furtwängler e a burocracia estatal. Von Schmidtseck operava como Diretor Artístico e como segundo regente, ou substituto de Furtwängler. Inicialmente, Greiner e o Aufsichtsrat imaginaram o posto como uma efetiva forma de contrapeso a Furtwängler, não como um ente que a ele se aliasse[116]. Stegmann, como gerente comercial (*kaufmännischer Geschäftsführer*), ou segundo gerente, nesse ínterim, tratava de promover a reestruturação comercial da orquestra e aparar suas arestas nas relações com o governo. Agindo assim, acreditava exercitar seu elogiado talento para "trabalhar com pessoas difíceis"[117]. Mas, enquanto Furtwängler efetivamente exerceu a direção da orquestra, o arranjo se manteve instável. Embora sua organização se reordenasse para atender aos novos critérios da administração institucional, a Filarmônica – como comunidade musical – e sua programação permaneceram fora do alcance da burocracia estatal e firmes nas mãos do regente-chefe.

Conflitos de agenda irromperam em muitas áreas: orçamentária, financeira, nos contratos e na programação. Em 1934, o Ministério da Propaganda tentou limitar contratualmente a autonomia de Furtwängler, estipulando em até RM 850 o cachê por solista convidado. "Casos excepcionais", informaram ao regente, "exigirão aprovação da gerência. A contratação de não arianos está proibida, sob quaisquer circunstâncias."[118]

---

115 Ibidem, Partes 7 e 8.
116 BArch BDC RK002, RMVP, Von Keudell, Nota, 14.3.1934. Com o argumento de que Schuricht seria "grande demais" para substituí-lo, Furtwängler propôs o mestre de capela Papst, de Hamburgo, outra vez uma figura "fraca" como alternativa a Von Schmidtseck.
117 BArch (BDC) RK 00024, Associação Alemã de Empregados, Referência Stegmann, 17.5.1934.
118 BArch X, Esboço de contrato, 20.7.1934.

Era irrelevante se Furtwängler alimentava a intenção de contratar solistas a custo superior, ou que fossem não arianos. Essas novas medidas burocráticas colidiram frontalmente com o maestro, pois se tratava de interferência política em sua esfera de interesse, situação que se consubstanciava para ele no pomo da discórdia primário com o regime. Em verdade, isso era uma provocação. Então, ao fluir de 1934, a frustração mutuada entre ambos os lados crescia: no Estado, pela falta de progresso no movimento de "unificação" da Filarmônica; em Furtwängler, posta a preocupação em defender a liberdade artística. O rompimento ocorreria em dezembro de 1934.

Em 12 de março desse ano, numa apresentação dos Philharmonische Konzerte, Furtwängler regeu, dentre outras obras, a estreia da sinfonia "Mathis, o Pintor", de Hindemith. Assim, por este extrato, antecipava a *première* da ópera homônima do compositor, que seria encenada na Berliner Staatsoper, também sob a batuta de Furtwängler, no inverno de 1934. Paul Hindemith, que morava em Berlim e tinha uma relação antiga com a Filarmônica, como compositor e como solista[119], em homenagem ao 50º aniversário da orquestra, em 1932, dedicou suas "Variações para Orquestra" a Wilhelm Furtwängler e à Filarmônica.

Não obstante, a recepção da sinfonia foi tempestuosa. Isso pode ser atribuído ao choque entre a linguagem musical progressista do compositor e os gostos estéticos reacionários dos nazistas. Mas, principalmente, a tempestade ocorreu em função da trama da ópera na qual a sinfonia se baseava: centrada na relação entre arte e liberdade, constituía-se em matéria muito sensível. Politicamente, a ópera poderia ser interpretada como um ato de dissidência. Em julho de 1934, a sinfonia "Mathis, o Pintor" foi definitivamente proibida de ser levada à Staatsoper[120]. Contrariado por mais uma afronta à sua autoridade, nos meses seguintes Furtwängler apelou às suas altas relações, incluindo Hitler, Göring e Goebbels, na tentativa de suspender a proibição[121], mas foi em vão.

---

119 Em dezembro de 1932, Hindemith tocou a parte do solista na obra "Haroldo na Itália", de Hector Berlioz; aparecendo no mesmo programa, o próprio Prokófiev tocou seu Quinto Concerto para Piano.
120 *Cadernos de Furtwängler*, Furtwängler a Göring, 7.7.1934; F.K. Prieberg, *Handbuch Deutsche Musiker 1933-1945*, p. 1776; CD-ROM <www.fred-prieberg.de>.
121 F.K. Prieberg, *Handbuch*, p. 2992-3000.

Em 4 de dezembro de 1934, num ato de teatralidade política, mas também motivado por princípios éticos, Furtwängler pagou para ver o blefe do regime, a saber: apresentou ao governo um pedido formal para o imediato cancelamento de suas funções como diretor da Staatsoper, como regente da Filarmônica e como vice-presidente da Câmara de Música do Reich[122]. Embora o desencadeante imediato desse ato dramático não estivesse em uma área da alçada de Goebbels (a Staatsoper era um protetorado de Göring), no dia seguinte o ministro da propaganda aceitou as renúncias de Furtwängler, indicando-lhe que procurasse o Ministério para esclarecer detalhes legais e financeiros[123]. Se a saída de Furtwängler representou, de um lado, um forte golpe no prestígio do regime, de outro, deu ao ministério de Goebbels a chance de completar seu trabalho de reorganização da Filarmônica sem perturbações. Passados mais alguns dias, o aliado de Furtwängler, Von Schmidtseck, foi suspenso de suas funções[124].

A renúncia de Furtwängler chocou a Filarmônica e seu público, no país e no exterior. Nos dias subsequentes, 350 dos cerca de mil assinantes dos Philharmonische Konzerte, dentre os quais aqueles ainda dos tempos de Hans von Büllow[125], cancelaram ou devolveram suas assinaturas[126]. Na orquestra o clima era de crise. Os músicos haviam confiado que Furtwängler os conduziria na transição entre uma frágil cooperativa musical à Reichsorchester, mas ele os abandonara. Alguns se sentiam traídos, outros viam na atitude do regente um ato de resistência. A carta de despedida de Furtwängler para a orquestra, que assim concluía – "não é fácil deixar uma parceria de quase duas décadas, com todas as nossas realizações conjuntas. Jamais esquecerei o tempo em que trabalhamos juntos"[127] –, deixava uma impressão ambígua.

Depois de tudo o que já havia passado, a orquestra, então, parecia à beira da dissolução. Stegmann escreveu a Walther Funk:

---

122 BArch (BDC) RK 0002, Transcrição, ao sr. Ministro do Reich para o Esclarecimento do Povo e Propaganda, 4.12.1934.
123 BArch (BDC) RK 0002, Transcrição, Goebbels a Furtwängler, 5.12.1934.
124 Ibidem.
125 BArch R55/1148, BPhO, Stegmann ao Presidente da Comissão de Controle da BPhO, 19.12.1934.
126 BArch R55/1148, BPhO, Stegmann ao RMVP, 2.1.1935.
127 P. Muck, op. cit., v. II, p. 115.

Tememos que com a partida do dr. Furtwängler, se não de imediato, certamente no longo prazo, os melhores artistas da orquestra comecem a abandoná-la, diminuindo a reputação da instituição, o que levaria à perda de uma das melhores ferramentas de propaganda cultural no exterior à disposição do senhor Ministro do Reich, dr. Goebbels.[128]

Ciente dos riscos, os funcionários do Ministério da Propaganda tentaram limitar os danos, respondendo a eles tanto defensiva quanto positivamente. No *front* público, o Ministério estava preocupado com o fato de que a saída de Furtwängler fosse vista como "uma derrota moral" do governo[129]. Mesmo sob uma ditadura, a opinião pública joga um papel importante na definição da vida política. Furtwängler, oficialmente, estava em "licença de férias" e a imprensa alimentava a expectativa de que seu retorno se daria num futuro próximo[130].

Por respeito à orquestra, não obstante a renúncia do seu regente, foi prometido aos músicos que Furtwängler poderia tornar ao pódio, como regente convidado, já na primavera[131]. Entrementes, Karl Stegmann buscou o apoio de Lorenz Höber, pois acreditava que por sua longa associação a Furtwängler "detinha autoridade" para manter a orquestra unida e estabelecer alguma orientação artística[132]. De Munique, o regente continuava a manifestar suas opiniões[133].

Para cobrir a lacuna deixada na programação pela saída de Furtwängler e pelo subsequente cancelamento solidário de Erich Kleiber[134] – que deveria reger uma série própria de seis concertos –, foi convocada, para 2 de janeiro de 1935, uma reunião extraordinária entre Stegmann, Höber e o diretor executivo da Câmara de Música do Reich. O objetivo era elaborar, a todo custo, uma programação emergencial para o restante da temporada de 1934-1935. A Câmara de Música do Reich – uma divisão da Câmara de Cultura do Reich – foi criada por

---

128 BArch R55/1148, BPhO, Stegmann ao Presidente do Conselho de Supervisão da BPhO, 19.12.1934.
129 BArch R55/1147, RMVP, Schmidt-Leonhardt, Nota, 11.12.1934.
130 BArch R55/1148, BPhO, Stegmann ao Presidente do Conselho de Supervisão da BPhO, 19.12.1934.
131 Ibidem.
132 Ibidem.
133 Ibidem, BArch (BDC) RK 0002, Furtwängler a Funk, 1.3.1935.
134 Cf. A Nossa Música Alemã, infra, p. 189 e s.

Goebbels como uma espécie de sindicato de compositores, músicos, críticos e agentes. Era uma organização eminentemente política à qual tinham de se associar todos aqueles profissionalmente ativos nessas áreas. Embora Goebbels, ao fundá-la, tivesse nomeado Furtwängler seu vice-presidente (o presidente era Richard Strauss), o Ministério da Propaganda acreditava que a Câmara de Música, agora, proveria "as mãos protetoras e estimulantes" necessárias à orquestra durante o "desconfortável período de transição em curso"[135].

Do ponto de vista organizacional, as novas circunstâncias preparam o navio filarmônico para a guerra da disputa da liderança artística. Com Furtwängler fora de cena e a grande orquestra à deriva, os oportunistas não tardaram. Provindas de toda a Alemanha, cartas de regentes afiliados ao nazismo que se ofereciam como sucessores de Furtwängler começaram a chover no Ministério da Propaganda. Certo Friedrich Jung, membro do partido, "diretor musical do coro masculino Berliner Liedertafel" e "colaborador no Festival de Bayreuth desde 1925", escreveu diretamente a Goebbels solicitando uma audiência pessoal para discutir sua candidatura ao posto de regente da Filarmônica de Berlim[136]. O prof. Leopold Reichwein, que declarava ser "o primeiro-regente alemão importante a abraçar abertamente o nacional-socialismo" e que o havia defendido nas épocas de luta mais difíceis para o movimento no jornal do partido, o *Völkischer Beobachter*, para o qual escrevia com frequência[137], postulou, junto à Câmara de Música do Reich, a função de regente permanente ou convidado[138]. Ideólogos nazistas, tanto do Ministério da Propaganda como da comunidade musical alemã em geral, viram nisso a chance de reivindicar o controle da orquestra e moldá-la segundo seu ideário.

Em meio à pletora de interesses conflitantes – Furtwängler, Goebbels, a orquestra, os burocratas do Ministério da Propaganda, a Câmara de Música do Reich, o partido –, na luta entre ideologia e pragmatismo pelo controle da Filarmônica, a

---

135 BArch R55/1148, RMVP ao RMK, Reichsmusikkammer (Câmara de Música do Reich), Ihlert, 17.1.1935.
136 BArch R55/1148, Jung a Goebbels, 3.1.1935.
137 ZBZ, Furtwängler, Legado BF: 48 ao RMVP, Funk, 23.7.1935.
138 BArch R55/1148, RMVP ao RMK, Ihlert, 17.1.1935.

natureza dúbia das práticas políticas do regime se evidenciou novamente. A personagem mais forte que emergiu da debacle desencadeada pela renúncia de Furtwängler foi Hermann Stange, regente de talento sabidamente modesto que havia sido diretor musical em Sofia, Bulgária e em Helsinki, Finlândia. Sua ambição, conexões e persistência o alçariam ao topo da principal instituição musical da Alemanha.

Em maio de 1933, Hans Hinkel, Comissário do Reich para assuntos culturais no Ministério da Propaganda, recebeu uma carta de Hermann Stange[139]. Nela, o remetente descrevia suas realizações em dois anos de trabalho – de 1930 a 1932 – como diretor geral de música da Ópera Nacional Búlgara, em Sofia. Na sequência, exprimia seu desapontamento por não ter recebido, no retorno à Alemanha, qualquer reconhecimento por sua exitosa representação dos "interesses culturais da pátria no exterior"[140]. Desempregado e acusando a "Frente Judaica" (*die jüdische Front*)[141] por isso, encontrou apoio na Associação de Luta pela Cultura Alemã, à qual se filiou em agosto de 1932, ano em que também se tornou membro do partido nazista. E Stange, mesmo depois da ascensão de Hitler, se lamentava: "Ainda hoje preciso lutar por trabalho e reconhecimento". Assim, Stange estava pedindo a Hinkel que o ajudasse a achar um emprego. É provável que um encontro entre eles tenha ocorrido depois dessa carta inicial[142].

Entre 13 e 14 de junho de 1933, Stange enviou cartas praticamente idênticas a Göring e a Goebbels. Uma vez mais elencou seus êxitos na Bulgária, ressaltando o desejo de "trabalhar especialmente no interesse da propaganda cultural alemã"[143]. De volta à Alemanha e firmemente comprometido com a causa do partido nacional-socialista, Stange apelou aos líderes por um

---

139 BArch (BDC) RK N39, Stange a Hinkel, 6.5.1933.
140 Ibidem.
141 Ibidem: "De volta à minha terra, não pude combater a Frente Judaica de minha pátria; nem sequer consegui um lugar como convidado na Berliner Staatsoper, que me havia sido prometido por razões de representação e graças ao apoio do embaixador alemão em Sofia; enquanto isso, ao mesmo tempo, houve vários concertos de um regente judeu estrangeiro e sem renome, que gozava de emprego fixo num teatro alemão estatal".
142 BArch (BDC) RK N39, Hinkel a Emil Georg von Strauss (Deutsche Bank), 26.8.1933.
143 BArch (BDC) RK N39, Stange a Goebbels, 14.6.1933.

trabalho[144]. As cartas eram tediosas e autolaudatórias. Embora invocassem retórica de jaez ideológico, realmente não sugeriam um genuíno fervor nazista. Reger Mozart e Humperdinck na Bulgária, ao invés de clássicos italianos e russos, como Stange gostava de alardear, não era o tipo de propaganda radical que o regime adotava, embora fosse mais refinada. Igualmente, a retórica antissemita de Stange parecia provir mais das frustrações profissionais – por seu turno, antes nascidas de sua mediocridade – que de um arraigado sentimento de superioridade racial.

Sem dúvida, o talento de Stange era a persistência, ele mantinha contato com Hinkel ao mesmo tempo que procurava, por toda a Alemanha, uma colocação em orquestras e teatros[145]. Por mais de um ano perseguiu tenazmente cada oportunidade surgida, finalmente infiltrando-se no mapa. Em novembro de 1934, Stange escreveu a Rudolf Hesse, Ministro do Reich e vice-líder do partido (*Stellvertreter des Führer*), afirmando ter sido recomendado por Hinkel[146]. Após uma breve descrição de suas atividades na Bulgária, Stange foi direto ao assunto:

> Ao retornar à Alemanha, vinculei-me de imediato ao movimento nacional-socialista. Baseando-me nos trabalhos que realizei no exterior – destas atividades o Ministério da Propaganda dispõe de relatórios – procurei, na pátria, dar continuidade à minha carreira em condições apropriadas.[147]

Para Stange, ser membro do partido nazista atava-se diretamente à busca por uma colocação profissional. Como um alemão que vivera no estrangeiro e que, ao regressar, associara-se ao partido, sentia-se com direito a uma posição na "nova Alemanha". Esse sentimento de direito – ou de vantagem profissional – entre os membros do partido era alimentado pela própria propaganda nazista. Se as cartas de Stange para Hess, Göring ou Goebbels moveram alguma coisa, não está claro. Aparentemente, porém, o desenlace veio por intermédio de

---

144 Ibidem.
145 BArch (BDC) RK N39, Hinkel a Emil Georg von Strauss (Deutsche Bank), 26.8.1933.
146 BArch (BDC) RK N39, Stange a Hess, 3.11.1934.
147 Ibidem.

Hinkel, em conexão com as "mãos protetoras e estimulantes"[148] da Câmara de Música do Reich.

Quando Furtwängler entrou em choque com o regime, não renunciou apenas ao posto que ocupava na Filarmônica, mas também desistiu da vice-presidência da Câmara de Música do Reich. Hinkel, deslocado para o ministério de Goebbels, era o principal burocrata responsável pela Câmara de Cultura do Reich. Com a vacância do cargo na Câmara de Música, Hinkel, que se autoproclamava "administrador de cultura do Reich" (*Reichskulturverwalter*)[149], nomeou Stange como sucessor de Furtwängler, em dezembro de 1934[150]. Nesse sentido, o engate entre a Filarmônica e a Câmara de Música na esteira da saída de Furtwängler deu a Stange a oportunidade de engenhar sua volta ao pódio alemão.

Stange não esteve na reunião extraordinária de Stegmann e Höber com representantes da Câmara de Música, em 2 de janeiro de 1935, mas sua presença assomava-se. Heinz Ihlert, representando Richard Strauss, presidente da Câmara de Música, anunciou que, "a pedido do Ministro da Propaganda, seu novo vice-presidente regeria o primeiro Philharmonische Konzerte desde a saída de Furtwängler, em 14 de janeiro[151]. Os lances de bastidor de Stange surtiam resultado. Todavia, o representante do Ministério da Propaganda, Karl Stegmann, mostrou-se financeiramente preocupado com a decisão, pois o dramático concerto em vista exigia um regente de renome que pudesse pacificar os nervos do público. Eugen Jochum, de Hamburgo, assumiu a tarefa, e acertou-se que Stange poderia reger os subsequentes concertos filarmônicos por assinatura[152].

Nesse ínterim, Stange tinha contatado informalmente Höber para preveni-lo de que não aceitaria concertos de segunda classe[153]. Não obstante, a orquestra não compartia a opinião positiva que Stange tinha sobre si mesmo. Na verdade, naquelas circunstâncias, provavelmente nenhum regente sobre a terra teria satisfeito a Filarmônica como sucessor de

---

148 BArch R55/1148, RMVP a RMK, Ihlert, 17.1.1935.
149 BArch R56I/109.
150 BArch (BDC) RK N39, Havemann a Hinkel, 22.5.1935.
151 BArch R55/1148.
152 Ibidem.
153 BArch R55/1148, RMK, Ihlert ao RMVP, Funk, 4.1.1935.

Furtwängler. Seja como for, dias depois, a orquestra adotaria "uma atitude claramente hostil em relação a Stange"[154] que, após tanta conspiração e esforço, não aceitou a recusa. Utilizando os contatos feitos no novo cargo, tramou não só para assegurar a posição de regente convidado da Filarmônica, como para preencher a vaga aberta com a saída de Von Schmidtseck. Em 21 de janeiro de 1935, em nome da assembleia de acionistas, Walther Funk nomeou "Hermann Stange como sucessor de Von Schmidtseck na gerência geral da Filarmônica e como seu regente principal"[155]. Com isso, Höber foi outra vez marginalizado, e sem a presença dominante de Furtwängler, a quem Von Schmidtseck submetia-se inteiramente, Stange concentrou as tarefas de Intendant, diretor artístico e regente principal.

O contrato inicial de Stange expirava em 30 de junho de 1935[156] – quando se esperava que a situação de Furtwängler fosse definida –, mas foi estendido até setembro[157]. A natureza exata das atividades de Stange como *Geschäftsführer* não está clara. Aparentemente, abraçou suas funções com vigor, tomando diversas iniciativas[158]. No entanto, ao invés de satisfazer suas ambições, o poder do cargo parece ter reforçado apenas sua propensão à autopromoção[159]. Seus planos para a orquestra apenas indispuseram os músicos ainda mais.

Certamente estimulado pelos relatos dos antigos colegas, Furtwängler, do seu quase-exílio em Munique, escreveu uma carta feroz ao Secretário de Estado, Walther Funk, denunciando Stange como um "fantasiador com incontroláveis ideias reformistas" que "engrandece de forma quase patológica suas próprias habilidades e subestima as dos colegas"[160]. Naturalmente, seria estranho se Furtwängler aceitasse com leveza seu sucessor, fosse quem fosse. Mas, nesse caso, argumentou veementemente em defesa da orquestra. Do ponto de vista musical, Furtwängler considerava Stange incompetente para reger os

---

154 Ibidem.
155 P. Muck, op. cit., v. II, p. 117.
156 Ibidem.
157 BArch (BDC) RK 00024, RMVP, Funk à BPhO, 31.7.1935.
158 BArch (BDC) RK N39, Stange ao dr. Daube, Festival Richard Wagner, Detmold, 25.4.1935.
159 BArch (BDC) RK0002, Furtwängler ao RMVP, Funk, 1.3.1935.
160 Ibidem.

Philharmonische Konzerte, sugerindo que, se necessário, poderiam ser-lhe oferecidos concertos nas séries "populares" para que fosse testado. Como um candidato plausível para o cargo de Geschäftsführer, Furtwängler indicou Hans von Benda, produtor radiofônico e regente na rádio, que, ao contrário do pretensioso Stange, "deveria possuir a sensibilidade necessária para lidar com as mais diversas questões musicais"[161].

Algumas semanas depois da impugnação de Furtwängler, a reputação de Stange sofreu novo golpe devido a uma investigação sobre sua antiga filiação ao Partido Socialista Alemão (SDP)[162]. De acordo com diversos relatos, Stange havia privadamente confidenciado ao dr. Friedrich Mahling, da Câmara de Música do Reich, que pertencera ao SDP. O SDP era execrado pelos nazistas. Além disso, a confissão de Stange conflitava com o que ele declarara explicitamente na primeira carta a Hinkel: "Devo mencionar que nunca pertenci a qualquer partido político antes de me filiar ao NSDAP, em 1932"[163]. Stange negou violentamente a acusação, mas era a terceira vez que sua integridade era alvo de dúvidas[164]. A rede de fatores que lhe trouxe proeminência, rapidamente se voltou contra ele.

A sensação de triunfo que Stange deve ter sentido ao alcançar a tão cobiçada proeminência – que o levava a jactar-se – também não era bem vista por seus colegas. Heinz Ihlert assim se referia a Hinkel:

> Através das manipulações mais infantis, ele tentou minar minha autoridade [...] Stange se comporta com presunção tão absurda que se torna ridículo. Por exemplo, determinou às autoridades municipais que, ao reger, os seguintes títulos deveriam ser publicados: Vice-Presidente da Câmara de Música do Reich, Gerente Artístico da Orquestra Filarmônica de Berlim e Diretor Geral de Música![165]

---

161   Ibidem.
162   BArch (BDC) RK N39, Havemann a Hinkel, 22.5.1935.
163   BArch (BDC) RK N39, Stange a Hinkel, 6.5.1933.
164   BArch (BDC) RK N39, Havemann a Hinkel, 22.5.1935: "Hoje, o sr. Stange disse que nunca foi membro do SPD. O sr. dr. Mahling está pronto a jurar essa revelação feita pelo Sr. Stange diante dele. Este é o segundo caso – parecido com o caso Gräner – no qual há testemunha contra testemunha. Teria havido um terceiro caso similar com o sr. prof. Stein".
165   BArch (R. Strauss), RMK, Ihlert a RKK, Hinkel, 22.5.1935, cf. F.K. Prieberg, *Handbuch*, p. 6779.

A essa altura, então, as paredes começaram a desmoronar em volta de Hermann Stange: a orquestra lhe fazia oposição, a Câmara de Música queria destituí-lo da vice-presidência[166] e a imprensa questionava insistentemente suas qualidades artísticas[167]. Além de queixar-se a Funk, Furtwängler, relata-se, tratou da questão pessoalmente com Goebbels[168]. Entrementes, Funk e Hinkel estavam fartos do assunto. Depois de reconhecer publicamente Adolf Hitler como "chefe da política artística do Reich", em fevereiro de 1935[169], tornara-se possível a Furtwängler retomar a regência da Filarmônica. Conquanto sem *status* oficial na Filarmônica até 1952, sua volta, em abril de 1935, definitivamente encerrou a era Stange. Este, ao final da temporada, marginalizado, foi despedido.

A experiência de Stange, atente-se, revela os limites da imposição burocrática nos assuntos internos da Filarmônica. Se o caso Stegmann mostrou como o governo poderia efetivamente inserir um administrador qualificado, com uma missão específica, num papel de liderança, o caso Stange, por sua vez, era um desastre repleto de oportunismo e politicagem. Os burocratas do Ministério da Propaganda cometeram um erro ao pensar que podiam fazer da Filarmônica um joguete, premiando a tenacidade a despeito da qualidade. A competência profissional não podia ser substituída pela invocação de frases ideológicas de efeito e por uma adulação de funcionários apropriados. Decididamente, enquanto Furtwängler conspirava por trás da cena, Stange, aos olhos da orquestra, da imprensa e do público surgia como um pato manco. Mas assim como fora o arquiteto de sua própria ascensão, também forjara a gênese de sua ruína. Ao contar com o sistema para alcançar reconhecimento ao invés de provar aos pares que o merecia, Stange não poderia sobreviver a longo prazo. Não sabemos se chegou a tirar algum ensinamento da experiência, mas os detentores do poder de decisão do Ministério da Propaganda aprenderam a lição.

166 BArch R561/93, Hinkel a Funk, 22.7.1935. Stange foi substituído pelo compositor Max Trapp.
167 BArch (BDC) RK N39, Havemann a Hinkel, 22.5.1935.
168 Ibidem. Ao que parece, Furtwängler disse a Goebbels que "considerava inadequado o sr. Stange, tanto artística quanto humanamente".
169 BArch (BDC) RK W0002, Informe preliminar de desnazificação, dez. 1946, p. 103.

A procura por um novo gerente geral não durou muito. Furtwängler já havia escolhido a pessoa de sua preferência em seu ataque a Stange de 1º de março de 1935: Hans von Benda[170]. Em fevereiro, com sua patética apologia a Hitler e ao regime, rebaixara-se de forma absoluta. Paradoxalmente, porém, sua renúncia o fortaleceu frente à orquestra ao provar o quanto seu bem-estar dependia dele. Considerando o investimento que o regime estava fazendo na Filarmônica, não haveria riscos que colocassem em perigo "o melhor instrumento de propaganda cultural do Reich"[171]. Se Furtwängler poderia tolerar Von Benda, o Ministério poderia igualmente sancioná-lo.

Antes de 1935, Hans von Benda regera a Filarmônica em poucas ocasiões[172]. Sua ocupação principal era a de produtor da Divisão de Concertos da Funkstunde Berlin, um ramo da companhia de rádio do Reich[173]. Algumas fontes garantem que Von Benda era, com toda a probabilidade, membro do partido[174]. Administrador experiente, sua nomeação era vista como uma medida estabilizadora. Como *Geschäftsführer* e diretor artístico, compreendeu sua responsabilidade frente a seus superiores no Ministério – "trabalhar em grupo e em harmonia"[175] –, ao mesmo tempo que, prudentemente, geria a complexa teia de relações de Furtwängler, a saber, a sua própria com o regente, a do regente com o Ministério, a da orquestra com o regente etc.[176]. A situação era bastante delicada:

> O próprio Dr. Furtwängler não tinha um vínculo contratual com a orquestra, já que desde sua volta – depois da renúncia de 1934 – teve receio de se enlaçar firmemente à Alemanha. Não obstante, por sua tradição na orquestra, seus desejos pessoais eram amplamente considerados.[177]

170 BArch (BDC) RKO002, Furtwängler ao RMVP, Funk, 1.3.1935.
171 BArch R55/1148, BPhO, Stegmann ao RMVP, Funk, 19.12.1934.
172 P. Muck, op. cit., v. III.
173 G. Avgerinos, op. cit., p. 105.
174 "Depois da tomada do poder, B. mudou de lado em uma velocidade surpreendente e se apresentou como nacional-socialista. A partir daí, não se conheceram fatos negativos sobre ele. Nos documentos analisados até agora, ele não aparece como membro de um grupo maçônico ou de uma sociedade similar. Não se buscaram antecedentes penais". F.K. Prieberg, *Handbuch*, p. 374-375.
175 BArch (BDC) RK N002, Von Benda ao RMVP, p. 11, c. 1939.
176 Ibidem, p. 10.
177 BArch (BDC) RK N002, Von Benda, Informe, c. 1939.

Embora em algumas ocasiões, nos anos 1933-1934, indivíduos tivessem tentado assumir o controle soberano sobre a orquestra, o intervalo entre 1935 e 1936 viu surgir uma estrutura bastante estável – mas idiossincrática – constituída por esferas e níveis de influência paralelos. O Ministério da Propaganda, essencialmente, controlava a maquinaria orçamentária e legal da instituição, contratando administradores responsáveis para as posições-chaves da gestão que cuidavam do grosso da programação e organização interna da orquestra. Furtwängler, por sua vez, permanecia seu líder musical honorário e, em termos políticos, detinha o trunfo do acesso direto a Goebbels que, em casos pontuais, podia ditar instruções à burocracia. Mas sem um cargo oficial, Furtwängler estava apartado da cotidianidade da orquestra, o que a deixava vulnerável à discricionariedade do regime.

No campo da direção artística, Von Benda elaborou os programas para os dez Philharmonische Konzerte segundo os desejos de Furtwängler[178]. Conforme seu humor e as circunstâncias, regia entre seis a nove desses concertos, contentando, assim, os assinantes e os músicos da Filarmônica. Para além dos concertos, Von Benda tinha a liberdade de modelar o perfil da programação a seu modo. Durante os quatro anos de mandato, empreendeu gradualmente algumas mudanças nas temporadas: reduziu o número de concertos "populares", que antes chegavam a cinquenta por ano, substituindo-os por "vesperais clássicas" temáticas a preços igualmente populares, bem como diminuiu a dependência da orquestra tanto dos concertos privados – isto é, a convite –, quanto para a rádio, ainda que encontrasse uma maneira de pôr-se a si mesmo sob os holofotes – Von Benda proferia falas introdutórias, nas transmissões radiofônicas dos Philharmonische Konzerte, que iam ao ar, ao vivo, nas noites de segunda[179].

Von Benda e Furtwängler pareciam ter uma convivência relativamente pacífica. Mas em maio de 1939, o maestro, abruptamente, peticionou a Goebbels no sentido da demissão imediata de Von Benda[180], que tomou um choque. Aparentemente,

---

178   BArch (BDC) RK N0002, Von Benda ao RMVP, p. 6, c. 1939.
179   BArch R55.197, Informe do diretor artístico, 1938-39.
180   BArch (BDC) RK N0002, Von Benda, Explicação, 18.12.1939.

Furtwängler havia planejado esse passo já há algum tempo. Apesar das garantias obsequiosas dos funcionários do Ministério, que asseguraram a Von Benda "que o senhor ministro, dr. Goebbels, mandou-lhe dizer, expressamente, que não se preocupasse, pois ele o protegia e apoiava"[181], o certo é que a questão foi selada antes que Von Benda se desse conta do que ocorria. Seus contatos eram burocratas bem colocados, mas que nada podiam fazer contra os caprichos das altas autoridades. O *ethos* do poder nacional-socialista consistia numa dinâmica de exploração mútua, que não premiava necessariamente a lealdade. Apesar dos serviços prestados à orquestra e ao poder de Estado, Von Benda era dispensável. Sua demissão foi apenas outra pequena concessão para manter a contínua cooperação de Furtwängler, que escreveu a Goebbels sobre o caso Von Benda em 25 de maio de 1939[182]; no dia 9 de junho seu sucessor já estava no posto[183].

O motivo dado à demissão de Von Benda foi a existência de um conflito de interesses. Concretamente, Furtwängler desaprovava sua carreira paralela como regente, especialmente com a orquestra de câmara formada por membros da Filarmônica, isto é, com a Kammerorchester der Berliner Philharmoniker, também conhecida como Benda Kammerorchester[184]. Furtwängler cuidou para que o contrato do sucessor de Von Benda especificasse que "o Diretor Artístico da Filarmônica não regerá sob qualquer circunstância"[185]. Von Benda apresentou duas razões artísticas em defesa de seu trabalho junto à orquestra de câmara: ele "se adequa à minha forma de ser e sinto como tarefa de vida trazer à luz o maravilhoso tesouro que é a música alemã dos séculos XVII e XVIII"[186]; e uma razão política: "percebi a vantagem de uma orquestra de câmara de aproximadamente vinte e cinco membros como ferramenta para a propaganda no exterior"[187].

---

181 Ibidem.
182 Ibidem.
183 BArch (BDC) PK T0051, RMVP, Diretor de pessoal a Goebbels, 9.6.1939.
184 BArch (BDC) RK N0002, Von Benda ao RMVP, p. 9, c. 1939.
185 BArch (BDC) PK T0051, RMVP, Diretor de pessoal a Goebbels, 9.6.1939.
186 Ibidem.
187 Ibidem.

Posto este contexto, há vários aspectos que devem ser considerados. Von Benda não era um homem destituído de ambições pessoais e, certamente, não queria ou podia abandonar suas pretensões como regente quando assumiu seu cargo na Filarmônica. Por outro lado, as atividades da orquestra de câmara conflitavam, de fato, com os interesses da orquestra, particularmente quando o grupo menor saía em turnê, deixando a Filarmônica às voltas com músicos substitutos. Isso costumava ocorrer por um período de até quatro semanas por ano[188]. Mas Furtwängler sabia das atividades regenciais de Von Benda muito antes de recomendá-lo para o posto de gerente geral, tanto ele quanto o Ministério da Propaganda estavam a par da orquestra de câmara e a toleravam[189]. Por fim, conquanto Von Benda tivesse regido a Filarmônica em muitas ocasiões, limitou-se, diferentemente do seu antecessor, a concertos secundários e durante seu mandato nunca a dirigiu na Philharmonie[190].

Tentando pintar Furtwängler como um querelante insensato, Von Benda propôs a tese de "que a tensão e o conflito com o sr. Furtwängler aumentaram somente quando eu, além de cuidar dos interesses do sr. Furtwängler, fui solicitado a proteger os interesses da orquestra e do Ministério também"[191]. Von Benda citou muitos exemplos de como o comportamento imprevisível e irracional de Furtwängler minaria meses de planejamento cuidadoso. Censurou Furtwängler, ademais, por sua má vontade perpétua em reger a orquestra em funções oficiais ou no estrangeiro, conquanto se proclamasse diretor da orquestra[192]. Escreveria Von Benda sobre Furtwängler: "Em seu caráter e ser existe um artista dotado por Deus que não deve apenas tomar o que se lhe oferece, mas deve aprender a servir."[193]

Em última análise, o conflito Von Benda-Furtwängler e o repentino dano na relação entre eles advinham menos de uma

---

188 BArch R55.197, Informe do diretor artístico, 1938.1939.
189 BArch (BDC) RK N0002, Von Benda ao RMVP, p. 9, c. 1939: "Com a aprovação da Comissão de Controle (Funk) da época e com o conhecimento e a aprovação de dr. Furtwängler, continuei com essas tarefas da Orquestra de Câmara composta por membros da Orquestra Filarmônica de Berlim".
190 P. Muck, op. cit., v. III.
191 BArch (BDC) RK N0002, Von Benda ao RMVP, p. 1, c. 1939.
192 Ibidem, p. 4.
193 Ibidem, p. 11.

questão de prioridades, personalidades difíceis ou incompatibilidade de visões artísticas que de uma questão de rivalidade. Seja como for, a ameaça a Furtwängler não vinha do gerente filarmônico demitido, mas de um novo regente que, em 1938, após uma estreia exitosa na Berliner Staatsoper, a Von Benda "pareceu evidente trazer à Filarmônica"[194]. Furtwängler desenvolveria uma aversão quase patológica por este homem chamado Herbert von Karajan.

Como um novo fenômeno, irrompido na cena da regência berlinense na temporada de 1937-1938, Von Karajan não tardou a fazer conexões nas esferas do poder. Furtwängler tomava-o como uma arma recrutada por interesses poderosos que se levantavam contra ele. Juntamente com outros, acreditava que por trás dessa trama estava não somente o patrono da Staatsoper, Hermann Göring, mas também Goebbels. Anos depois, durante o processo de desnazificação, Furtwängler expressou claramente que sua suspeita do apoio de Goebbels a Von Karajan fora alimentada pelo comportamento de Von Benda[195]. Gerhart von Westerman, o sucessor de Hans von Benda, mais tarde referiria que embora não se pudesse fazer qualquer conexão entre a demissão de Von Benda e aquilo que ficou conhecido como "o caso Von Karajan" (*der Fall Karajan*), "Von Benda tinha um interesse evidente em levar Von Karajan para a Filarmônica"[196]. Na intrincada teia de suspeições, conspiração e manipulação que caracterizou aqueles tempos, uma simples suspeita era o suficiente. O comportamento de Von Benda levou Furtwängler a crer que Goebbels apoiava Von Karajan. Por essa razão, Furtwängler usou Goebbels para demitir Von Benda.

Em 26 de agosto de 1939, Hans von Benda foi oficialmente licenciado pelos seis meses restantes de seu contrato[197]. Este, pois, não foi diretamente cancelado. O que pode ter significado o reconhecimento da natureza conflituosa que marcou a decisão. Em sua notificação de demissão, escrita vários meses mais tarde – talvez em função de preocupações mais urgentes,

---

194 Ibidem, p. 1.
195 BArch (BDC) RK W0002, Desnazificação de Furtwängler, Transcrição, p. 11.
196 BArch (BDC) RK W0002, Nota sobre a conversação com os Srs. Von Westerman e Schmidt, desnazificação de Furtwängler, 7.12.1936.
197 BArch (BDC) PK T0051, RMVP, Diretor de pessoal ao sr. Ministro, 26.8.1939.

como o início da guerra – Goebbels expressava seu "agradecimento pelos esforços/.../que [Von Benda] havia realizado nos últimos anos junto à Orquestra Filarmônica de Berlim"[198]. O ministro deixou nas mãos do *staff* de seu ministério a lida com a desordem provocada pela interferência política nos assuntos burocráticos. No início de junho de 1939, Gerhart von Westerman, *Intendant* da rádio do Reich em Saarbrücken, muito provavelmente por sugestão de Furtwängler[199], foi chamado para uma entrevista em função de uma "oportunidade – não especificada – de trabalho em Berlim"[200]. Uma oferta de emprego lhe foi feita e os termos gerais do contrato foram prontamente acordados[201]. Von Westerman assumiu em Berlim menos de três semanas depois, embora Von Benda, formalmente, continuasse como *Geschäftsführer*[202]. O Ministério da Propaganda levou mais seis meses para esclarecer a situação de Von Benda na orquestra e oficializar a transmissão do cargo[203].

Diferentemente daqueles que anteriormente ocuparam o posto de gerente geral da Filarmônica, Gerhart von Westerman não era regente, mas um compositor. Membro do partido[204], Von Westerman havia, administrativamente, dirigido a Rádio de Munique (1925-1935), o serviço de ondas-curtas da Rádio de Berlim (1935-1938) e a transmissora em Saarbrücken (1938-1939)[205]. Acostumado a posições de chefia, e talvez ciente das ciladas em que caíram seus antecessores no cargo, Von Westerman impôs condições duras: um contrato inicial de três anos, um generoso salário mensal de RM 1.200 mais RM 300 para despesas, seis semanas de férias ao ano e o título de *Intendant*[206].

---

198 Goebbels a Von Benda, 22.1.1939, reproduzido em P. Muck, op. cit., v. II, p. 148.
199 BArch (BDC) PK T0051, RMVP, Diretor de pessoal a Goebbels, 9.6.1939.
200 BArch (BDC) PK T0051, RMVP a Westerman, 31.5.1939.
201 BArch (BDC) PK T0051, RMVP, Diretor de pessoal a Goebbels, 9.6.1939.
202 BArch (BDC) PK T0051, RMVP, Nota, 26.7.1939: "Como ainda não se decidiu sobre a utilização futura do gerente Von Benda, não é possível tirá-lo do cargo. O chamado do novo gerente Von Westerman coincide com a baixa simultânea de Von Benda".
203 BArch (BDC) PK T0051, RMVP ao sr. Ministro, 20.6.1939; BPhO Westerman ao RMVP, 11.12.1939; RMVP, Nota, 19.1.1940.
204 BArch (BDC) RK W0002, Comissão Alemã de Avaliação, conversação com o sr. Von Westerman, 9.5.1946.
205 G. Avgerinos, op. cit., p. 105-106.
206 BArch (BDC) PK T0051, RMVP, Diretor de pessoal a Goebbels, 9.6.1939.

Esse último ponto gerou controvérsia. A nomenclatura designativa dos cargos de chefia na Filarmônica sempre foi imprecisa, desde o título "oficial" de Furtwängler, quando ele ainda detinha uma posição pública, até as combinações nebulosas de *Geschäftsführer* – gerente (primeiro/segundo); *Vertreter* – representante; *Dirigent* – regente (principal/segundo); *Leiter (künstlerische/käufmännische)* – diretor (artístico/comercial); e *Direktor (Generalmusik/Verwaltungs)* – diretor (geral de música/ administrativo) para Von Schmidtseck, Höber, Stegmann, Stange e Von Benda. Embora a literatura subsequente acrescentasse retroativamente *Intendant* a essa lista[207], a exigência de Von Westerman era, de fato, algo novo em 1939.

O cargo, tal como Von Westerman o concebia, vinha evoluindo desde os tempos da "unificação" e coabitação. Os projetos de unificação, na orquestra, tinham sido concluídos – na administração, ou gerência, na programação e nas reformas estruturais –; ou postos em compasso de espera, como o que tangia à política racial. O *Orchestervorstand* da orquestra reduzira-se à mera representação de interesses internos[208]. A relação financeira entre a orquestra e o Reich era estável e, sob a supervisão de Stegmann, fluente. Furtwängler não era mais uma autoridade oficial e, crescentemente imprevisível, demandava distintas conversas confidenciais com autoridades nazistas sobre temas artísticos, todavia, com certa habilidade, podia ser mantido sob controle. Os assinantes estavam satisfeitos com as atividades da orquestra em casa, enquanto o governo comemorava seus bons serviços no exterior. Passada a crise da última década, parecia que certa paz finalmente reinava na Filarmônica de Berlim. Algo que se reconhece também pela decisão de celebrar o contrato de Von Westerman diretamente com a orquestra, não através do Ministério da Propaganda[209].

Na opinião de Von Westerman, aquilo de que a orquestra necessitava nos anos 1939-1940 era um pulso firme que a ajudasse a manter o prumo. Isso demandava uma autoridade absoluta, ainda que cuidadosa. *Intendant* – insolentemente, Diretor

---

207 Cf. P. Muck, op. cit.; G. Avgerinos, op. cit.
208 Cf. A Comunidade Filarmônica, infra, p. 49 e s.
209 BArch (BDC) PK T0051, RMVP, Diretor de pessoal ao Secretário de Estado Hanke, 23.6.1939.

Geral – conotava uma autoridade que não era própria dos títulos anteriores. Essa exigência incomodou Goebbels e o Ministério. Von Westerman insistia nesse ponto e arrolou uma gama variada de argumentos. Afirmou, por exemplo, que era importante manter o título de *Intendant* – que usava desde que era dirigente das agências de rádio –, porque temia que "qualquer outra designação seria vista como um retrocesso em relação às suas posições anteriores e então poderia afetar suas perspectivas no futuro"[210]. Argumentou, ainda, que "diretor" ou "gerente" eram denominações que não faziam jus à sua liderança artística e que a de "diretor artístico" era muito limitada ante suas responsabilidades administrativas[211]. Furtwängler apoiou ostensivamente o pleito de Von Westerman devido à clara distinção entre este título –*Intendant* – e o de diretor geral de música (*Generalmusikdirektor*), que Von Benda utilizou em seu último período[212].

Em fins de junho de 1939, após muito debate no Ministério da Propaganda, a proposta de Von Westerman foi aceita[213]. Em agosto, porém, depois de examinar pessoalmente o contrato, Goebbels subitamente o indeferiu. O argumento: "o título de *Intendant* só poderia ser concedido a alguém que realmente exercesse essa função de liderança"[214]. Evidentemente, o *Führerprinzip* era mais desejável na teoria do que na prática. Para ser mais exato, o *Führerprinzip* era mais complicado que um problema de autoridade pragmática. No caso da Filarmônica de Berlim, as fronteiras entre o prático, o político e o simbólico haviam se tornado tão indistintas que embora Goebbels estivesse de acordo em que Von Westerman dirigisse a programação e as operações da orquestra, não podia lhe conceder a liberdade desfrutada por um verdadeiro *Intendant* "em atividade". Isso nada tinha a ver com a posição de Stegmann, nem com o título honorário de "patrono" (*Schirmherr*) de que gozava o próprio Goebbels. Tal como o deferencial reconhecimento de Furtwängler de que a política artística do Reich "será determinada unicamente pelo *Führer* e Chanceler do Reich e seus ministros"[215], a insistência de

210 Ibidem.
211 Ibidem.
212 Ibidem.
213 BArch (BDC) RK N0047, RMVP, Nota, 29.6.1939.
214 BArch (BDC) PK T0051, Naumann ao sr. diretor de pessoal, 29.8.1939.
215 P. Muck, op. cit., v. II, p. 118.

Goebbels escondia uma verdade, a saber, na Alemanha nazista existia apenas um poder hegemônico. Von Westerman podia ditar os termos do seu contrato, mas necessitava de uma estrutura burocrática para sustentá-lo. A burocracia estatal tinha poder para transformar a estrutura jurídica e institucional de um órgão, mas poderia ser sufocada pelos ministros superiores. Furtwängler poderia contratar e demitir pessoas, mas ele também poderia ser acapachado. Von Westerman jamais seria um verdadeiro *Intendant* porque o regime sempre se reservaria o direito de intervir nos assuntos filarmônicos. Além do mais, a Filarmônica tinha se tornado a Reichsorchster, um símbolo do regime, da Alemanha, poderia ter apenas um *Führer*.

Ao final, Von Westerman acomodou-se com os títulos de gerente geral e diretor artístico[216]. Deu especial atenção aos detalhes legais e financeiros do seu contrato, deixando claro aos burocratas do Ministério da Propaganda que deveriam levá-lo a sério[217]. À frente, Von Westerman mostraria mão firme: expandiu o perfil nacional e internacional da orquestra enquanto protegia os músicos contra os piores efeitos da guerra[218]. Sua relação com Furtwängler permaneceu cortês e distante[219]. Embora tivesse enfrentado uma acusação perante o partido, em março de 1940[220], na esfera profissional, o entusiasmo de Von Westerman pelas ideias nazistas parecia insignificante. A orquestra gostava dele. Mantendo seu cargo até o colapso do Terceiro Reich, em maio de 1945, não há qualquer evidência de que o Ministério da Propaganda ou autoridades do governo o tivessem desconsiderado ou questionado suas decisões. Von Westerman, por fim, invocou o título de *Intendant*, que nunca fora oficializado. Em 1952, sete longos anos após a queda do *Führer*, seria.

---

216 BArch (BDC) PK T0051, BPhO, Westerman ao RMVP, Kohler, 11.9.1939.
217 Ibidem.
218 P. Muck, op. cit., v. II, p. 181.
219 BArch (BDC) RK W0002, Comissão Alemã de Avaliação, conversação com o sr. Von Westerman, 9.5.1946.
220 BArch (BDC) PK T0051, Transcrição NSDAP Tribunal de Guerra I Berlim, 11.3.1940: "O camarada Von Westerman foi acusado de ter mantido relações homossexuais com o camarada Jacob Meyer".

2. A Comunidade Filarmônica

Em setembro de 1931, Berlim decidiu restringir seu orçamento para a cultura, o que gerou uma redução imediata de 12% nos salários dos músicos da Filarmônica de Berlim[1]. Isto se deu após uma contração de 6% nos salários de todos os músicos, solistas e regentes da orquestra, que já havia sido imposta em fevereiro daquele mesmo ano[2]. Alguns meses depois, contudo, ficou claro que a medida não produziria senão o agravamento de uma situação já desesperadora.

Além de contribuir para a manutenção da Filarmônica, a cidade de Berlim também mantinha a Orquestra Sinfônica de Berlim, conhecida por "Orquestra Blüthner", homenagem ao famoso construtor de pianos que fundou o conjunto, em 1907. Em comparação à sua vizinha mais prestigiada, a Orquestra Sinfônica era um grupo local, que se apresentava em eventos comunitários e realizava concertos populares e escolares. Aos olhos de muitos políticos, essas atividades eram mais importantes ao bem público do que a audiência elitista e a reputação internacional da Filarmônica. Na luta por subvenções

1 G. Avgerinos, *Das Berliner Philharmonische Orchester als eigenständige Organisation*, p. 47.
2 P. Muck, *Einhundert Jahre Berliner Philharmonisches Orchester*, p. 17.

municipais que escasseavam, as duas orquestras viram-se, inadvertidamente, enredadas num debate político polarizado sobre os méritos, padrões e finalidades do dinheiro público para as instituições culturais[3].

Durante algum tempo, pareceu que a Filarmônica – nesse debate travado tanto na imprensa quanto entre autoridades da cidade – perderia. Não obstante, ainda que sua fama e excelência fossem vistas com ceticismo e mesmo depreciadas dentro de alguns círculos políticos, a principal vantagem da Filarmônica *vis-à-vis* à Orquestra Sinfônica de Berlim continuava sendo o papel inestimável que ela ocupava na vida musical alemã. Essa reputação lhe valia o apoio, mesmo que relutante, das autoridades públicas que estavam hierarquicamente acima dos magistrados da cidade. Enquanto o Reich e a rádio estatal dessem suporte à Filarmônica em reconhecimento à sua qualidade e estatura, o grupo sempre desfrutaria de uma posição mais favorável que a Orquestra Sinfônica[4].

Finalmente, em 1932, fechou-se um acordo em âmbito municipal. O prefeito de Berlim, Gustav Böß, dando prosseguimento a uma assembleia do conselho municipal[5], escreveu, em abril, ao Ministro do Interior do Reich anunciando-lhe um plano municipal para aliviar tanto a crise financeira da Filarmônica quanto a da própria cidade: "Há algum tempo estamos trabalhando num projeto para transferir alguns membros da Orquestra Sinfônica de Berlim para a Orquestra Filarmônica, garantindo proteção aos membros remanescentes da primeira orquestra."[6]

A proposta, pois, previa a dissolução da Orquestra Sinfônica – e absorção de uma parte de seus membros pela Filarmônica –, ao mesmo tempo que modificava a programação filarmônica para que o grupo desempenhasse um papel social mais ativo[7]. Assim, a cidade poderia desonerar-se – sem abrir mão de seus serviços socioculturais – de uma orquestra inteira, o que representaria uma economia anual de cerca de RM 170 mil[8].

3   Ibidem, p. 88-89.
4   BArch R55/1146, Lange ao MIR, 29.3.1931.
5   P. Muck, op. cit., v. II, p. 91.
6   BArch R55/1146, Lange ao dr. Zweigert, RmdI, 14.4.1932.
7   G. Avgerinos, op. cit., p. 47.
8   BArch R55/1146, Registro de ata, 27.4.1932.

De acordo com os termos da fusão – esboçados numa reunião do conselho de administração da Filarmônica, em 4 de junho de 1932, na prefeitura berlinense –, o número de músicos da Filarmônica de Berlim saltaria de 86 para 105. A absorção de dezenove músicos pela Filarmônica representava um aproveitamento de quase 40% dos membros da Orquestra Sinfônica de Berlim, que contava com apenas cinquenta instrumentistas. Os demais integrantes da "Orquestra Blüthner" seriam redistribuídos pelos diferentes conjuntos musicais de teatros e cafés berlinenses. Adicionalmente, a nova Orquestra Filarmônica comprometia-se a realizar seis concertos populares por temporada sob a regência de Furtwängler[9], outras 25 apresentações populares com distintos regentes, dois concertos corais, uma série de música de câmera e doze récitas para alunos de escolas[10].

Essas medidas, naturalmente, nascidas antes das barganhas políticas do que das preocupações com a música, foram recebidas com claro desagrado pelos músicos da Filarmônica. Furtwängler, em particular, cuja autoridade ficou gravemente minada pelos eventos, nunca aceitou a fusão ou a incorporação dos ex-músicos da Orquestra Sinfônica[11]. Para a Filarmônica, uma programação de temporada politicamente imposta subvertia sua liberdade artística, do mesmo modo que a absorção forçada de novos instrumentistas era um anátema contra a tradição de autogovernança da orquestra.

Do ponto de vista financeiro, por sua vez, o plano também fazia pouco sentido. Na primavera de 1932, a Filarmônica não tinha dinheiro para honrar os salários de seus músicos, muito menos, então, para assumir a responsabilidade financeira em relação a outros vinte![12] Em março de 1933, a cidade de Berlim estava desembolsando mais para manter a Filarmônica solvente do que o montante economizado com a dissolução da Orquestra Sinfônica, ocorrida há menos de um ano[13].

9   Os concertos populares não eram definidos por repertório, mas pelo preço do ingresso. Concertos populares custavam geralmente a metade em relação aos concertos de assinatura.
10 BArch R55/1146, Lange à Comissão de Controle, 4.6.1932; G. Avgerinos, op. cit., p. 54.
11 BArch R55/1147, Furtwängler a Sahm, 24.4.1933.
12 Ibidem.
13 BArch R55/1146, Ministro Conselheiro Von Keudell, Nota, 12.6.1933.

Seja como for, apesar dos rancores e protestos, a fusão foi adiante. Em 7 de setembro de 1932, na presença de Furtwängler, de membros da Filarmônica e também de Max von Schillings – representando a Städtische Oper Berlin (Ópera Municipal), que deveria absorver os músicos restantes –, teve lugar uma audição dos músicos da antiga Sinfônica. Vinte e três deles foram incorporados à Filarmônica através desse exercício humilhante[14]. Em 1º de outubro de 1932, anunciou-se oficialmente a fusão das orquestras[15]. Em 27 de janeiro de 1933, os 23 novos integrantes da Filarmônica adquiriram cotas da Berliner Philharmoniker Orchester GmbH e ingressaram na cooperativa musical. Três dias depois, Hitler tornou-se o novo Chanceler da Alemanha.

Entre os 23 novos músicos, ao menos seis, confirmadamente, eram membros do partido nacional-socialista, inclusive o violoncelista e ex-gerente da Orquestra Sinfônica, Fritz Schröder[16]. Durante os dias tempestuosos que se seguiram à tomada do poder pelos nazistas, os membros do partido da ex-orquestra e da Filarmônica uniram-se na tentativa de moldar a organização musical a partir dos princípios ideológicos do novo regime. Fritz Schröder descreveria com detalhes os repetidos esforços empregados durante a primavera e o verão de 1933 para a concentração do poder na orquestra e o cumprimento de uma agenda ideológica:

> Relato fatual sobre as Atividades da Orquestra Filarmônica de Berlim: […] os esforços dos membros do partido para formar uma célula política foram rejeitados pela direção da orquestra[…] O dr. Furtwängler está tentando reverter a fusão [Filarmônica-Blüthner] através dos canais oficiais. A Orquestra, insatisfeita com a gerência geral, exige nova eleição, pendente há muito. Também exige o fim do predomínio judeu (sra. dra. Geissmar). Reunião dos representantes da orquestra na casa do dr. Furtwängler. Os desejos mencionados são submetidos ao dr. F. para consideração. Membros do partido que demonstraram compromisso especial com a limpeza e a ordem são abertamente criticados como desordeiros. Pelo visto, o dr. Furtw. está mal informado. Sobre a questão dos judeus, o dr. Furtw. disse que o tema já foi discutido com o dr. Goebbels e que, com o seu consentimento, permanecerão na orquestra[17].

14   G. Avgerinos, op. cit., p. 54.
15   BArch R55/1148, Neander a Bald, 10.1.1933.
16   G. Avgerinos, op. cit., p. 57.
17   BArch R55/1147, Schröder, Informe factual, 10.2.1934.

Em junho de 1933, Schröder sucedeu ao antigo membro da Filarmônica, Richard "Exzellenz" Wolff, como gerente da orquestra, juntando-se a Lorenz Höber. Nem Wolff nem Höber eram membros do partido. Embora a eleição de Schröder pareça ter sido legítima, foi desencadeada pela suspensão de Wolff – como gerente (*Vorstand*) – por um magistrado de Berlim[18]. Medida extraordinária, e de legalidade questionável, foi engenhada na intrigalha política e contou com a ajuda de dois outros nazistas convictos – Anton Schuldes, trompetista, e Wolfram Kleber, violoncelista[19]. Ambos eram músicos da Filarmônica antes da fusão com a Sinfônica.

No verão de 1933, a cultura interna da orquestra parecia sintonizar-se com a nazificação da sociedade alemã. Mas, em agosto, Furtwängler procurou Goebbels e o próprio Hitler para discutir a situação de sua orquestra. Não se sabe se os fatos estão ligados mas, cinco semanas depois da entrada de Rudolf von Schmidtseck como *Geschäftsführer* da Filarmônica, em 19 de outubro de 1933, anunciou-se que, por desejo expresso de Hitler, a Filarmônica de Berlim se tornaria, a partir de 1º de novembro de 1933, uma Reichsorchester. E enquanto o Estado adquiria 100% das ações da GmbH, os contratos de quinze membros da orquestra eram cancelados[20]. Todos os quinze eram ex-músicos da Orquestra Sinfônica, incluindo Fritz Schröder. A medida era um decreto oficial não passível de apelação[21].

Se Furtwängler, num acordo com Goebbels e Hitler, aceitou a nomeação de Von Schmidtseck e a tomada da orquestra pelo Reich em troca da dissolução da fusão com a Sinfônica, é algo que não pode ser imediatamente determinado. Certo é, não obstante, que Furtwängler estava por trás do decreto de Hitler. Ele protestou contra o amalgamento das orquestras desde o começo, tanto por razões musicais quanto financeiras e lutou intensamente por sua reversão depois de fato consumado[22]. Também rejeitou a infiltração agressiva da intriga nazista na

18 Ibidem.
19 G. Avgerinos, op. cit., p. 60.
20 BArch R55/1147, Schröder a Hitler, 18.1.1934.
21 BArch R55/1147, Schröder, Informe factual, 10.2.1934.
22 BArch F55/1147, Furtwängler a Sahm, 24.4.1933.

política interna da Filarmônica, o que coincidiu com a fusão[23]. A atuação de Furtwängler junto às mais altas autoridades nazistas talvez tenha tido alguma motivação moral mas, de qualquer forma, representou também a tentativa de proteger sua soberania sobre a orquestra ante a crescente sublevação em suas fileiras. Frustrado, Furtwängler foi a Goebbels e Hitler e, passando por cima das cabeças dos políticos de Berlim, finalmente apanhou o que buscava[24].

Assim como os membros da Filarmônica se enfureceram com as maquinações políticas que, em 1932, impuseram à sua comunidade 23 novos músicos, um ano depois, os quinze membros da antiga Orquestra Sinfônica de Berlim sentiram-se igualmente injustiçados pelos ditames políticos que os forçava a deixar a Filarmônica. Reunidos, contrataram um advogado – um certo dr. Heyl –, e demandaram uma audiência com representantes do Ministério da Propaganda. Os quinze músicos não só haviam sido incerimoniosamente demitidos, como também lhes eram devidos quase RM 3.600 a título de quitação de salários[25] e o pagamento por suas ações da GmbH[26]. Mas o descontentamento não se cingia ao terreno financeiro. Muitos desses músicos não podiam crer que era intenção de Hitler "jogar nas ruas"[27] membros do partido e veteranos de guerra enquanto "estrangeiros e judeus" ainda tocavam na Filarmônica. Walter Neander, violinista, escreveu:

> É deprimente para um alemão ver um veterano de guerra ser atirado às ruas enquanto estrangeiros e judeus permanecem na orquestra. [...] Estou absolutamente convencido de que esse tratamento, que me aparece injusto, é contrário ao desejo de nosso *Führer*. Não posso crer que ele trate um velho companheiro do *front* dessa maneira.[28]

---

23 BArch R55/1147, Schröder, Informe factual, 10.2.1934.
24 BArch R55/1147, Prefeito Hafemann ao RMVP, 11.1.1934: "[...] A saída desses membros da orquestra deve-se não ao desejo da cidade, mas sim da Orquestra Filarmônica e do Reich alemão".
25 BArch R55/1147, Oficina de Seguros do Reich para Empregados da BPhO, 9.12.1933.
26 BArch R55/1147, Heyl ao RMVP, 27.1.19.33.
27 BArch R55/1148, Neander à Assistência Nacional-Socialista às Vítimas de Guerra, 10.11.1934.
28 Ibidem.

Na audiência com o conselheiro de Estado Hans Schmidt-Leonhardt, do Ministério da Propaganda, a questão foi colocada sem rodeios pelos músicos desempregados: "os veteranos de guerra e membros do partido estão sendo primariamente afetados enquanto não arianos permanecem na Filarmônica"[29]. Segundo Schröder, o conselheiro levanta-se furioso da cadeira encerrando abruptamente a reunião. O relato de Schmidt-Leonhardt soa um tanto distinto:

> É um rematado exagero dizer que me levantei bruscamente em razão de uma frase ou outra. Falei apenas aquilo que competia às minhas funções. [...] Concordei em reportar [aos meus superiores] a mensagem sobre a exclusão dos veteranos de guerra e membros do partido, em contraste com os vários judeus que permanecem na orquestra; e assim o fiz.[30]

De fato, é muito improvável que Hitler estivesse ciente das consequências que seu decreto antifusão teria para muitos membros de seu partido. Evidentemente, nem ele nem Goebbels procurariam deliberadamente alienar seus apoiadores. A medida, porém, foi uma concessão a Furtwängler. Imaginaram que tal obséquio asseguraria a cooperação do célebre maestro, prioridade muito maior do que apascentar as ambições de alguns poucos camaradas leais.

Descartada a hipótese de reintegração dos músicos à Filarmônica, as negociações jurídicas entre o dr. Heyl e o Ministério da Propaganda sobre compensações financeiras se arrastaram por meses. Em setembro de 1934, o Ministério da Propaganda ofereceu ao grupo dos quinze um montante de RM 5 mil, correspondentes aos salários em atraso e às ações da GmbH[31]. A proposta foi aceita, mas se passariam outros três meses para que cada um dos ex-membros da Berliner Sinfonie-Orchester/Berliner Philharmoniker recebessem do Reich insignificantes RM 360[32].

E aqueles numerosos judeus que continuavam a ocupar as fileiras da Filarmônica enquanto veteranos e camaradas eram postos na rua? Em 1933, essa orquestra de mais

---

29   BArch R55/1147, Schröder, Informe factual, 10.2.1934.
30   BArch R55/1147, Schmidt-Leonhardt, Ref.: Orquestra Filarmônica, 15.2.1934.
31   BArch R55/1147, Schröder ao RMVP, 13.11.1934.
32   BArch R55/245, Companhia Alemã de Revisão (DRUTA), controle, 14.10.1935, p. 28.

de cem músicos contava em suas fileiras com apenas quatro instrumentistas judeus: Szymon Goldberg, *spalla*; Gilbert Back, primeiro violino; Nikolai Graudan e Joseph Schuster, primeiros-violoncelistas.

Em 13 de abril de 1933, menos de dez semanas após a ascensão de Hitler ao poder, o prefeito (*Oberbürgermeister*) de Berlim, Wilhelm Hafemann, que portava o título de *Staatskommissar zur Wahrnehmung der Geschäfte* (Comissário de Estado para a Supervisão de Assuntos Comerciais e Militares), mandou chamar o gerente da Filarmônica (*Orchestervorstand*), Lorenz Höber, e solicitou a lista de "todos os judeus de sua orquestra, com indicação de instrumento e nacionalidade"[33]. Höber anuiu, mas não se mexeu. Dez dias depois, ainda sem resposta, Hafemann escreveu a Höber em tom ameaçador, asseverando que se dentro de três dias não recebesse a lista dos judeus integrantes da Filarmônica de Berlim, usaria "todos os meios disponíveis"[34] para obter as cópias dos contratos desses músicos, pois era necessário "enfrentar de imediato a questão sobre eventuais demissões e sua data"[35]. A ascensão dos nazistas ao poder desencadeou na Alemanha uma onda antissemita crescente e fervorosa. Mas Höber sabia que tinha duas coisas a seu favor. A primeira era a lei. A Filarmônica, embora fosse uma instituição de alto nível e recebesse subsídios públicos, ainda era, em abril de 1933, uma organização privada. Ora, o "parágrafo ariano", incluído pelos nazistas na Lei para a Reconstrução do Serviço Público (Gesetz zur Wiederherstellung des Berufsbeamtentums), de 7 de abril de 1933 – parágrafo que continha procedimentos discriminatórios quanto à contratação de judeus no setor público –, estava restrito às instituições públicas, como repartições governamentais, universidades, escolas secundárias ou teatros estatais. A Filarmônica, pois, estava isenta de sua aplicação. Embora nenhum observador avisado pudesse garantir que essa situação perdurasse, Höber acreditava que, ante as ameaças vazias de Hafemann, ao menos dispunha de tempo. O segundo trunfo: Höber e a Filarmônica contavam com Furtwängler. Aliás, Furtwängler

---

33 BArch R55/1146, Hafemann à BPhO, Höber, 22.4.1933.
34 Ibidem.
35 Ibidem.

e Goebbels tinham trocado farpas sobre a questão dos judeus na vida cultural alemã através das páginas do *Deutsche Allgemeine Zeitung*. Em 11 de abril de 1933, Furtwängler escrevia:

> Arte e artistas existem para criar amor, não ódio; para unir, não dividir. Em última análise, existe apenas uma linha divisória que eu reconheço: aquela entre a boa e a má arte. Porém, enquanto a linha divisória entre judeus e não judeus está sendo traçada com uma precisão teórica absolutamente impiedosa, mesmo quando a conduta das pessoas implicadas ante a política nacional é irreprochável, esta outra linha divisória que a longo prazo é tão importante para nossa vida musical – a decisiva linha divisória entre bom e mal – parece estar sendo tragicamente negligenciada.[36]

Goebbels, justamente a partir desse comentário, desenvolveria sua contra-argumentação, desculpando-se, sarcasticamente, por qualquer excesso de zelo no esforço para extirpar os judeus da vida cultural alemã. Friamente, "explicava" que nos últimos quatorze anos os "verdadeiros artistas alemães" tinham sido condenados ao esquecimento, enquanto artistas judeus como Bruno Walter, Otto Klemperer e Max Reinhardt monopolizavam os palcos. Portanto, as medidas tomadas pelos nazistas em seus primeiros meses de governo representavam simplesmente uma "reação natural" a esses fatos[37]. "Eles nos acusam de sermos bons políticos, mas maus amigos das artes" – escreveu Goebbels em seu diário – "O futuro provará o quão enganados estavam"[38].

Embora a defesa dos músicos judeus filarmônicos sustentada por Furtwängler estivesse necessariamente limitada pelo contexto posto e vivido, Höber sabia que ele ficaria ao lado deles para manter fanáticos como Hafemann a distância. Höber esperou que o ultimato de três dias dado por Hafemann expirasse antes de responder. Em sua carta, Höber lembra que já o havia informado de "todos os membros da orquestra de ascendência judaica de que tenho conhecimento", mas que a identificação dos membros meio-judeus (Höber nunca usava

---

36 *Deutsche Allgemeine Zeitung*, 11 de abril de 1933, reimpresso em *Ursachen und Folgen: Eine Urkunden – und Dokumentensammlung zur Zeitgeschichte*, v. IX, *Das Dritte Reich*, p. 484.
37 Ibidem, p. 446.
38 J. Goebbels, *Tagebücher 1924-1945*.

o desrespeitoso termo *Juden* – "judeus") "apresentaria algumas dificuldades", demandando um pouco mais de tempo[39]. Anexou à sua carta os contratos dos músicos e, significativamente, seus documentos de acionistas (*Gesellschafter Urkunden*) da Filarmônica, solicitando a Hafemann que tivesse paciência e aguardasse mais três semanas, quando do retorno da orquestra de uma turnê. Só aí poderia entregar a lista completa solicitada[40].

Esse jogo de gato e rato entre Höber e Furtwängler, de um lado, e as autoridades e ativistas nazistas, de outro, arrastou-se por meses. Quando, em maio, Furtwängler retorna de uma turnê com a orquestra, encontra uma pilha de correspondência à sua espera: cartas, telegramas e cartões-postais de músicos, compositores e acadêmicos judeus que, nesse ínterim, haviam sido demitidos, suspensos ou ameaçados e que, então, lhe pediam uma intervenção a seu favor[41].

A questão da atitude e ações de Furtwängler em favor dos seus colegas judeus tem sido amplamente discutida[42]. No caso dos quatro músicos da Filarmônica, Furtwängler fez de tudo para não perdê-los, posta sua excelência como instrumentistas. Numa carta a Goebbels, praticamente se desculpava: "Como já havia dito pessoalmente, os três [sic] músicos judeus foram contratados para a orquestra após testes tediosos e, apesar de uma procura exaustiva, até agora não encontramos arianos à altura para substituí-los"[43]. É muito provável – tendo em conta sua declaração de que seu critério se fundava em razões qualitativas, não raciais – que ele sequer soubesse que Gilbert Back também era judeu. Mas se poderia igualmente admitir que, por conveniência, o regente simplesmente "esqueceu" a verdadeira identidade de um dos seus melhores primeiros-violinos. Por fim, era difícil omitir que Goldberg, Graudan e Schuster

---

39   BArch R55/1146, BPhO, Höber ao Prefeito Hafemann, 26.4.1933.
40   Ibidem.
41   PKS, Telegrama, Arnold Schoenberg a Furtwängler, 29.5.1933: "Fui licenciado e peço sua intervenção ante ministro por minha solicitação entregue março liquidação do meu contrato"; BArch (BDC) RK W002, Petição de Furtwängler em favor de Carl Flesch, Schoenberg, Bernhard Sekles, Georg Dohrn, 10.7.1933.
42   Cf. R.J. Evans, *Das Dritte Reich: Aufstieg*; M. Kater, *The Twisted Muse*; S.H. Shirakawa, *The Devil's Music Master*.
43   *Cadernos de Furtwängler*, Furtwängler ao dr. Goebbels, Paris, 1.5.1933, F.K. Prieberg, Catálogo.

também eram judeus. De sorte que a declaração de Furtwängler poderia ser entendida não como servilismo político, mas como indicação de que os processos de seleção da Filarmônica não eram isentos de preconceito.

Para Furtwängler, todavia, esse tema ia muito além do problema do preconceito: dizia respeito aos limites da interferência política em sua esfera artística. Nesse sentido, ele retomaria a questão dos membros judeus da orquestra ao tratar com Goebbels, por exemplo, da fusão da Orquestra Sinfônica de Berlim, do suporte financeiro da Filarmônica pelo Reich, de sua própria liderança, bem como da nomeação de um interventor do partido (Von Schmidtseck). Para o maestro, todas essas questões estavam interligadas. Furtwängler parece ter persuadido Goebbels a aceitar os três (ou quatro) músicos judeus como parte de seu pacto com o Reich[44]. Tal como no "debate" das páginas do *Deutsche Allgemeine Zeitung*, Furtwängler mostrava-se mais enfático do que Goebbels, que assumia conduta tendencialmente conciliadora. De fato, o regente não rejeitava a política antissemita *per se*, mas a intromissão política em seu domínio. Goebbels via a questão em termos amplos e estava pronto, como o fez amiúde nos doze anos seguintes, a conceder o pequeno por um ganho maior. Se isso ajudasse a manter Furtwängler a bordo e, ato contínuo, consolidasse seu poder sobre a orquestra – facilitando-lhe o manuseio da instituição para os objetivos propagandísticos do Reich –, Goebbels afrouxaria a perseguição aos músicos filarmônicos judeus.

Os tempos, porém, eram cinzentos. Em 26 de abril de 1933, durante um concerto conjunto que uniu a Filarmônica de Berlim e a Orquestra Nacional de Mannheim (da qual Furtwängler havia sido diretor geral de música), alguns músicos mannheimianos protestaram violentamente contra o fato de que "alemães" estavam sendo relegados a uma posição inferior, visto que os principais músicos judeus da Filarmônica ocupavam cadeiras hierarquicamente superiores. Embora se multiplicassem os boatos sobre a existência de dezenas de músicos judeus nas filas berlinenses, o alvo das críticas era o *spalla* Szymon Goldberg[45]. "O *spalla* da Mannheim era, de longe, o menos

---

44 BArch R55/1147, Schröder, Informe factual, fev. 1934.
45 F.K. Prieberg, *Handbuch*, p. 1749.

qualificado", recorda Berta Geissmar, "mas era um membro do partido e estava em sintonia com o regime"[46]. Furtwängler se recusou a dar sequência ao concerto a menos que ele, e não os políticos, determinasse a disposição da orquestra no palco. Furtwängler ameaçou cancelar o concerto caso não fosse atendido. Ao final, sua firmeza prevaleceu. Goldberg ocupou seu lugar de *spalla* no evento conjunto.

Mas a história não terminaria aí. Imediatamente após o esparrame, Furtwängler escreveria uma dura carta ao gerente da orquestra de Mannheim. Tomando a aquiescência de Goebbels como apoio, assim expôs sua posição:

> A questão da participação dos judeus na Filarmônica de Berlim não é algo que lhe compete, mas ao governo do Reich, que tem a Orquestra sob seu controle. O governo do Reich discerne algo que o sr., pelo visto, esqueceu, a saber, que ser alemão significa, em primeiro lugar, fazer algo em função do seu próprio valor, e que, no caso de uma orquestra que representa não somente o cume da arte orquestral alemã no país, mas em todo o mundo, o princípio do bom desempenho deve ser e permanecer a autoridade final.[47]

Szymon Goldberg ingressou na Filarmônica em 1929. Nascido na Polônia, já era um solista renomado quando, aos 19 anos, somou-se à orquestra. Habitualmente fazia música de câmera com figuras como Gregor Piatigorsky, Edwin Fischer e Artur Schnabel. Mais tarde, formou duos famosos com Lili Kraus e Radu Lupu. Goldberg e o primeiro-violoncelista Joseph Schuster deram continuidade à longa linhagem de grandes virtuoses à frente da seção das cordas da Filarmônica e eram os destaques de inúmeros concertos solistas da orquestra. Entre os três *spallas* da Filarmônica em 1933 – Siegfried Borries, Erich Röhn e Goldberg – Furtwängler destacava o último: "Provavelmente, pode ser considerado o melhor *spalla* europeu dos nossos dias."[48]

Quando, em princípios de 1934, a Filarmônica tornou-se um ativo do Reich, seus músicos foram transformados em

---

46 B. Geissmar, *Musik im Schatten der Politik*.
47 BARCH R55/1138, Furtwängler ao *Vorstand* da Orquestra Nacional de Mannheim, 25.5.1933.
48 Espólio Furtwängler, Furtängler ao dr. Goebbels, Paris, 1.5.1933, em F.K. Prieberg, Handbuch, p. 1748-49.

servidores públicos. Portanto, estavam sujeitos às leis raciais já em vigor. Na medida em que a "questão judaica", em relação à orquestra, tornara-se, então, uma questão legal, e não apenas um caso de acusação, especulação e maledicências, ficou muito mais difícil para Furtwängler ou qualquer um defender os músicos judeus. Ao fim da temporada de 1933-1934, Goldberg, juntamente com Schuster, deixou a Alemanha. Não há indício de que essa decisão tenha sido determinada por uma ordem política direta – provável é que a causa fosse a sordidez, tanto do meio musical quanto da sociedade alemã como um todo.

Seja como for, Goldberg parece ter partido de modo tempestuoso. Em 1935, os livros de contabilidade da Filarmônica ainda indicavam créditos seus não pagos[49], o que pode ser um sinal de sua partida precipitada ou ainda das condições rígidas impostas aos imigrantes. Anos depois, Goldberg contratou um advogado na América a fim de reclamar seus direitos sobre sua antiga casa musical[50]. Sua partida foi publicamente explicada como um "abandono de função" (*plötzlichen Ausfall*)[51]. Goldberg foi sucedido por Hugo Kolberg. Simultaneamente, Tibor de Machula, um húngaro "cuja ascendência ariana estava comprovada em documentos"[52], foi nomeado "sucessor do judeu Schuster".[53]

Depois de dezesseis meses de governo nazista, dos quatro músicos judeus da orquestra, somente Graudan e Back permaneciam. O contrato do primeiro deveria ser renovado em dezembro de 1934. Ao contrário dos demais músicos do naipe das cordas, o *spalla* e primeiro-violoncelista assinavam contratos individuais com a orquestra, que oferecia salários maiores em troca de obrigações relativamente menores, o que lhes permitia conciliar a vida orquestral com um trabalho solista independente, "desde que respeitada a agenda da orquestra"[54]. Nascido na Lituânia, Graudan era, a um só tempo, judeu e

---

49 BArch R55/245, Companhia Alemã de Revisão (DRUTA), Controle, 14.10.1935, p. 13.
50 ABPhO, Z Gold, Landsberger à BPhO, 5.57.
51 BArch R55/1147, Transcrição da BPhO, Schmidtseck ao Intendente Geral Meissner, Teatro Estatal de Frankfurt, 23.10.1934.
52 BArch R55/197, RMVP, Kohler à BPhO, 17.1.1935.
53 BArch R55/197, RMVP, Notas, contratos, 18.4.1935.
54 BArch R55/197, Contrato BPhO Borries, 1.2.1935.

estrangeiro. Ingressou na Filarmônica em 1927, sucedendo a Gregor Piatigorsky. Era um solista regular em Berlim e nas orquestras estrangeiras, além de fazer música de câmera com Goldberg, Paul Hindemith e Rudolf Serkin, entre outros. Sua esposa, Joanna Graudan, era uma pianista talentosa, e pedagoga. A história da renovação do contrato de Graudan, em 1934, coincidiu com o período da renúncia de Furtwängler e fez emergir a estratégia de eliminar "pessoas indesejadas" por meios mais sutis do que o *lobby* antissemita ou os decretos políticos. Vejamos.

O contrato de Graudan não foi cancelado automaticamente na ausência de um complacente Furtwängler, mas renovado: "O Ministério aprova a contratação de Graudan, que não é ariano."[55] Goebbels, porém, negou a Graudan um aumento de salário semelhante ao concedido aos seus colegas da seção de cordas e exigiu um "aumento de seus serviços"[56]. Pior que uma demissão, pois uma humilhação profissional: mais trabalho por menos salário, com o que se engendrava um tratamento de segunda classe a um músico de nível internacional. No verão de 1935, um Graudan amargo encontrou posto na Inglaterra e pediu a exoneração do seu contrato com a Filarmônica[57]. O pedido foi imediatamente aceito pela orquestra e ministério, com Karl Stegmann assegurando a seus superiores que, quanto à sucessão deste primeiro-violoncelista, "é evidente que selecionaremos apenas um cavalheiro de ascendência ariana"[58]. A tempo, sobre a excepcionalidade do *status* da Filarmônica: dois dias depois da saída de Graudan, a Câmara de Música do Reich o proibiu de atuar na Alemanha[59].

Agora restava apenas um músico judeu. E nem transcorrida uma semana da partida de Graudan, o comissário do Ministério da Propaganda, Hans Hinkel, solicitou a Stegmann e ao recém-chegado diretor artístico, Hans von Benda,

---

55   BArch R55/197, RMVP, Rüdiger, Nota, 18.1.1935.
56   Ibidem.
57   BArch R55/197, BPhO ao RMVP, 17.8.1935.
58   Ibidem.
59   BArch (BDC) RK R0009, Presidente da Câmara de Música do Reich Raabe a Graudan, 19.8.1935: "O Senhor perde de imediato o direito de continuar exercendo sua profissão em todas as áreas que se relacionam à Câmara de Música do Reich".

um relatório do projeto de "unificação" relativo aos membros judeus da Filarmônica. Stegmann e Von Benda responderam:

> O único inteiramente judeu da nossa orquestra é Gilbert Back. Ele está conosco desde 1º de outubro de 1925 [...], Back é um violinista talentoso. Nunca, mesmo durante a República de Weimar, pertenceu a qualquer partido político. Seu pai fundou a primeira escola de alemão em Sofia, seu irmão foi oficial do exército austríaco durante a guerra e foi condecorado com a medalha de ouro por bravura. Seu primo esteve a serviço alemão como intérprete e participou da bem conhecida campanha da Pérsia. Back é cidadão austríaco.[60]

Mas, apesar dos esforços de Stegmann e Von Benda para pintar Back sob cores nobres e patrióticas, para Hinkel e os outros da sua laia a religião de Back sobrepujava suas qualidades como músico e como homem. As infames leis raciais de Nuremberque foram listadas por Hitler com grande pompa nas Jornadas Partidárias (Reichsparteitage). Logo após, por uma soma notavelmente vultosa – aproximadamente 16 mil marcos – as ações filarmônicas de Back foram resgatadas pelo Reich[61]. Passando pela Turquia e Paris, o músico finalmente se reuniu aos ex-colegas Goldberg, Graudan e Schuster nos Estados Unidos. No início da temporada de 1935-1936, na Filarmônica não mais se viam ou ouviam os arcos de qualquer músico judeu.

O primeiro-violoncelo Hans Bottermund – um holandês de avó judia, há dezoito anos na orquestra –, e o segundo-violino Bruno Stenzel – filho de mãe húngaro-judia, há dezesseis anos na instituição –, eram os únicos filarmônicos de descendência parcialmente judia[62], *Halbjuden* (semijudeus) ou *Mischlingen* (mestiços), como desdenhosamente eram nominados, inclusive oficialmente. De Karl Leuschner, primeiro-fagotista, há informes, aluda-se, sobre supostos parentes judeus. Porém,

---

60   BArch (BDC) RK 00024, BPhO, Von Benda, Stegmann ao RMVP, Hinkel, 21.8.1935.
61   BArch (BDC) RK W0002, Desnazificação de Furtwängler, testemunho de Von Benda, p. 57: "Quando cheguei à Orquestra Filarmônica, no verão de 1935, ainda restava um violinista judeu na orquestra. Só tive de levar a cabo o processo de sua dispensa. Recebeu de 16 a 18 mil marcos como compensação, grande parte em espécie".
62   BArch (BDC) RK 00024, BPhO, Von Benda, Stegmann ao RMVP, Hinkel, 21.8.1935.

ainda que a partir da temporada de 1936-1937 os membros da Filarmônica tivessem de apresentar "prova de *arianeidade*" (*Arischer Nachweis*)[63], parece que preferiram optar pela política "não pergunte não fale". Do ponto de vista de Goebbels, os "inteiramente-judeus" eram claramente indesejados nas fileiras do símbolo musical nacional da Alemanha. Então, apesar da aparente vitória obtida por Furtwängler, que arrancou do ministro da propaganda sua excepcional aquiescência quanto a Goldberg, Back, Schuster e Graudan, em menos de dois anos tais concessões se tornariam objeto de discussão. Seja como for, Goebbels estava disposto a tolerar um punhado indeterminado de *Halbjuden* para satisfazer Furtwängler e a orquestra. Afortunadamente, as carreiras filarmônicas de Bottermund, Stenzel e talvez outros implicados, foram além do Terceiro Reich.

Na fase final da identificação antissemita, ao menos quatro músicos da Filarmônica tinham esposas judias: o *spalla* Hugo Kolberg, o violinista Richard Wolff, o primeiro clarinetista Ernst Fisher e o trompista Otto Hess[64]. Furtwängler era um grande admirador de Kolberg, convidando-o amiúde como solista e também como parceiro para música de câmara. Seu contrato inicial, de cinco anos, foi um caso único; na minuta, esta observação: "Assina-se este contrato tendo-se conhecimento de que o senhor Kolberg é casado com uma não ariana"[65]. Mais tarde, a especificação foi retirada, talvez por sua natureza insultante, mas também em função da brecha jurídica ali contida, que poderia ser aproveitada em caso de uma aplicação mais dura da política racista.

Com uma recomendação de Furtwängler, Hugo Kolberg, vindo de Frankfurt, chega a Berlim em 1934 e aqui se torna uma figura significativa na cena musical alemã. Mas apesar de suas contribuições superlativas à vida musical nacional, Kolberg despertava desconfiança. Em agosto de 1938, um memorando do Ministério da Propaganda informou que Kolberg havia requerido uma licença de cinco semanas para realizar

---

63 ABPHO Z 1936-3, Formulário de declaração "Certificado Ariano", Karl Rammelt, 10.8.1936.
64 BArch (BDC) RK 00024, BPhO, Von Benda, Stegmann ao RMVP, Hinkel, 21.8.1935.
65 BArch R55/197, Conteúdo pensado para o contrato com o spalla Kolberg, 1.12.1934.

uma série de concertos nos Estados Unidos. Então, ao invés de ver aí uma oportunidade a ser propagandisticamente explorada, o Ministério receou que Kolberg, porque casado com uma mulher judia, "pudesse utilizar a viagem para radicar-se na América"[66]. O músico foi obrigado a assinar uma declaração prometendo regressar. "De todo modo", referia o documento ministerial, "se deve contar com a possibilidade de que ele faça contatos visando se estabelecer definitivamente na América"[67]. Hans von Benda não fez objeção à licença requerida pelo colega. Percebeu que, provavelmente, Kolberg teria de ser substituído dentro de um ou dois anos, inexoravelmente. Se conhecia algum plano de emigração do violinista, ou simplesmente tentava acelerar a "arianização" da orquestra, não se sabe. De qualquer modo, em 1939, Kolberg deixou a Filarmônica e foi para os Estados Unidos. Durante dezoito anos atuou como *spalla* em grandes orquestras, como a de Pittsburgh, Nova York, Cleveland e Chicago. Em 1958, conquanto divorciado da esposa judia, ganhou uma ação compensatória contra o governo alemão. Assim, aos sessenta anos, tornou à Filarmônica, onde cumpriria, entre 1958 e 1963, os últimos cinco anos de sua carreira profissional.

Se, e sob que circunstâncias, Furtwängler intercedeu a favor de Kolberg, não se sabe. Ernst Fisher, por sua vez, clarinetista que já estava na Filarmônica quando a Primeira Guerra irrompeu, manifestou publicamente seu sentimento de gratidão para com o maestro. Durante o processo de desnazificação do regente, em 1946, ele recordaria no tribunal: "Naquela época, minha esposa judia e eu sofremos grandes ameaças. Desde 1933, o dr. Furtwängler sempre nos protegia das campanhas que a Gestapo e o governo empreendiam."[68] Fisher e sua esposa sobreviveram em segurança. Otto Hess expressou idênticos sentimentos de gratidão. Richard Wolff, por seu turno, foi primeiramente rejeitado pela Câmera de Música do Reich em função de sua esposa judia. Neste caso, Furtwängler também parece ter agido para minimizar as consequências da medida[69]. Numa perversa

---

66 BArch R55/197, RMVP, Kohler a Hanke, 17.8.1938.
67 Ibidem.
68 BArch (BDC) RK W0002, Desnazificação de Furtwängler, testemunho de Fischer, p. 77.
69 F.K. Prieberg, *Handbuch*, p. 7904.

ironia do destino, quando a esposa de Wolff morreu, em 1937, ele foi prontamente restabelecido pelo órgão[70].

Segundo relatos, foi por meio de Furtwängler que as esposas judias dos músicos puderam assistir aos concertos filarmônicos. Numa época em que aos judeus era vetado esse tipo de evento[71], ao menos as mulheres dos músicos mais conhecidos tinham acesso à Philharmonie. Em 2 de agosto de 1937, Goebbels escreveu em seu diário: "Ainda existem meio-judeus na Filarmônica. Tentarei expulsá-los. Não será fácil. Furtwängler, com toda a determinação, tenta mantê-los."[72] Se estes *Halbjuden* eram as esposas dos músicos ou outras pessoas, não se sabe, mas o fato é que a notícia da existência de judeus na Filarmônica provocou discussões. Em setembro de 1939, numa carta ao Ministério da Propaganda, uma mulher que alegava ser a esposa de um membro da Filarmônica (seu nome está ilegível) protestava ferozmente contra a presença de esposas judias nos concertos[73]. O Ministério demandou uma explicação da Filarmônica; Stegmann respondeu categoricamente:

> Em nossa opinião, essa anônima criadora de caso dificilmente seria mulher de um dos membros da orquestra. Além do mais, a informação dada é confusa. Na verdade, desde a partida de Kolberg, nosso ex-primeiro *spalla*, apenas três músicos da orquestra têm esposas judias. [Essas mulheres] há muito tempo não são vistas em nossos concertos, embora atualmente estejam tentando obter uma permissão especial da Câmera de Música do Reich. De todo modo, seja nos ensaios, seja nos concertos, essas mulheres já não aparecem. É claro que a gerência da orquestra, por sua própria iniciativa, tomaria medidas para resolver o problema caso fosse necessário.[74]

Esse memorando, sublinhe-se, é digno de atenção por vários motivos. Primeiro, ao lançar dúvidas sobre a autenticidade dessa carta, Stegmann sugere ou um caso audacioso de falsificação com intenção sensacionalista, ou que algumas esposas de membros da Filarmônica assumiam atitudes agressivas que os maridos desconheciam, ou, pior ainda, que músicos da Filarmônica

---

70   Memorando do RMK, Fonte: BA rubrica Wolff; cf. F.K. Prieberg, ibidem.
71   Entrevista com Erich Hartmann, 13.2.2005.
72   J. Goebbels, op. cit., III, 3.8.1937, p. 222-223.
73   BArch R55/197, ao RMVP, Manuscrito, 22.9.1939.
74   BArch R55/197, BPhO, Stegmann ao RMVP, 13.10.1939.

estariam fazendo jogo duplo com seus colegas. Segundo, admitir que esposas judias estavam, de fato, pedindo às autoridades uma permissão especial para assistir aos concertos, substanciava a suspeita de que o próprio Furtwängler, de algum modo, estaria intervindo a seu favor. Terceiro, a garantia enfática, dada por Stegmann, de que qualquer desvio da política racial seria tratado rápida e firmemente por parte da gerência da orquestra ecoava uma declaração similar feita a Hinkel quatro anos antes: "A própria gerência garantirá, rigorosamente e como sempre, que a influência judia seja e permaneça completamente silenciada. Desde 1930 judeus não têm sido aceitos na orquestra e, evidentemente, também não serão contratados no futuro."[75] Essa afirmação, aliás, faz parte do mesmo memorando em que figura a extensa, conquanto em última análise fútil, defesa de Gilbert Back. Curiosamente, Stegmann e Von Benda – ambos nomeados pelo Ministério da Propaganda e ambos legalistas do partido – parecem cair em contradição: enquanto tentam manter músicos judeus na Filarmônica, prometem expurgá-la de toda a influência judia. A explicação, talvez, seja que, ao contrário dos seus superiores hierárquicos, eles compartilhassem, dada uma compreensão sensível adquirida, o argumento sutil de Furtwängler segundo o qual os músicos judeus deviam ser descolados da imagem caricatural de "virtuosidade vulgar e vazia"[76] que se lhes impunha e que os bons músicos judeus poderiam igualmente ser bons músicos alemães. Quiçá também tivessem aprendido a valorizar aquilo que Lorenz Höber chamava de "espírito comunitário" (*Gemeinschaftsgeist*) da Filarmônica de Berlim e não desejassem colocá-lo em perigo[77].

Mas o que seria esse mítico "espírito comunitário"? Que nenhum músico judeu, depois de 1930, tenha sido aceito na Filarmônica poderia ser notável. Não se sabe se este fato, usado como justificativa por Stegmann e Von Benda, foi mera casualidade ou marca da existência de certos preconceitos ativos na orquestra ainda antes da tomada do poder

---

75 BArch (BDC) RK 00024, BPhO, Von Benda, Stegmann ao RMVP, Hinkel, 21.8.1935.
76 *Deutsche Allgemeine Zeitung*, 11 de abril de 1933, reimpresso em *Ursachen und Folgen*, v. IX, *Das Dritte Reich*, p. 484.
77 BArch R55/245, Höber, Informe, 10.10.1934.

pelos nazistas. A audição dos novos músicos assim se ordenava: todos os membros da Filarmônica deviam estar presentes; para a aprovação, era necessário o mínimo de dois terços de votos positivos; Furtwängler deveria aprovar o postulante[78]. Então, seguia-se um ano de período probatório.

> Muitos músicos bons – escreveu Lorenz Höber sobre o processo de seleção – fracassam, apesar de um desempenho satisfatório, se durante o período probatório não mostrarem as qualidades essenciais para a orquestra: espírito comunitário, entusiasmo e submissão à vontade do coletivo.[79]

Ante a importância que os próprios músicos davam à busca e manutenção de um alto padrão musical, é improvável que o preconceito racial contaminasse o processo seletivo, ainda que alguns indivíduos fossem racialmente preconceituosos.

Mas se por um lado pode surpreender que tão poucos judeus – menos de 4% da orquestra – integrassem a Filarmônica em 1933, por outro, esse contingente, proporcionalmente, era muito superior ao da população judia na sociedade alemã. Sem dúvida, os nazistas e seus simpatizantes na orquestra regozijaram-se com seu rápido êxodo, e até mesmo a gerência geral, talvez, sentiu-se aliviada, pois não mais teria de confeccionar justificativas. Porém, a resposta da orquestra pareceu assustadoramente submissa. De outra comunidade, em tese, não haveria por que se esperar uma reação massiva ante o destino de um grupo tão minoritário. Mas a Filarmônica arrogava-se excepcional. Onde estava aquele vozeado "espírito comunitário" que parecia singularizar esta orquestra ante as outras precisamente quando seus *spallas* e solistas estavam entre os perseguidos? As políticas internas, parece, não eram indiferentes às mudanças do mundo que ocorriam sob os olhos da Filarmônica.

A fundação da Filarmônica foi um ato político e a orquestra sempre teve orgulho de sua cultura democrática. O conselho executivo (*Vorstand*) era eleito por votação secreta e a tomada de decisões fundava-se numa práxis consultiva. Mesmo depois de estar sob a mão do Reich, com sua imposição de um estafe

---

78 BArch R55/197, BPhO, Von Benda ao RMVP, 29.11.1937.
79 BArch R55/245, BPhO, Höber, História, c. 1935.

gerencial subserviente, a orquestra manteve sua autogovernança nos assuntos internos. O violista Lorenz Höber, que serviu como diretor do Vorstand desde 1922, embora substituído como *Geschäftsführer* com a ascensão do nazismo, continuou na coordenação da maioria das atividades internas da orquestra – marcação agenda, planos de ensaios, providências relativas a viagens e acomodações. Com um grupo variando entre 97 e 106 membros, a rotatividade dos músicos e sua distribuição em cada programa era uma tarefa de logística enorme. Höber era também membro *ex-officio* do conselho supervisor da orquestra (Aufsichtsrat), tanto antes quanto depois das transformações de 1933-1934. Porém, ainda mais importante do que essas funções, o Vorstand era a voz da orquestra junto à gerência e o responsável por sua disciplina. Esse poder foi o que incentivou Fritz Schröder, posto o quadro de fusão com a Orquestra Sinfônica de Berlim, a desafiar o *Vorstand*. E este foi apenas o primeiro de muitos ataques internos e externos que sofreria a composição interna da orquestra.

Em sua tentativa de radicalizar o clima político no interior da comunitária Filarmônica, Fritz Schröder, em 1933, não agiu sozinho. Foi apoiado, ao menos, por dois outros membros da orquestra – o trompetista Anton Schuldes[80] e o violoncelista Wolfram Kleber[81] – e, presumivelmente, por vários colegas da ex-Sinfônica. Na esteira da ascensão hitlerista ao poder, esse nicho nazista germinal alegava operar no interesse da "limpeza e da ordem" da orquestra[82]. Agenda de timbre e reverberação inócuos que escondia, entretanto, uma dimensão racista e carregava a pretensão de um propósito missionário. Mais tarde, em "Os Músicos das Orquestras Alemãs Conclamam" ("Deutsche Orchestermusik rufen auf!"), Wolfram Kleber se dirigiria excitadamente a seus colegas músicos:

> Queremos nos dedicar, em paz, à sagrada esfera de nossas artes germânicas. Procuramos proteger e honrar a força de nossa vocação, plena de responsabilidade. É nosso dever agir desse modo, servindo

---

80 BArch (BDC) RK N37, de acordo com seus registros no NSDAP, Anton Schuldes só ingressou no partido em janeiro de 1934. Isso não descarta sua participação em atividades nazistas antes dessa data.
81 G. Avgerinos, op. cit., p. 60.
82 BArch R55/1147, Schröder, Informe factual, 10.2.1934.

ao povo e à Pátria [...] O *Führer* devolveu-nos a honra e trabalha pela paz verdadeira![83]

É evidente, na opinião de Kleber, Schröder e Schuldes, que a Filarmônica necessitava, em 1933, de uma sacudida que lhe instilasse, de um só golpe, sentimentos de nacionalismo e obediência. Nesse mesmo ano – embora Schuldes e Kleber tivessem planejado a queda de Richard Wolff, diretor do *Vorstand* –, Schröder foi eleito seu sucessor em eleições aparentemente livres. Contudo, mediante nova intervenção política, então urdida por Furtwängler, o pleito foi anulado. Nove meses depois, Schröder e mais quatorze membros da antiga Orquestra Sinfônica foram tirados de cena. Não obstante, o mandato democrático de Schröder, por brevíssimo que tenha sido, abria um precedente importante.

É difícil precisar, com exatidão, quantos na Filarmônica foram membros do partido entre 1933 e 1945. Em parte isso se deve a registros incompletos, bem como ao fato de que nem todos os músicos se alistaram ao partido em 1933, mas em diferentes momentos no curso desses doze anos. Por outro lado, ainda, vários músicos morreram ou se aposentaram nesse longo intervalo de tempo, tornando difícil localizar suas afiliações. Com certeza documental, sabe-se de quinze músicos filiados ao partido entre 1933 e 1945. Provas circunstanciais apontam outros três. Ao se levar em conta uma lista do arquivo filarmônico de 1945, onde os nomes dos músicos estão marcados a lápis com as letras "Pg" (*Parteigenosse* – membro do partido) e datas de filiação, o número sobe para mais de vinte[84].

Façam-se duas analogias, úteis nesse contexto. Primeiro, diferentemente de muitas instituições culturais da União Soviética, ou mesmo da ex-República Democrática da Alemanha, a

---

83 W. Kleber, "Os músicos das orquestras alemãs proclamam!", *Entartete Musik: Dokumentation und Kommentar zur Düsseldorfer Ausstellung von 1938*. Reimpresso em A. Dümling, *Entartete Musik*, p. 59.

84 ABPHO G1 Listen, 1946; o Centro de Documentação de Berlim do Arquivo Federal conserva os assim chamados registros azuis e amarelos que contêm as inscrições ao NSDAP de cerca de 6,6 milhões de pessoas, representando praticamente 70% dos membros do partido. Trabalhar com esse catálogo oferece um panorama amplo, mas seguramente incompleto.

filiação ao partido, embora encorajada, não era exigida. Todos os músicos eram obrigados a se filiar à Câmara de Música do Reich, órgão governamental muito politizado similar a uma agremiação sindical. Os músicos da Filarmônica, pois, não precisavam filiar-se ao partido para gozar a generosidade do regime. Segundo, na conta mais inflacionada, apenas 20% dos músicos filarmônicos estavam associados ao partido. A título de comparação: em 1943, na Filarmônica de Viena, o número de afiliados representava 42%[85]. A questão, todavia, não é estatística. O número de membros do partido é menos significativo do que o modo como esses indivíduos se comportavam dentro da comunidade orquestral e como essa comunidade respondia à sua presença.

Muitas razões levavam alguém à filiação partidária. Naturalmente, havia aqueles que se inscreviam conduzidos por convicções ideológicas. Era o caso do violoncelista Wolfram Kleber e do trompetista Anton Schuldes; dos violistas Reinhard Wolf e Werner Buchholz, remanescente da Orquestra Sinfônica de Berlim; de Hans Woyworth, violinista que, segundo relatos, ia aos ensaios trajando o uniforme completo da SA[86]. Esses homens representavam a "linha dura" do partido, que intimidava seus colegas. Outros músicos, por sua vez, ostentavam menos seus compromissos políticos. São pouco claros os motivos de filiação do violinista Alfred Graupner, cuja alcunha – satírica – era "cão de caça" (*der Bluthund*)[87] – ou do violinista Hans Giseler, do contrabaixista Arno Burkhardt e do trombonista Friedrich Quante. Talvez, a esperança de um favor profissional, uma questão de segurança ou pressão familiar, uma simples conveniência ou inclinação pessoal. Seja como for, essas pessoas parecem ter sido membros benignos do partido, não nazistas de alma. Porém, simplesmente inocentá-los de toda a culpa seria uma atitude injusta ante a maioria dos

---

85 C. Hellsberg, *Demokratie der Könige*, p. 464: "Quatorze membros ingressaram no partido de um só 'golpe'; a eles se somam outros 25 colegas que já haviam dado o passo antes de 1938, pessoas que em parte – quando reinava a proibição do ano de 1933 – haviam inclusive pertencido de forma ilegal ao NSDAP. A elevada participação de uns 36% dos membros subiu a 42% em fins de 1945".
86 Entrevista com Johannes Bastiaan, 07.02.2005.
87 Ibidem.

músicos da Filarmônica, que resistiu às pressões para uma filiação e às suas tentações.

Em tese, para aqueles com ambições de talhe carreirista, entrar para ao partido à época do Terceiro Reich poderia significar vantagem. Se a filiação do *spalla* Erich Röhn foi a razão real ou simplesmente um subproduto do apoio alcançado, o fato é que, individualmente, e para seu Quarteto Filarmônico – onde tocavam Carl Höfer, Werner Buchholz e Wolfram Kleber – o músico obteve muitíssimo amparo da elite nazista[88]. Inexiste documentação testemunhadora da associação de Röhn ao partido. Mas por sua estreita ligação com Buchholz e Kleber, dois dos mais conspícuos nazistas da orquestra, Röhn pode ser incluído no rol daqueles "circunstancialmente" afiliados.

O *Vorstand* Lorenz Höber nunca se filiou, o que, provavelmente, foi motivo para o governo lhe negar, em 1934, um posto oficial na gerência (*Geschäftsführung*) reformada da Filarmônica[89]. Com seu perfil e vasta experiência, ele era praticamente insubstituível. O golpe frustrado de Schröder, entretanto, não embotou as ambições da parcela nazista da orquestra, que via em Höber um problema. Em 1937, circulou um memorando, expedido pela Filarmônica, que anunciava mudanças na estrutura interna da orquestra. Entre as medidas, anunciou-se:

> O ex-diretor Höber não é mais o representante oficial da orquestra, mas sim da gerência. O representante oficial da orquestra, agora, é o recém-eleito Conselho de Confiança (*Vertrauensrat*). Esse conselho designará um representante que supervisionará a Frente de Trabalho (*Arbeitsfront*) e que também será o porta-voz da orquestra perante a Câmara de Música do Reich.[90]

Como exatamente essas reformas foram orquestradas ou estabelecidas não se sabe bem. Embora Höber não se tenha deixado afastar, com as mudanças viu-se subordinado à *Geschäftsführung* nomeada pelo Ministério da Propaganda, enquanto um

---

88 ABPHO, BPhO, Stegmann a Kormann, Departamento Principal de Propaganda da Governadoria Geral da Cracóvia, 25.9.1943; ABPHO, Poster Bachsteinsaal, Quarteto de Cordas da Orquestra Filarmônica de Berlim, 3.12.1936.
89 Cf. O Caminho Para a Reichsorchester, supra, p. 1 e s.
90 BPhO, Circular, 17.4.1937, citado em G. Avgerinos, op. cit., p. 63.

novo comitê executivo passou a operar como representante da orquestra.

O recém-criado Conselho de Confiança constituía a face oficial da orquestra e era formado por seis membros: dois *Geschäftsführer* (a princípio, Von Benda e Stegmann), e quatro representantes eleitos pela orquestra. Os quatro primeiros eleitos foram: Alfred Graupner, o "cão de caça", Wolfram Kleber, Anton Schuldes e Alois Ederer[91]. Membro do partido, Ederer morreu em 1943, vítima de um ataque aéreo britânico sobre Berlim. Com a criação do Comitê do Conselho de Confiança, Kleber foi nomeado chefe de célula da Frente de Trabalho Alemã e, mais tarde, porta-voz da orquestra (*Orchesterobmann*), cargo "proposto pela Câmara de Música do Reich"[92]. Fritz Hartmann, ex-arpista da Orquestra Sinfônica de Berlim, e sobre quem pairava a suspeita de filiação ao partido, foi nomeado o homem de contato entre a Filarmônica e a Câmara de Música de Reich[93]. Höber, como gerente da orquestra, continuou responsável pelas tarefas internas, como agendamento de ensaios e concertos, controle das licenças médicas e monitoramento das estatísticas de emprego[94].

Por volta de 1938, portanto, embora Höber permanecesse em suas funções organizacionais, a representação interna e externa da Filarmônica estava inteiramente – ou quase – nas mãos dos nazistas. O *Geschäftsführer* nascia de uma nomeação política imposta e o Conselho de Confiança, supostamente, era um corpo sufragado. Então, surge a pergunta: como foi possível que um pequeno grupo de nazistas fosse eleito democraticamente para representar uma comunidade cuja ampla maioria, ao menos individualmente, era constituída por pessoas que aparentemente não compartilhavam de tal convicção ideológica? Conquanto os documentos acerca dessa questão sejam escassos, várias respostas podem ser cogitadas. Primeira hipótese, manipulação: se a votação fosse secreta, os resultados podiam ser falsificados; se fosse aberta, a intimidação poderia

---

91 PJB, BPhO, Circular n. 11/38, 22.1.1938.
92 Ibidem.
93 O nome de Hartmann também aparece numa lista de 12.6.1946 marcado com *Pg.* (membro do partido) no Arquivo da Filarmônica de Berlim.
94 PJB, BPhO, Circular n. 11/38, 22.12.1938.

ter tido algum papel. Segunda: somente nazistas se candidataram. Isso poderia ter ocorrido se: o processo de designação dos candidatos tivesse sido condicionado ou fraudado; se membros da orquestra tivessem protestado contra a sujeição de Höber; por fim, se um consenso geral prévio dentro da comunidade decidisse que pessoas com credenciais do partido representavam melhor os interesses da orquestra. Uma terceira possibilidade é que as eleições tenham sido livres e limpas, tendo a orquestra, democraticamente, escolhido nazistas para representá-la. A verdade, provavelmente, está na combinação de todos esses fatores.

O Terceiro Reich foi uma sociedade erguida sobre o terror e o medo. A intimidação clara e velada, explícita e implícita fazia parte da vida diária alemã e os músicos da Filarmônica não estavam imunes a isso. Mas a comunidade era um agrupamento politicamente experiente. Desde os anos de 1920, havia constantemente negociado a partir de uma posição débil. Diferentes governos, mecenas, e inclusive Furtwängler, forçaram-na a fazer concessões no terreno de sua genética independência institucional, estrutura organizativa, constituição interna, autonomia artística e controle orçamentário. E agora, nos anos trinta, face às ambições políticas dos colegas afiliados ao partido, compromissos e concessões eram novamente questão de prudência. Se isso também significava falta de coragem para lhes negar os votos – então, compulsão moral, contrição, constrangimento –, o contracanto era igualmente verdadeiro. A saber, os filarmônicos entreviam vantagens na submissão à agenda nazista. O "espírito de comunidade" era menos um vínculo espiritual ou místico entre músicos inspirados do que um elemento prático da singular política institucional da orquestra. A cultura da Filarmônica radicou-se desde o início na construção de um consenso pragmático: este, *lato sensu*, é o próprio princípio de uma comunidade democrática, ainda quando isto a tivesse feito ceder diante dos radicais. O objetivo fundamental era continuar fazendo uma música de qualidade num ambiente criativo e seguro. Como seus ex-colegas judeus em 1937-1938, os músicos filarmônicos tinham poucas escolhas, embora ainda as tivessem. Ao demonstrar deferência e aceitar uma fachada nazista, a orquestra desejava cair nas graças da classe dominante e obter os privilégios que o regime concedia, preservando, nesse processo, os valores sobreviventes do *Gemeinschaftsgeist*.

Essas estratégias pragmáticas, todavia, não mitigaram o grau de pressão política nem as iniciativas independentes da orquestra. A partir de 1938, talvez em função da influência que o Conselho de Confiança começava a exercer, a Filarmônica recebeu uma série de memorandos bem como de visitantes do partido. Em 26 de outubro daquele ano, a orquestra foi convocada para uma reunião na qual, "por ordem da autoridade regional do partido para a Grande Berlim, o diretor local de educação do partido, camarada Scheller, falará para nós acerca de questões relativas à visão de mundo nacional-socialista. *O comparecimento é obrigatório!*"[95] (ênfase no original). No dia 16 de janeiro de 1940, a Filarmônica recebeu do "porta-voz do partido do Reich, conselheiro superior do governo príncipe Schaumburg-Lippe"[96], convocação para uma nova reunião ou assembleia (*Betriebsversammlung*). Como de praxe, nessas ocasiões, a "reunião é um dever [sublinhado no original] e o não comparecimento só será permitido com expressa autorização da gerência"[97]. Um regulamento interno introduzido em 1938, que discriminava os direitos e as obrigações dos membros da orquestra, assim como as penalidades pelo descumprimento das regras, garantia a presença nessas reuniões[98].

De 1938 em diante, "dever" (*Pflicht*) sob pena de "punição disciplinar" (*Ordnungsstrafen*) tornaram-se termos proeminentes no vocabulário epistolar da orquestra[99]. Em dezembro de 1938, os músicos da orquestra, "incluindo os *spallas* e primeiros-violoncelistas, inclusive os de folga", foram obrigados a participar de um "juramento ao *Führer* e Chanceler do Reich"[100]. Todos os funcionários públicos, portanto também os

---

95 PJB, BPhO, Circular n. 6/38, 14.11.1938 (aqui parece haver um erro, porque a circular tem data de 14 de novembro, enquanto a assembleia foi convocada para 26 de outubro).
96 PJB, BPhO, Circular n. 17, 24.11.1939.
97 Ibidem.
98 G. Avgerinos, op. cit., p. 63.
99 PJB, BPhO, Circular n. 36, 15.12.1941; Aos senhores membros da BPhO, 24.8.1942; BPhO, Circular n. desconhecido: "Portanto, nos vemos obrigados a punir aqueles que não respeitarem a data da reunião".
100 PJB, Circular n. 9/38, 5.12.1938.

membros da Filarmônica, deviam comparecer ao ritual programado, ao que se seguiria a cerimônia de entrega da medalha de "honra por lealdade" (*Treudienst-Ehrenzeichen*) a músicos da orquestra[101]. Ao que tudo indica, enquanto membros do partido eram automaticamente condecorados, não membros teriam de estar há anos na orquestra para se qualificarem a tal deferência[102].

Em 1939, o Ministério da Propaganda promulgou um novo regulamento de trabalho para a Filarmônica. Enquanto o primeiro, de 1934, fora relativamente suave, sem conteúdo político ostensivo, o segundo, revisado, alterou completamente o teor:

> 1. A responsabilidade primária de um membro de uma orquestra é oferecer suas melhores capacidades para garantir os altos objetivos artísticos da organização. A realização dessa meta exige, de líderes e subordinados, uma concepção de dever no sentido nacional-socialista. Isso demanda de cada membro um compromisso constante com a manutenção e melhora de sua própria excelência artística e a integração positiva na comunidade orquestral. O grupo deve seguir com lealdade a seus líderes musicais e a outras autoridades. Os dirigentes devem ser compreensivos com a pessoa e com o desempenho de seus colegas. Todos devem sentir a mais alta responsabilidade ante as leis não escritas da cultura germânica.[103]

Os parágrafos posteriores incluíam, para além de cláusulas comuns tomadas do regulamento anterior, passagens como estas: "nenhum membro tem o direito de criticar o desempenho e as exigências do regente"; e "o excessivo barulho durante o aquecimento pré-concerto e a afinação dos instrumentos está proibido"[104].

Surpreendentemente, embora acolhido pelo Ministério da Propaganda, esse documento autoritário não foi elaborado pelo governo, mas pela própria orquestra. Submetendo-o à aprovação, escreveu Karl Stegmann para o Ministério da Propaganda: "Seguindo as regulações trabalhistas do Reich (*Reichsarbeitsblatt*) VI, nº 14, 1938, elaboramos um regulamento oficial específico para a orquestra considerando as particularidades do

---

101 Ibidem.
102 G. Avgerinos, op. cit., p. 64.
103 BARCH R55/951, BPhO, Instrução de serviço, fev. 1939.
104 Ibidem.

nosso serviço."[105] Stegmann não estava em posição de redigir e impor, unilateralmente, um documento de tamanha importância. O pronome "nós", implícito na frase, muito provavelmente remete ao núcleo responsável pela representação da orquestra, ou seja, o Conselho de Confiança, de constituição nazista, do qual Stegmann era membro. O grupo que, com Fritz Schröder, em 1933, urgia por "limpeza e ordem", finalmente alcançou seu objetivo[106].

Malgrado a obstinada doutrinação ideológica, os membros da Filarmônica não se contentavam simplesmente em servir. Em 1936, o violoncelista Ernst Fuhr e o violinista Georg Diburtz – ambos não filiados ao partido – decidiram iniciar um movimento em favor da criação de uma Camaradaria da Filarmônica de Berlim (Kameradschaft der Berliner Philarmoniker). A ideia era fundar uma associação independente de músicos da orquestra que patrocinaria atividades conjuntas dos artistas. Assim, deixando aos seus cuidados o controle dos ativos financeiros – nascidos de presentes, doações, legados e fundos de amparo angariados fora da área de abrangência da GmbH –, a Camaradaria, a exemplo do "Goldenen Ring" da Filarmônica de Viena, outorgaria prêmios e prestaria homenagens a artistas e personalidades convidados[107].

A iniciativa da Camaradaria, particularmente no que concernia à intenção de prover e administrar recursos de forma independente, apresentava um notável desafio à hegemonia do Ministério da Propaganda. Era um jogo perigoso, fato que músicos veteranos como Furh e Diburtz certamente não ignoravam. Assim, antes que o plano tivesse chegado ao conhecimento do Ministério da Propaganda, Von Benda e Stegmann expressaram sérias reservas[108]. Para desfazer uma eventual impressão de que existia uma facção dissidente na orquestra, Diburtz e Fuhr propuseram o modelo de uma fundação para a Camaradaria que funcionaria como um "suporte" para a GmbH[109]. Além disso, reconsideraram suas ideias iniciais sobre a auto-

---

105 BArch R55/951, BPhO, Stegmann ao RMVP, responsável especial pelas orquestras culturais alemãs, 14.4.1939.
106 BArch R55/1147, Schröder, Informe factual, 10.2.1934.
107 BArch R55/197, Diburtz e Fuhr, 14.2.1936.
108 BArch R55/197, Diburtz e Fuhr, 6.4.1936.
109 Ibidem.

nomia da Camaradaria, propondo que "a escolha do presidente fosse sancionada pela gerência da GmbH, e que "o gerente geral da Filarmônica integrasse o corpo executivo [da nova organização], participando assim da definição do seu orçamento e de sua contabilidade"[110]. Apesar de ser um projeto arriscado, Diburtz e Furh pareciam contar com um forte respaldo dos músicos, ansiosos por reaver um pouco da genética autodeterminação.

A essa altura, rumores sobre a Camaradaria chegaram ao Ministério da Propaganda. Com as garantias dadas pelo plano revisto, seus idealizadores receberam permissão para seguir adiante. A questão financeira teria de ser cuidadosamente tratada, mas os burocratas do Ministério anteviram que uma hábil elaboração dos estatutos da Camaradaria abriria espaço para que se pudesse "exercer influência sobre a associação"[111].

A delicada e intrincada tarefa de se criar um marco jurídico aceitável, desdobrou-se por vários meses. Em outubro de 1937, começou a circular o plano de um estatuto para a Camaradaria da Filarmônica de Berlim onde estavam presentes as exigências do Ministério da Propaganda, tais como: "Se a gerência requerer, o presidente deve se afastar antes do término de seu mandato", ou: "Se a gerência se opõe, as resoluções e decisões implicadas devem ser invalidadas."[112] Os burocratas do Ministério confiavam nos gerentes que haviam escolhido: acreditavam firmemente que estes garantiriam que a Camaradaria não se tornaria uma ameaça. Nesse sentido, a constituição oficial da Camaradaria discriminava: "a nomeação do presidente da associação será feita pelo Ministério da Propaganda, com a recomendação de seus membros". Ademais, o Ministério se reservava o direito de vetar a nomeação de membros honorários, alterar cláusulas de seu estatuto e de tutelar os fundos da entidade no caso de sua dissolução[113].

Na primavera de 1938, finalmente, parecia que a longa batalha para a criação da Camaradaria chegara ao fim. A primeira reunião foi marcada para o dia 15 de junho, no restaurante Alte

---

110 Ibidem.
111 BArch R55/197, RMVP, Memo da casa, Ref.: Confraria da Filarmônica de Berlim, 10.4.1936.
112 Ibidem.
113 BArch R55/197, Fundação da Confraria da Filarmônica de Berlim, 17.4.1938.

Fischerhütte, junto ao lago Schlachten[114]. Convites foram remetidos, celebrando que "apesar das grandes dificuldades, graças ao apoio do Ministro do Reich para Educação Popular e Propaganda, a Camaradaria da Filarmônica de Berlim pôde ser finalmente criada"[115]. Uma agenda de reuniões foi elaborada. O Conselho de Confiança aprovou a candidatura do violoncelista Friedrich (Fritz) Mayer como primeiro *Kameraschaftsführer*[116]. O papel que Goebbels desempenhou para facilitar a formação dessa associação se desconhece. De qualquer modo, parece que os receios do Ministério foram aliviados pelo rigor jurídico e, talvez, devido a interferência de esferas superiores.

Como precaução ante a nomeação de Mayer, Von Benda requereu dos músicos da orquestra que "relatassem possíveis objeções ou reparos à nomeação do senhor Mayer como dirigente da Camaradaria"[117]. Esse pedido, no mínimo curioso, pode ser entendido como uma indulgente checagem da opinião da orquestra ou, inversamente, como um incentivo pernicioso à delação. Mayer, todavia, já havia sido aprovado pelo Conselho de Confiança, dominado por nazistas, portanto parecia uma escolha unânime. Porém, em 11 de junho, quatro dias antes da cerimônia de fundação planejada, uma urgente comunicação interna do Ministério da Propaganda caiu como uma bomba: "Mayer, músico nomeado para dirigir a Camaradaria, não é membro do partido."[118]

O Ministério havia investigado todos os aspectos do plano da Camaradaria, modelando seu estatuto como uma peça blindada[119]. Resulta, pois, inimaginável, que os funcionários tivessem negligenciado um exame cuidadoso da biografia do candidato. Chocaram-se, no entanto, ao descobrir que nos arquivos do partido não havia absolutamente qualquer "prova da posição política" de Mayer[120]. Não se sabe se algum burocrata

---

114 BArch R55/197, BPhO, Von Benda ao RMVP, 11.6.1938.
115 BArch R55/197, BPhO, Von Benda aos senhores membros da Orquestra Filarmônica de Berlim, 11.6.1938.
116 BArch R55/197, BPhO, Von Benda ao RMVP, 11.6.1938.
117 BArch R55/197, BPhO, Von Benda aos senhores membros da Orquestra Filarmônica de Berlim, 11.6.1938.
118 BArch R55/197, RMVP, Nota, 11.6.1938.
119 BArch R55/197, RMVP, Fundação da Confraria da Filarmônica de Berlim, 7.2.1938.
120 Ibidem.

dormiu no ponto quanto à nomeação, se o *Geschäftsführer* ocultou propositalmente alguma informação, ou se Mayer foi denunciado por algum colega. O fato é que a reunião inaugural foi cancelada e adiada por tempo indeterminado ou até que se concluísse uma averiguação completa sobre Fritz Mayer.

Em 24 de junho um relatório do partido, arquivado na Filarmônica, atestava a lisura política de Mayer[121]. Conquanto não fosse um nazista, estava autorizado a tomar posse[122]. Uma nova data para a inauguração da Camaradaria foi agendada – 15 de setembro. O memorando aos membros da orquestra anunciando a nova data da assembleia inaugural dizia:

> Superadas as grandes dificuldades que se interpuseram no caminho da fundação da Camaradaria, expressamos nosso desejo de que seus elevados objetivos possam contribuir para fortalecer e aprofundar a solidariedade no âmbito de nossa orquestra, e nos lembrem que cada um de nós, em seu respectivo lugar, está a serviço da comunidade nacional-socialista, pronto a qualquer instante a servir ao *Führer*, ao *Volk* (povo) e ao Reich.[123]

A mensagem era clara. Vários representantes do alto escalão do Ministério da Propaganda estiveram presentes à cerimônia para assistir a posse oficial de Fritz Mayer[124]. Cinco anos depois, quando Mayer deixou o cargo, foi sucedido por Karl Rammelt, membro do partido.

Apesar de ações preventivas, nem tudo era consistentemente pacífico e harmonioso na Filarmônica. De quando em quando, os ânimos se acirravam. Em 1942, durante uma sessão de gravação, músicos do naipe de sopro protestaram por melhores cachês[125]. O grupo apresentou a proposta radical de "gravar com a Camaradaria da orquestra". Esse grau de independência era justamente o que o Ministério temia que a existência da Camaradaria trouxesse, embora não se saiba exatamente até que ponto a proposta de gravação contava com o apoio da orquestra. A resposta de Von Westerman foi rápida e dura: "O

---

121 BArch R55/197, NSDAP (Berlim) à BPhO, 24.6.1938.
122 PJB, BPhO, Circular n. 3/28, 3.9.1938.
123 Ibidem.
124 BArch R55/197, BPhO, Stegmann ao RMVP, Meyer, 9.9.1938.
125 PJB, Westerman, Aos senhores membros da BPhO, 9.12.1942.

fato de um pequeno grupo desconhecer a real natureza de nossa comunidade orquestral e de seu espírito coletivo é mais do que lamentável."[126] A subserviência da Camaradaria ao Ministério foi encorajada.

O comunalismo da Filarmônica era, a um só tempo, unitário e fracionado. A orquestra era formada por um grupo de homens que estavam unidos em função de uma causa musical comum, um senso de tradição e uma cultura organizacional singular. Mas, para além das questões de raça e convicção política, havia áreas socialmente clivadas que dividiam a comunidade filarmônica. *In limine*: embora reverenciada como o paradigma da música alemã, nem todos os seus músicos eram alemães. O pai do *spalla* Johannes Bastiaan era holandês; o primeiro violoncelista, Tibor de Machula, húngaro; o violoncelista Hans Bottermund era em parte dinamarquês; grego, o percussionista Geronimos Avgerinos; o flautista Karl Achatz tinha ancestrais suecos; e o trompetista Paul Spörri era suíço. Ademais, a orquestra atava homens de gerações distintas. Embora a idade para a aposentadoria fosse 65 anos, havia músicos na ativa que tinham tocado com Brahms. Os instrumentistas mais jovens, por sua vez, não se recordavam sequer da hiperinflação dos anos vinte. As tensões entre Lorenz Höber, Richard Wolff e Otto Müller, de um lado, e seus colegas nazistas politicamente ambiciosos, de outro, refletiam em grande medida essa situação – ou confronto – geracional. Kleber, Schuldes, Fritz Schröder e a maioria dos outros músicos filiados ao partido, nasceram em torno da virada do século 20, e assim nos passam a sensação de que o nazismo foi um movimento cujas raízes estavam mais plantadas na juventude. Eles não conheceram a orquestra nos dias de sua florescente autogovernança. Isso contrastava com a experiência de homens como Otto Müller – que em 1895 tornou-se o primeiro diretor eleito da orquestra, permanecendo no cargo por 35 anos –, ou mesmo com a de Lorenz Höber, que ingressou na Filarmônica em 1916, quando Anton Schuldes adolescia. Contudo, ainda que refletissem experiências muito distintas ante a orquestra, os dois lados não costumavam se enfrentar abertamente, embora

126 Ibidem.

alguma desconfiança trocada – própria da realidade de hiatos geracionais significativos – estivesse sempre presente.

Em 1939, um memorando à orquestra acentuou ainda mais a separação geracional e ideológica interna:

> Como é de vosso conhecimento, nosso Terceiro Reich valoriza extraordinariamente o treinamento atlético individual, desde que a saúde o permita [...] Para nosso pesar, somos forçados a registrar que um grande número dos membros mais jovens da nossa orquestra, embora capazes, evitam atividades físicas [...] Reiteramos que é obrigação de cada um manter sua própria saúde, a da sua família e, assim, a de todo o seu povo através de uma atividade física regular.[127]

Quando, em 1943, Erich Hartmann ingressou na Filarmônica, após ter sido ferido num combate na frente oriental, surpreendeu-se com o fato de ser admirado e favorecido por tantos colegas nazistas, embora não fosse membro do partido[128]. Por seus serviços à "pátria", para eles Hartmann era um herói. Georg Diburtz, Karl Leuschner, Wilhelm Höber (irmão de Lorenz) e Richard Wolff, por sua vez, foram veteranos da primeira grande guerra e, embora fossem não menos corteses com o recém-chegado, eram menos inclinados a blasonar em retórica vazia. Através de iniciativas como a da Camaradaria e do Fundo de Amparo[129], a geração sênior agia consistentemente no intento de firmar certa autonomia para a orquestra e interpor alguma distância entre a Filarmônica e o Reich nazista.

De qualquer modo, apesar da pressão política – sutil ou explícita – que o partido e o governo exercem sobre os músicos filarmônicos, o fato é que a orquestra tinha de estar grata. Em 1933, o Reich hitlerista salvou-a da bancarrota[130]. Embora nesse processo tenha perdido o coração de sua autogovernança, como Reichsorchester não só alcançou segurança financeira

---

127 PJB, BPhO, Circular n. 14, 24.11.1939.
128 E. Hartmann, "*Die Berliner Philharmoniker in der Stunde Null*", p. 16.
129 Cf. Balanço e Finanças, infra, p. 95 e s.
130 Aqueles que supõem que os nacional-socialistas deixaram morrer de fome os músicos da Filarmônica antes da sua aquisição, fazem vistas grossas às relações mais importantes e objetivas que caracterizaram a mudança de comando da orquestra, tal como está descrita no Cap. 1 deste trabalho. Veja-se P. Potter, "The Nazi 'Seizure' of the Berlin Philharmonic", em G.R. Cuomo (dir.), *National Socialist Cultural Policy*.

como foi celebrada, valorizada, elogiada e estimada como nunca antes. Após as batalhas travadas no passado, a Filarmônica, afinal, pôde sentir-se vultosa e gozar de um reconhecimento coerente com o senso que nutria de seu próprio valor. Tudo o que o regime exigia, em contrapartida, era que a orquestra permanecesse obediente e tocando exemplarmente. Isso ela fez: sob a batuta de Furtwängler, ou de outros, para a maior e mais variada audiência de sua história[131], e viajando como nunca[132]. A Filarmônica era aclamada, enaltecida, querida. Em nome dos colegas, Werner Buchholz escreveu: "com sua disciplina artística, sua tímbrica condicionada pela nacionalidade e seu modo próprio de tocar, [...] a Filarmônica de Berlim percebe que sua missão mais elevada ante a pátria é ser a mensageira da arte e povo alemães"[133].

Por tais serviços, os músicos filarmônicos foram tratados com numerosos exemplos de benevolência nazista. A inteligência de Goebbels foi compreender que a instituição era composta por indivíduos. Assim, criou um sistema de favores e fortes laços entre cada músico e a instituição, a qual, portanto, estava comprometida com sua agenda.

A medalha de honra de Hitler (*Treudienst-Ehrenzeichen*)[134] era apenas um exemplo – no caso, de caráter decorativo – desse sistema distorcido de exploração mútua. Os membros da orquestra eram induzidos a se sentirem como uma família. No enterro do trompista Gustav Kern, um instrumentista dos primeiros tempos da Filarmônica, Goebbels mandou uma coroa de flores por meio de seu representante, o dr. Drewes[135]. Os músicos, por outro lado, eram convidados a se misturar ao círculo íntimo de Goebbels[136]. Em dezembro de 1938, o Ministério da

---

131   Cf. Filarmônicos no Trabalho, infra, p. 139 e s.
132   Cf. Os Embaixadores da Nação Alemã, infra, p. 225 e s.
133   ABPHO, *Philarmonische Blätter*, 1937, *Musik als Propagandamittel*, de Werner Buchholz.
134   PJB, Circular n. 9/38, 5.12.1938.
135   ABPHO, Westerman a Furtwängler, 19.2.1944.
136   ABPHO, Westerman a Furtwängler, 7.9.1942: "Na quarta-feira passada, o Ministério organizou uma recepção de imprensa para nós no Clube do Exterior. Apesar do calor extraordinário, a recepção – a que assistiram tanto os berlinenses como a imprensa estrangeira – foi muito boa. Falei brevemente sobre o programa, distribuí uns folhetos bonitos e se ouviu nossa música de câmera [...] Foi, sem dúvida, um grande sucesso".

Propaganda estendeu à orquestra uma cortesia rara, a saber, "ofereceu-lhe uma pequena e especial surpresa natalina no primeiro natal da nova Grande Alemanha" (após a anexação da Áustria) – um bônus natalino[137]. Sete meses mais tarde, na esteira dessa concessão especial, a circular que informava o programa da orquestra para as Jornadas Partidárias do Reich, em Nurembergue, anunciava ainda que a orquestra receberia um pequeno aumento, resultado de uma correção salarial[138].

O Reich sempre entrava em cena para assegurar que a Filarmônica pudesse contratar e manter os melhores músicos alemães. Quando o trompista Martin Ziller recebeu uma oferta de trabalho lucrativa da Berliner Staatsoper, Stegmann pediu ao Ministério da Propaganda que adoçasse as condições de Ziller na Filarmônica[139], no que foi atendido[140]. O Ministério também buscava prover a infraestrutura adequada para a orquestra. Em 1939, a Filarmônica contratou um novo primeiro-trompista, Adolf Handke. Recém-chegado de Bremen, o músico necessitava de moradia em Berlim. Em nome de Handke, Stegmann escreveria ao Ministério: "Como é de nosso conhecimento que apartamentos em edifícios recém-construídos são destinados a servidores do Reich, recomendamos que o músico seja considerado para o lugar."[141] Estar no serviço público tinha, sem dúvida, suas vantagens.

Muito mais sinistra era a forma como o Ministério mantinha uma infraestrutura para a aquisição de instrumentos musicais. Ao que parece, o próprio Hitler lamentou que "os músicos da Filarmônica de Viena evidentemente possuem muitos violinos antigos, enquanto os da de Berlim, muito poucos"[142]. O Ministério contratou agentes que, sob a supervisão do dr. Heinz Drewes, encontrariam e obteriam instrumentos para a coleção do Reich[143]. Alguns foram comprados, outros, provavelmente

---

137 PJB, Circular n. 10/38, BPhO, Von Benda aos senhores membros da BPhO, 21.12.1938.
138 PJB, BPhO, Circular n. 1/39-40, 26.7.1939.
139 BArch R55/197, BPhO, Stegmann ao RMVP, 8.12.1937.
140 BArch R55/246, Salários dos membros da orquestra, 1.2.1942.
141 BArch R55/197, BPhO, Stegmann ao RMVP, 10.6.1939.
142 BArch NS18/1173, Registros de atas Ref. aos instrumentos musicais da Filarmônica, 4.5.1942.
143 BArch R55/853, Do Ministro das Finanças ao RMVP, 3.12.1942.

roubados[144]. O butim dessa pilhagem era posto à disposição dos músicos, que amiúde podiam escolher a partir de uma vasta coleção. Esse processo também contava com a ação de intermediários, o que obscurecia tanto a origem dos instrumentos como a identidade do benfeitor cedente. Somente quando os músicos tivessem escolhido seus instrumentos é que se anunciava, pela imprensa, a magnanimidade do Reich. Erich Röhn recebeu um Pietro Guarneri, de 1750[145], o primeiro-violoncelista Tibor de Machula, um instrumento "da escola de Guarneri"[146], e o *Konzertmeister* Johannes Bastiaan, um valioso Guadagnini[147]. O Ministério da Propaganda esforçava-se para selar a lealdade dos músicos: em 1942, saiu em busca de um *Stradivarius* para o novo *spalla* Gerard Taschner[148]. Frente a presentes tão valiosos, a assinatura de um contrato que incluía juramentos como "Que o instrumento soe para a glória da arte alemã" ou "Que o instrumento traga a música dos mestres alemães aos nossos compatriotas com orgulho e honra"[149], teria parecido tributo insignificante.

De qualquer modo, esses presentes eram apenas lembrancinhas se comparados à grande concessão que o regime conferiria aos membros da orquestra: o *status* de *Unabkömmlich* (indispensável), ou *Uk*. Isso significava que os músicos eram considerados indispensáveis, portanto estavam isentos do serviço militar. Os primeiros passos nessa direção foram tomados algumas semanas após o início da guerra. "Daqui em diante, uma dispensa do serviço militar poderá ser obtida nos postos de recrutamento por todos que permanecerem em serviço."[150] A sugestão pode ter partido de Furtwängler, mas foi Goebbels, em sua condição de patrono da orquestra, que efetivou a indispensabilidade da Filarmônica ante as obrigações militares

---

144 BArch R55/853, RMVP, Anexo, 21.1.1943: Com respeito à compra de uma coleção de instrumentos de um certo Conde Hartig, de Roma, informantes na Itália fizeram saber ao RMVP que "o Conde Hartig não está vivendo em sua cidade e que [o informante] só havia sabido de sua ascendência judia através de um colaborador".
145 BA NS18/1173, RMVP, Trissler a Hausen, 5.5.1942.
146 Ibidem.
147 PJB, BPhO, Programa da temporada, 1942-1943, 2.1943.
148 BArch NS18/1173, RMVP, Notícia telefônica, Berlim, 5.5.1942.
149 BArch R55/853, Contrato, esboço para jovens artistas, esboço para artistas experientes, 1943.
150 PJB, BPhO, Circular n. 13, 9.11.1939.

compulsórias para viabilizar seus objetivos propagandísticos. Para preservar a unidade do grupo e promover sua mobilidade, dos músicos não seria exigido nem o treinamento militar nem o recrutamento de combate, quando chegasse a hora. De fato, à Filarmônica não foi concedido apenas o *status* de Uk, mas de duplo-*Uk*[151], o que a tornava membro de um grupo reservado dentro da jurisdição do Ministério da Propaganda integrado apenas por alguns ramos essenciais da Rádio do Reich[152].

Seja como for, era muito mais simples declarar o *status* de Uk da orquestra do que materializá-lo. Na Alemanha nazista, todos os homens deviam se inscrever nos comandos militares distritais (*Wehrbezirkskommandos*) ou nos postos de recrutamento. Nesses comandos se decidia sobre convocações e dispensas. As decisões podiam ser inteiramente discricionárias. Os filarmônicos sabiam que certos comandos "tinham uma especial sensibilidade para questões artísticas", de sorte que os músicos eram encorajados a morar nessas vizinhanças[153]. Ocasionalmente, algum deles era recrutado, o que obrigava a gerência da orquestra a peticionar um apelo de anulação do alistamento que era encaminhado ao Ministério da Propaganda[154].

Ainda que, teoricamente, os músicos da Filarmônica tivessem imunidade garantida quanto ao serviço militar, a realidade da guerra tornou muito aguda a exigência de uma confirmação oficial desse privilégio. O *status* de "membro filarmônico" não bastava. "É absolutamente necessário" – prosseguiu Stegmann depois da explicação – "que todo indivíduo que receba uma convocação da Wehrmacht informe este escritório imediatamente"[155]. De qualquer modo, a Filarmônica ficaria livre da ameaça do *front* imposta pela Wehrmacht, embora essa liberdade viesse a conta-gotas, dado o longo tempo necessário para a análise do caso de cada músico, processo oficial que concluía pela confirmação ou negação de seu *status* de Uk. Se negado, era necessário fazer a apelação, o que subentendia, igualmente, procrastinação. À medida que a guerra avançava, a condição

---

151 PJB, Documento, Comissário de Defesa do Reich, 14.5.1945.
152 BArch R55/586.
153 BArch R55/198, Taschner, Protocolo, 1.6.1942.
154 BArch R55/197, BPhO, Furtwängler ao RMVP, Ref.: Trompista Ziller, 17.9.1938.
155 Ibidem.

de *Uk* adquiria relevância exponencial, mas também impunha maior burocracia. Os músicos necessitavam de passes militares, enquanto os membros mais jovens da Filarmônica eram conspícuos em Berlim, pois os seus contemporâneos estavam todos no *front*[156]. Todos os músicos deviam comunicar a seus comandos distritais qualquer mudança de endereço. Para turnês no exterior, precisavam do carimbo de seus respectivos postos de recrutamento[157]. Em julho de 1942, os membros da Filarmônica receberam cartas pessoais de Goebbels para serem apresentadas nos comandos distritais. Esses documentos oficiais, outorgados "a pedido de nosso Ministério"[158], serviam, ao mesmo tempo, para lembrá-los do enorme privilégio que se lhes concedia:

> Pela autoridade do *Führer*, os senhores recebem, de mim, a classificação de *Uk* para levar a cabo importantes tarefas propagandísticas e culturais. Espera-se dos senhores que, por sua conduta de vida, capacidade profissional e comportamento geral, mostrem uma consciência proporcional às obrigações pessoais e práticas então implicadas. Devem se lembrar, permanentemente, que as privações e perigos que o soldado suporta no campo de batalha não podem ser comparados nem com o trabalho mais duro e leal dos que ficam na Pátria. Dr. Goebbels.[159]

Os músicos da Filarmônica sabiam exatamente o quanto eram afortunados. No começo da guerra, foram informados sobre a necessidade de poupar: "A guerra impõe sacrifícios a todos. Como uma organização do Reich, devemos nos submeter inteiramente a essas medidas de austeridade."[160] Quando a guerra arrombou a casa, três músicos da orquestra foram mortos em ataques aéreos: Kurt Ulrich, Alois Ederer e Oskar Audilet[161]. Paul Spörri, em 1943, preferiu voltar para a Suíça, relativamente mais segura; o violonista Curt Christkautz foi atacado pela fúria ensandecida da milícia popular (Volkssturm) nazista; mas a orquestra seguiu coesa e ativa. Em verdade, a Filarmônica recebia o tratamento – e de modo

---

156 PJB, BPhO, Circular n. 12, 1939.
157 Ibidem.
158 PJB, BPhO, Circular s/n, 20.8.1942.
159 PJB, Ministro do Reich para o Esclarecimento do Povo e da Propaganda, 8.7.1942.
160 PJB, BPhO, Circular n. 14, 24.11.1939.
161 Kurt Ulrich, Alois Ederer e Oskar Audilet.

crescente – reservado às unidades militares de elite. Em maio de 1944, os músicos da orquestra receberam do Ministério da Propaganda "passes para *bunker*" (*Bunkerausweise*). As orientações diziam:

> Tendo em vista que a Orquestra Filarmônica de Berlim, em sua totalidade, deve estar sempre pronta para suas elevadas missões artísticas na Alemanha e no exterior, seus membros e famílias poderão se refugiar no abrigo mais próximo durante ataques aéreos.[162]

Em setembro de 1944, declarada a "guerra total" (*totalen Kriegseinsatzes*), todos os teatros e orquestras estatais alemães foram desativados, exceto o festival de Bayreuth (um caso simbólico, visto que funcionava apenas poucas semanas ao ano), e a Filarmônica[163]. Uma vez mais, Furtwängler pode ter se aproximado de Goebbels para salvar "sua" orquestra, mas a essa altura o paradigma das prioridades políticas tinha se alterado dramaticamente. A Alemanha estava perdendo sua guerra épica. Sob circunstâncias tão terríveis, o pedido, ou mesmo o ultimato de uma celebridade artística, teria sido absolutamente insuficiente para mover a opinião de um político experiente. Não obstante, para Goebbels, a Filarmônica era um dos instrumentos de propaganda mais poderosos. Quanto mais deteriorada a situação alemã, mais a Filarmônica lhe era necessária. "O sr. Ministro – escreveu Furtwängler a Von Westerman no verão de 1944 – gostaria de ver a vida musical de Berlim seguir com suas principais atividades, como antes"[164]. E assim, a orquestra tocava.

O exemplo mais impressionante da Filarmônica como guardiã do futuro musical alemão foi o caso Gerhard Taschner, violinista prodígio nascido na região dos Sudetos. Depois de ter estudado com professores famosos em Budapeste e, mais tarde, nos Estados Unidos, Taschner tornou-se *spalla* da orquestra de Brünn em 1938, com apenas dezessete anos[165]. Embora Brünn fosse um remanso musical, o respeitado regente Hermann Abendroth, num concerto em 1941 nessa cidade,

---

162 PJB, BPhO, Ao comando policial responsável, 19.5.1944.
163 BArch R55/247, BPhO, Westerman ao RMVP, 23.9.1944.
164 PKS, Furtwängler a Westerman, 25.6.1944.
165 BArch R55/198, Taschner, Protocolo, 1.6.1942.

ouviu o virtuose notável. Nesse ano a guerra se acirrava e os alemães estavam sendo convocados aos milhares. Abendroth se preocupou com o fato de que Taschner pudesse ser um deles e temeu, então, a perda de um talento musical alemão excepcional. Assim, conversou com Furtwängler, que arranjou uma audição para Taschner na Filarmônica. A audição foi um sucesso e Gerard, aos dezenove anos, tornou-se *spalla* da orquestra. O processo burocrático para a concessão de seu *status* de *Uk* caracterizou-se pela pedanteria[166]. Exigiu tato e diligência – qualidades não necessariamente presentes no comportamento dos músicos –, implicando todos os altos funcionários que Furtwängler e a Filarmônica dispunham[167]. O ingresso de Taschner na orquestra pode ter salvo sua vida. Terminada a guerra, ele deixou a orquestra para seguir carreira-solo.

A Filarmônica, porém, era mais que um bastião de privilégios. Durante a guerra, a orquestra, por iniciativa própria, se mobilizou para proteger suas instalações. Em setembro de 1939, uma semana depois da invasão da Polônia, a orquestra anunciou sua colaboração com o serviço de proteção antiaérea no edifício da Philarmonie[168]. Nesse episódio, todos os fios da política e cultura internas da Filarmônica ataram-se. Na verdade, a defesa aérea era uma atividade exercida por profissionais e supervisionada pela polícia, mas a circular anunciando a iniciativa dizia: "É uma questão de honra para nossa orquestra participar da rede de defesa aérea". E prosseguia: "Confiamos

---

166 Ibidem. Este documento parece uma farsa kafkiana: burocratas empurrando Taschner de uma seção a outra, remarcações de datas, esperas intermináveis, contradições, contatos, chamadas ameaçadoras, acusações, malquerências, lutas e, finalmente, Furtwängler. O documento de *Uk* de Taschner foi obtido em fevereiro de 1942, a tempo de poder seguir com a Filarmônica na turnê pela Escandinávia, onde tocou como *spalla* e como solista.

167 ABPHO, Westerman a Furtwängler: "Dizem que o marechal-de-campo, Keitel, informou pessoalmente ao *Führer* sobre o caso Tascher. Como o general Schneider é *persona grata* (sic) no quartel de comando, se decidiu ceder ante o desejo do exército, profundamente ofendido, a que Tascher seja soldado, embora *pro forma* e por pouco tempo. Não sei o que poderíamos fazer por ele. Neste momento é muito difícil falar com o ministro acerca de queixas dos artistas, não por Tascher, mas por diversos acontecimentos na área do cinema. Se, por outro lado, fizéssemos uma tentativa de nos dirigirmos diretamente a Keitel, o ministro poderia, e com razão, supor que passávamos por cima da autoridade dele".

168 PJB, BPHO, Circular n. 9, 19.9.1939.

que todos os cavalheiros da orquestra aceitarão seu dever com ânimo e boa vontade, pois assim também protegem seu lugar de trabalho."[169] O plano previa que os músicos se revezassem nos pernoites na Philarmonie, e então trabalhassem em conjunto com as operações policiais de resgate emergencial e combate a incêndios. Wolfram Kleber, porta-voz da orquestra e membro do partido, adjudicaria os turnos de guarda em parceria com Höber que, especificamente, cuidaria para que essas vigílias noturnas "estivessem em harmonia com as atividades filarmônicas dos músicos". Embora toda essa movimentação fosse inteiramente dispensável, o memorando inicial marcava firmemente: "Advertimos, aqui, que a participação nos serviços de defesa antiaérea é, para todos os membros da orquestra, um DEVER!!"

Kleber, provavelmente um de seus idealizadores, foi oficialmente nomeado chefe das atividades de defesa aérea. Mas coube a Höber, organizador competente, harmonizar esse "dever" com os serviços profissionais da polícia[170]. Por solicitação filarmônica, até quatro músicos por noite deviam trazer seus travesseiros para dormir na Philarmonie. Em caso de algum alarme, deviam vestir o uniforme contra incêndio, incluindo capacete de aço e máscara de gás e procurar o policial de plantão. Aos músicos se assegurava que seriam "dispensados da guarda se tivessem ensaios na manhã seguinte"[171].

Apesar da bravata do apelo à honra e ao dever, parece que nem todos os músicos estavam entusiasmados com a obrigação que, aliás, era um compromisso essencialmente voluntário. Quando a orquestra viajava ou durante o recesso estival ninguém era deixado para trás a fim de, casualmente, cuidar da defesa antiaérea da Philarmonie. Em outubro de 1942, um pacote de reformas, anunciado em conjunto com a Camaradaria, visava combater a indiferença e imprimir algum profissionalismo e consistência às obrigações de guerra. Em 1942, os ataques aéreos a Berlim tinham se tornado mais ameaçadores. Uma noite inteira de sono era coisa rara. Então, não mais um exercício seguro e altruísta de servilismo institucional, a defesa antiaérea filarmônica convertera-se numa pressão crescente

---

169 Ibidem.
170 PJB, BPhO, Circular n. 6, 26.11.1942.
171 PJB, Stegmann e Höber, aos membros da BPhO, sem data.

sobre homens que não eram treinados para o combate a incêndios e operações de resgate e cuja jornada diária de trabalho era longa. O pacote, pois, instituía que "enquanto durasse a guerra"[172], a Camaradaria recolheria 2 RM por mês de cada músico. O dinheiro seria destinado à contratação de um serviço de defesa aérea para a orquestra durante as turnês, férias e semanas com programas particularmente extenuantes. Por outro lado, embora todos, em princípio, "estivessem obrigados a servir no programa de defesa"[173], sabia-se que muitos não participavam. Então, aqueles que persistiam em seus deveres – estabelecia ainda o pacote – seriam premiados com 2 RM por turno, pagos pelo governo via GmbH. Ademais, a contribuição destinada à Camaradaria seria de 1, não de 2 RM. Portanto, um músico que montasse guarda quinzenalmente estaria isento da contribuição e ainda receberia 4 RM. Quem não participava perdia 2 RM por mês[174].

Na noite de 29 de janeiro de 1944, a Philarmonie foi bombardeada por caças britânicos. Erich Hartmann estava de serviço naquela ocasião e descreveu o trauma que o ataque representou para a orquestra[175]. As dificuldades crescentes que os músicos enfrentavam quando tocavam no exterior, agora os afligiam em casa. Além do edifício, inestimável em si, a orquestra perdeu muitos instrumentos valiosos, grande parte de seus arquivos e pedaços de sua biblioteca musical. Enquanto os concertos eram transferidos para outros locais de Berlim, como a Staatsoper ou o Palácio Titania, os instrumentos de segunda linha e a documentação não imediatamente necessária eram transportados para fora da cidade. Mediante a cooperação entre vários ministérios do Reich e organizações privadas, os tesouros da Filarmônica foram escondidos num *bunker* em Plassenburg[176]. Depois da guerra, o esconderijo foi encontrado pilhado e saqueado.

Com a aproximação do fim da guerra, a situação se tornou irreversivelmente pior. A destruição da Philarmonie foi uma ruptura devastadora na redoma de vidro em que a Filarmônica

---

172 PJB, Höber, aos membros da BPhO, 7.10.1942.
173 Ibidem.
174 Ibidem.
175 Cf. E. Hartmann, op. cit.
176 G. Avgerinos, op. cit., p. 66.

vivia. Não apenas os instrumentos e a música deixaram a cidade, mas as famílias dos músicos. Gerhart von Westerman escreveu para Furtwängler, que em janeiro 1945 se refugiara na Suíça:

> Cada dia nos traz novas surpresas e é óbvio que a maior parte da orquestra terminará sendo recrutada pela milícia popular [*Volkssturm*], apesar de todas as salvaguardas. Alegro-me a cada dia em que nossa proteção é mantida [...] O que nos trarão as próximas semanas é inimaginável. Atualmente sofremos restrições nos transportes públicos. Em breve, os trens, metrôs e bondes só poderão ser usados por quem porte passe especial. As exigências impostas pelas sentinelas da Volkssturm, os trabalhos de entrincheiramento etc. tornam perigosas nossas atividades regulares. Mas, como disse, por enquanto tudo está bem. E esteja certo que tudo faremos para que permaneçamos unidos como orquestra. Mas será isso possível?[177]

Erich Hartmann recorda o estado de pânico entre seus colegas ao raiar de 1945[178]. Diferentemente dele, a esmagadora maioria dos músicos da Filarmônica jamais experimentara a guerra e mesmo os veteranos da primeira sabiam que o momento vivido era muito diverso. A propaganda do governo sobre o avanço do exército vermelho aterrorizava muitos homens. Nos últimos meses da guerra, com a chegada do fim inevitável, três membros da Filarmônica – o fagotista Heinrich Lieberum, o violinista Bernhard Alt e o contrabaixista Alfred Krüger – suicidaram-se, temendo o que aconteceria a eles e às suas famílias se caíssem em mãos soviéticas[179]. Krüger era membro do partido, mas seus dois colegas não. Os três não tinham por que temer mais do que qualquer outra pessoa. Lieberum, Alt e Krüger eram simplesmente vítimas – e exemplos trágicos – do poder pavoroso da propaganda nazista, uma engrenagem aterradora da qual fizeram parte.

Em janeiro de 1945, Furtwängler fugira para a Suíça via Viena e Praga. Lá permaneceria até o fim da guerra[180]. Mas mesmo após a partida de seu guardião, os músicos da Filarmônica conservaram seu *status* de *Uk*. Em março de 1945,

---

177 ABPHO, Westerman a Furtwängler, 3.2.1945.
178 Entrevista com Erich Hartmann, 17.3.2005.
179 G. Avgerinos, op. cit., p. 66.
180 BArch (BDC) RK W0002, Nota de conversação sobre o assunto dr. Wilhelm Furtwängler, 9.12.1946.

quando o exército vermelho já esmagava os subúrbios de Berlim, o Ministério da Propaganda volta a impedir uma tentativa de recrutar os músicos para a ação militar, declarando que "os membros da Orquestra Filarmônica de Berlim estão liberados, até segunda ordem, de qualquer atividade militar, mesmo na Volkssturm, então, poderão seguir no exercício de seus deveres orquestrais, importantes para o esforço de guerra"[181]. No dia 14 de abril de 1945, três semanas antes da capitulação incondicional do Terceiro Reich, enquanto os assassinos da Volkssturm punham fuzis nas mãos das crianças na tentativa inútil de defender a capital, o comissariado de defesa do Reich para a defesa de Berlim emitia nova reiteração sobre o duplo *Uk* da Filarmônica: os músicos "serão necessários em seus lugares de trabalho no interesse da defesa do Reich, mesmo ante a ameaça iminente do inimigo"[182]. A música devia soar.

Tudo leva a crer que Von Westerman conversou com Albert Speer – Ministro do Armamento e amante da música – para garantir esse gesto final em favor da orquestra. Rumores dão conta que Goebbels estava preparado para sacrificá-la no curso das últimas semanas da guerra. O interessante, nesse caso, não é tanto a deferência de Speer ante a grande arte, nem o fato de que foi ele, não Goebbels, que efetivamente poupou os músicos da dizimação. Ora, por que os membros da Filarmônica de Berlim mereciam clemência enquanto inocentes, em toda a parte, eram mandados para o abate? Tocar Beethoven melhor que qualquer um não podia ser uma razão. De algum modo, Speer pode ter divisado o pós-guerra e pensado o quão importante seria preservar para o futuro algo daquela cultura musical notável.

Ao fim, vale refletir sobre o sucesso extraordinário da estratégia de Goebbels. A Filarmônica sempre foi famosa, mas sob sua custódia tornou-se indispensável para o Terceiro Reich. De orgulhosa banda local fez-se embaixadora mundial da cultura alemã. Para Speer, era insuportável pensar no futuro da Alemanha sem a joia da herança cultural germânica. Nesse sentido, a despeito das perdas terríveis, Goebbels salvou a Filarmônica de Berlim.

---

181 PJB, RMVP, Bilhete, 12.3.1945.
182 PJB, Confirmação, Comissário de Defesa do Reich, 14.5.1945.

3. Balanços e Finanças

> *Com sua forte dedicação às artes, o Terceiro Reich logo percebeu que a nossa orquestra e suas atividades de propaganda cultural já existentes se constituiriam num instrumento valioso e efetivo do Reich. Assim, em 1934, pôs a orquestra sob sua égide, resolvendo os problemas financeiros do conjunto pela compra de todas as suas ações e a promessa de subsídios para compensar a falta de capital*[1].

As crises financeiras da Filarmônica dos fins dos anos de 1920 e inícios dos de 1930 são sempre citadas como a chave para a compreensão de sua dócil "sujeição" a Goebbels e ao Terceiro Reich. A verdade, porém, é um pouco mais complexa. A qualidade superlativa da orquestra, *per se*, não garantiria sua sobrevivência – de fato, poderia até ser vista como um defeito condenatório. A orquestra, há décadas, operava um modelo comercial insustentável e mesmo antes de 1933 havia necessitado de subsídios públicos. Somente com uma quota de fortuita e significativa reciprocidade oportunista o futuro da instituição seria garantido. Vale dizer, o pacto da Filarmônica com o regime foi o resultado da interseção de três fatores estruturais: a situação financeira insustentável da orquestra, que se arrastava desde meados dos anos 1920, certa arrogância da comunidade orquestral, e a visão de Goebbels sobre propaganda cultural. Deste quadro, o nascimento de um padrão instável de benefícios e de regulação, de privilégios e de paternalismo.

Manter a Filarmônica solvente foi sempre difícil. Como organização independente, não estatal, suas fontes de renda

---

1 BArch R55/951, BPhO, Stegmann ao RMVP, 25.11.1938.

eram limitadas, enquanto suas despesas – incluindo salários, pensões, serviços suplementares, seguros e gastos com turnês – cresciam exponencialmente. A hiperinflação, que tomou a Alemanha depois da Primeira Guerra, solapou os esforços da orquestra para equilibrar o binômio custos-receita. No espaço de seis meses – entre dezembro de 1922 e junho de 1923 – os salários dos músicos, indexados à inflação, saltaram de 50 mil marcos ao mês para mais de 2 milhões[2]. Em novembro de 1923, um único programa de concerto custava 200 bilhões de marcos[3]. A adoção do Rentenmark, em dezembro de 1923, reduzindo as cifras em 10.000%, restaurou algum senso de proporção para índices e preços, mas o equilíbrio precário das finanças da Filarmônica foi esmagado. Por volta de 1926, a orquestra acumulava um déficit orçamentário em torno de 90 mil marcos[4].

Os salários eram a maior despesa da orquestra. Nessa rubrica, a Filarmônica estava em desvantagem perante seus primos subsidiados pelo Estado, pois orquestras estatais – como as de ópera, por exemplo – dispunham de orçamentos maiores para salários, pensões e benefícios. De fato, a Filarmônica dependia, decididamente, das receitas que obtinha com suas turnês e concertos. Porém, os músicos demandavam uma remuneração comparável a de seus colegas de outras orquestras que, diferentemente da Filarmônica, não estava lastreada nas receitas comerciais[5]. Tal demanda era defendida e reiterada a partir da arrogada qualidade superior de sua música, bem como, consequentemente, da necessidade de atrair e manter instrumentistas de alto padrão. O resultado, seria um déficit orçamentário crescente.

A orquestra, nesse sentido, insistia em não reduzir o número dos seus integrantes. A soma "membros ativos" (proprietários de ações) mais "membros de temporada" (variáveis) chegava a cem, aproximadamente. Conquanto menor que orquestras de óperas estatais, a Filarmônica era maior que grande parte de suas congêneres. Argumentava-se, de um lado, que seus assinantes

---

2   G. Avgerinos, *Das Berliner Philharmonische Orchester als eigenständige Organisation*, p. 36-37.
3   Ibidem.
4   BArch R55/1144, Magistrado de Berlim ao Ministro do Interior do Reich, 9.12.1926.
5   G. Avgerinos, op. cit., p. 45.

estavam habituados a grandes repertórios executados com instrumentação completa, de outro, que Furtwängler não aceitaria nada menos do que esse efetivo. Os membros ativos recebiam, em média, 20% a mais do que seus colegas de temporada. Apesar dos efeitos devastadores da hiperinflação e da carga financeira exponencial, em 1924 a orquestra aumentou de 54 para 58 o número de membros ativos e, cinco anos depois, para 66[6].

Para compensar as obrigações financeiras crescentes, a Filarmônica realizava turnês. Como aludido, ela dependia fortemente dessas receitas. Nos anos 1920, as apresentações em Scheveningen e Londres se traduziram em vantagens econômicas. E apesar das despesas com viagem, transporte e acomodação terem sido altas, na temporada de 1930-1931 a orquestra lucrou RM 160 mil com suas atuações internacionais[7]. De sorte que o argumento alardeado pela Filarmônica – como "embaixadores da Pátria" (*Vertreter seines Vaterlands*) planejamos nossas turnês "para servir ao interesse cultural do Reich alemão" (*der Kulturellen Interessen des Deutschen Reiches zu dienen*)[8] – era inteiramente especioso. Se, efetivamente, as turnês representavam motivo de orgulho nacional e prestígio musical, a extensa agenda de trabalho da orquestra fora de Berlim era, antes, primordial às suas necessidades financeiras – à sua própria sobrevivência. O fato de lhe render capital político, ademais, era uma decorrência secundária, paralela.

Seja como for, em meados da década de 1920, as receitas auferidas com ingressos nacionais e internacionais não cobriam suas despesas correntes. Patronos e apoiadores privados proveram alguma ajuda financeira, mas isso não foi suficiente nem mesmo para suprir custos operacionais[9]. A fim de cobrir a diferença entre receita e despesas, a Filarmônica buscou subsídios governamentais. Se a princípio esse auxílio estava limitado a pequenas contribuições de incentivo disponibilizadas pela cidade de Berlim, no transcorrer do tempo suas demandas intermitentes de ajuda governamental cresceram, tornando-a dependente desses aportes públicos. Para continuar operando

---

6 Ibidem, p. 40.
7 BArch R55/1146, Informe sobre o exame do balanço da BPhO, 31.3.1931.
8 BArch R55/1145, BPhO, Höber ao Ministério do Interior do Reich, 19.7.1931.
9 Ibidem.

e excursionando com o quadro completo de seus músicos e pagar salários compatíveis aos da Staatsoper, a Filarmônica solicitou um fluxo regular de financiamento público. As quantias requeridas correspondiam exatamente ao déficit orçamentário anual então previsto.

Entre 1926 e maio de 1929, o déficit da orquestra saltou de RM 90 mil para RM 400 mil; em dezembro, chegaria a RM 480 mil, cifra com a qual nenhuma instância governamental poderia arcar isoladamente. A Sociedade de Trabalho (Arbeitsgemeinschaft), criada em 1929, reunia e representava diversos estamentos governamentais que, articulados, poderiam dispor dos recursos necessários para cobrir o alto déficit da orquestra. Em contrapartida, a Sociedade se propunha a integrar legalmente a estrutura administrativa da GmbH no intento de controlar as despesas da Filarmônica. Definiu-se, assim, que o teto máximo de gastos públicos com a orquestra seria de RM 480 mil e a instituição musical foi orientada a operar dentro desse limite[10]. Tal engenharia, entretanto, jamais se concretizou, e as exigências financeiras da orquestra tampouco diminuíram, de modo que, na temporada de 1929-1930, apenas para manter a Filarmônica viva, a cidade de Berlim e o governo do Reich verteram quase a mesma soma formalizada pelo plano emergencial não consubstanciado.

Se, de um lado, o financiamento municipal permaneceu constante entre 1929 e 1933, de outro, disputas políticas tomavam o Estado. Em 1930, o subsídio do Reich despencou de quase RM 120 mil para magros 8 mil[11]. Lentamente tornaria a RM 65 mil, em 1932. E embora este montante estivesse muito distante das necessidades reais da orquestra, era um valor expressivo: representava pouco mais de 20% de todo o orçamento para fins científicos e artísticos do Ministério do Interior[12]. Com esse dramático declínio no subsídio estatal, a Filarmônica acumularia dívidas progressivas.

Em 1931, de um orçamento total pouco superior a RM 1.350.000, a orquestra registrou uma dívida acumulada de

---

10 BArch R55/1145, do Ministro das Finanças do Reich ao Ministro do Interior do Reich, 27.9.1929.
11 Ibidem.
12 BArch R55/1146, Transcrição do MIR, 19.4.1932.

RM 56.445, levando seus principais contadores a manifestarem preocupação: "A Orquestra Filarmônica de Berlim, particularmente, sofre com a situação econômica atual extraordinariamente desvantajosa para si, quadro cuja melhora não pode ser divisada no futuro próximo."[13] Nessa temporada, a orquestra fez um corte de 6% nos salários e outro de 12%[14]. Simultaneamente, negociações políticas eram entabuladas para que o processo de fusão entre a Filarmônica e a Sinfônica de Berlim fosse finalizado. Em 1932, a receita produzida pela Filarmônica cobria menos de 40% de suas despesas[15]. Mesmo a possibilidade de um financiamento estatal estável não garantiria seu equilíbrio orçamentário.

Entre 1932 e 1933, as despesas da Filarmônica ultrapassaram um milhão de marcos, valor marginalmente inferior ao do ano anterior em razão de uma redução na agenda das turnês. Apesar de a cidade de Berlim ter excedido sua participação orçamentária em mais de 90 mil marcos[16], a orquestra seguia se endividando. Na temporada de 1931-1932, ela registrou um débito anual acumulado, para além dos de curto-prazo, de RM 83 mil; em 1932-1933, de RM 143 mil; em 1933-1934, de RM 167 mil[17]. Furtwängler, a Philarmonie, a agência Wolff & Sachs, empresas de locação musical de partituras, firmas de transporte de instrumentos, companhias de seguro, a arrecadação pública, 45 pensionistas da orquestra e os 105 músicos ativos eram os maiores credores da Filarmônica[18]. Uma auditoria posterior observaria que, "com base nas dívidas e déficits acumulados do ano fiscal 1930-1931, os diretores administrativos [...] deveriam já ter requerido a falência ou iniciado os procedimentos de sua dissolução legal"[19].

Essa situação de desespero não mudaria com a chegada dos nazistas ao poder em 1933. Na primavera desse ano, a orquestra

13 BArch R55/1146, Informe sobre o exame do balanço da BPhO, 31.3.1931.
14 G. Avgerinos, op. cit., p. 46-47.
15 BArch R55/1146, Orçamento da BPhO, 31.7.1933.
16 BArch R55/1146, BPhO, Höber ao Ministério do Interior do Reich, 7.4.1933; BArch R55/1146, MIR ao Ministro das Finanças, 19.1.1933.
17 BArch R55/245, Deutsche Revisions-und Treuhand-Aktiengesellschaft (DRT), Informe, 14.10.1935.
18 BArch R55/1147, BPhO, Informe de necessidades, 30.6.1933.
19 BArch R55/245, Deutsche Revisions-und Treuhand-Aktiengesellschaft, Informe, 14.10.1935.

contabilizava déficits mensais entre 40 mil e 50 mil marcos[20]. As necessidades de subvenção aumentaram em 20%. Sob a intensa pressão dos credores, a orquestra enfrentou, em maio, "bancarrota iminente", o que a levou a solicitar ao Ministério da Propaganda 30 mil marcos "dentro de três dias"[21]. O Ministro ofereceu 15 mil marcos, proposta que foi acompanhada de um pedido de acesso aos livros contábeis da entidade[22]. Passados dois meses, a orquestra voltou a escrever para o Ministério da Propaganda, agora requerendo um abono de 70 mil marcos, alegando ser "imprescindível saldar todos os conhecidos débitos pendentes para se alcançar uma gestão financeira ordenada"[23]. Foi assim, então, que se iniciou o gradual engate econômico entre a Filarmônica de Berlim e o Ministério da Propaganda.

Conquanto o plano de integrar a orquestra ao Reich – através do Ministério da Propaganda – emergisse já em maio de 1933[24], não parecia, à época, que o Ministério assumiria integralmente a carga financeira. Primeiro, porque o próprio Ministério ainda não dispunha de um orçamento próprio[25]; segundo, porque as longas negociações com a Companhia de Rádio Estatal (Reichsrundfunkgesellschaft) e com o Ministério das Finanças da Prússia sugerem que um subsídio à Filarmônica mediante a formação de uma coalizão era, ainda, a agenda principal[26]; por fim: a cidade de Berlim estava ansiosa para se livrar das responsabilidades para com a Filarmônica, mas suas infusões financeiras continuaram essenciais até outubro de 1933, quando a orquestra foi convertida na Reichsorchester[27]. Até esse momento, pontue-se, um sistema caótico e retalhado de gestão financeira da instituição – nascido do enfrentamento de tempos econômicos árduos, da instabilidade política e da resistência da orquestra em acatar as medidas de austeridade financeira que lhe eram continuamente demandadas – era ininterruptamente

20   BArch R55/1146, BPhO, Höber ao Ministério do Interior do Reich, 7.4.1933.
21   BArch R55/1146, RMVP, Wöllke, Memo, 10.5.1933.
22   Ibidem.
23   BArch R55/1147, BPhO, Höber ao RMVP, 31.7.1933.
24   BArch R55/1147, BPhO, Höber ao RMVP, 30.5.1933.
25   BArch R55/1146, RMVP, Wöllke, Memo, 10.5.1933.
26   BArch R55/1147, RMVP ao Ministro das Finanças do Reich, 31.7.1933.
27   GStA, IB 2281, Prefeito Sahm ao Ministro de Finanças da Prússia, 22.9.1933.

aplicado. Em última instância, para atender às suas necessidades financeiras insolúveis e, ao mesmo tempo, aos interesses maquiavélicos de Goebbels e do Reich, somente a peculiar condição de Reichsorchester conviria. Isso parece ter ficado claro para os dois lados no verão de 1933. Nos meses seguintes, meios financeiros, legais e políticos foram mobilizados para realizar a conversão.

Em 1932, como decorrência da fusão com a Orquestra Sinfônica de Berlim, o capital inicial da Orquestra Filarmônica de Berlim GmbH saltou de RM 48 mil para RM 66 mil. O número de participações acionárias individuais cresceu de 66 para 105, cada acionista, ou cooperativado, possuindo uma soma investida de RM 600 e cabendo à cidade de Berlim o montante de RM 3 mil[28]. Em 15 de janeiro de 1934, o Ministério da Propaganda, representando o Reich, comprou sem deságio as participações acionárias de noventa músicos. Esse movimento foi comunicado ao Ministério da Fazenda no mês seguinte[29]. Em dezembro desse mesmo ano, as últimas quinze ações pertencentes a membros da Sinfônica de Berlim – que nesse ínterim haviam sido demitidos –, mais a porção correspondente à participação da cidade de Berlim, foram transferidas para as propriedades do Reich[30].

Com tais transações, Goebbels e o Reich adquiriram legalmente a Orquestra Filarmônica de Berlim GmbH. Então, a partir daqui, os músicos se tornaram servidores públicos, e a cooperativa filarmônica, conquanto formalmente preservada, foi reordenada e se transformou numa espécie de "GmbH de um só homem". Proprietário da Filarmônica, o Reich passou a usá-la em prol de suas finalidades. Em troca, garantiu um fluxo regular de financiamento para as atividades do grupo – por extensão, às suas próprias.

Em 1934, Furtwängler redigiu uma resposta inflamada ao tomar conhecimento do relatório de um auditor do governo, contratado para avaliar os livros contábeis e a organização da orquestra e propor melhorias. Irritado com burocratas que

---

28   BArch R55/245, Deutsche Revisions-und Treuhand-Aktiengesellschaft, Informe, 14.10.1935.
29   BArch R55/1147, RMVP, Von Keudell, Memo, 21.2.1934.
30   BArch R55/245, Deutsche Revisions-und Treuhand-Aktiengesellschaft, Informe, 14.10.1935.

faziam recomendações descabidas de poupança e cortes de gastos em seus domínios, Furtwängler asseverou que, "do ponto de vista econômico, uma orquestra, assim como uma casa de ópera, é e continuará a ser um empreendimento subsidiado"[31]. E ainda: se no passado a Filarmônica gozara de autonomia financeira, "não era possível vislumbrar semelhante condição de independência no futuro"[32]. Conquanto fundadas nos fatos, as assertivas, contudo, não eram necessariamente óbvias no caso de uma organização nascida da revolta contra um sistema de patronagem e que havia, longa e veementemente, abraçado sua autonomia, mesmo às custas de desarranjos fiscais. O pleito de Furtwängler, porém, não se arrimava na defesa de um subsídio em geral – antes, declarava que uma performance de alto padrão não podia ser gestada sob constrangimentos financeiros.

Teoricamente, ao menos, o Reich estava disposto a fazer tal concessão econômica. Diferentemente da Sociedade de Trabalho e de seu princípio do controle de custos, ao assumir o controle acionário da Filarmônica na temporada de 1933-1934, o Ministério da Propaganda objetivava expandir as atividades da orquestra. O ativo Filarmônica de Berlim só seria útil ao regime se sua visibilidade, mobilidade, acessibilidade e qualidade pudessem ser maximizadas. Com as fontes próprias de receita exauridas, a desejada expansão da orquestra exigiu um aumento da subvenção, com o que se respaldaria a ampliação de concertos e viagens. Integrado ao Ministério da Propaganda, esse ativo sonoro do Reich surgia como uma espécie de ministério-satélite – um subdepartamento. Em outras palavras, as necessidades financeiras da Filarmônica poderiam ser atendidas pelo governo porque ela, agora, também o integrava, com Goebbels no controle pessoal da torneira. Assim, os intentos de Furtwängler e o apetite da orquestra poderiam ser saciados. Subvencionar a Filarmônica não significava dar dinheiro a terceiros mas, simplesmente, alocar fundos para os distintos nichos do Reich.

Na temporada de 1933-1934, com a assistência *ad hoc* dos ministérios do Interior e da Propaganda, que suplementaram os substanciais aportes já disponibilizados pela cidade

---

31 BArch R55/1148, Furtwängler ao RMVP, Ref.: Comissário de Economia do Reich, 22.3.1934.
32 Ibidem.

de Berlim, a Filarmônica amealharia RM 469 mil[33]. Quando o Reich assumiu o controle absoluto do grupo, entre 1934 e 1945, as subvenções alcançaram RM 517.463,66[34]. Arrancar tal quantia do Ministério das Finanças subtendeu ardil e influência política. Em palavras mais específicas:

> Como o Sr. Ministro da Fazenda do Reich deve ter sido devidamente informado, nossa empresa está recebendo subsídios substanciais das fontes financiadoras do Reich, o que viabiliza seus concertos de primeiro nível, que são de máxima relevância à vida cultural da Alemanha[35].

No início, o sistema de financiamento era extremamente ineficiente. Karl Stegmann, gerente comercial (*Kaufmännische Geschaftsführer*) da Filarmônica, em fluxo contínuo demandava recursos do Ministério da Propaganda. Calculados em função das necessidades imediatas e das despesas projetadas de curto prazo, esses recursos não eram destinados a áreas específicas, servindo, de fato, como a fonte principal de todos os gastos – de salários a materiais de oficina passando por cartazes e programas. As receitas regulares da orquestra, fora as das turnês, raramente financiavam mais do que um quarto das necessidades correntes. As demandas mensais iam de 5 mil a 50 mil marcos[36], faturas que, na sequência, eram encaminhadas ao Ministério das Finanças do Reich para aprovação e/ou modificação[37].

A vantagem desse sistema era sua capacidade de responder às sempre dinâmicas – mutáveis – necessidades financeiras da orquestra. Em janeiro de 1935, por exemplo, depois da renúncia de Furtwängler, a Filarmônica teve de reembolsar centenas de concertos cancelados. Essa despesa foi simplesmente somada ao orçamento mensal e o Ministério das Finanças aprovou um acréscimo de RM 30 mil[38]. O mesmo aconteceu com os RM 5.700

---

33 BArch R55/245, Deutsche Revisions-und Treuhand-Aktiengesellschaft, Informe, 14.10.1935.
34 BArch R55/245, Pagamentos extras do RMVP para o ano comercial de 1934-1935.
35 BArch R55/1147, BPhO, Cópia ao sr. Ministro das Finanças, 28.6.1934.
36 BArch R55/245, Pagamentos extras do RMVP para o ano comercial de 1934-1935.
37 BArch R55/1146, BPhO ao RMVP, Ref.: Necessidades monetárias entre 1.2.1935 e 22.2.1935.
38 Ibidem.

pagos a título de compensação aos músicos da ex-Orquestra Sinfônica de Berlim[39]. Então, em função dessa plataforma flexível, a Filarmônica, após décadas, fechou a temporada de 1934-1935 com um orçamento oficialmente equilibrado, ainda que tal resultado fosse produto de uma artificialidade[40]. Na prática, porém, a instituição era subsidiária do Ministério da Propaganda, que por sua vez dependia das verbas do Ministério das Finanças (Reichsfinanzministerium). O financiamento da Filarmônica, portanto, era uma questão de governo, dessa maneira, os livros contábeis da orquestra, sempre manipulados pelo e em favor do político, faziam-se avessos à dimensão econômica real.

Conquanto flexível, esse processo inicial e improvisado de financiamento gerava inumeráveis dores de cabeça contábeis. Embora estivesse aumentando seus gastos em função da nova fonte de crédito, na temporada de 1938-1939 a Filarmônica ainda carregava uma dívida – contraída antes de sua venda ao Reich – de 40 mil marcos[41]. Mas o Reichsfinanzministerium era utilizado pelos músicos como um provedor inesgotável. De fato, gerir uma orquestra, em 1934, era uma experiência nova para os envolvidos – de Karl Stegmann a Goebbels, passando por todos os burocratas dos ministérios. Seria necessário tempo para que parâmetros orçamentários e uma fórmula estável de financiamento fossem definidos.

Para aliviar a trabalheira burocrática provocada por um fluxo incessante de documentos, a partir de 1937 a administração da Filarmônica passou a fazer projeções anuais de orçamento, estimativa que se tornou a base do cálculo realizado pelo Ministério das Finanças para estabelecer os valores da subvenção[42]. Essas projeções, todavia, eram invariavelmente subestimadas. Na temporada de 1939-1940, por exemplo, apesar da eclosão da guerra, as receitas filarmônicas excederam as expectativas em quase 140%[43]. O expressivo e inesperado ganho, porém, não implicou lucro, não levando, por sua vez, a uma redução das subvenções. Ainda que as receitas tivessem

39 BArch R55/245, Pagamentos extras do RMVP para o ano comercial de 1934-1935.
40 Ibidem.
41 BArch R55/197, Informe do gerente comercial, 1938-1939.
42 BArch R55/197, Balanço – previsão da BPhO, mar. 1939.
43 BArch R55/247, BPhO, Contabilidade, 1939-1940.

crescido até 65% entre 1935 e 1940, as despesas, no período, aumentaram quase na mesma proporção[44]. Analogamente, em 1940 as vendas de entradas superaram o estimado, mas a Filarmônica registrou perdas de RM 33.353, lacuna coberta com fundos de reserva[45]. Em 1942, ano de boas receitas, 60% de seu financiamento proveio do Reich[46]. Em 1943, o orçamento da Filarmônica superaria dois milhões[47].

As receitas da orquestra provinham, basicamente, da venda de assinaturas, com destaque para os dez prestigiosos Philharmonische Konzerte, regidos por Furtwängler. O prédio da Velha Filarmonia (Alte Philharmonie) tinha capacidade para mais ou menos duas mil pessoas. Do total de assinaturas vendidas, os Philharmonishe Konzerte respondiam por 50% aproximadamente[48]. Na temporada de 1936-1937, uma assinatura dessa série custava entre RM 20 e 75. Em virtude da forte demanda, assinaturas para os ensaios – a preços entre RM 20 e 45 – também eram vendidas. Bilhetes para concertos avulsos iam de RM 2 a 9 e de RM 2 a 5, respectivamente[49]. Entre 1934 e 1944, esses vinte concertos eram responsáveis por quase 40% das receitas da Filarmônica[50]. A partir de 1938, "dada a extraordinária procura pelos concertos regidos por Furtwängler", repetiram-se alguns Philharmonische Konzerte para não assinantes[51], o que rendia à orquestra uma entrada extra da ordem de RM 10 mil por função[52].

Além dos Philharmonische Konzerte, a Filarmônica oferecia uma assinatura para uma série de concertos com o Coro Bruno Kittel e manteve a tradição de um pacote de quatro a cinco concertos sob a batuta de regentes renomados[53]. Os concertos especiais (Sonderkonzerte), que não eram oferecidos

---

44   BArch R55/246, Seção Contábil do Reich, ingressos e egressos da BPhO para os anos fiscais de 1938 e 1939, 14.4.1942.
45   BArch R55/247, BPhO, Balanço, 1939-1940.
46   BArch R55/246, BPhO, Balanço, 1941-1942.
47   BArch R55/246, BPhO, Ganhos e perdas em 31.3.1943.
48   BArch R55/1148, BPhO, Stegmann ao RMVP, Greiner, 2.1.1935.
49   PJB, BPhO, *Philharmonische Blätter*, 1936-1937, n. 1, p. 6.
50   BArch R55/245, Pagamentos extras do RMVP para o ano comercial de 1934-1935; BArch R55/247, Comentários às receitas, 1939; BArch R55/247, Comentários às receitas, 1944.
51   BArch R55/197, BPhO, Informe do gerente comercial, 1938-1939.
52   BArch R55/247, Comentários às receitas, 1939.
53   PJB, BPhO, *Philharmonische Blätter*, 1936-1937, n. 1, p. 6.

sob assinatura e assumiam diferentes feições programáticas, tinham preços similares aos das séries subscritas, variando de um a seis marcos por função. Essas récitas não eram repetidas, a exemplo dos concertos populares dos domingos e das terças à noite, que numa média de quarenta vezes ao ano abriam as portas da Philharmonie por menos de um marco[54].

Embora politicamente atraentes, do ponto de vista comercial esses concertos populares com entradas a baixo custo geravam grandes prejuízos. A venda dos ingressos – que nem sempre se esgotavam –, rendia em média menos de mil marcos por função[55]. Em 1937, Hans von Benda propôs uma mudança nos concertos das terças-feiras e dos domingos, na medida em que, "por um lado, já não atendiam ao interesse do grande público e, por outro, não condiziam com a reputação artística da orquestra"[56]. Assim, organizou duas séries para assinantes: os Concertos Sinfônicos – que foi mais lucrativa[57] –, e as Noites Clássicas – estruturada predominantemente a partir da obra de Beethoven[58]. Com tal reordenação, conseguiu reavivar o interesse do público, mas por um breve período. Na segunda metade da temporada seguinte – 1938-1939 – apenas uma terça ou quarta parte dos assentos mais baratos eram vendidos, como declarou Stegmann[59].

Contando com a segurança proporcionada pelo tesouro do Reich, essas reformas visavam, antes, minimizar perdas, não ampliar lucros. De acordo com Stegmann, "a audiência, nos concertos de preços mais acessíveis, vem diminuindo no curso dos anos [...] Parece, pois, mais lógico, organizar apenas concertos de primeira linha no futuro"[60]. Com uma programação reelaborada, essas novas séries de alto padrão (*ersten Rang*) poderiam render até RM 3.500 por função, mesmo que os ingressos não se esgotassem[61]. De fato, tais reformas responderam pelo

---

54 Ibidem.
55 BArch R55/245, Pagamentos extras do RMVP para o ano comercial de 1934-1935.
56 BArch R55/197, BPhO, Informe do gerente comercial, 1938-1939.
57 BArch R55/197, BPhO, Informe do gerente comercial, 1938-1939; BArch R55/247, Comentários às receitas, 1937-1938.
58 Ibidem.
59 BArch 197, BPhO, Informe do gerente comercial, 1938-1939.
60 Ibidem.
61 BArch R55/247, Comentários às receitas, 1940-1941.

aumento das receitas da Filarmônica a partir de um número decrescente de performances[62].

Nesse novo contexto, os deveres cívicos da orquestra, antes materializados nas apresentações populares dos domingos e terças, eram agora canalizados através de um determinado número de concertos anuais para estudantes e nos jardins públicos do antigo Palácio de Berlim a preços fixos. A isto se somava uma série de concertos a baixo preço organizados em parceria com a sociedade Kraft durch Freude[63]. A aliança com essa organização, que seria a mais popular do regime nazista, revelou-se especialmente vantajosa.

Em 1938, a Kraft durch Freude (KdF), uma associação para o tempo livre – braço da Frente de Trabalho Alemã –, absorveu a Comunidade de Concertos de Berlim (Berliner Konzertgemeinde), uma agremiação de apoio à música local que, "devido às suas incontáveis possibilidades publicitárias, lotava salas de concerto"[64]. A Filarmônica desejava expandir o público de seus concertos através da venda por atacado de ingressos, o que reduziria o preço individual. Mas, aparentemente, o plano não vingou, pois a KdF minava a estratégia da orquestra ao vender as entradas dos concertos que organizava por valores ainda menores[65]. Então, em parceria com a Filarmônica, a KdF criou uma série filarmônica onde, mesmo no final de 1943, um concerto podia render até 5 mil marcos[66]. A relação entre a Filarmônica e a KdF – mais um exemplo de como a engrenagem nazista deslocava internamente seus recursos – é detalhadamente discutida no capítulo "Filarmônicos no Trabalho"[67].

Em 1939, a Filarmônica de Berlim arrecadou RM 457 mil por 83 apresentações berlinenses. Além disso, lucrou outros RM 45 mil por concertos e emissões radiofônicas[68]. Emissões de rádio e gravações eram também fontes de renda da orques-

---

62 BArch R55/246, Seção Contábil do Reich, receitas e despesas da BPhO no ano fiscal 1938-1939, 15.4.1942.
63 BArch 197, BPhO, Informe do gerente comercial, 1938-1939.
64 Ibidem.
65 BArch R55/245, BPhO ao RMVP, Ref.: Evolução das contas anuais, 31.5.1939.
66 BArch R55/246, RMVP à Frente de Trabalho Alemã, associação nazista Gemeinschaft Kraft durch Freude, 9.2.1943.
67 Cf. infra p. 139 e s.
68 BArch R55/247, Comentários às receitas, 1939.

tra. Já entre 1934 e 1935, a Rádio Estatal proporcionou RM 72 mil aos cofres da Filarmônica[69]. Ao longo dos anos seguintes, entre quatro e seis programas anuais de rádio, mais gravações e outras transmissões rendiam no mínimo RM 35 mil anuais. Renderam-lhe o dobro com o início da guerra, em 1940, e outros RM 75 mil quando o fim se desenhava, em 1944[70]. Quadro este, *per se*, que esboça a forma como o rádio era utilizado e o perfil da orquestra sob o clima político vivido; como também é a resposta concreta ao papel desempenhado por Von Westerman como diretor artístico da Filarmônica – ou às suas vantajosas conexões com as autoridades da rádio do Reich (Reichsrundfunksender).

Muito antes do advento do Terceiro Reich ou da transmutação da Filarmônica em Reichsorchester, as turnês, como referido, eram a parte mais importante da vida musical da orquestra e de sua sustentação. Em 1929, a receita da orquestra com turnês foi equivalente à bilheteria de Berlim[71]. Embora os custos com viagens fossem elevados e crescentes, os concertos com assinatura em Hamburgo e Leipzig, bem como as apresentações no estrangeiro, eram substancialmente mais lucrativos que as atividades locais em Berlim. As tradicionais apresentações em Hamburgo, por exemplo, realizadas de quatro a sete vezes por ano, levantavam RM 10 mil por performance[72]. Em 1940, ano referencial para a Filarmônica, os concertos realizados na Alemanha levantaram mais de RM 111 mil, e os trinta no exterior, RM 5.700 por performance, em média[73]. A título de comparação, observe-se que na temporada de 1934-1935 a orquestra só havia realizado oito concertos internacionais, quatro em Hamburgo e outros quinze pela Alemanha[74].

Depois de 1934, todavia, a grande vantagem era que os gastos de viagem não seriam mais contabilizados como custos. Enquanto em anos anteriores grande parte dos ganhos com

---

69 BArch R55/245, Pagamentos extras do RMVP para o ano comercial de 1934-1935.
70 BArch R55/247, Comentários às receitas, 1939, 1940, 1941, 1943-1944.
71 BArch R55/1146, Informe sobre o exame do balanço da BPhO, 31.3.1931.
72 BArch R55/247, Comentários às receitas, 1939, 1940, 1941.
73 BArch R55/247, Comentários às receitas, 1940.
74 BArch R55/245, BPhO, Comentários aos cáculos de ganhos e perdas em 31.3.1935.

turnês era consumida com hotéis e transporte, sob o regime nazista as viagens eram assim subscritas: "a serviço do Ministério do Reich para a Educação Popular e Propaganda"[75]. A orquestra pagava salários e diárias, mas o Estado assumia o gasto do transporte e da acomodação.

Durante dez anos – entre 1935 e 1945 – os parâmetros orçamentários da Filarmônica mantiveram-se relativamente estáveis. O déficit corrente girava entre 50 e 60%, mas os valores absolutos cresciam. No quinquênio 1935-1940, as subvenções do Reich duplicaram[76]. No mesmo período, o número de apresentações no país e no exterior pouco oscilou – entre 178 e 191[77]. O aumento de gastos se deveu a um aumento no número de turnês – uma exigência do Reich –, à generosidade do Estado e ao próprio apetite da orquestra, crescente ante os meios disponíveis. Enquanto Goebbels e o Ministério da Propaganda mantivessem sua influência política no Ministério das Finanças para garantir a sustentação econômica, a Filarmônica poderia continuar elevando seu orçamento impunemente. O truque era manter os auditores e burocratas do Ministério das Finanças à distância. Como um anexo do Estado, a Filarmônica estava sujeita tanto à benevolência quanto ao menosprezo burocrático do regime. Quanto às benesses, Goebbels marcou um ponto ao conseguir, em 1936, um especial adicional-viagem (*Reisekostenzuschuss* ou *Reisekostenzulage*); proclamaria com orgulho: "O *Führer* e Chanceler do Reich decretou [...] que as realizações artísticas e a relevância excepcional da minha orquestra para a política cultural justificam a distinção de seus membros."[78] O *Reisekostenzuschuss* fora pensado como um abono para auxiliar os custos de viagens de um serviço que, segundo Stegmann, "ante todas as orquestras alemãs, era o mais exigente, tanto do ponto de vista temporal quanto físico e mental"[79]. O *Reisekostenzuschuss* foi o primeiro exemplo de

---

75 BArch R55/247, Informe do gerente comercial, 1940-1941.
76 BArch R55/246, Seção Contábil do Reich, receitas e despesas da BPhO nos anos fiscais 1938 e 1939, 15.4.1942.
77 BArch R55/245, BPhO, Comentários aos cálculos de ganhos e perdas em 31.3.1935; R55/247, Informe do gerente comercial, 1939-1940.
78 GStA, IB 2281/27.10, do Ministro do RMVP ao Ministro de Finanças da Prússia, 20.10.1936.
79 BArch R55/951, BPhO, Stegmann ao RMVP, Kohler, 8.10.1938.

disponibilização de recursos especiais à Filarmônica. Calculado por dia de viagem e por músico, até 56 dias de viagem e RM 170 mil, significava uma compensação pelas altas despesas geradas pelas turnês, uma exigência do próprio Reich. Seja como for, essa equação apresentou problemas de saída. A palavra turnê se referia a qualquer concerto fora de Berlim ou somente àqueles realizados no exterior? (Resposta: qualquer concerto)[80]. As apresentações patrocinadas pelo Estado e pelo partido nacional-socialista deviam ser incluídas nesses 56 dias? (Não)[81]. O valor do abono era o mesmo para todos os músicos ou variava? (Variava em função do tempo de serviço)[82]. Se uma política de financiamento geral era já problemática, os pagamentos especiais pariam ainda maiores distorções. Então, a hora de auditores e burocratas chegara.

Incomodados com as ingerências políticas e as práticas gerenciais irresponsáveis, o Ministério das Finanças e a Contadoria Geral do Reich esquadrinharam item por item os gastos da Filarmônica. Quando a orquestra quis negociar mais recursos para a compra de instrumentos, cordas, palhetas e papel pautado suplementares com o Ministério da Propaganda, a Contadoria impôs um limite de RM 5,50 mensais por músico, independentemente de seu instrumento[83]. Quando a Filarmônica, após uma excursão à Inglaterra, apresentou uma nota de RM 340,15 pelo reparo de sapatos, o Ministério das Finanças autorizou o reembolso de apenas RM 144,15[84]. Em 1939, o Ministro das Finanças do Reich rechaçou o novo regulamento filarmônico de serviços (Philharmonic Dienstordnung), entre outros motivos porque "não posso concordar com o aumento de RM 10,63 para RM 12 no item vestuário"[85]. E assim, a questão das diárias (*Tagesgelder*) para turnês tanto domésticas como internacionais – em acréscimo ao Reisekostenzuschuss –, se tornaria um tópico de pedanteria interminável.

Além de assinaturas e gravações como fontes de financiamento – avancemos, pois, na argumentação –, a Filarmônica

---

80   BArch R55/245, RMVP, Greiner ao Ministro das Finanças do Reich, 16.2.1936.
81   PJB, BPhO, *Philharmonische Blätter*, 1936-1937, n. 1.
82   BArch R55/951, BPhO, Stegmann ao RMVP, 27.10.1938.
83   BArch R55/197, RMVP, Divisão M, 12.7.1939.
84   BArch R55/245, RMVP ao Presidente da Seção Contábil do Reich, 22.10.1938.
85   BArch R55.951, Ministro das Finanças ao RMVP, 15.11.1939.

de Berlim GmbH também possuía ou controlava uma pequena quantidade de ativos. Após tornar-se a Reichsorchester, anos foram necessários para que a titularidade sobre esses bens ficasse completamente esclarecida. O que permitiu entrever onde o fôlego cooperado dos músicos terminava e onde começava o predomínio do Estado.

Um desses casos foi o do Fundo de Ajuda da Orquestra Filarmônica de Berlim, nascido da herança deixada pelo falecido diretor da Filarmônica, Peter S. Landecker. Por ocasião de 50º aniversário da orquestra, em 1932, Landecker presenteou-a com RM 25 mil. Seu amigo e mecenas de longa data, deixou-lhe em testamento uma grande soma em dinheiro e uma hipoteca, que deveria permanecer nas mãos dos músicos "em qualquer circunstância e tempo"[86].

Ambas as doações foram recebidas pela pessoa jurídica Orquestra Filarmônica de Berlim GmbH em nome de seus músicos e investidas em dois fundos: um Fundo de Ajuda e outro de Aposentados, Viúvas e Órfãos. Enquanto a Caixa de Pensão (Pensionskasse) da Filarmônica, criada em 1893, foi predominantemente aplicada em ações e então drasticamente corroída pela hiperinflação dos anos vinte, o Fundo de Ajuda, que em 1933 chegava a 100 mil marcos[87], foi convertido, em 1931, de ações em propriedades[88]. As duas fontes, que rendiam dividendos e eram administradas pela gerência, deveriam assistir aos músicos – fosse na forma de pagamento de pensão aos aposentados e suas famílias, pois o Estado não o fazia, financiando gastos imprevistos da comunidade orquestral, ou ainda atendendo a alguma necessidade individual urgente[89]. No tormentoso período 1930-1933, Höber lançou mão de suas prerrogativas em várias ocasiões e emprestou quantias substantivas do Fundo de Ajuda para manter a orquestra solvente[90]. Em 1934, por diferentes motivos – como custos de mudança, financiamento de hipotecas e despesas médicas –, ao menos sete músicos tomaram empréstimos

---

86   BArch R55/198, Esclarecimento, Ref.: Fundo de Ajuda da BPhO, 17.3.1937.
87   ABPHO, Livro principal do Fundo de Ajuda.
88   Ibidem.
89   BArch R55/198, Esclarecimento, Ref.: Fundo de Ajuda da BPhO, 17.3.1937.
90   ABPHO, Livro principal do Fundo de Ajuda.

desse mesmo fundo[91]. Em 1937, muito depois das dificuldades financeiras da orquestra e dos músicos terem sido controladas, Lorenz Höber e Otto Müller, por conta da explícita natureza da doação de Landecker – que a destinara unicamente aos membros da orquestra –, solicitaram do Ministério da Propaganda que "o fundo de ajuda fosse alocado para os músicos a um fundo especial"[92].

Essa não foi a primeira vez que a herança de Landecker chamava a atenção do Reich. Em 1934, a Filarmônica recebera uma intimação para saldar um débito de RM 13.500: o valor devido provinha da taxação de dividendos auferidos na aplicação do Fundo de Ajuda[93]. Como a GmbH, proprietária do Fundo, fora comprada pelo Reich, Stegmann alegou que a orquestra não tinha dinheiro para pagar. Sugeriu: "Para esta soma, devemos fazer uma solicitação especial ao Reich, que lhe será devolvida sob a forma de impostos sobre herança.[94] Stegmann encontrou-se na situação espinhosa de dizer ao Reichsfinanzministerium para pagar-se a si mesmo. E o quadro se complicou ainda mais quando uma auditoria, de 1935, conclui que os ativos do Fundo de Ajuda "não pertencem legalmente à companhia"[95].

Quando o Ministério da Propaganda se deu conta de que a Filarmônica possuía outros bens além de suas próprias ações, inseriu uma cláusula de adendo no contrato social da Filarmônica de Berlim GmbH que estipulava que todos os seus ativos, exceto seu capital social, "estão alocados ao Reich Alemão para fins filantrópicos e de apoio às artes. O Ministério da Propaganda deliberará sobre a apropriação desses fundos em acordo com o Ministro das Finanças do Reich"[96]. A carta de Höber e Müller, de 1937, desafiava a presunção de que todos os bens pertencentes à orquestra eram agora propriedade do Reich. Por outro lado, o episódio Camaradaria mostra os riscos que o Ministério da Propaganda corria ao permitir que membros da orquestra, independentemente, controlassem

---

91 Ibidem.
92 Ibidem.
93 BArch R55/1147, Cópia ao sr. Ministro das Finanças, jun. 1934.
94 Ibidem.
95 BArch R55/245, Deutsche Revisions-und Treuhand-Aktiengesellschaft, Informe, 14.10.1935.
96 BArch R55/951, Contrato de sociedade da BPhO, 21.10.1935.

recursos. Os burocratas estavam de sobreaviso. De fato, a solicitação de Höber e Müller não obteve qualquer resposta até maio de 1939, quando o Ministério da Propaganda anunciou a dissolução do Fundo de Ajuda com base em recomendação da Contadoria Geral do Reich[97]. A notícia consternou os músicos, mas se evitou uma reação imediata, pois Stegmann estava tentando negociar com todas as partes interessadas. Em 1940, um acordo assumia este perfil: o Ministério da Propaganda preservava sua autoridade, alguns conhecidos problemas financeiros pendentes seriam resolvidos, os músicos teriam muitas de suas questões materiais consideradas pelas autoridades e o Fundo de Ajuda seria dissolvido, eliminando eventuais debates ulteriores. Com o dinheiro apurado, dívidas antigas com a cidade de Berlim seriam quitadas e se recomporia o capital social, incompleto desde que as ações da GmbH foram compradas pelo Reich, em 1934. Não obstante, os músicos estavam preocupados com as disparidades existentes entre eles e seus colegas de outras orquestras. "A Ópera Estatal de Dresden possui um grande número de violinos *Stradivarius*. A Filarmônica de Viena conta com um arquivo importante, que reúne cartas, fotos, livros, etc. doados por regentes, compositores e solistas que com ela atuaram"[98]. Assim, os filarmônicos propuseram que o resto dos recursos do Fundo de Ajuda fosse empregado para se acumular uma substancial coleção de instrumentos, desenvolver um arquivo institucional e criar um de gravações – "isso seria excepcionalmente importante, pois permitiria comparar – e controlar – as performances da orquestra entre anos específicos e mesmo em décadas"[99]. Ademais, em vista de seu sexagésimo aniversário, em 1942, a intenção era encomendar a um "renomado autor musical a história de nossa orquestra desde sua origem, com o que se exporia ao público em geral, numa linguagem acessível, seu desenvolvimento e atual importância na vida musical alemã"[100].

Claro estava, portanto, que o Ministério jamais permitiria que a Filarmônica administrasse seu orçamento, como no

---

97 BArch R55/245, BPhO, Stegmann ao RMVP, 31.5.1939.
98 BArch R55/247, Cópia BPhO ao RMVP, Divisão de Contadoria, 5.8.1940.
99 Ibidem.
100 Ibidem.

passado. Mas mesmo com essas medidas de expansão e diversificação de sua base institucional, os músicos exercem certo grau de independência indispensável ao seu espírito comunal, mostrando, como no caso da Camaradaria, que o Estado ditatorial não fechava todas as portas de negociação.

A situação acima esboçada, complemente-se o quadro, se repetiu no caso das pensões. Antes de 1934, os músicos eram acionistas autônomos de uma cooperativa privada. Nessa condição, suas aposentadorias dependiam dos meios que a orquestra dispunha. A Pensionskasse foi criada para garantir a subsistência dos músicos aposentados. Mantinha-se através de contribuições, doações privadas e de um concerto beneficente anual. As pensões eram pagas com os dividendos produzidos pelo investimento desse capital no mercado acionário. Durante algum tempo, o sistema funcionou bem, mas com a deterioração da economia alemã que se seguiu à Primeira Guerra, o montante acumulado desabou. Em 1924, o fundo tinha exatos RM 5.873, soma insuficiente para manter um número crescente de aposentados[101]. Esses homens e suas famílias sofreram como dezenas de milhares de outros músicos desempregados durante a depressão alemã dos anos 1920.

Quando o Reich adquiriu as ações da Filarmônica, deixou em aberto quem arcaria com as pensões: "As obrigações pensionárias não estão incluídas no balanço da empresa", reconheciam, em 1935, os auditores[102]. Também aqui a orquestra dispunha de ativos que não eram de propriedade da GmbH, mas os operava. O Reich adquiriu os bens e obrigações da GmbH, mas nem prática nem legalmente podia gerir um fundo mútuo. Os músicos que venderam suas ações, porém, tornaram-se funcionários públicos, de modo que poderiam ser cobertos pelo regime de aposentadorias do setor. Não obstante, durante muitos anos esses homens tinham feito aportes em um fundo que não estava mais sob seu controle.

Seja como for, seriam necessários anos para que se chegasse a uma solução. Acordou-se que os novos membros da orquestra se aposentariam através de uma solução híbrida: nos termos

---

101 ABPHO, Livro principal da Caixa de Pensões.
102 BArch R55/245, Deutsche Revisions-und Treuhand-Aktiengesellschaft, 14.10.1935.

do serviço público, mas com o auxílio da Reichsmusikkammer via Agência de Seguros de Saúde da Baviera. De outro lado, aos setenta e nove ex-proprietários de ações da orquestra, o Ministério da Propaganda garantia seus direitos pensionários dentro do marco da anterior autonomia e flexibilidade[103]. Isso significava que a Pensionskasse seria administrada pelo Orchestervorstand como fundo mútuo, suplementada anualmente por uma pequena subvenção estatal que a reforçaria. Na prática, com a recuperação paulatina da economia, os lucros dos investimentos da Filarmônica ofereciam pensões atrativas – na faixa de quinhentos marcos mensais –, o que equivalia, aproximadamente, a 60% do salário médio dos músicos. Em 1938, a administração da Pensionskasse foi transferida para a Camaradaria.

A tempo: as generosas doações do senhor Landecker aos músicos, nos princípios dos anos 1930, não foram gestos totalmente altruístas. A Filarmônica nunca foi proprietária da Philharmonie, pagava um aluguel a Landecker, que era o principal ônus da orquestra. Em 1933, por exemplo, foram 30 mil marcos pelo uso das instalações[104]. De fato, o gasto com aluguel de salas de concerto representava uma parcela significativa de seus custos operativos. Em 1937, a Filarmônica firmou um contrato de exclusividade com a Philharmonie que vetava o uso da sala por qualquer outra formação sinfônica[105]. O contrato acordava um pagamento anual de RM 67.500 e, se o montante garantia uma sala exclusiva, custou-lhe 35% a mais do que se a tivesse alugado com base nas performances[106]. A cada final de ano, entre 1937 e 1940, a orquestra pagava uma soma suplementar de mais de 20 mil marcos para compensar a diferença[107]. Quando da renovação do contrato, considerou-se, particularmente por insistência de Furtwängler, que o monopólio valia o alto custo[108]. Numa palavra, enquanto entradas e saídas não tivessem que se reciprocar, alguns milhares de Reichsmark a mais não pareciam um problema.

103   BArch R55/951, RMVP, Kohler, Nota, 2.11.1938.
104   BArch R55/245, Pagamento extra do RMVP para o ano comercial 1934-1935.
105   BArch R55/246, Área Contábil do Reich alemão ao RMVP, 15.4.1942.
106   Ibidem.
107   Ibidem.
108   BArch R55/247, BPhO, Stegmann ao RMVP, Yum, Informe do exame da Área de Contabilidade do Reich alemão, 23.6.1942.

A partir de 1935, o item Philharmonie foi incluído na categoria contábil geral "Custos operacionais por concerto" (*Konzertbetriebskosten*). Além do aluguel, esta rubrica contabilizava as despesas com o pessoal da sala – porteiros, bilheteiros etc. –, e com o uso de outras dependências da Philharmonie. Custos menores, como os de um camarim adicional, poderiam gerar um extra-anual de 4 mil marcos no balanço – o mesmo que se pagava a um assistente de palco[109]. O orçamento anual de *Konzertbetriebskosten* subiu dez vezes entre 1935 e 1943[110].

O maior desembolso da orquestra era com pessoal – salários da administração e dos músicos, e honorários do regente e solistas. O Ministério das Finanças e a Contadoria Geral reiteradamente apelavam a essas áreas no sentido de uma redução de despesas, mas em todas elas, de 1935 em diante, as cifras só aumentaram.

Conquanto a estandardização fosse uma marca do emprego no serviço público do Terceiro Reich, a Filarmônica operou às margens da burocracia nazista. Os músicos, como servidores públicos, estavam sujeitos aos seus regulamentos (*Dienstordnung*), mas também ao Ministério da Propaganda, posto o homologado contrato de serviços e salários (*Anstellungs und Besoldungsordnung*) que este forjara para a Orquestra Filarmônica de Berlim GMBH[111]. Então, essa coletividade tinha uma particular relação contratual com o Reich. Os gerentes da orquestra, porém, que eram nomeações políticas, não se subordinavam, tecnicamente, aos regimentos da Filarmônica, até porque nos ministérios constavam funcionalmente como "diretores de setor"[112]. Em termos burocráticos, a Filarmônica era um departamento do Ministério da Propaganda.

Quando Karl Stegmann foi nomeado gerente comercial da orquestra (*Kaufmännische Geschäftsführer*), em 1934, recebia um salário mensal de setecentos marcos[113], cujo valor bruto praticamente equivalia aos proventos do *spalla*[114], superando o

---

109 BArch R55/247, BPhO, Stegmann ao RMVP, Ref.: Vestiários da BPhO, 24.5.1938.
110 BArch R55/246, Ganhos e perdas em 31.3.1943.
111 PCH, Contrato, Carl Höfer, 3.1.1935.
112 BArch (BDC) RK 00024, RMVP ao sr. Secretário de Estado, 14.7.1938.
113 BArch (BDC) RK 00024, RMVP a Stegmann, maio 1934.
114 BArch R55/197, BPhO ao RMVP, Ref.: *Spalla* Siegfried Borries, 24.3.1925.

salário médio de um instrumentista em 30%[115]. Após o período probatório de um ano, Stegmann assinou um novo contrato, em 1º de outubro de 1935, e passou a receber oitocentos marcos mensais[116]. Isso era mais do que ganhava o chefe de qualquer escritório de propaganda do Reich[117]. Não obstante, em 1938, Stegmann solicitou ao Ministério que o tranferisse de categoria funcional – do Grupo XIII, chefe de seção de Ministério, para o Nível A, dos empregados do serviço público[118] –, atalho para um aumento salarial significativo.

A petição, porém, coincidiu com a desfiliação de Stegmann do partido, ocorrida em função da denúncia de que havia pertencido a uma loja druídica no passado. Embora reabilitado por um "Gnadenakt des Führers" (Ato de Graça do *Führer*)[119], a mácula serviu como pretexto mesquinho para a negação do pedido: "Não creio que o posto de Stegmann na Orquestra Filarmônica lhe seja tão difícil ou oneroso", escreveu um funcionário do mesmo Ministério que, algum tempo antes, havia-lhe confiado o projeto de unificação (*Gleichschaltung*) do principal embaixador cultural do Reich. "Ademais, o atual momento não parece especialmente apropriado, já que sua refiliação partidária foi estreitamente reconquistada."[120]

Naturalmente, Stegmann discordou.

> Noto que, desde minha contratação – escreveu em sua defesa –, minhas tarefas e responsabilidades vêm se tornando mais abrangentes. O orçamento que, em 1934, girava em torno de 1 milhão de marcos, cresceu para 1,5 milhão este ano, logo, minha responsabilidade pelo manejo desses recursos também cresceu 50%.[121]

Respondendo à mesquinhez ministerial com a sua própria, queixou-se, de um lado, que Lorenz Höber, mesmo não sendo um representante oficial da orquestra, recebia um salário maior; de outro, que nos últimos cinco anos o salário do segundo gerente (segundo *Geschäftsführer*) não se movera, enquanto

---

115 PJB, Comprovante do salário de Hans Bastiaan, 1.10.1944.
116 BArch (BDC) RK 00024, RMVP ao sr. Secretário de Estado, 14.7.1938.
117 Ibidem.
118 Ibidem.
119 Ibidem.
120 Ibidem.
121 BArch (BDC) RK 00024, BPhO, Stegmann ao RMVP, 17.2.1939.

o do assistente de palco (*Orchesterwart*) sofrera, "no curso do mesmo período, uma elevação expressiva"[122] (em 1941, Franz Jastrau, assistente de palco da orquestra, ganhara RM 4.330)[123]. O pleito, não obstante, pareceu funcionar. Em 1943, Stegmann recebia mil marcos por mês[124], quinhentos marcos a menos que o *Intendant* Von Westerman, mas a par de um *spalla*[125].

Seja como for, a despeito dos sentimentos de importância e responsabilidade que Stegmann nutria por si, a distinção salarial entre primeiro e segundo gerentes existira sempre. No único contrato que firmaria com a Filarmônica, em 1934, Rudolf von Schmidtseck recebia um salário mensal de RM 1 mil, que foi reajustado para RM 13.200 anuais seis meses depois[126]. Ignora-se em que termos Hermann Stange, o sucessor de Von Schmidtseck, negociou seu contrato, mas o de Hans von Benda, em 1938, somava RM 1.100 mensais, incluindo o abono suplementar para uma família de quatro filhos[127]. Von Westerman, para assumir o mesmo cargo, pediu RM 1.200 mensais mais RM 300 por mês como auxílio-despesa (*Aufwandsentschädigung*). Não houve negativas da burocracia, que aceitou incondicionalmente a proposta. Von Westerman foi o único gerente a ter um contrato diretamente firmado com a orquestra. Por isso, seus honorários anuais de RM 18 mil eram – em tempos nazistas – a única despesa salarial existente nos livros contábeis da Filarmônica[128].

Entre 1940-1942, porém, houve uma exceção à regra – Friedrich Herzfeld entrou para a folha de pagamento da Filarmônica. Parece ter sido contratado para escrever a história da orquestra, proposta acatada nos acordos sobre a dissolução do Fundo de Ajuda. Nazista contumaz, sua biografia de Furtwängler fortemente politizada, escrita em 1941, nunca foi autorizada pelo biografado[129]. Não obstante, Herzfeld tramou para que a orquestra o contratasse como editor dos programas de

---

122 Ibidem.
123 BArch R55/247, Contabilidade, 1941.
124 BArch R55/198, RMVP, Nota, 29.1.1943.
125 BArch R55/19?, Relação dos membros da orquestra, 1942.
126 BArch R55/1147, BPhO, Contrato de Von Schmidtseck, 1.4.1934.
127 BArch (BDC) RK 00024, RMVP ao sr. Secretário de Estado, 14.7.1938.
128 BArch R55/247, Contabilidade, 1941.
129 BArch (BDC) RK W0002, Nota sobre conversação em relação ao dr. Wilhelm Furtwängler, 9.12.1946.

concerto, serviço que lhe renderia um salário mensal de seiscentos marcos[130]. Quando interrogado por auditores do Reich, Stegmann deixou vazar que Herzfeld, "de modo algum, tinha uma carga laboral completa"[131]. Neste caso, os auditores do Ministério da Propaganda e os da Contadoria do Reich estavam em plena concordância, de sorte que na primavera de 1942 o historiador residente perdeu o emprego.

Os salários do primeiro e do segundo gerente da Filarmônica, oscilando entre RM 12 mil e 18 mil anuais, eram altos se comparados aos de outros funcionários do Ministério e dos músicos que eles dirigiam. Diversamente, empalideciam ante as quantias demandadas pelos regentes e solistas convidados. Furtwängler à parte, na temporada de 1933-1934 a Filarmônica gastou com diferentes maestros RM 12.200 nos concertos realizados em Berlim e RM 22.150 por seus serviços em turnês. Se dividida pelo número de concertos, a cifra não materializava um valor exorbitante. O que se devia a vários fatores. Primeiro, o cancelamento de concertos com regentes judeus renomados, como Bruno Walter e Otto Klemperer, implicava uma economia para a orquestra. Segundo, a receita advinda da maioria dos concertos – exceção feita à série Philharmonische Konzerte – era geralmente insuficiente para justificar altos honorários para os regentes e solistas; ademais, não seria admissível – por simples razões pessoais e formais – que artistas convidados ganhassem por concerto mais do que Furtwängler ganhava.

Em 1934, com a reestruturação da Filarmônica sob seu comando, Furtwängler propôs um honorário de mil marcos por atuação, com um máximo de 22 apresentações por temporada[132].

> Estou pronto – declarou magnânimo o regente – para assumir *ad honores* as tarefas organizativas associadas à minha atividade como diretor da Orquestra Filarmônica, portanto, as da cena musical de Berlim. Apenas peço que meus empreendimentos artísticos sejam remunerados segundo seus méritos.[133]

---

130 BArch R55/197, RMVP, Kohler, Nota, 3.10.1941.
131 Ibidem.
132 BArch R55/1148, Furtwängler, Ref.: Comissário de Economia do Reich, mar. 1934.
133 Ibidem.

Então, um arranjo financeiro foi acordado e incluído no contrato que o nomeou diretor (*Dirigent*) da Orquestra Filarmônica de Berlim naquele mesmo ano[134]. Estando contratualmente isento de gastos com viagens e eventuais despesas de comunicação (correio etc.) quando a serviço da Filarmônica[135], para a orquestra, mil marcos por concerto era relativamente uma pechincha. Em 1929, Furtwängler embolsou 50 mil marcos, mais 15 mil a título de *Aufwandsentschädigung*[136]. Na temporada de 1932-1933, recebia mensalmente RM 2.500[137], enquanto na temporada de 1934-1935 um único concerto da série Philharmonische Konzert regido por ele poderia render à Filarmônica 10 mil marcos[138].

Quando Furtwängler renunciou à Filarmônica, em dezembro de 1934, seus contratos foram desfeitos a partir de um consenso entre as partes. No seu retorno, os anteriores termos contratuais não foram retomados. De 1935 a 1938, agora como regente convidado, seus honorários eram de 2 mil marcos por apresentação[139]. Em 1938, solicitou formalmente a duplicação dessa quantia para aqueles concertos que excedessem os vinte e cinco programados[140]. Como esses valores não seriam pagos pela orquestra, Stegmann abraçou a causa de Furtwängler; argumentaria:

> Nos tempos em que a Orquestra Filarmônica de Berlim dependia de seus próprios meios, ele foi muito comedido com seu próprio salário para assegurar a sobrevivência do grupo. Agora que nossa base financeira está garantida, parece justo que peça o pagamento apropriado a um regente de seu nível.[141]

Stegmann comparou Furtwängler aos astros do cinema, "que também exigem salários extraordinários"[142]. Justificativas à parte, o fato é que, do ponto de vista da orquestra, inexistia

---

134 BArch (BDC) RK W0002, Contrato de Furtwängler, 3.7.1934.
135 ZBZ, Furtwängler, Espólio, B 0:10, Furtwängler à BPhO, Busch, 27.1.1939.
136 BArch R55/1145, Contrato de Furtwängler, 1929.
137 BArch R55/1147, Informe de necessidades, 30.6.1933.
138 BArch R55/245, Pagamento extra do RMVP para o ano de 1934-1935.
139 BArch R55/246, Área de Contabilidade do Reich alemão, 15.4.1942.
140 BArch R55/247, BPhO ao RMVP, 12.5.1938.
141 Ibidem.
142 BArch R55/246, BPhO, Stegmann ao RMVP, sobre o informe de avaliação da Área de Contabilidade do Reich, 23.6.1942.

outra opção. Mesmo os burocratas reconheciam que "Furtwängler está intimamente ligado à Filarmônica. Em particular, as receitas da orquestra dependem quase completamente de sua batuta"[143]. Mas isso não era inteiramente verdadeiro. As apresentações de Furtwängler constituíam-se na maior fonte de receita da orquestra em termos de concertos, mas seu manancial mais profícuo era o próprio governo.

Entre RM 100 mil e 120 mil era a previsão inicial dos ganhos anuais de Furtwängler após seu aumento[144]. Em verdade, a Filarmônica pagou ao regente RM 171.350 em 1938, RM 210 mil em 1939, e RM 184 mil em 1940[145]. Em 1940, auditores alarmados estabeleceram um teto a partir dos níveis de 1939[146] – as receitas produzidas pelos concertos de Furtwängler estavam sendo quase totalmente consumidas por seus próprios honorários. Astro de cinema ou não, era preciso levar em conta que, em 1940, um *spalla* filarmônico ganhava aproximadamente RM 1 mil por mês[147], e os dois gerentes – isto é, a *Geschäftsführung* – RM 40 mil ao ano. Furtwängler, sozinho, levava para casa até RM 20 mil por mês[148]. Em 1938, pontue-se, conseguiu que a Filarmônica lhe pagasse um cachê de RM 4 mil por um concerto com a Filarmônica de Viena realizado em Berlim[149].

Por um lado, essa situação poderia ser interpretada como uma mera questão de restituição, como Stegmann sugeriu, a saber, Furtwängler procurava uma compensação por sua moderação nos anos de luta da orquestra. Mas, também, poderia ser vista como o oportunismo cínico de Furtwängler perante a dependência da orquestra em relação a ele, perante o medo dela de perdê-lo. Enfim, esse ardil financeiro poderia ser entendido como um passo a mais na dança da exploração mutuada regime-regente, onde a Filarmônica consumava-se, a um só tempo, como instrumento econômico e prêmio maior no bojo de um escandaloso sistema de subornos. Goebbels, através da

---

143 BArch R55/245, RMVP à BPhO, Avaliação local da Área de Contabilidade do Reich alemão, 22.10.1938.
144 BArch R55/247, BPhO ao RMVP, 12.5.1938.
145 BArch R55/246, Área de Contabilidade do Reich alemão, 15.4.1942.
146 Ibidem.
147 BArch R55/199, Relação dos membros da orquestra, 1942.
148 ZBZ, Furtwängler, Espólio, B O:23, Conta, 10.5.1939.
149 ZBZ, Furtwängler, Espólio, B O:13, 4.2.1939.

Filarmônica, estava disposto a canalizar todo o dinheiro que o maior regente vivo da Alemanha quisesse para assegurar sua fidelidade. Furtwängler, por sua vez, usava sua influência dentro da orquestra como um instrumento de barganha para provar sua força e independência frente ao regime.

Os cachês dos solistas também subiram exponencialmente no curso dos anos: de pouco mais de RM 20 mil, em 1934[150], para RM 40 mil, em 1937, e finalmente para o cume de RM 60 mil, em 1940[151]. Os pianistas Walter Gieseking e Wilhelm Kempff, e ainda violinistas como Georg Kuhlenkampff podiam pedir RM 1 mil por concerto[152], tanto quanto um *spalla* da Filarmônica recebia num mês de trabalho[153]. Outro solista regiamente remunerado era o pianista Edwin Fischer, que cobrava até RM 1.500 por concerto. Excepcionalmente, em 1939 Furtwängler propôs um abatimento a Fischer para que tocasse, com a Filarmônica, seu próprio concerto para piano: dividiram meio a meio os RM 4 mil de cachê de uma turnê de cinco concertos pela Alemanha[154]. Em 1940, no evento Noite da Sonata (Sonata Abend), promovido pela Filarmônica, Furtwängler fez música de câmera com Kuhlenkampff – cada um embolsou RM 1.400; a orquestra, nada[155].

Individualmente, os salários dos músicos eram uma fração dos honorários dos regentes e solistas. Porém, multiplicados por mais de cem músicos, eram motivo de não menor contencioso e competitividade. Os salários eram mensalmente recalculados: ao estipêndio básico, que variava conforme o tempo de casa, acresciam-se extras como auxílio-moradia (*Wohnungsgeld*), bônus por mérito (*Leistungszulage*), auxílio-vestuário (*Kleidergeld*), abonos por filhos (*Kinderzulage*), auxílio-viagem (*Reiseaufwand*)[156]. Em 1942, os salários variavam de seiscentos marcos, para um músico solteiro com menos de três anos de experiência, até mais de mil marcos, para um *spalla* ou

---

150 BArch R55/245, Informe de perdas, 1933-1934.
151 BArch R55/247, RMVP, sobre o Informe comercial da BPhO, 26.10.1940.
152 BArch R55/246, Área de Contabilidade do Reich alemão, 15.4.1942.
153 BArch R55/246, Salários dos membros da orquestra, 1.2.1942.
154 ZBZ, Furtwängler, Espólio, B 0:24, Stegmann a Furtwängler, 6.6.1939.
155 ZBZ, Furtwängler, Espólio, B 0:87, BPhO, Noite da Sonata, 20.2.1940.
156 PJB, Notícia sobre o salário do sr. Hans Bastiaan, 1.10.1944.

primeiro-violoncelista[157]. Lorenz Höber também recebia um alto salário. E embora, a princípio, agitadores nazistas tentassem vincular remuneração e fidelidade política[158], não houve correlação entre salário e filiação partidária. Após um ano de período probatório, a maioria dos músicos era efetivada por toda a vida[159]. O cálculo inicial dos salários era complicado, pois o modelo datava do tempo em que os músicos eram os acionistas que se pagavam a si mesmos em função dos recursos financeiros da cooperativa. Quando foi transformada em Reichsorchester, o novo regulamento do serviço público (*Dienstordnung*) codificou alguns termos salariais, mas ainda assim restava um espaço para querelas e negociação.

Os *spallas*, por exemplo, não estavam sujeitos a contratos padronizados, firmando, em geral, contratos individualizados com a GmbH. Quando Hugo Kolberg se juntou à orquestra, em 1935, havia renunciado a um bom contrato de cinco anos em Frankfurt, com ganhos mensais de RM 1 mil por mês[160]. Na mesma época, o outro *spalla* da Filarmônica, Siegfried Borries, ganhava apenas RM 675 mensais. Borries pediu RM 900, mas chegou somente a RM 800 nas negociações com Stegmann, que representava tanto a orquestra quanto o Ministério da

157 BArch R55/246, Salários dos membros da orquestra, 1.2.1942.
158 BArch R56 I/66, Informe de Havemann sobre a conversação de 13.3.1933, Ref. ao futuro da BPhO, em F.K. Prieberg, *Handbuch*, p. 2715: "Prof. Havemann exige que se estabeleça o pagamento mínimo para cada membro da orquestra. A Orquestra Filarmônica só pode receber a mesma subvenção recebida pela Orquestra Kampfbund. Outras receitas podem ser ganhas através de bons rendimentos, viagens etc. [...] O salário máximo de cada músico deve ser de RM 650/mês e, para os primeiros músicos, RM 800. Ele deu seu consentimento para que o sr. Höber permaneça como gerente, desde que dois membros da orquestra, que também são membros do partido, integrem o diretório. O prof. Havemann continua falando e expressa o desejo de que a orquestra, sob a direção de Furtwängler, ofereça, a curto prazo, um concerto em benefício do Kampfbundes für Deutsche Kultur, e solicita uma resposta dentro de 48 horas". Havemann era um militante, mas destituído de poder. Durante os primeiros anos do Terceiro Reich, molestou amiúde a Filarmônica, mas seu fervor ideológico inviabilizou a maioria de seus pleitos. Colocar a Filarmônica de Berlim no mesmo nível de sua Orquestra Kampfbund, de terceira classe, era risível, tanto para sua orquestra quanto para a Filarmônica. Suas propostas teriam destruído a orquestra – exatamente o oposto das intenções de Goebbels.
159 PCH, BPhO, Seção de Contratação e Salários, 1.8.1934.
160 BArch R55/197, BPhO ao RMVP, 5.11.1934.

Propaganda[161]. O 2º primeiro-violoncelista, Hans Bottermund, ganhava RM 821,90, enquanto o 1º primeiro-violoncelista, Arthur Troester, mais jovem, apenas 800. Quando recebeu uma proposta para lecionar em Hamburgo, Troester utilizou-a para barganhar um aumento para RM 1 mil (sempre valores brutos)[162]. Ante o êxito de Troester, Tibor de Machula, o outro 1º primeiro-violoncelista da orquestra, afirmou ter recebido uma proposta americana que lhe renderia 1.250 dólares mensais. Seu salário saltou de RM 800 para RM 1 mil. Então, Borries tornou à cena, requerendo agora uma equiparação com o salário dos líderes de sua seção – RM 1 mil[163]. O terceiro *spalla*, Erich Röhn, consideravelmente mais jovem, estacionou em RM 800 até Borries deixar a orquestra, em 1940, quando então passou a receber RM 1.250. Em 1943, a Filarmônica lhe propôs um contrato escalonado que, em cinco anos, pagaria RM 1.500[164] a um músico "cujo trabalho dos últimos anos o lapidara como um dos principais violinistas da cena musical alemã"[165]. A razão desse contrato de longo prazo foi assim sustentada: "tal medida, em termos de política cultural, é facilmente justificável pela Orquestra Filarmônica de Berlim dada a expectativa de forte demanda por *spallas* de primeira linha no pós-guerra"[166]. O fim da guerra veio, mas muito antes que Röhn alcançasse o limiar dos RM 1.500 mês.

Como parte da ampla prática da unificação (*Gleichschaltung*) na área de gastos públicos, mas, também, para tentar controlar a prática de barganhas e discricionariedade em torno dos salários, discussões para a padronização das condições de pagamento nas maiores orquestras – culturais – tiveram início em 1935[167]. No início da primavera de 1936, o Ministério da Propaganda e o Reichsfinanzministerium chegaram, em princípio, a um acordo referente à questão, isto é, delinearam um

---

161 BArch R55/197, BPhO, Stegmann ao RMVP, 24.3.1936.
162 BArch R55/197, BPhO, Stegmann ao RMVP, Ref.: Aumento salarial de nosso primeiro violoncelista, 23.10.1937.
163 BArch R55/197, BPhO, Stegmann, Von Benda, RMVP, Ref.: Aumento salarial de nosso *spalla*, 2.6.1938.
164 BArch R55/197, RMVP, Chefe da seção de pessoal, Ref.: Aumento salarial do *spalla*, 18.7.1941.
165 BArch R55/197, RMVP, Nota, 16.3.1943.
166 Ibidem.
167 GStA IB 2281/4.9, Ministro das Finanças da Prússia ao RMVP, Goebbels, 29.9.1936.

caminho ou plano para regular os salários amplamente variáveis dos músicos[168]. O plano rezava que todas as orquestras alemãs subsidiadas pelo Estado deveriam ser classificadas em função de sua qualidade, e daí aferida sua estrutura ou categoria salarial condizente. *Spallas* e solistas também seriam regrados por esse princípio. Significativamente, o critério basilar de classificação era a qualidade. Conquanto os nazistas desposassem uma retórica ideológica perniciosa, tornando a ideologia credo, nesse caso, o nível de apoio estatal seria determinado pela qualidade – uma faceta da consumação e da realização artísticas. Em determinação negativa, no caso das orquestras, a quantidade de músicos filiados ao partido ou questões de estratégia político-geográfica não seriam fatores substantivos para uma decisão de apoio econômico.

As notícias do plano chegaram à Filarmônica de Berlim por Walther Funk, diretor do Conselho de Controle, que garantiu à gerência da orquestra que esta ocuparia a categoria mais elevada da nova ordem tarifária. Não obstante, e significativamente, a Filarmônica iria compartilhar essa distinção com a Berliner Staatsoper-Orchester[169]. E a controvérsia que se seguiu – ou o caso da Tarifordnung für deutschen Kulturorchester (Ordem Tarifária das Orquestras Culturais Alemãs) – não só exemplifica a subsunção da burocracia pela esfera política, como exprime os conflitos – inerentes ao sistema nazista – entre ordem burocrática, direito institucional, convicções ideológicas e o exercício do poder pessoal.

Determinada, pois, a partilha do *status* máximo entre os dois membros, a gerência da Filarmônica sentiu cheiro de esturro. A orquestra da Staatsoper estava sob a patronagem do *protégé* de Hitler e arqui-inimigo de Goebbels, Hermann Göring, primeiro-ministro da Prússia. Essa rivalidade pessoal era exercitada em vários campos de batalha, inclusive no cultural. Nesse sentido, a nova ordem tarifária apresentou a oportunidade para Göring colocar sua orquestra em pé de igualdade com a Reichsorchester de Goebbels.

Em nome de seu patrono e em defesa do interesse da Filarmônica, Von Benda e Stegmann lançaram uma campanha

---

168　BArch R55/197, BPhO, Von Benda, Stegmann ao RMVP, 20.4.1936.
169　Ibidem.

conjunta contra o plano. A equalização das duas orquestras não somente poria em perigo, em termos políticos, sua unicidade, seu *status* de elite, como a sugestão de que ambas estavam "no mesmo nível material"[170] desfiguraria completamente, acreditavam, a realidade de uma e outra no futuro.

O argumento de Von Benda e Stegmann apoiava-se em duas premissas: a sobrecarga de trabalho da Filarmônica e suas extraordinárias necessidades materiais. Descreveram com detalhes a árdua agenda de concertos e turnês da Filarmônica, então, compararam os serviços mensais da Staatsoper – trinta, em média – aos aproximadamente cinquenta de seus músicos[171]. De fato, não apenas quantitativo, o mérito era igualmente ideológico, pois "de todos os lados – kdf, Comunidade de Cultura Nacional-Socialista, concertos de natureza política [...] – demanda-se muito mais engajamento de cada um de nossos músicos do que dos de qualquer outra orquestra."[172] Quanto às carências materiais, o argumento foi semelhante. Frente a uma orquestra de ópera praticamente invisível ao público, "os membros da Filarmônica são considerados os representantes da cultura alemã e devem por isso estar particularmente bem-vestidos nos concertos como em outras ocasiões"[173].

Von Benda e Stegmann tinham plena consciência, ao dispor sua argumentação, de que a questão não era simplesmente burocrática ou política, mas pessoal. No entanto, também sabiam que eram o lado forte na disputa. Depois de algumas assertivas, foram ao cerne da questão: "A Filarmônica de Berlim é e deve continuar sendo a principal e melhor orquestra não somente da Alemanha, mas da Europa". Então, solicitaram "um bônus especial por mérito"[174]. Oficialmente, o prêmio foi requerido como compensação pelos novos concertos de Furtwängler na Alemanha, dado o cancelamento da turnê na França, mas o desafio era claro e deliberado: por suas realizações, a Filarmônica deveria ser tratada singularmente.

170   Ibidem.
171   Ibidem.
172   Ibidem.
173   Ibidem.
174   Ibidem.

Goebbels, unilateralmente, assentiu no *Leistungszulage*, agraciando a Filarmônica[175]. Isso se afigurou como uma provocação humilhante a Göring, que exigiu do Ministério das Finanças da Prússia igual bônus à Staatskapelle, "de mesmo valor artístico"[176]. A voz de Göring ribombou no ministério prussiano, advertindo Goebbels que sua manipulação da nova ordem tarifária em benefício específico da Filarmônica o deixaria vulnerável a acusações públicas de preconceito e conflito de interesses[177]. Na esteira dessa controvérsia, o homem de confiança de Göring, Heinz Tietjen, *Intendant* da Staatsoper, sugeriu que toda a questão fosse repensada e que ao invés de uma sistematização de modelos orquestrais, seria mais útil certa "liberdade de movimento"[178].

Em outubro de 1936, Goebbels conquistara uma vantagem importante para seu domínio com o *Reisekostenzuschuss* e então sublinharia enfaticamente:

as performances da Orquestra Filarmônica de Berlim não são comparáveis às de uma orquestra de ópera. O músico da principal e mais representativa orquestra de concertos do Reich tem uma tarefa diferente daquela de um membro de uma orquestra voltada à operística, tarefa que implica um desempenho individual de dimensão muito superior[179].

Essa injeção de recurso superava tudo o que os ministérios de Göring poderiam oferecer, mas não concernia ao problema principal: a racionalização da estrutura salarial das orquestras estatais. Goebbels e a Filarmônica ganharam uma batalha, mas a guerra ainda se enraiveceria.

Para resolver o grande problema, foi designado um administrador fiduciário especial (*Sondertreuhänder*), Hans Hinkel, cuja tarefa seria criar uma hierarquia sensata de orquestras e interesses[180]. Após meses de estudos, Hinkel recomendou a

---

175 GStA IB 2281/4.9, Ministro das Finanças da Prússia a Goebbels, RMVP, 29.9.1936.
176 Ibidem.
177 Ibidem.
178 GStA IB 2281/5.10, Presidente Ministerial da Prússia Tietjen a Goebbels, RMVP, 5.10.1936.
179 GStA IB 2281/27.10, Goebbels ao sr. Ministro das Finanças da Prússia, 27.10.1936.
180 BArch R55/951, BPhO, Stegmann ao RMVP, 25.11.38.

criação de uma "classe especial" (*Sonderklasse*) a que a Filarmônica, naturalmente, pertenceria. A nova "ordem tarifária das orquestras culturais alemães" foi instituída em 15 de maio de 1938 e se estruturava a partir de cinco categorias salariais (*Vergütungsklassen*) e uma classe especial (*Sonderklasse*). Nesse modelo, à Filarmônica, o cume[181]. A orquestra da Berliner Staatsoper dividia a Classe I com as orquestras da Deutsche Oper Berlin, Bayerisch Staatsoper, Hamburger Staatsoper, Dresdner Staatskapelle e com a Gewandhausorchester, de Leipzig. Os salários básicos eram cerca de 10% mais baixos que os da classe especial[182]. Mas se o *status* da Filarmônica estava garantido, permanecia aberta a possibilidade eventual de que alguma outra orquestra pudesse compartilhar consigo o pedestal da *Sonderklasse*[183].

Seja como for, a proposição de Hinkel foi importante, primeiramente em função da equação econômica suposta. A nova ordem tarifária aboliu o improvisado *Reisekostenzuschuss* criado por Goebbels, que correspondia a RM 170 mil. Durante dois anos, porém, os músicos da Filarmônica haviam usufruído os benefícios dessa concessão – "que garantia uma renda nunca antes recebida pela orquestra"[184] –, e não aceitariam, assim, uma redução, mesmo que a orquestra fosse a mais bem paga na estrutura de Hinkel. Os músicos estavam descontentes tanto com a escala progressiva da nova estrutura salarial, que partia de RM 383,83 mensais – para um músico com menos de dois anos de serviço – e alcançava RM 602,30 – para aqueles com mais de dez –, quanto com os novos adicionais de viagem, agora estandardizados e estimados sobre uma base mensal[185]. Em termos reais, contudo, os salários dos músicos aumentaram, embora o novo sistema de bônus, vinculado à idade e tempo de serviço, pudesse levar a uma leve redução do valor anual.

Dito isso, mais importante – para a *Geschäftsführung* – do que o nível do salário era a relação material a se estabelecer com

---

181   BArch R55/199, Ao Ministro do Reich, Memorando, 8.8.1938.
182   Ibidem.
183   BArch R55/951, BPhO, Stegmann͂ ao RMVP, 25.11.1938.
184   Ibidem.
185   BArch R55/951, BPhO, Stegmann ao RMVP, 27.10.1938.

as outras orquestras culturais alemãs, bem como a aparência – ou jaez – que ela deveria refletir. Como argumentou Stegmann: "Não é tão importante que o salário dos membros da Orquestra Filarmônica de Berlim seja novamente aumentado. Mais importante é conservar a vantagem material que recebemos sobre todas as outras orquestras através dos bônus-viagem."[186] Assim, Von Benda e Stegmann lutaram pela manutenção do *Reisekostenzulage*, ou alguma outra forma de vantagem subvencionada, pelo que distinguiriam claramente a orquestra Filarmônica das demais[187]. Este princípio lhes era tão vital que prepararam uma concessão "em resposta aos desejos publicamente reiterados do sr. Ministro das Finanças do Reich para que economizássemos nos gastos com pessoal"[188]. A proposta falava num efetivo máximo limitado a 105 músicos, embora existissem intenções de expandir o número para 110[189]. A economia de 30 mil marcos, argumentava-se, cobriria uma restauração parcial do antigo auxílio-viagem na forma de um *Reiseaufwand*[190]. Esse subsídio de despesas (*Aufwandsentschädigung*) seria pago em parcelas mensais de sessenta marcos para todos os músicos[191].

Entrementes, através de suas conexões com os Ministérios das Finanças do Reich e da Prússia, Göring conseguiu alocar sua Staatskapelle na *Sonderklasse*, ao lado, pois, da Filarmônica de Berlim, que ocupava o lugar por sua história: "a principal orquestra de concertos e de renome mundial"; a outra, por seu potencial: "a futura orquestra de ópera líder da nação"[192]. Numa declaração explicativa independente, Göring reiterou que se a Filarmônica de Berlim recebesse um bônus sobre a nova tarifa de remuneração, seu Ministério das Finanças Prussiano equipararia a Staatskapelle[193]. Como chefe do distrito de Berlim, Goebbels contra-atacou. Sugeriu que a orquestra da Ópera Alemã, instituição sob sua patronagem, igualmente teria

186 BArch R55/951, BPhO, Stegmann ao RMVP, Kohler, 8.10.1938.
187 BArch R55/951, BPhO, Stegmann ao RMVP, 25.11.1938.
188 Ibidem.
189 BArch R55/245, BPhO, Stegmann ao RMVP, 31.5.1939.
190 BArch R55/951, BPhO, Stegmann ao RMVP, 25.11.1938.
191 BArch R55/951, RMVP, Kohler, Memo, 15.12.1938.
192 BArch R55/197, Primeiro Ministro da Prússia ao RMVP, ago. 1938.
193 Ibidem.

direito ao título de líder entre as orquestra de ópera (*führende Opernorchester*). Se a Staatskapelle ocupasse um lugar na *Sonderklasse*, o mesmo deveria suceder com a Ópera Alemã.

Naturalmente, essas assertivas reverberaram nos corredores do Ministério da Propaganda, do Ministério das Finanças do Reich e nos da Filarmônica. "Se todas essas orquestras forem absorvidas pela "classe especial" – pontuou um burocrata desnudando o ridículo da situação –, "o propósito original da *Sonderklasse* terá se transformado em quimera."[194]

A essa altura, a proposta de um *Aufwandsentschädigung* para a Filarmônica ganhou visibilidade política e provocou uma escalada ainda maior de toda a farsa. Com Göring defendendo firmemente a ascendência da Staatskapelle à classe especial, o Ministério das Finanças do Reich assentiu na ideia de conceder um *status* igual para as duas orquestras, mas propôs conceder à Filarmônica um bônus adicional aos ganhos normais previstos na classe especial. O valor – sessenta marcos mensais – era o proposto por Von Benda e Stegmann, bônus que forjaria, na verdade, uma classe especial dentro da classe especial, ou uma *Sonderklasse Plus*[195]. Apesar dos questionamentos de alguns dos ex-acionistas da Filrmônica – que se queixaram de supostas incoerências salariais nas novas regras quando comparadas às antigas[196] –, os músicos, em geral, saíram ganhando com a solução da classe especial *plus* (Tarifordnung Sonderklasse Plus)[197]. O plano também encontrou eco no Ministério das Finanças do Reich pois, embora impusesse um aumento imediato de todos os salários, o acréscimo de 5% era plausível em função da estabilidade a longo prazo que a ordem tarifária ofereceria[198].

Isso, porém, era só o começo. De fato, essa última regulamentação tarifária tornava realidade a ideia de Tietjen de "liberdade de movimento" ao conceder às orquestras um bônus por mérito (*Leistungszulage*). Tendo-se em vista que a flexibilidade não é uma característica da burocracia, esse foi mais um exemplo das contradições e inconsistências internas de

---

194 BArch R55/199, ao Ministro do Reich, Memorando, 8.8.1938.
195 BArch R55/951, ao sr. Ministro do Reich, 15.12.1938.
196 BArch R55/951, RMVP, Kohler, Nota, abr. 1939.
197 Ibidem.
198 BArch R55/951, Ganhos dos membros da orquestra segundo o regulamento anterior e o atual, 1.12.1938.

uma ideologia que estimava a arte ao mesmo tempo em que era obcecada pela ordem. Em última instância, o *Leistungszulage* era a tentativa de encontrar uma equação de compromisso entre o rigor burocrático necessário a uma escala orçamentária responsável e os inegáveis critérios qualitativos que fundavam essa escala. As orquestras estavam livres para oferecer a um músico um *Leistungszulage* de 15%[199] – fosse como reconhecimento por seus serviços, fosse como atrativo ou incentivo contratual. Esse *plus* poderia abranger até 40% dos músicos[200]. A Filarmônica oferecia dois níveis de bônus por mérito – um de RM 75 mensais a dezesseis instrumentistas principais, e outro de RM 37,50 a oito músicos de segunda linha[201].

Mas sublinhe-se: eram inúmeros os problemas nesse esquema quando se tratava de aplicá-lo. A saber: os bônus previstos seriam pagos automaticamente ou solicitados individualmente? (estariam incluídos na transferência da subvenção estatal); a cota de 40% teria de ser totalmente preenchida? (não); a concessão do bônus implicava obrigatoriamente serviços adicionais? (talvez)[202].

Por outro lado, o *Leistungszulage* criou um clima de competição entre as orquestras. E isso era justamente o que Tientjen e Göring entendiam por "liberdade de movimento". Rivalidades sempre existiram, mas a animosidade entre a Filarmônica de Berlim e a Staatskapelle agora assumia uma objetiva dimensão econômica, tanto no que concernia à posição do conjunto como um todo, quanto às condições contratuais de cada músico.

Caças furtivas por instrumentistas emergiram. Pouco antes da aprovação da nova ordem tarifária, a orquestra da Staatsoper fez uma proposta para Martin Ziller, trompista da Filarmônica desde 1935. Assegurando-lhe a manutenção da mesma escala de salários praticada pela rival, foi-lhe oferecida a posição equivalente a de um primeiro-trompista pensionável, de sorte que Ziller seria alçado ao mais alto patamar salarial. Na Filarmônica, pelo critério de antiguidade vigente, ele se achava

---

199 PJB, Comprovante de pagamento ao sr. Hans Bastiaan, 1.10.1944.
200 BArch R55/199, Administrador Fiduciário Especial para o RMVP, 9.1.1940.
201 PCH, BPhO, Seção de Contratação e Salários, sem data.
202 Ibidem.

no nível IV[203]. Assim, a despeito do *Reisekostenzulage* da Filarmônica – isto é, dos sessenta marcos mensais suplementares –, o princípio do *Leistungszulage* permitiu a Tietjen arrojar Ziller para o topo da remuneração orquestral, não obstante seu pouco tempo de serviço e a menor carga de trabalho[204]. Mas Goebbels e o Ministério da Propaganda não toleraram a manobra, ainda que legal.

Não bastasse o intrincado vivido, a situação ainda se complicaria com a anexação (*Anschluss*) da Áustria, quando então se tornou necessário integrar suas orquestras no sistema tarifário-orquestral germânico. A classificação da Filarmônica de Viena era o ponto crucial da questão. Mas, levando-se em conta sua tradição e adotando-se reais critérios qualitativos de avaliação, nada abaixo da *Sonderklasse* poderia ser-lhe próprio. Conquanto as demais orquestras austríacas poderiam ser perfeitamente encaixadas entre os níveis III e V[205], a categorização da Filarmônica de Viena a par da Filarmônica de Berlim e da Staatskapelle numa agora já não tão exclusiva *Sonderklasse*, alimentou mais o debate. A saber, se três, por que não mais? Por outro lado, a ênfase em Berlim e Viena distorcia os pesos da cena musical alemã, já que Munique era também um centro significativo.

De fato, um ano depois do acesso da Filarmônica de Viena à *Sonderklasse*, o próprio Hitler interveio na disputa ao manifestar o desejo de que a orquestra da Bayerische Staatsoper fosse promovida à elite orquestral[206]. A elitização musical dos bávaros se fez acompanhar de uma severa advertência: "Por decreto do *Führer* ficam expressamente proibidas contratações de músicos da Staatskapelle de Munique por orquestras ou casas de ópera de Berlim."[207]

Com uma *Sonderklasse* constituída por quatro orquestras – e ao menos duas aí dispostas por influências pessoais, não por mérito excepcional ou adequado processo de acesso–, a experiência da nova ordem tarifária desmoronou. O *Sondertreuhänder* Hinkel reduziu-se a carimbo das decisões caprichosas

---

203 BArch R55/197, BPhO, Stegmann ao RMVP, 8.12.1937.
204 Ibidem.
205 BArch R55/199, Orquestra Cultural de Ostmark, sem data.
206 BArch R55/200, Goebbels ao chefe de zona de Munique Wagner, 3.5.1941.
207 Ibidem.

dos homens dos escalões superiores do regime, enquanto às orquestras das categorias inferiores, por "razões de política cultural", isto é, pelas restrições orçamentárias impostas pelo Ministério das Finanças do Reich, "concedia-se a liberdade para se autodefinirem"[208]. A Deutsche Oper, de Goebbels, voltou a bater às portas da *Sonderklasse*, repercutindo em dominó:

> Se a Ópera Alemã passasse à classe especial, não haveria razões para não promover a Ópera Popular (Volksoper) de Berlim à classe I; mas se a Deutsche Oper permanecesse na classe I, seria difícil justificar o ingresso da Ópera Popular nesta mesma categoria[209].

Tudo, pois, se transformara numa exasperante barafunda pessoal, prática, administrativa e simbólica, que só uma intervenção governamental poderia mediar. Mas a autoridade máxima da Alemanha, Hitler, era um diletante. Então, o "*Sondertreuhänder* executará a decisão do *Führer* em relação à composição da *Sonderklasse* para que essa questão, geradora de tantos problemas, possa ser definitivamente resolvida"[210]. O apelo de Hinkel a Hitler ilustra muito bem o intricado próprio do discurso nazista:

> Meu *Führer*!
> Quando chegamos ao poder, a situação das orquestras culturais encontrava-se em absoluta desordem e os músicos não contavam com proteção social. Era necessário, por razões sociais e político-culturais, reunir as organizações de apoio num sistema amplo e assegurar as bases econômicas para os músicos. Eis porque foi criada a ordem tarifária das orquestras culturais. [...] Nela, as orquestras foram divididas em cinco classes, sobre as quais assenta a classe especial. Originalmente, apenas a Filarmônica de Berlim, por ser uma orquestra especialmente representativa, e porque suas turnês exigiam muito dos músicos, ocupava a posição máxima. Mais tarde, a Staatskapelle prussiana, a Filarmônica de Viena e, por vosso especial desejo, meu *Führer*, a Staatskapelle da Bavária juntaram-se a ela. [...] A Staatskapelle da Saxônia e a Gewandhaus de Leipzig vêm buscando acesso à *Sonderklasse* há algum tempo, o que justificam pela grande tradição artística e habilidades que possuem. Outras orquestras, como as de Weimar e Linz, não são competitivas, mas também desejam ser aceitas na categoria especial. Essa ambição de estar no topo, agradável por si mesma, é sinal do despertar

---

208 R55/199, RMVP, Nota, 10.10.1941.
209 Ibidem.
210 Ibidem.

de um forte desejo de cultura, que está em toda parte, bem como de um *boom* econômico. [...] Portanto, à luz desse raciocínio, peço uma decisão quanto a se a composição estabelecida da *Sonderklasse* deve ser mantida ou se a devemos expandir, situação, porém, que tornaria sua base demasiadamente ampla.[211]

Essa sondagem apreensiva – reveladora da situação vivida – foi a primeira de muitas. Dela se colhe, *in limine*, que o direito da Filarmônica a um *status* especial era indiscutível. Mas, igualmente, que a classificação de *Sonderklasse* se tornou redundante quando a política açambarcou o que deveria ser apenas um procedimento burocrático e, em parte, normativo, de avaliação. A ingerência política, de natureza pessoal e ideológica, guiada por poder, ganância e comportamento diletante, mitigava qualquer rasgo de equilíbrio no processo.

Para além da miserável guerra fria entre Goebbels e Göring, e das caprichosas preferências de Hitler, a orquestra de Weimar, por exemplo, apenas tinha sido promovida à classe I, no ano anterior, por uma decisão explícita do *Führer*. A orquestra de Linz, por sua vez, cuja solicitação de ascenso fundava-se exclusivamente na coincidência de ser o local de nascimento de Hitler, encontrava-se na classe IV por avaliação qualitativa[212]. Nesse sentido, o senso de direito dessas orquestras era tão político quanto o da Filarmônica, que considerava seu valor simbólico uma justificava ao forjamento de um modelo comercial totalmente irrealista. Enquanto o regime distribuísse benefícios, sempre existiriam partes – no caso, orquestras – dispostas a tirar vantagens. Assim, Weimar e Linz anunciaram sua intenção de "contratar os melhores músicos da Staatsoper de Dresden e de Hamburgo, e da Gewandhausorchester, de Leipzig"[213]. Dresden e Leipzig tinham grandes orquestras, mas não podiam competir com a Filarmônica quanto aos excepcionais serviços prestados ao Reich. Colocar Weimar e Linz acima delas na classificação, teria provavelmente lançado os conjuntos orquestrais saxônicos na ruína, pois os tubarões estavam aguardando a chance de lhes arrancar os melhores instrumentistas.

---

211 BArch R55/199, RMVP, Administrador Fiduciário Especial a Hitler, c. 1941.
212 BArch R55/199, RMVP ao sr. Secretário de Estado, 15.10.1941.
213 BArch R55/199, RMVP, Esboço, "Mein *Führer*!", sem data.

Ademais, arbitrar nesse terreno – e justiça vai além de contemplação –, dependia de inclinações pessoais. Em verdade, não se podia nem mesmo pensar em sinceridade e justiça. O caso foi exposto a Hitler em palavras muito cautelosas, zelosas. Consideravam, pois, o estado geral da cultura musical no Reich e apresentavam as trapaças infantis como prova de uma ambição sadia. O problema, há muito, saíra da esfera da gestão fiscal. A questão em jogo, agora, era a disputa entre funcionalidade e ideologia, portanto, se Hitler optaria ao menos por uma simples aparência de administração a partir de um nepotismo premiado.

Hitler não o fez. Em 1º de junho de 1943, a *Sonderklasse* saudou cinco novos membros: a Gewandhausorchester de Leipzig, a orquestra da Deutsche Oper de Berlim, a da Staatsoper de Hamburgo, a Staatskapelle de Dresden, e a Reichs-Bruckner-Orchester de Linz, recém-criada em 1942[214]. A Thuringische Staatskapelle de Weimar, por sua vez, abriu caminho rumo à superpovoada classe I[215]. O que começou como um processo para distinguir transparência fiscal e responsabilidade, desaguou numa melancólica, deturpada e insana barafunda.

Posto, então, um quadro insano, inteiramente desordenado, a Filarmônica saiu do jogo. Goebbels, numa reunião privada, assegurou coletivamente aos músicos e à gerência que, "em adição à nova escala salarial, o bônus-viagem garantiria a segurança material da orquestra"[216]. A Filarmônica manteria sua "vantagem material" (*materielle Vorsprung*) através do *Reiseaufwand*, ao passo que as forças que influenciavam a classificação das orquestras estavam para além de seu controle.

De todo modo, as escaramuças seguiam. Stegmann e sucessivos *Intendants* filarmônicos continuaram usando a Staatsoper como arma para arrancar mais dinheiro do Ministério da Propaganda. Por seu turno, Göring marcava alguns pontos contundentes para sua orquestra a partir de despesas não reguladas, como diárias para turnês. Assim, amiúde, dotava seus músicos com quantias irresponsavelmente altas, para desgosto da

---

214 BArch R55/199, Esboço de um agrupamento das orquestras culturais alemãs, 1.10.1944.
215 Ibidem.
216 BArch R55/951, BPhO, Von Benda, Stegmann ao RMVP, 1.6.1938.

Filarmônica[217], que em setembro de 1944, porém, desferiria um último riso sardônico: dissolvida a Staatsoper, seus membros – funcionários e conjunto – foram imolados a serviço de uma guerra praticamente perdida. Quando, em janeiro de 1944, a Filarmônica perdeu sua sede – a Philharmonie –, Heinz Tietjen, o *Intendant* da Staatsoper, não teve pudores em explorar politicamente a situação, criticando a rival pelos elevados gastos com o aluguel da sala. Assim, não havia lágrimas nos olhos dos músicos da Filarmônica ante a morte – literal – do grupo de Tietjen:

> Quando a Staatsoper encerrou suas atividades, iniciamos as negociações para realizar todos os nossos grandes concertos de inverno no seu prédio. Antes, a gerência geral da Staatsoper cobrava um aluguel de 12 mil marcos por dia, pois incluía no cálculo a perda de receita em relação a uma performance de ópera. Com o fim de suas atividades, um aluguel tão alto deveria estar fora de qualquer questão. Portanto, solicitamos uma redução desse valor implausível.[218]

Questões de dinheiro, quase por definição, procriam mesquinhez. No Terceiro Reich, as finanças estiveram enredadas numa mistura tóxica de cobiça, egoísmo, intriga e privilégios. Os nazistas chegaram ao poder cheios de promessas. Suas realizações econômicas robustas permitiram regar economicamente áreas de importância ideológica – o exército, o esporte e a cultura. A Filarmônica se beneficiou imensamente das prioridades de gastos do regime, mas a competição, mesmo sob o nacional-socialismo, era dura. O sistema era uma forma singularmente pervertida de capitalismo de compadrio, onde as orquestras e artistas podiam inflar os orçamentos por meio de todo tipo de reivindicação: pessoal, qualitativa, ideológica, geográfica, simbólica. Todas elas se consubstanciavam em qualidades – ou ativos – pelas quais o regime, sob certas circunstâncias, poderia pagar. A Filarmônica corporificava todas essas qualidades e outras mais, por isso o amplo privilégio fiscal que desfrutava podia ter como contrapartida sua baixa responsabilidade financeira.

---

217 BArch R55/246, BPhO, Stegmann ao RMVP, Ott, 17.10.1941.
218 BArch R55/247, RMVP, Memo, Ref. a orçamento de nossa sociedade, 22.9.1944.

A experiência da Filarmônica, enfim, esteve marcada por prerrogativas que eram instáveis. Seus músicos não recebiam as melhores remunerações da Alemanha, nem os administradores estavam no mesmo nível de seus artistas contratados. Não obstante, os orçamentos generosos da orquestra permitiam a flexibilidade necessária para deixar os músicos felizes com os termos dos seus contratos e bonificações, mantinham Furtwängler a bordo por satisfazer seus honorários exorbitantes e garantiam a segurança financeira da orquestra a longo prazo. Tudo isso com o Estado no controle. E essa era a situação vivida porque a Filarmônica defendia tenazmente seu *status* exclusivo dentro de um mercado musical decididamente politizado.

4. Filarmônicos no Trabalho

Quando da conversão de instituição musical burguesa em propriedade do Estado, a Filarmônica de Berlim teve de alterar o âmbito e natureza de suas apresentações. Embora o partido nacional-socialista contasse com inúmeros grupos musicais vinculados, e muitas orquestras estatais, estaduais e municipais pudessem ser consideradas mais simpáticas à causa nazista do que a Filarmônica, em virtude de sua qualidade artística singular o regime a tomaria por embaixadora musical. Assegurando a estabilidade financeira do grupo, o Estado nazista granjeou a melhor orquestra alemã para servir às suas necessidades.

O regime sotrancou a vida cultural do país, consolidando a música como valor social basilar. Estes propósitos conduziam-se numa linha tênue entre educação e propaganda: através de concertos por assinatura, transmissões radiofônicas, apresentações populares, gravações e funções em eventos políticos, a Filarmônica foi celebrada como uma das joias das realizações culturais alemãs, executando a grande música Alemã para o maior e mais vasto público de sua história. Essa situação era fruto tanto das crenças pessoais no interior do comando nazista quanto da grosseira, mas difusa, crítica cultural no coração da ideologia nazi. A Filarmônica se beneficiava de ambas: gozava o privilégio da admiração da elite do partido e prosperava com a exposição alavancada por uma infraestrutura propiciada pelo regime. Combinado com o crescimento econômico da Alemanha, isso permitiu que a orquestra, durante o nazismo e sob sua proteção, alcançasse um equilíbrio notável, ou uma penetração tanto na cúpula quanto na base da sociedade. Em outras palavras, ao refinar sua imagem de elite – em termos políticos, propagandísticos e profissionais –, expandia e diversificava seu público a níveis inauditos.

A despeito de certa hiperbolização da imprensa oficial na defesa do princípio básico do acesso popular à grande arte, tal princípio poderia não ser considerado malevolente. Por outro lado, a orquestra era comissionada, igualmente, para eventos não tão nobres. Este capítulo analisará o perfil das atividades da Filarmônica, seu público e os lugares em que os concertos eram realizados. Nesse contexto, necessariamente destacará a função múltipla de seus músicos e de sua específica problemática ética, vivida por alguém que, a um só tempo artista, *entertainer* e embaixador, dividia-se entre a orquestra e o Reich. Vejamos, então.

A carga de trabalho dos músicos da Filarmônica durante o Terceiro Reich era árdua. A agenda de ensaios, apresentações e viagens da orquestra sempre fora intensa, mas a partir de 1933 as atividades se multiplicaram. Ao lado das séries de concertos já tradicionais em Berlim e noutras cidades alemãs, tarefas adicionais envolviam uma programação de turnês, um número crescente de *Honorar Konzerte* e exibições por solicitação governamental. Por contar com pouco mais de cem músicos, um sistema de rotatividade propiciava aos músicos da orquestra algumas folgas durante determinadas semanas. Não obstante, com exceção dos *spallas* – autorizados a tocar além-muros da Filarmônica[1] –, o dia livre semanal contratualmente previsto, com frequência, era desrespeitado[2].

A temporada de concertos normalmente se estendia entre a terceira semana de agosto e a primeira de julho. Em média, durante esse quase-ano, um novo programa era ensaiado e

---

1   BArch R55/197, BPhO, Conteúdo estabelecido para o contrato do *spalla* Kolberg, 5.11.1934.
2   PCH, BPhO, Ordem de contratação e pagamento, 1.8.1934.

executado a cada dois dias. Na temporada de 1934-1935, os músicos fizeram 331 ensaios e deram 178 concertos, num total de 509 serviços[3]. Na temporada de 1936-1937, a orquestra se apresentou 205 vezes na Alemanha e realizou, entre ensaios e apresentações internacionais, 365 funções, num total de 570 serviços[4]. Em 1938-1939, foram 191 apresentações e 257 ensaios, totalizando 448 serviços[5]. A redução dos ensaios entre 1937 e 1938 deveu-se, em parte, a um aumento das turnês, que repetiam programas já ensaiados[6]. Descontadas as seis semanas de férias de verão, da temporada de 1934-1935 em diante a orquestra cumpriu uma escala de aproximadamente 1,5 serviços por dia.

Ao solicitar um *status* especial dentro da nova ordem tarifária (*Tarifordnung der deutschen Kultur-Orchesters*), a administração da Filarmônica delineou o seguinte retrato de sua vida frenética:

> Na noite de 8 de maio, a orquestra toca em Munique após ter viajado, neste mesmo dia, de Zurique a Munique, realizando dezesseis concertos em dezessete dias. Terminado o concerto, regressa imediatamente a Berlim. No dia 9 de maio, quando da chegada, há um ensaio na Philharmonie e, à noite, um grande concerto com obras de Beethoven, sob a direção do dr. Furtwängler. Já no domingo, dia 10, tiveram início os ensaios da "Missa Solemnis". Durante esse período de ensaios e apresentações da "Missa", o prof. Abendroth dirigiu uns sete ou oito ensaios – preparava-se a viagem aos Bálcãs. Após um intervalo de apenas dois dias, começa a turnê dos Bálcãs, que vai até a manhã do dia 30 de maio com viagens de trem que poderiam implicar entre 15 e 24 horas.[7]

Apesar da quantidade crescente de concertos, era imperativo que o padrão musical da orquestra não decaísse. Isso não era só uma questão de integridade artística mas, igualmente, de necessidade política. Para a realização plena de seu imanente potencial como instrumento de propaganda, a Filarmônica

---

3   BArch R55/245, Cálculos de ganhos e perdas, 31.3.1935.
4   PJB, *Philharmonische Blätter*, 1936-1937, n. 1.
5   BArch R55/197, Informe do diretor artístico, 1938-1939.
6   BArch R55/247, Comentários à receita, 1938-1939.
7   BArch R55/197, BPhO, Stegmann ao RMVP, Ref.: Adicional por desempenho para a Filarmônica, 20.4.1936.

teria de ser plenamente eficaz como instrumento musical. Logo, os ensaios não podiam ser sacrificados, o espírito musical do conjunto tinha de ser vigorizado, não minado, e cada músico deveria se sentir impelido "a despender toda sua energia a serviço da orquestra"[8]. Bons salários, consagração e os instrumentos musicais disponibilizados pelo Ministério da Propaganda poderiam ajudar a manter a satisfação pessoal dos músicos, mas não eram garantia da excelência artística coletiva. A orquestra, *per se*, tinha de sustentar seu compromisso com a qualidade, então, cada músico deveria, sem arrebentá-las, estender sua condição física e psicológica ao limite. Equilibrar os rigores de uma práxis musical séria com as expectativas internas da comunidade orquestral, as demandas do governo e os interesses dos mais diversos públicos da Filarmônica era algo complexo e oneroso.

Furtwängler observaria: "os músicos conseguem cumprir apenas uma determinada carga de serviço antes que sua saúde e capacidade artística enfraqueçam"[9]. De fato, as exigências de sua agenda e todas as demandas assumidas indelevelmente cobravam seu preço. A cultura musical da Filarmônica – herança de seus fundantes princípios de autogovernança – vivia um espírito de orgulhosa "cooperação" (*Mitarbeit*), mas também de orgulhosa disciplina. "A pressão sobre os nervos e a concentração mental" da Filarmônica, comentava-se, "são completamente extraordinários."[10] Assim, sua qualidade singular não era simplesmente uma questão de talento, mas o desenlace de uma ética. Disso surgia uma música gloriosa imersa num clima de tensão. Em termos mais concretos: "Essa cooperação se enlaça a um aguçado espírito de autocrítica, de sorte que, nesse trabalho de alma colegiada, a crítica, quando necessária, pode converter-se em confrontações severas."[11]

Não obstante a fama, o prestígio e a pesada carga de trabalho, antes de cada Philharmonische Konzerte de Furtwängler[12], a orquestra realizava um mínimo de três a cinco ensaios de quatro horas, exceto nos dias de concerto, quando a manhã

---

8   PCH, BPhO, Ordem de contratação e soldo, 1.8.1934.
9   BArch R55/1148, Furtwängler, Ref. ao Comissário de Economia do Reich, mar. 1934.
10 BArch R55/951, BPhO, Stegmann ao RMVP, 1.6.1938.
11 BArch R55/245, BPhO, História, c. 1935.
12 PJB, BPhO, Classificação de serviços, nov. 1942.

de trabalho se estendia das 10 às 13h00[13]. Os ensaios eram concentrados e intensos. Algumas vezes, a pressão esmagava:

O trabalho de nossa orquestra é o mais severo da Alemanha, não apenas em termos de tempo, mas física e mentalmente[14], escreveu Stegmann ao Ministério da Propaganda a respeito das demandas extremas da orquestra. "Ele causa uma opressão terrível sobre os nervos", insistia, citando, sem nomear, um trompista que sofrera um ataque súbito aparentemente devido ao estresse, um flautista desesperado que recorreu a várias terapias inusuais em função de seus nervos, e um violinista insone que não podia controlar o estresse e teve de ser aposentado precocemente[15]. Os músicos estavam tão atarefados com seus compromissos na Filarmônica, argumentava Stegmann, que entre as apresentações, ensaios e turnês raramente lhes sobrava tempo para trabalhos adicionais, como atuarem como artistas convidados ou lecionar, prática comum entre os colegas das outras orquestras[16].

Em função do regente, local da apresentação e série musical, a orquestra ensaiaria entre uma e seis vezes[17]. Com os maestros recorrentes, os músicos desenvolviam uma relação mais estreita, muitas vezes repetindo repertório ao longo de várias temporadas. Esse era o caso de Furtwängler, que permanecendo figura musical dominante no seio da orquestra exerceria considerável influência sobre a programação, contando, consistentemente, com mais tempo de ensaio do que qualquer outro regente. Além da agenda regular de ensaios e concertos, Furtwängler também desfrutava o privilégio de contar com a Filarmônica para a leitura de suas próprias composições. Quando, em 1942, terminou sua segunda sinfonia, por exemplo, programou uma dúzia de leituras extras e ensaios de naipes antes da *première*[18].

Se a severidade típica dos ensaios, viagens e apresentações, e ainda a implacável expectativa interna sobre a performance dos

13   PJB, BPhO, Plano de serviço, 8.3.1940.
14   BArch R55/951, BPhO, Stegmann ao RMVP, Kohler, 8.10.1938.
15   Ibidem.
16   BArch R55/951, BPhO ao Ministro do Reich, 15.12.1938.
17   PJB, BPhO, Plano de serviço, 1942-1943.
18   PJB, BPhO, Plano de serviço, 21.1.1942: "Os dias 4, 5 e 6 de março estão reservados para os ensaios com o dr. Furtwängler (obra nova)"; Plano de serviço, 10.4.1942: "18 abr., 10h00, Philharmonie – ensaio de Furtwängler (execução de sinfonia de Wilhelm Furtwängler)".

músicos geravam, *de per si*, estresse, trabalhar com Furtwängler, que combinava perfeccionismo e temperamento volátil, implicava um especial aumento desse nível de tensão. "O regente mais moderado não é o melhor para a orquestra", afirmou Lorenz Höber. "A prova: Furtwängler, que mais do que qualquer outro maestro exige muito da capacidade de cada indivíduo."[19] Como Furtwängler era o colaborador mais frequente da orquestra, essa pressão se fez, pois, aguda e constante. Às vezes, era difícil para os músicos suportarem o esforço, violento, mas isso foi um fator decisivo no impulso das realizações musicais da orquestra.

Quando Hitler, em 1943, expressou seu interesse em ouvir Furtwängler regendo Bruckner no Museu Alemão de Munique (um pedido explícito e caprichoso)[20], observou-se que

> o mais conveniente seria que a Filarmônica viesse a Munique com Furtwängler. Seria inconveniente para Furtwängler reger a Filarmônica de Munique, pois antes de cada grande concerto o regente teria de passar por uma série de ensaios para estabelecer a crucial relação íntima com os músicos[21].

A observação revela muito. Primeiro, é uma expressa antecipação do compromisso inflexível de Furtwängler para com ensaios preparatórios, comprometimento que subsiste mesmo ante um concerto de demanda extravagante. Segundo, manifestou, por um lado, a suposição da existência de uma "relação íntima" entre compositor, maestro e músicos, por outro, uma reverência palpável pela grande música e grandes músicos. Hitler não se deleitou somente pela megalomania de ter uma orquestra à disposição, mas em certa medida respeitava a arte em si. Terceiro, nessa época, a estreita relação da Filarmônica com Furtwängler já contava mais de vintes anos; nesse sentido, a observação não indicou que uma performance com os músicos berlinenses não demandaria ensaios, mas sim que, dada a familiaridade íntima e madura entre o regente e a orquestra, ocorreria num nível muito superior.

---

19   BArch R55/245, Comentários sobre o cálculo de ganhos e perdas em 31.3.1935.
20   BArch (BDC) RK 0002, Nota, Prefeito Paul Giesler, Munique, 1.5.1943.
21   BArch (BDC) RK 0002, Hermann Giesler ao Prefeito de Munique/Alta Baviera, Paul Giesler, 28.7.1943.

A demanda musical macrômana de Hitler, ademais, tipifica o jaez do relacionamento entre a Filarmônica e o Estado, do qual ela era um ativo. Durante o Terceiro Reich, a Philharmonie se transformou na arena dos simbolismos políticos e a Filarmônica em seu ator principal. Quando, ao final de suas questiúnculas com o regime, Furtwängler voltou a reger a orquestra, no reinaugural e saudado concerto de 25 de abril de 1935, foi num sucesso monumental de público e crítica. Mais significativa foi a presença de grande parte da elite nazista, incluindo Hitler, Goebbels e Göring, bem como o agrupamento de embaixadores e representantes oficiais de países estrangeiros[22]. Quando Stegmann escreveu a Walther Funk, Secretário de Estado no Ministério da Propaganda, perguntando se ele também compareceria a esse evento cultural e político primaveril, acrescentou: "Certamente não precisamos sublinhar que a orquestra apreciaria a honra de uma visita do *Führer*, já que neste inverno, lamentavelmente, ele ainda não encontrou tempo para assistir a algum de nossos concertos de inverno."[23]

Esse grau de intimidade decorosa entre os oficiais do regime e a orquestra era típico. A orquestra gozava da atenção das elites, e as elites adoravam usar essa caixinha de música superlativa. Mas isso não quer dizer que os líderes nazistas não respeitassem a grande música. Ao contrário, foi a grandeza musical da orquestra que lhe permitiu transpor o limiar do mero deslumbramento musical e assumir um papel simbólico. Hitler assistia aos Philharmonishe Konzerte com alguma regularidade[24]. Goebbels adorava proferir uma nugacidade comparando a *sua* Filarmônica com as demais orquestras[25].

22   BArch R55/1148, BPhO, Stegmann ao RMVP, Funk, 17.4.1935.
23   Ibidem.
24   PJB, Artigo de jornal "O *Führer* no concerto de Furtwängler", 10.2.1937.
25   "Noite com o *Führer*. Com o *Führer* no concerto de Thomas Beecham – com a Filarmônica de Londres na Philharmonie –: um evento social, mas não artístico. Quase todo o gabinente presente. Beecham rege de maneira presunçosa e desagradável. Sua orquestra é muito fraca nas cordas, sem precisão nem clareza. Uma noite morosa. E incômoda, já que é necessário aplaudir por educação. O *Führer* também estava muito insatisfeito. Como é elevada a cultura musical na Alemanha! Quanta coisa temos com a Filarmônica de Berlim e Furtwängler!", J. Goebbels, *Tagebücher 1924-1945*, 14.9.1936; (2) "À noite, durante o concerto da Orquestra Augusteo, de Roma, sob Molinari, na Philharmonie. A orquestra é boa, melhor que a de Londres, mas não tanto como a de Berlim. *Cellos* e violinos maravilhosos, percussão demasiado

Mas o fator decisivo, itere-se, era a sua qualidade. Um exemplo: nas Jornadas Partidárias de 1933, em Nurembergue, o entretenimento musical esteve a cargo da Orquestra Sinfônica Nacional-Socialista do Reich (Das Nationalsozialistische Reichs-Simphonieorchester – NSRSO) sob a batuta de Franz Adam, um nazista convicto. Segundo Goebbels, a apresentação foi atroz[26]. "Aqui há lugar apenas para a primeira classe"[27], anotaria desapontadamente.

Assim, por conta da pobre exibição artística do ano anterior, para as Jornadas Partidárias nuremberguianas de 1934 não se teve dúvidas: chamou-se a Filarmônica. Mas aí irromperam os problemas. Primeiro, a orquestra ainda contava com dois músicos judeus – Nicolai Graudan e Gilbert Back. Ambos representavam para a liderança nazista – e para seus próprios colegas – um profundo dilema ético. De um lado, o pragmático Goebbels, como concessão a Furtwängler, permitia que a orquestra aparecesse, sob qualquer circunstância, como uma unidade (*eine Einheit*), não obstante a realidade de presenças "não arianas"[28]. De outro, ideólogos como Alfred Rosenberg sustentavam que "os dois judeus ainda existentes não poderiam, em hipótese alguma, tocar em Nurembergue"[29]. O segundo problema era de natureza artística. Hitler, expressamente, desejava que Furtwängler viesse reger nas festividades de Nurembergue. Através de Rudolf von Schmidtseck, o maestro acenou com a possibilidade de assentir, mas se negava, terminantemente, a aceitar propostas do partido para a programação[30]. Nesse período, as tensões nascidas do debate sobre Hindemith recrudesciam, o que tornou Furtwängler extrema-

forte. Não toca a "Pastoral" no nosso nível. Mas fez bem Strauss, o "Eulenspiegel"; o "Pinien von Rom", de Respighi, uma peça sólida e difícil, e como extra, fantástica e encantadora, a abertura dos "Meistersinger". J. Goebbels, diário, 9.10.1937.

26 J. Goebbels, *Tagebücher 1924-1945*, 2.9.1933: "A orquestra de Adam toca uma merda".
27 Ibidem.
28 Memorando do NSKG, Nationalsozialistische Kulturgemeinde (Comunidade de Cultura Nacional-Socialista), Divisão de Música, Friedrich W. Herzog, 28.8.1934. Fonte: ACDJC, documento CXLV-533, cf. F.K. Prieberg, *Handbuch*, p. 1780.
29 Alfred Rosenberg, Comentário, 28.8.1934. Fonte: ACDJC, documento CXLV-533. Cf. F.K. Prieberg, *Handbuch*, p. 1781.
30 Ibidem.

mente sensível a qualquer interferência política em seu território. Novamente, então, as lideranças do partido viram-se ante uma situação dilemática: ouvir o que queriam ou quem queriam? Ao fim e ao cabo, malgrado os intentos de Goebbels, a NSRSO bisou, novamente sob a direção de Adams[31].

Em 1935, os dirigentes do partido conseguiram convencer Furtwängler a dirigir, em Nurembergue, "Die Meistersinger von Nürnberg". Na noite de 10 de setembro, dia que antecedia à abertura oficial das célebres Jornadas Partidárias em que se publicariam as nefastas leis raciais, o maestro regeu a ópera wagneriana em seu cenário quase original[32]. Porém, não à frente de "sua" Filarmônica: a orquestra de elite residente daquele ano foi a Leipziger Gewandhausorchester[33]. Mas, em 1936, sem dúvida para grande alívio de Goebbels, os "berlinenses" finalmente fizeram seu primeiro concerto em Nurembergue, sem Furtwängler, no entanto. Os músicos tinham consciência do significado e peso do evento. Um membro da orquestra não identificado, possivelmente o violista Werner Buchholz, recordaria:

> O trem devia ter sido fretado: a maioria dos passageiros eram oficiais da SS e da SA, e os demais viajantes também tinham por destino Nurembergue. [...] Para os músicos da Filarmônica, as viagens propiciavam muitas vivências, mas também muito trabalho. Adoraríamos ter dado um passeio pela cidade, esplendidamente movimentada e decorada mas, para nós, antes e acima de tudo vem o ensaio. Às 4h00, já estávamos sentados ante as estantes de música e dali saímos às 6h30. Mal tínhamos uma hora de descanso antes do programa cultural começar [...] Às 7h45, formalmente trajados, a orquestra estava preparada para começar. A sala estava repleta e pulsava aquela tensão que precede os grandes eventos. Na primeira fila, todo o governo do Reich. De repente, a tensão cede e o público se levanta em uníssono – o *Führer*

---

31 A NSRSO de fato tocava em todas as Jornadas Partidárias do Reich, especializada nas aberturas de Beethoven e nos prelúdios do "Rienzi" ou dos "Meistersinger", de Wagner.

32 Furtwängler e seus apologistas fizeram muito barulho com o fato de que a apresentação em Nurembergue teve lugar na noite anterior às infames Jornadas. Mas o argumento é especioso, já que as autoridades nazistas estavam todas presentes. De todo modo, não é possível negar que Furtwängler atuou sob pressão. Meio ano depois de sua reconciliação com o regime, era sensato que o maestro aceitasse o convite de Nurembergue como gesto de boa vontade.

33 F.K. Prieberg, op. cit., p. 5374. Raabe regeu a Gewandhausorchester com um programa de Beethoven que aclimatou um grande discurso de Hitler, 11.9.1935.

entra; o evento começa. E o que sucedeu a partir daí chegou ao mundo através do rádio e da imprensa. Quando se desvanecem as últimas notas de "Prometheus", de Hugo Wolf, cantada por Bockelmann, Rosenberg inicia seu grande discurso. Segue-se a "Pastoral", de Beethoven, sob a regência de Peter Raabe. O *Führer* sobe ao pódio. Com o ardor fascinante que emana de si, saúda a orquestra, já em pé. Sentimos a grandeza do momento que vivenciávamos, abençoados por dele participar.[34]

Em 1937, Furtwängler e a orquestra foram convidados a retornar a Nurembergue para ambientar um discurso do *Führer*. Recomendava-se, enfaticamente, um programa beethoveniano[35]. Afortunadamente para o regente e a orquestra, não tiveram disponibilidade de agenda. As Jornadas Partidárias de 1937 coincidiam com outro compromisso oficial da Filarmônica – sua participação na Exposition Internationale des Arts e Techniques dans la Vie Moderne, em Paris. Representar o Reich no exterior era muito mais relevante que prover a douração de um evento nazista que se repetia anualmente. Em Paris, a orquestra ofereceu uma série de quatro concertos, representando a Alemanha com uma programação que, partindo do infame "Horst Wessel-Lied" (o hino do partido nazista), regido por Hans von Benda, era coroada pela "Nona Sinfonia de Beethoven", cantada pelo coro Bruno Kittel e regida por Furtwängler.

Em 1938, porém, cuidou-se para que não surgissem conflitos de agenda. A Filarmônica se apresentou no encontro cultural (Kulturtagung) das Jornadas Partidárias do Reich, decorando os discursos de Hitler e Goebbels. Hans Weisbach, regente principal da Leipziger Sinfonie-Orchester e colaborador assíduo da NSRSO, dirigiu a "Sinfonia nº 7", de Bruckner, com a Filarmônica. Furtwängler conduziu a Filarmônica de Viena. Em 1939, a administração filarmônica comunicava:

> Informamos, pelo presente [referia a última circular da orquestra antes do recesso de verão] que o sr. dr. Furtwängler conduzirá nossa orquestra nas Jornadas Partidárias do Reich deste ano. É com grande alegria que damos essa informação e comunicaremos os detalhes referentes aos ensaios assim que tenham sido definidos[36].

---

34   PJB, "Die Berliner Philharmoniker in Nürnberg", *Philharmonische Blätter*, 1936-1937.
35   BArch, RMVP, Gutterer a Furtwängler, 11.6.1937, cf. F.K. Prieberg, op. cit., p. 1813.
36   PJB, BPhO, Circular n. 1, 1939-1940, 26.7.1939.

Ora, o mais significativo aqui não é a expressão *grösste Freude* (a grande alegria) no anúncio da participação de Furtwängler, ou melhor, no anúncio de um prospecto de participação. O que se destaca é que a orquestra, mesmo para uma apresentação de natureza escancaradamente política, ensaiaria conscienciosamente. Como Von Benda escrevera para o Ministério da Propaganda sobre o espírito da Filarmônica: "A Reichsorchester deve estar à disposição da Alemanha em qualquer ocasião oficial, o que é um desejo ardente do próprio grupo"[37]. Em termos mais concretos, para essas apresentações, nem a orquestra nem seus membros recebiam honorários especiais, e as condições da viagem e alojamento eram espartanas[38]. Mas ainda assim, tocar em Nurembergue, ou em qualquer evento político, era algo sempre levado a sério. Talvez, alguns músicos, ou muitos, não partilhassem das convicções ideológicas propagadas nas Jornadas Partidárias, mas coletivamente a orquestra sentia-se própria e à vontade na companhia dos honrados representantes do Reich. De fato, para preservar seu *status*, que a singularizava, os músicos não apenas toleravam provações – incluindo engolir a eventual aversão pessoal ante a política nazista –, como assumiam uma postura extremamente profissional com a mais pura artificialidade. Em 1936, cite-se, a Filarmônica atuou proeminentemente nos Jogos Olímpicos. Na cerimônia de abertura, estreou o "Olympische Hymne" (Hino Olímpico), de Richard Strauss, uma de suas composições mais pálidas, e embora a obra tenha sido comissionada em cima da hora, a orquestra a ensaiou cuidadosamente, sob a direção do compositor. Em junho, dois meses antes da cerimônia, Strauss já trabalhava a peça com os músicos[39]. Além disso, a Filarmônica ocupou ainda mais o centro das festividades ao participar do concurso olímpico internacional para compositores, patrocinado pelo Reich.

37 BArch (BDC) RK N0002, Von Benda, Referente à demissão, c. 1939.
38 PJB, Aos senhores membros da BPhO, 11.8.1939: "Pedimos que tenham em conta que as Jornadas Partidárias apresentam dificuldades extraordinárias em relação às conexões ferroviárias [...] O alojamento será resolvido junto à seção responsável, em Nurembergue. Esforçaremo-nos para coordená-lo de tal modo que satisfaça a todos os cavalheiros. Mas pedimos que considerem o fato de que, ante a extraordinária quantidade de pessoas que estarão em Nurembergue para as Jornadas, o alojamento envolve grandes dificuldades. Desde já, haverá muitos alojamentos duplos".
39 J. Goebbels, op. cit., 20.6.1936.

Como orquestra residente, estreou as obras de Lino Livabella, "Der Sieger" (O Campeão); Kurt Thomas, "Olympische Kantate" (Cantata Olímpica); Paul Höfer, "Olympischer Schwur" (Juramento Olímpico); Renzo Massarani (Itália); Kosaku Yamada e Ito-Novol (Japão); Hans Luckasch, Norbert Sprongl e Karl Pilss, (Áustria); Robert L. Sanders, Roy Harris e Quincy Porter (Estados Unidos); A.A. Langeweg e Marius Monnikendam (Holanda); e Marc-Cesar Scotto (Mônaco), dentre outros. O vencedor – aclamado pelo júri "internacional" formado por oitos alemães e dois estrangeiros – foi Werner Egk, com a titânica "Olympische Festmusik" (Celebração Olímpica), para orquestra sinfônica, coro triplo, coro feminino, coro infantil e banda de sopros[40].

De fato, também para outras celebrações a Filarmônica estava de plantão. De 1937 em diante, tocou em honra de todos os aniversários de Hitler, fosse ao vivo – na presença do próprio *Führer* – ou pela rádio[41]. Diferentes regentes estiveram à frente da orquestra nessas ocasiões: de Helmuth Thierfelder a Hans Knappertsbusch, Karl Böhm e, infamemente, Furtwängler, em 1942. Nem todos esses concertos constavam como um evento "oficial" dentro da programação filarmônica mas, invariavelmente, a imprensa os anunciava como tal. A confirmar o significado dessas saudações para o regime, um memorando do Ministério da Propaganda, de 1942. Divulgado três dias antes de Furtwängler reger a Filarmônica, com obras de Bach e Beethoven, na celebração (*Feierstunde*) especial do aniversário de Hitler organizada pelo partido, solicitava: "Nas futuras turnês para o exterior, deve-se assegurar que a orquestra, em princípio, esteja em Berlim para o aniversário do *Führer* (entre 18 e 21 de abril) e disponível para eventuais comemorações."[42] Em 1943 e 1944, foi a vez de Knappertsbusch assumir o presente da Filarmônica ao *Führer* (*Führer Geschenke*).

A cada novembro, ademais, a orquestra comparecia às cerimônias comemorativas da Câmara de Música do Reich. Adornava os discursos de Goebbels, Hinkel e outros – que homenageavam a instituição aniversariante –, com obras como

40   F.K. Prieberg, op. cit., p. 1309.
41   Cf. P. Muck, "*Einhundert Jahre*" BPhO, t. III.
42   BArch R55/206, RMVP à BPhO, 16.4.1942.

a abertura do "Die Meistersinger", de Wagner. A Filarmônica também podia ser ouvida nas Jornadas de Cultura Alemã, em Munique, evento anual em que o próprio Hitler discursava sobre a eterna luta entre a arte "alemã" e a "degenerada". Uma vez mais, os custos para a orquestra e seus membros eram altos: "Cada cavalheiro deve pagar por sua hospedagem [...] A demanda por quartos individuais não pode de modo algum ser garantida. Queixar-se será inútil"[43]. Alguns músicos protestaram isoladamente[44], mas o grupo, como um todo, ensaiou de modo apropriado, cumprindo obedientemente a função. Sua identificação com o melhor da cultura alemã e os louvores recebidos das elites da sociedade alimentavam o sentimento da orquestra sobre o seu próprio valor e, por extensão, a motivação por qualidade.

Não obstante, a cada temporada, a Filarmônica realizava um número adicional de concertos por ordem do Ministério da Propaganda, a pedido do governo ou a serviço do partido. Em 1938-1939, participou das Jornadas Musicais do Reich (Reichsmusiktage), em Düsseldorf e, "a pedido da Direção da Juventude do Reich" (Reichsjugendführung), deu um concerto para a Juventude Hitlerista (Hitlerjugend), sob a regência de Furtwängler[45]. Em 1939-1940, apresentou-se novamente nas Reichsmusiktage e para a Hitlerjugend, desta vez com Abendroth[46]. Com o início da guerra, o regime se viu obrigado a renunciar a muitos eventos massivos, como os comícios de Nurembergue e as Jornadas Culturais e Musicais. Porém, em 1940-1941, a Filarmônica tocou num festejo da Escola Superior de Técnica Aeronáutica de Berlim-Adlerhorst, no contexto de atividades que se desenvolviam com a Wehrmacht[47] e apresentou-se, com Furtwängler, na inauguração do Teatro Alemão de Praga[48]. No ano seguinte, realizou uma Apresentação Coral Especial (Sonder-Chorveranstaltung) da cantata nacionalista de Pfitzner, "Da Alma Alemã" ("Von deutscher Seele"), para a elite do partido em Berlim, e um concerto para os dirigentes da

---

43 PJB, Aos senhores membros da BPhO, 7.7.1939.
44 Ibidem.
45 F.K. Prieberg, op. cit., p. 5507.
46 BArch R55/247, Informe do diretor artístico, 1939-1940.
47 P. Muck, op. cit., t. III.
48 BArch R55/247, Informe do diretor artístico sobre a temporada de 1940-1941.

área de propaganda do partido, regido por Abendroth[49]. Esse último evento foi repetido na temporada de 1942-1943, juntamente com os Concertos Especiais (Sonderkonzerte) para a Hitlerjugend e para a ss[50]. Em 1943-1944, a orquestra executou um programa beethoveniano na Sala dos Mosaicos da Chancelaria do Reich, e deu um concerto privado, dirigido por Eugen Jochum, para o Escritório de Propaganda do Reich[51]. Ainda em 1944, voltou a tocar para a Hitlerjugend e também ofereceria um concerto especial na Catedral de Berlim "para convidados do Ministério"[52].

Mais significativo que a volição dos músicos em participar de eventos como esses, era o desejo da elite nazista em tê-los presente. A despeito das Jornadas Partidárias de Nuremberg terem contado com outras orquestras, do palco ter sido ocupado por inúmeros grupos além da Filarmônica nos Jogos Olímpicos, e de Hitler receber saudações de aniversário de toda parte, a elite nazista cobiçava o grupo berlinense, não um órgão musical do partido ou um grupo ideologicamente mais alinhado ao *Führer*[53]. Projetando-a no exterior, apresentando-a às gerações mais jovens do partido e utilizando-a para fins privados, a elite nazista empregava a Filarmônica – e dela dispunha – como um "deleite educativo", fazendo seu, ou tomando para si, o brilho desse tesouro nacional. Reciprocamente, ao se comprometer inteiramente pela participação em práticas propagandísticas ruidosas, por sua diligência artística ela representava uma espécie de selo de qualidade que timbrava e legitimava o regime.

A apresentação de Bruckner em Munique, em 1943, é apenas um dos exemplos do uso quase privado da Filarmônica por Hitler, Goebbels, Göring e outros mais. Os líderes nazistas admiravam verdadeiramente a orquestra, mas isso não os impediu de torná-la uma ferramenta política, diplomática ou de objetivá-la para coisas ainda mais vis. Assim, a Filarmônica – não necessariamente no plano individual, mas coletivamente – abraçou seu

---

49   BArch R55/247, Informe do diretor artístico, 1941-1942.
50   BArch R55/246, Informe do diretor artístico, 1942-1943.
51   P. Muck, op. cit., t. III.
52   Ibidem.
53   BArch (BDC) RK W0002, Nota sobre a conversa do sr. Von Westerman na casa do sr. Schmidt, 7.12.1946.

status supremo de Reichsorchester ou de símbolo – aclamado – dos valores mais elevados da música alemã.

Em algumas ocasiões, "por ordem do Ministério do Reich", a Filarmônica foi usada como um laboratório para experimentos musicais obscuros. Uma circular de maio de 1939, por exemplo, dizia: "A pedido do sr. Ministro do Reich dr. Goebbels, no dia 7 de junho, às 17h00, terá lugar na Filarmônica a audição de uma peça coral em colaboração com o Coro Bruno Kittel na presença do sr. Ministro"[54]. É muito provável que a peça não identificada fosse uma nova composição de Arno Rentsch, "Der Ewige Ruf" (O Chamado Eterno), estreada numa cerimônia da Câmara de Música do Reich, no Theater des Volkes (Teatro do Povo), em novembro de 1939. A obra, de mérito musical duvidoso, foi apresentada entre os discursos de Goebbels e Robert Ley, dirigente máximo da Frente de Trabalho Alemã[55]. Os membros da Filarmônica foram lembrados de que "é dever de todos – especialmente dos chefes de naipe – participar das festividades"[56]. Assim, dentre outras luxuosidades, extravagâncias, curiosamente chamadas de dever – onde privilegiado era o compositor ambicioso, e presumivelmente seu benfeitor, por ensaiar um trabalho inacabado com a Filarmônica –, a orquestra foi convocada para um ensaio especial no dia 31 de dezembro de 1940: leu-se integralmente "Japanische Festmusik", de Richard Strauss. A função durou aproximadamente uma hora[57].

Embora essa obra seja outra de suas composições mais insignificantes, no contexto do assim chamado "intercâmbio cultural" (*Kulturaustausch*), a música e os regentes japoneses destacaram-se na Filarmônica. Com fins propagandísticos, mas também em razão de pressupostos ideológicos que não eram inteiramente um anátema para as concepções típicas da época sobre a universalidade da música e o valor do intercâmbio cultural, a orquestra participou de uma série de concertos orientados pelo espírito da "amizade entre as nações" e não somente com os parceiros do Eixo. Em 1934, a Filarmônica ofereceu concertos de música *sueco-alemã* e *dinamarquês-alemã*

---

54 PJB, Circular, 26.5.1939.
55 PJB, Circular, 23.11.1939.
56 PJB, BPhO, 23.11.1939.
57 PJB, Aos senhores membros da BPhO, 23.12.1941.

contemporânea que eram também radiofonicamente difundidos. No ano olímpico de 1936, o Visconde Hidemaro Konoye, do Japão, regeu pela primeira vez a Filarmônica e realizou um programa alemão[58]. Mais adiante, nessa mesma temporada, Francisco Mignone conduziu um programa sul-americano, e o compositor e regente Kazuo Yamada dirigiu um concerto radiofônico com destaques da produção musical contemporânea japonesa. Em 1937, Leo Borchard liderou uma série de Sonderkonzerte "com obras de estrangeiros" (*mit Werken von Ausländern*): a "Englischer Abend" (Noite Inglesa), a "Französischer Abend" (Noite Francesa) e a "Italienisch-Ungarischer Abend" (Noite Ítalo-Húngara). Estes eventos correram em paralelo a outros três Sonderkonzerte, que misturavam regentes estrangeiros a solistas alemães[59].

Naturalmente, além do interesse pelo exótico, esses programas transmitiam uma mensagem racial. Ao invés de fomentarem um diálogo entre culturas, cimentavam a segregação racial e a etnografia pseudocientífica na qual a ideologia nazista se enraizava. À guisa de introdução ao programa de intercâmbio musical internacional, asseverava o órgão de imprensa da Filarmônica:

> Uma das assertivas mais superficiais é a que sustenta ser a música "internacional". Certamente, em teoria pode até ser, como tantas outras formulações abstratas. Talvez os que profiram essa sabedoria pensem apenas na notação, acessível internacionalmente. Mas a obra de arte, sua representação e execução, estão profundamente radicadas nas nacionalidades individuais: pense-se – e não é preciso ir além – nos mestres e nas obras-primas produzidas pelos povos mais envolvidos no desenvolvimento da música – alemães, italianos, franceses. Mas não falaremos disso aqui. A ideia é tão clara e simples que é fácil produzir mil páginas a respeito, o que, de fato, já aconteceu. Dá-nos orgulho justo e inegável que nós, alemães, tenhamos produzido obras tão grandes e poderosas que, se pesadas num prato da balança, lançariam abruptamente para cima todas as outras expressões musicais.[60]

No intento de provar essa tese, o Ministério da Propaganda solicitou à Filarmônica que programasse execuções de obras

---

58 PJB, "Das Berliner Philharmonische Orchester im Mittelpunkt des Kulturaustauchs", *Philharmonische Blätter*, 1936-1937
59 P. Muck, op. cit., t. III.
60 PJB, "Das Berliner Philharmonische Orchester im Mittelpunkt des Kulturaustauchs", *Philharmonische Blätter*, 1936-1937

estrangeiras sob a batuta de regentes estrangeiros. A ideia era demonstrar que, mesmo não as tendo criado, os alemães poderiam realizá-las melhor. Os programas de música estrangeira também deveriam refletir o pressuposto de que entre a cultura musical da Europa e a de outras partes do mundo havia um abismo intransponível. Então, em 1938, com músicas de Riadis, Kalmiris, Petridis e Skalkotas, a Filarmônica realizou um concerto de intercâmbio greco-alemão sob a regência de Philoktetes Economidis e Petros Petridis Evangelatos, e ainda um "Segundo Concerto de Intercâmbio Internacional Itália-Alemanha" com obras de Calabrini, Parodi, Cherubini, Porrini, Pizzetti e Lualdi (*Africa, Rhapsodia Coloniale*). Três semanas depois do início da guerra, em 1939, a orquestra deu um concerto no Instituto Ibero-Americano e outro na Sociedade Germano-Hispânica em colaboração com a emissora de rádio alemã de ondas curtas. Foram ouvidos Albéniz, Gomes, Caturla, Fabini, Buchardo, Klatovsky e Soro; a Abertura de "Die Meistersinger" coroaria a noite. Na temporada de 1940-1941, Konoye voltou à frente da Filarmônica na condição de integrante da série de concertos – encomendada pelo governo – que contaria apenas com regentes dos países do Eixo (Espanha, Itália, Japão e Croácia)[61]. Na temporada seguinte, o maestro e compositor japonês Otaka conduziu a Filarmônica num programa de música contemporânea japonesa (incluindo uma peça de Konoye) que ensanduicharia uma suíte de Bach[62].

Das Jornadas Partidárias do Reich a concertos para a Juventude Hitlerista e apresentações da peça *Ashiya Otome*, de Otaka, composição para grande orquestra e percussão, a agenda propagandística da Filarmônica era evidente; e, de fato, nenhuma outra orquestra realizava tais concertos ou era promovida dessa forma. Suas apresentações e funções por ordem e a serviço do Reich eram uma forma de reconhecimento, e mesmo quando em explícita atuação política, a orquestra era tida – e respeitada – como algo excepcional e único. Em termos recíprocos, sua superioridade musical conferia às apresentações um valor de propaganda. A pressão e a excitação de tal privilégio motivavam os músicos, enquanto partido e governo

---

61 BArch R55/247, Informe do diretor artístico sobre a temporada de 1940-1941.
62 PJB, BPhO, Programação, dez. 1941.

podiam fazer suas as virtudes da qualidade da Filarmônica, ribombando-as aos quatro ventos.

A despeito da proeminência dos ensaios extravagantes e performances sob demanda do Reich, tal esfera constituía apenas uma pequena parcela de suas atividades. A maior parte de suas apresentações destinava-se ao público berlinense. Tais concertos não significavam meramente entretenimento relativamente às incumbências políticas da orquestra: antes, eram vitais à sua saúde musical, financeira e institucional. Além do mais, o regime exigia a contínua legitimação da excepcionalidade da orquestra através do sucesso musical, merecido. Tomemos, pois, tais concertos.

Historicamente, a Filarmônica nunca produziu seus concertos. Era, sim, uma associação autogovernada, mas que não tinha nem uma infraestrutura administrativa profissional, nem sede própria. A orquestra trabalhava com parceiros, que organizavam os programas, vendiam os ingressos e faziam a publicidade. Isso permitia ao grupo flexibilidade na programação e autonomia administrativa, mas restringia sua capacidade de operar sem a assistência de empresários, agentes e demais companhias de produção especializadas. A cidade de Berlim subvencionava os concertos populares (*Volkstümliche*) na Philharmonie e em vários outros locais da cidade. A agência de concertos Backhaus coordenava a série de concertos populares – igualmente a preços módicos – dos domingos e terças. Ademais, a orquestra podia ser contratada por empresas e indivíduos[63].

A mais importante parceria comercial estabelecida pela Filarmônica foi com a Konzertagentur Wolff & Sachs. Hermann Wolff deu-lhe suporte desde sua formação, em 1882, e nessa fase inicial ela foi um instrumento decisivo para assegurar os serviços de músicos renomados como Hans von Bülow, Joseph Joachim e Richard Strauss.

A primeira série de concertos por assinatura da Filarmônica – os Philharmonische Konzerte – foi organizada pela Wolff & Sachs. Essa série de dez concertos constituía o coração das temporadas, tanto do ponto de vista musical quanto do financeiro. A agência contratou, sucessivamente, Hans von Bülow,

---

[63] G. Avgerinos, *Das Berliner Philarmonische Orchester als eigenständige Organisation*, p. 31.

Arthur Nikisch e Wilhelm Furtwängler como regentes principais da série, artistas que não assinavam com a Filarmônica, mas com a Wolff & Sachs. Somente em função da força dos Philharmonische Konzerte, sublinhe-se, Von Bülow, Nikisch e, a partir de 1922, Furtwängler, foram *de facto* considerados diretores musicais do "primeiro instituto de concerto da Alemanha" (das erste Konzertinstitut Deutschlands)[64].

As qualidades visionárias de Hermann Wolff e, após sua morte, as de sua viúva, Louise – que promoveram e elevaram a Filarmônica através de sua articulação com os grandes maestros e solistas da época –, foram reconhecidas como essenciais para o desenvolvimento artístico da orquestra. Financeiramente, porém, a relação com a agência lhe foi, em certa medida, desvantajosa[65]. A Wolff & Sachs ficava com 20% da bilheteria dos Philharmonische Konzerte, além de ganhar um percentual pela produção dos concertos e contratação de artistas[66]. A firma Bote & Bock, que fazia a distribuição dos ingressos, cobrava entre 5% e 6% de comissão pelo serviço[67].

Vínculos financeiramente desvantajosos como esses eram toleráveis em épocas de prosperidade econômica, mas em 1930 o modelo era insustentável. Em abril desse ano, pois, a Filarmônica tentou pela primeira vez produzir seus Philharmonische Konzerte, de sorte que as despesas (regente, solistas, aluguel de sala, publicidade, comissão por vendas antecipadas de ingressos etc.) ficaram sob sua responsabilidade e controle[68]. O resultado foi um aumento substantivo no retorno financeiro[69]. Assim, vivenciada a experiência da autoprodução, a orquestra renegociou seu acordo com a Wollf & Sachs, alcançando melhores condições. Os Philharmonische Konzerte, entretanto, permaneceram nas mãos da agência. Em 1933, a nova gerência da orquestra criticou esse contrato, entendido como muito desfavorável (*ungünstig*)[70].

---

64   BPM, Informe de Furtwängler, 25.3.1947.
65   BArch R55/1148, RMVP – Ministério das Finanças do Reich, Ref. ao Comissário de Economia do Reich, 22.2.1934.
66   Ibidem.
67   Ibidem.
68   BArch R55/1146, Informe sobre o exame do balanço da BPhO, 31.3.1931.
69   Ibidem.
70   BArch R55/1148, RMVP – Ministério das Finanças do Reich, Ref. ao Comissário de Economia do Reich, 22.2.1934.

Com o envolvimento do regime nazista nos negócios da Filarmônica, a relação da orquestra com produtores externos foi examinada sob vários ângulos. Avaliou-se que sua emaranhada rede de relacionamentos contratuais e pessoais lhe era desvantajosa e financeiramente danosa. A prática da "contratação" privada da orquestra era também um anátema em se tratando de uma Reichsorchester[71]. Para efetivamente cumprir seu prescrito destino propagandístico ao menos no *front* doméstico, o plano das atividades da Filarmônica precisava ser simplificado e recontextualizado. Concretamente: recomendava-se à orquestra forjar sua própria infraestrutura de produção que, incluindo a direção artística, deveria responder diretamente ao Ministério da Propaganda. O comissário do Reich responsável pela avaliação das necessidades da orquestra ante o processo de unificação (*Gleichshaltung*) chegou a sugerir a eliminação completa das relações da Filarmônica com coprodutores e/ou produtores externos[72]. Assim, o Ministério da Propaganda seria o único patrono e a orquestra, a única produtora.

Como regente dos Philharmonische Konzerte e autodefinido *Führer* da Filarmônica, Furtwängler era figura-chave para qualquer reforma na estrutura da programação. Em princípio, sustentava a ideia "de que todos os concertos futuros deviam ser organizados de forma independente pela Geschäftsführung"[73]. Assim, Furtwängler consolidaria sua prerrogativa de moldar a programação global da orquestra a seu talante, enquanto o suporte financeiro do regime, livrando a orquestra da dependência dos produtores comerciais, poderia, em tese, propiciar maior flexibilidade ao leque das escolhas artísticas.

Furtwängler não estava seguro sobre a capacidade da infraestrutura da orquestra para assegurar as condições para produção de uma série como os Philharmonische Konzerte. "Do ponto de vista pessoal – respondeu ao comissário do Reich – não sou necessariamente favorável à eliminação da iniciativa privada, seja nascida de uma agência de concertos, seja a da própria

---

71 BArch R55/1148, Furtwängler ao RMVP, Ref. ao Comissário de Economia do Reich, 22.2.1934.
72 Ibidem.
73 Ibidem.

orquestra, conforme o caso."⁷⁴ Nesse sentido, recomendou que a relação com a Wolff & Sachs fosse mantida, pois era suplementar à expansão da capacidade de produção da orquestra. Furtwängler guardava, adicionalmente, ao menos duas razões pessoais para esta posição: a lealdade devida à família Wolff, que em 1922 o havia escolhido, e não a Richard Strauss, como herdeiro de Arthur Nikisch no comando dos Philharmonische Konzerte⁷⁵, e a preocupação com o futuro dos Wolff, que eram judeus. Em verdade, embora o acordo entre a Filarmônica e a agência Wolff & Sacks fosse categoricamente incompatível com o plano dos nazistas para a orquestra, o que tornava ainda mais urgente a necessidade de ruptura do vínculo era o fato de a principal empresária – Louise – ser meio-judia. Filha de pai judeu, sua mãe era cristã⁷⁶. Quando a temporada de 1934-1935 começou, a Wolff & Sachs e outras companhias de produção foram eliminadas da programação da Filarmônica. Em abril de 1935, com sua licença revogada pela Câmara de Música do Reich, a Wolff & Sachs foi simplesmente dissolvida. Ao saber da notícia em seu exílio londrino, o famoso violinista e pedagogo Carl Flesch escreveria a Louise:

> Minha honrada amiga, a notícia simultânea do seu octogésimo aniversário e da liquidação da agência de concertos nos deixou alegres e abalados [...] De qualquer modo, você pode encerrar seu empreendimento com a satisfação de saber que fez um bem incalculável à cena musical alemã. Não tendo sido uma agência comum, a Hermann Wolff fertilizou e alimentou o palco musical alemão. Por isso, ocupa um lugar de honra não só em seu próprio campo, mas na história da música dos últimos quarenta anos.⁷⁷

---

74   Ibidem.
75   PPM, Informe de Furtwängler, 1947.
76   BArch, Pastas de nomes Vedder, 28.11.1933: "Louise Wolff é, segundo se diz, Christin, a filha meio-judia. Muitos protestos foram feitos contra a atividade da filha, sobretudo por parte do *Geschäftsführer* da BPhO, sr. Höber. O contrato com a Filarmônica (dez concertos de Furtwängler) termina nessa temporada. Seu prolongamento é incerto. Furtwängler quer apoiar a sra. Wolf e entregar os concertos à empresa. O *Geschäftsführer* Höber não quer prolongar o contrato caso não haja mudanças em relação à propriedade e na 'questão Louise'. Essas observações são perspicazes, mas devem ser lidas com a consciência de que Rudolf Vedder era um potente agente de concertos de Berlin interessado em tomar para si os Philharmonische Konzerte".
77   ABPHO a Flesch, Carl Flesch a Louise Wolff, 19.5.1935.

Despedaçada pela perda da instituição erguida por seu marido e à qual ela própria se doara tanto, Louise Wolff morreu meses depois.

A Filarmônica de Berlim, até 1934, fora uma instituição musical essencialmente burguesa. Conquanto tivesse realizado incontáveis programas "populares", concertos para estudantes e mesmo se divorciado da patronagem aristocrática direta, sempre dependeu do apoio de empresários como os Wolff ou de abastados como Peter S. Landecker, o proprietário da Philharmonie. Tais benfeitores mantinham a orquestra orgulhosamente independente, ainda que ela dependesse essencialmente de um determinado tipo de público – aquele que respondia à qualidade e estava disposto a pagar mais caro por isso.

A série Philharmonische Konzerte era a marca da orquestra: eventos caros e de prestígio, majoritariamente frequentados pela classe média culta, vale dizer, pela burguesia ilustrada. Os ingressos, em média, custavam o dobro em relação aos das outras orquestras e a renda proveniente dessas vinte récitas anuais era superior a tudo o que a Filarmônica embolsava com seus demais concertos berlinenses, bem como a tudo o que todas as outras orquestras de Berlim juntas faturavam[78].

O enraizamento da Filarmônica na parcela educada da burguesia berlinense e europeia em geral era um fator considerado pelos líderes nazistas. Ao transformarem a Filarmônica de Berlim na Reichsorchester, os nazi não tencionavam modificar o *modus faciendi* musical do grupo, ou determinar o que tocaria, quando e para quem. O fim, antes, era ampliar as qualidades que, no passado, haviam-lhe rendido fama e prestígio, e expor o conjunto a um público mais diverso. O regime necessitava que a Filarmônica fosse legitimada pela burguesia, classe a que pertencia a maior parte das autoridades nazistas. E uma legitimação não apenas política, mas que significasse a preservação da imagem e do orgulho institucional da orquestra. Somente se a cultura musical da orquestra – em realizações e aparência – estivesse saudável, ela poderia servir a propósitos propagandísticos. Logo, mesmo sem a colaboração norteadora da Wolff & Sachs, manter sua tradição musical quanto à programação e agenda era prioritário.

---

78 BArch R55/245, BPhO, Cálculo de ganhos e perdas, mar. 1935.

Apesar das reformas profundas sofridas pela Filarmônica entre as temporadas de 1932-1933 e 1933-1934, a base de suas atividades musicais continuou a ser os Philharmonische Konzerte. Bancado pelo Ministério da Propaganda, o agrupamento conseguiu produzir com sucesso os concertos das segundas--feiras à noite sob a direção de Furtwängler. Sem dúvida a maior atração da música clássica alemã na época, o regente foi inicialmente contratado para dirigir todas as dez récitas dos Philharmonische Konzerte[79]. Depois de sua renúncia e reconciliação, entre 1934-1935, continuou a reger a maioria desses proeminentes concertos, mas, sem uma relação estável com a orquestra, a série não mais lhe competiria na totalidade. Com seu nome associado aos Philharmonische Konzerte, porém, a Filarmônica contabilizava mais de mil assinantes para a série principal, além de centenas de outros para os chamados pré-concertos (*Vor-Konzerte*)[80]. Quinzenais, as apresentações aconteciam nas segundas, às 19h30, de outubro a março[81]. Os pré-concertos – apresentados no domingo às 11h30 ou na manhã da própria segunda – eram ensaios gerais abertos ao público. Todos os Philharmonische Konzerte aconteciam na Philharmonie. Os ingressos eram relativamente caros, mas os regentes, os solistas assim como o repertório, por sua vez, eram, predominantemente, de primeiro nível. Com essa dinâmica, que se repetiria ao longo dos anos, a orquestra conservava seu *status* de elite, seu público burguês e a imagem de integridade musical.

Não obstante o esforço consciencioso de continuidade, a era nazista também renunciou a certos aspectos da tradição da orquestra e não poderia ser diferente. O antissemitismo não só afetou a orquestra, seus músicos, sua programação e parceiros comerciais, como alterou a composição do seu público. Não se pode ser assertivo quanto à percentagem de patronos e assinantes judeus antes de 1933, mas não há dúvida de que a assimilada comunidade judaica berlinense formava o coração do público da Filarmônica. De 1935 em diante, porém, o saguão da Philharmonie tolerava cartazes com essas advertências:

---

79   BArch (BDC) RK W0002, Contrato de Furtwängler.
80   BArch R55/1148, BPhO, Stegmann ao RMVP, Greiner, 2.1.1935.
81   PJB, *Philharmonische Blätter*, 1936-1937, n. 1.

"Acesso proibido a não arianos"[82]. Entretanto, como Berta Geissmar observaria já em abril de 1933, os nacional-socialistas modificaram a composição do público mesmo sem tomar medidas legais: "Os judeus, intimidados, mantinham-se longe dos concertos e seu orgulho lhes proibia o que até então a lei ainda permitia. Entretanto, nessa época, os nazistas ainda não iam às apresentações porque a orquestra ainda não havia sido 'unificada'"[83]. A luta das esposas judias de músicos da Filarmônica pelo direito de assistir aos concertos – um produto da intensa suspeição na sociedade alemã transferida à sala de música –, acentuou a severidade e eficácia da ideologia nazista na vida cotidiana[84].

Em algum momento entre 1933 e 1935, patronos judeus da Filarmônica tiveram suas assinaturas canceladas. No entanto, apesar dessa perda, a demanda por ingressos cresceu consistentemente ao longo dos anos de 1930. Esse fato pode ser atribuído a várias razões: a melhoria na situação econômica da Alemanha; a nova disponibilidade de ingressos criada com a liquidação das assinaturas dos judeus; o efeito da propaganda estatal em relação à orquestra; os resultados da educação cultural como parte da política de educação/propaganda; ou mesmo o conforto espiritual oferecido pela música em tempos cada vez mais difíceis. Quaisquer que fossem as causas, os preços subiram tanto quanto a demanda e o público, inclusive durante a guerra[85].

A partir da temporada de 1938-1939, os Philharmonische Konzerte passaram a ser transmitidos ao vivo pela rádio estatal, "de modo que, de agora em diante, os famosos concertos da Filarmônica estariam acessíveis ao mundo inteiro"[86]. Embora a eclosão da guerra tenha impactado negativamente outras séries de concerto, não diminuiu o interesse pelos Philharmonische Konzerte. Ao contrário: esses concertos seriam bisados nas noites de terça-feira da temporada de 1939-1940, "pois havia uma demanda extraordinariamente alta pelas apresentações regidas pelo dr. Furtwängler – os ingressos para seus

---

82 P. Muck, op. cit., v. II, p. 123.
83 B. Geissmar, *Musik im Schatten der Politik*, p. 119.
84 BArch R55/197, BPhO, Stegmann ao RMVP, 13.10.1939.
85 PKS, Furtwängler a Westerman, 4.7.1944.
86 BArch R55/197, Informe do diretor artístico, 1938-1939.

concertos assim como para seus ensaios abertos esgotavam-se completamente muito antes do começo da temporada"[87]. Na temporada de 1942-1943, as récitas de Furtwängler chegavam a ser repetidas quatro vezes, "pois mesmo depois de execuções adicionais, a demanda seguia forte"[88].

A busca pelos concertos de Furtwängler era tão intensa que a orquestra teve que limitar as assinaturas, abolindo o direito de renovação automática dos assinantes. A justificativa da medida surpreendente moldava-se ao feitio ideológico da época:

> Quisemos oferecer a todos os amigos da música a chance de adquirir uma assinatura, especialmente porque os antigos assinantes estavam sendo vistos por muitos dos menos afortunados como representantes de um privilégio social que não mais corresponde ao espírito de nosso tempo.[89]

Apesar dos tremendos elogios e dos honorários astronômicos que recebia, Furtwängler não estava inteiramente satisfeito com o sucesso tal como se afigurava. Segundo Hans von Benda, em muitas ocasiões o maestro havia expresso o desejo de diminuir o número de concertos com a Filarmônica[90]. Em 1936, alegando querer dedicar-se a "assuntos pendentes", apelou diretamente a Hitler para ser liberado da maioria dos compromissos regenciais do ano seguinte[91]. A consequência foi que na temporada de 1936-1937, os Philharmonische Konzerte – pela primeira vez em cinquenta anos – não puderam ostentar um maestro principal[92].

Na temporada de 1939-1940, Furtwängler volta a dizer que "talvez nunca mais regresse, ou só esporadicamente"[93]. Se um sentimento de desconforto político, um persistente interesse pela composição, ou apenas o comportamento característico de um temperamento imprevisível, o fato é que Furtwängler desejou efetivamente reduzir seus compromissos com a Filarmônica. Após a temporada de 1933-1934, não tornaria a reger uma série

---

87 BArch R55/247, informe do diretor artístico, 1939-1940.
88 BArch R55/246, Informe do diretor artístico, 1942-1943.
89 P. Muck, op. cit., v. II, p. 169.
90 BArch (BDC) RK N0002, Sobre demissão de Von Benda, c. 1939.
91 BArch (BDC) RK 0002, Furtwängler a Hitler, 24.4.1936.
92 PJB, *Philharmonische Blätter*, 1936-1937, n. 1.
93 BArch (BDC) RK N0002, Sobre demissão de Von Benda, c. 1939.

completa dos Philharmonische Konzerte e, mais à frente, solicitou que o número de concertos passasse a oito[94]. Recusada a demanda, Von Benda maliciosamente condenaria o músico: "Os dez Philharmonische Konzerte representam um valor para o mundo inteiro, reduzi-los por conta dos motivos puramente egoístas de Furtwängler significaria um abalo em todo o programa de concertos da Filarmônica."[95] À parte o melodrama de Von Benda, esse episódio ilustra não apenas a importância dessa série para a orquestra e o público, mas o senso de privilégio e posse acalentado por Furtwängler, que se permitia esculpir a programação a partir de seus interesses.

Em 1944, quando a guerra já se acercava de Berlim, Furtwängler e o sucessor de Von Benda, Gerhart von Westerman, voltaram a discutir a possibilidade de reduzir para oito os Philharmonische Konzerte. Goebbels, igualmente, opunha-se à medida pelo simbolismo que envolvia a série. Sob sua administração, a Filarmônica havia se transformado num ícone do Reich, com os Philharmonische Konzerte, dirigidos por Furtwängler, no centro de suas atividades. Assim, uma "redução" (*Abbau*) no número de concertos teria significado uma declaração inequívoca de fraqueza do regime. O que era inaceitável não apenas para Goebbels, e Furtwängler entendeu o que estava implicado. Escreveria a Von Westerman: "A decisão do sr. Ministro de manter os dez concertos não me agrada. Mas este é seu desejo expresso, e às necessidades de guerra – pois é disso que se trata – não desejo me opor"[96]. Com a carta, Furtwängler apresentava seus seis programas para a temporada vindoura; os outros quatro seriam regidos por Clemens Krauss, Ernest Ansermet e Karl Ellmendorf[97]. Com a derrocada do Terceiro Reich, contudo, a temporada dos Philharmonische Konzerte de 1944-1945 seria drasticamente encurtada.

Antes de 1933, nomes como Bruno Walter e Otto Klemperer dirigiam suas próprias séries por assinatura com a Filarmônica. Produzidas pela Wolff & Sachs, corriam par a par à série primária de Furtwängler. Walter e Klemperer eram judeus. Quando,

---

94 Ibidem.
95 Ibidem.
96 PKS, Furtwängler a Von Westerman, 4.7.1944.
97 PKS, Furtwängler a Von Westerman, 10.8.1944.

em 1933, o regime os baniu da vida artística alemã, o *Kapellmeister* da Staatsoper, Erich Kleiber, ocupou o lugar de Walter com uma série de seis concertos, e Carl Schuricht assumiu o Philharmonischer Chor. Após a renúncia de Furtwängler, em dezembro de 1934, centenas de pessoas cancelaram suas assinaturas para os Philharmonische Konzerte. Em algumas semanas, porém, uma programação provisória para cobrir as datas pendentes foi montada. Curiosamente, Furtwängler parecia não sentir qualquer incômodo em recomendar possíveis substitutos: Knappertsbusch, Abendroth, Jochum, Pfitzner, Böhm[98]. Todos tinham ligações estreitas com o partido nazista. Ainda mais peculiar: Furtwängler desconfiava que Kleiber fosse afiliado, o que não era fato[99]. Abendroth e Jochum foram contratados, mas os concertos subsequentes ficaram a cargo de Carl Schuricht, Hermann Stange e Peter Raabe[100].

Na tentativa de conceder alguma vantagem para o público descontente dos Philharmonishe Konzerte, Karl Stegmann e o primeiro *Gesch*äftsführer, Stange, administradores noviços, deram uma mancada ao fazer a seguinte proposta: "Como forma de compensação pelo fato de que outros regentes, em substituição a Furtwängler, regerão os Philharmonische Konzerte, ofereceremos gratuidade em um dos últimos concertos de Kleiber"[101]. Ante ao barateamento de sua série, o que tomou como uma desconsideração à sua estatura, Kleiber, que havia renunciado a seu posto na Staatsoper por solidariedade a Furtwängler, ofendeu-se. Seu advogado prontamente interpelou a Filarmônica, assinalando que a proposta de gratuidade, feita "sem a autorização do regente, representa não só uma malversação de seu nome, mas também era danosa ao prestígio e apelo de todos os seus concertos"[102]. Com esta petição, obtiveram uma ordem judicial proibindo a orquestra de distribuir ingressos gratuitos e Kleiber cancelou suas duas apresentações ainda

---

98 BArch R55/1148, BPhO, Stegmann ao Presidente do Conselho Supervisor da BPhO, Funk, 19.12.1934.
99 BArch (BDC) RK 0002, Nota sobre a conversação a respeito do dr. Wilhem Furtwängler, 9.12.1946.
100 BArch R55/1148, BPhO, Stegmann aos assinantes dos dez Philharmonische Konzerte, 3.1.1935.
101 Ibidem.
102 BArch R55/1148, dr. Adolf Kraetzer à BPhO, 21.1.1935.

restantes com a orquestra. Em retaliação, a Filarmônica buscou se informar, junto ao Ministério da Propaganda, se havia base legal para um processo por quebra de contrato[103]. Pouco tempo depois, o regente deixou a Alemanha, tornando o debate irrelevante. O concerto seguinte da série de Kleiber foi regido pelo nazista de cepa Leopold Reichwein.

A renúncia de Furtwängler não só desencadeou um realinhamento dos Philharmonische Konzerte, com impacto indireto sobre a série de Kleiber, mas assentou as bases para parcerias importantes da orquestra nos anos que se seguiriam. Em 1934, o grupo não conseguiria, por inexperiência, produzir seus próprios concertos e pediu ajuda. Como consequência do "Caso Hindemith", a orquestra atrelou-se à Câmara de Música do Reich, que a auxiliou a se mover durante a crise, respaldando a Geschäftsführung da Filarmônica com organização, infraestrutura e consultorias. Na Câmara de Música, os compositores e regentes identificados com o nazismo eram um *lobby* poderoso. Stange e Reichwein foram apenas dois dos beneficiários que usaram suas relações na Câmara para chegar à Filarmônica.

Pelo temor de uma queda relevante na audiência da orquestra – fosse por solidariedade a Furtwängler ou simplesmente nascida da falta desta atração maior[104] –, no início de 1935 as discussões sobre a Filarmônica envolveriam não apenas a programação, mas medidas para o engajamento do público. Dentre outras iniciativas nesse campo, incluiu-se a parceria com a recém-nascida Berliner Konzertgemeinde. Criada pela cidade de Berlim, essa organização cultural – uma espécie de sociedade de patronagem que fomentava a formação de plateia –, comprava ingressos de concertos por atacado a preços reduzidos e os distribuía entre famílias, clubes e agremiações berlinenses[105]. Com o tempo, passou a organizar seus próprios concertos em pequenas salas, sendo finalmente absorvida por outra organização importante para a Filarmônica, a associação nazista Kraft durch Freude[106].

---

103 BArch R55/1148, BPhO, Stegmann ao RMVP de Von Keudell, 30.1.1935.
104 BArch R55/1148, RMK, Ihlert ao RMVP, Funk, 4.1.1935.
105 Ibidem.
106 BArch R55/245, BPhO, Stegmann ao RMVP, Ref. ao exame da contabilidade anual, 31.5.1939.

Como o nome sugere, a Kraft durch Freude foi tanto uma organização política quanto cultural. Fundada por Robert Ley, um líder de organização do partido (*Reichsorganisationleiter*), essa associação era um braço da Frente Alemã de Trabalho, e operava em conjunto com a Reichskulturkammer e a Kulturgemeinschaft, de Alfred Rosenberg, no intento de fomentar a "unidade entre os artistas e o povo"[107]. Financiada, em larga medida, pela Câmara de Cultura do Reich, dirigida por Goebbels[108], a KdF devia pôr em prática, ou tornar realidade, a política cultural nacional-socialista. Na Alemanha nazista, culturalização e politização andavam de mãos dadas, e o partido concebia a KdF como um meio de defrontar os trabalhadores germânicos com a arte e cultura alemãs: "Cultura para o povo, e o povo vive na arte."[109] A associação, pois, organizava programas e financiava eventos e, como a Berliner Konzertgemeinde, comprava grandes quantidades de ingressos para concertos e peças de teatro que punha à disposição de escolas, trabalhadores, entidades comunitárias e organizações do partido a preços inteiramente subsidiados.

A Kraft durch Freude agia em nome do "povo", expressava um mandato "popular", advogando, em consonância com os princípios do nacional-socialismo, a acessibilidade da população ao social e ao artístico. E embora também promovesse artistas abertamente nazistas, como Elly Ney, e sustentasse que a Orquestra Sinfônica Nacional-Socialista – dirigida pelo ideologicamente irretocável Gustav Havemann – era um dos tesouros culturais alemães internacionalmente reconhecidos, seu golpe de mestre foi difundir a Filarmônica para um público mais vasto. Ação que significava, sublinhe-se, a demonstração qualificativa do valor musical da nação. Diferentemente da Konzertgemeinde, que se limitava a colaborar com os concertos tradicionais da Filarmônica, a KdF desenvolveu uma verdadeira parceria com a orquestra ao criar-lhe uma série própria no interior da temporada que organizava. Em termos concretos,

---

107 BArch R56I/109, Discurso de Hinkel "Es muss der Künstler mit dem Volke gehen!", c. 1938.
108 BArch R56I/109, Discurso de Hinkel "Er gehört zu uns", c. 1936.
109 BArch R56I/109, Discurso de Hinkel "Es muss der Künstler mit dem Volke gehen!", c. 1938.

por uma taxa fixa, a KdF contratava a Filarmônica para concertos na Philharmonie, mas também em muitos outros lugares, como ginásios e parques. Sendo financiada pelo partido e pela Câmara de Cultura do Reich, a organização podia disponibilizar milhares de ingressos a menos de um marco[110].

O projeto foi um grande sucesso. Ao se apresentar fora da Philharmonie, a orquestra se despia, ao menos por alguns momentos, de sua imagem burguesa, mostrando-se mais acessível a outras camadas sociais. Isto é, os espaços mais amplos muitas vezes criavam uma aura de evento popular em torno do concerto. De um lado, pois, a orquestra gerava uma receita sólida com os ganhos fixos, de outro, a grande música fazia-se acessível a um novo público por um custo irrisório. Produzindo os concertos a partir das próprias regras, a KdF, como parte de sua agenda "educacional", podia modelar a programação, privilegiando decididamente clássicos alemães como Wagner, Richard Strauss, Weber, Brahms, Bruckner e Beethoven.

Saliente-se que a colaboração com a Konzertgemeinde e com a KdF permitiu à Filarmônica apresentar-se para um público mais amplo e mais diversificado do que nunca. A Konzertgemeinde, nascida como entidade civil, ao final se converteu em subsidiária da KdF, e ambas organizações, se prezavam a excelência da Filarmônica, como suas parceiras comerciais, lhe criariam alguns problemas. Da Konzertgemeinde esperava-se o apoio na venda de bilhetes para os principais programas da orquestra, afora os Philharmonische Konzerte, naturalmente. Ingressos para concertos subscritos de Jochum, Böhm, Schuricht, Knappertsbusch e outros eram disponibilizados para a Konzertgemeinde a um valor médio de dois marcos. Porém, embora a organização berlinense promovesse esses concertos, não podia garantir as vendas. A própria Konzertgemeinde produzia concertos com solistas similares – em diferentes lugares de Berlim – a preços inferiores a um marco. Como resumiria Stegmann: esta associação berlinense, "ao oferecer tantos eventos baratos, fez parte de nosso público migrar para seus concertos menos custosos"[111].

---

110 PJB, Cartaz de concerto da Kraft durch Freude, "Concerto Magistral", 13.12.1936.
111 BArch R55/245, BPhO, Stegmann ao RMVP, Ref. ao exame da contabilidade anual, 31.5.1939.

Simultaneamente, as apresentações produzidas pela KDF também minavam as funções "populares" da Filarmônica. Conquanto, outrora, os concertos da orquestra de domingos e terças tivessem chegado a mais de cinquenta por ano, em 1937, com ingressos entre RM 0,70 e RM 2,00[112], apenas metade da sala era vendida. Em relação a isso, sintetizava Stegmann: "isso mostra que o público existente é limitado e, naturalmente, vai aonde pode ver o que quer pelo menor preço"[113]. Ora, por suas conexões com a comunidade e o partido, a KDF podia mobilizar um público maior e produzir um espetáculo melhor que os da Filarmônica por um custo menor. A partir da temporada de 1938-1939, a orquestra se afastará completamente da seara das récitas "populares", alegando que "a partir da temporada seguinte os concertos a preços baixos serão inteiramente abandonados por falta de demanda. Em seu lugar, organizaremos eventos especiais em cooperação com a KDF"[114].

Curiosamente, o declínio da audiência dos concertos populares da Filarmônica, ao final dos anos de 1930, coincide com a expansão dos Philharmonische Konzerte de duas para três – ou quatro – apresentações por programa. Isso sugere que, a despeito do público de concertos de Berlim conformar um universo limitado, não existia apenas uma assistência homogênea, mas diversos grupos de ouvintes e ouvintes potenciais. Atente-se: os concertos da KDF eram baratos e de fácil acesso mas, arrimados sobre a parafernália, as fanfarrices e os hiperbolismos nazistas, tornavam-se rituais pomposos. Devorados por suásticas, cartazes bombásticos anunciavam: "Toca a *engrandecida* Filarmônica de Berlim"[115], mas os regentes – Erich Orthmann, Olav Kielland etc. – nem sempre eram de alto nível. Não obstante, atente-se igualmente, esses eventos parecem ter tido sucesso, e junto com os da Berliner Konzertgemeinde – que rara vez apresentava concertos sinfônicos completos, embora frequentemente exibisse grandes solistas como Edwin Fischer e Georg Kulenkampff por menos de 10% do que

---

112 Ibidem.
113 Ibidem.
114 Ibidem.
115 PJB, Cartaz de concerto da Kraft durch Freude, "Concerto Magistral", 13.12.1936.

custaria na Filarmônica[116] –, devem ter aliciado a parcela mais casual do público da Filarmônica.

Os concertos tradicionais da orquestra, entrementes, tornaram-se o refúgio de uma classe média que economicamente ressurgia. Se isso foi fruto de uma prosperidade econômica crescente então investida nos ornamentos da cultura burguesa, ou o reflexo do florescer de uma estima adulatória a Furtwängler nascida aos tempos do *Führer*, ou ainda expressão de resistência à politização da cultura, é algo que só se pode especular. Seja como for, o resultado foi, antes, uma liberalização ou aburguesamento crescente da Filarmônica, não uma reforma de sua imagem de elite.

Além dos Philharmonische Konzerte, as temporadas da orquestra geralmente incluíam: 1. as séries menores: sob a batuta de um regente conhecido, mas não Furtwängler, eram compostas por um número de concertos que oscilava entre três e seis; 2. oito a dez concertos individuais com regentes menos conhecidos que, com o tempo, foram aleatoriamente agrupados nos Concertos Sinfônicos (Sinfonie-Konzerte) – série para assinantes que se tornou a irmã menor dos Philharmonische Konzerte; 3. a série de concertos populares: apelidada de Concertos de Domingos e Terças (Sonntags und Dienstags Konzerte), somava dezenas de apresentações; 4. três concertos corais com o Coro Bruno Kittel; 5. uma linha de concertos com a tradicional Academia de Canto de Berlim (Berliner Sing-Akademie); 6. de um a três concertos com o Coro Filarmônico (Philharmonischer Chor); 7. concertos de música moderna em colaboração com a Academia Prussiana das Artes; 8. até seis concertos de verão, conhecidos como Schlüterhof (precursores dos concertos Waldbühne); 9. concertos especiais, beneficentes e honorários. Ademais, em quase todos os anos, a orquestra também oferecia, sob a direção de vários regentes, os populares Ciclos Beethovenianos, política e culturalmente bem-sucedidos. Refira-se, por fim, que todos esses modelos foram sendo alterados e refinados pelas sucessivas direções artísticas, no curso de um caminho que remodelaria a orgânica Filarmônica:

---

116 BArch R55/245, BPhO, Stegmann ao RMVP, Ref. ao exame da contabilidade anual, 31.5.1939.

de livre associação cooperativada, originariamente, transformaria-se em instituição regulada[117].

Na temporada de 1937-1938, Hans von Benda conduziu uma grande revisão da programação. Sua primeira proposta foi reduzir a carga dos concertos privados – os assim denominados Honorar Konzerte –, uma remanescência dos tempos em que a orquestra podia ser contratada por um indivíduo ou grupo. A linha de eventos com a Academia de Canto foi um dos melhores exemplos da qualidade dessa política de livre contratação, pois as apresentações populares de um respeitado coro que se fazia acompanhar pela Filarmônica tornaram-se um clássico em Berlim. No entanto, a Academia não tinha relações oficiais com a orquestra, com a Philharmonie ou com o Reich, de sorte que os músicos recebiam um honorário por serviços prestados a outrem. Esse, precisamente, era o tipo de vínculo que Von Benda estava buscando restringir. Então, ainda que os concertos da Filarmônica com a Academia de Canto nunca tenham sido completamente abandonados, sua associação com o coro, que se rarefazia no curso das temporadas musicais, seria reduzida a eventos de grande porte, por natureza esporádicos[118].

Como já referido, os concertos "populares" – cujas batutas comandantes eram diversificadas –, não se mostravam mais comercialmente viáveis[119]. Além disso, a diminuição de público tinha um "efeito devastador sobre a orquestra". Os músicos sentiam-se deprimidos porque depois de "esforços tremendos – até 580 funções por temporada –, frequentemente deparavam com uma escassa audiência. Nessas circunstâncias, era inevitável que tal carga de trabalho produzisse efeitos negativos sobre a performance"[120]. Como unguento, Von Benda propôs: a abolição completa da série de concertos "populares", então substituída por quatro concertos "clássicos" (klassischen Konzerte) pré-natalinos a preços acessíveis[121]; e assim, consequentemente, a reapresentação – com desconto – dos concertos das séries filarmônicas principais através de organizações como a KdF e a

---

117 BArch R55/197, Informe do diretor artístico, 1938-1939.
118 P. Muck, op. cit., t. III.
119 Cf. Balanços e Finanças, supra, p. 95 e s.
120 PWK, *Philharmonische Blätter*, Nr. 1937-1938.
121 Ibidem.

Berliner Konzertgemeinde. "De tal modo que, no futuro, todo alemão possa partilhar de nossas performances"[122]. Além disso, para o ciclo beethoveniano de 1938, Von Benda contratou um único regente – Carl Schuricht. Este ciclo, que executava todas as sinfonias e os maiores concertos do compositor em oito a dez apresentações distribuídas ao longo de dois meses, foi uma das iniciativas mais exitosas da orquestra. Conquanto essa tradição fosse anterior à ascensão nazista, em 1933, a notável primazia desde então conferida a Beethoven no cânon dos compositores alemães, inoculou nas séries beethovenianas uma nova coloração político-musical. A seleção dos regentes era um problema primariamente político: nomes como Heinz Bongartz, Hermann Stange, Bruno Vondenhoff, Gustav Havemann e Walter Meyer-Giesow não eram distintamente expressivos no cenário. Mas a decisão de Von Benda de individualizar a regência conferiu nova integridade artística ao ciclo, onde "tornou-se realidade a intenção de se elevar o nível geral dos concertos". Por outro lado, "o intento de aumentar a assistência dos concertos devia ter por mediação um programa mais leve, que incorporasse mais compositores [populares], como Mozart"[123], o que, ademais, atenuaria um pouco o caráter monumental dos encontros.

Se, pois, em meados dos anos de 1930, o ciclo Beethoven era a pedra angular da programação da Filarmônica, nas temporadas que se seguiram seu fôlego foi se esvaindo, extinguindo-se definitivamente com a reestruturação conduzida por Von Westerman, que criou séries – para assinantes – de três concertos cada. Reciprocamente independentes, foram regidas por Abendroth, Böhm, Jochum, Knappertsbuch e Schuricht. Com isso, promoveu-se ainda mais a acessibilidade aos concertos, que parcialmente restauravam o modelo de programação da Wolff & Sachs – organizado em torno de regentes individuais e focado na classe média culta disposta a pagar por ingressos mais caros a fim de satisfazer seus partidários gostos pessoais, que poderiam estar repartidos entre Böhm, Jochum, Furtwängler etc.

As reformas de Hans von Benda, em 1938, juntamente com os planos de reestruturação de Von Westerman dos anos de

122 Ibidem.
123 Ibidem.

1940, enfatizavam, *per se*, o ingênito foco da orquestra sobre a qualidade, distanciando-a, ato contínuo, das agendas "populares". Para não assinantes, a Filarmônica oferecia apenas três concertos de música "moderna" por temporada, realizados em colaboração com a Academia Prussiana das Artes[124]. Em 1940, os eventos populares – então mal ensaiados e com um público escasso – foram limitados a três concertos em parceria com a Berliner Konzertgemeinde dentro de uma série da Filarmônica denominada "Música Viva" (Beschwingte Musik), e a cinco programas com a KdF, em que, como de hábito, retomava-se programação de outras séries[125].

O público da Filarmônica havia se tornado, pois, mais heterogêneo do que nunca. O reflexo disso estava na programação, que reapresentava obras com uma frequência espantosa porque existiam diferentes públicos para sua música. Entre abril de 1937 e maio de 1938, por exemplo, a orquestra executou a "Nona Sinfonia" de Beethoven não menos de seis vezes: em 2 de abril de 1937, sob a regência de Karl Elmendorff, no encerramento do Ciclo Beethoven; num concerto especial de Furtwängler, nos dias 18 e 19 de abril de 1937; novamente sob a batuta de Furtwängler, em 6 de setembro, na Exposição Internacional (Weltausstellung) de Paris; no tradicional concerto filarmônico de ano novo, no Volksbühne, sob regência de Arthur Rother; em abril de 1938, como parte do Ciclo Beethoven, sob Schuricht; e em 19 de maio deste mesmo ano, com Hermann Abendroth, nas Reichsmusiktage.

Significado ideológico da "Nona Sinfonia" à parte, cada apresentação se dirigia a um público específico que raramente se sobrepunha a outro. O Ciclo Beethoven era a menor série por assinatura que oferecia obras sinfônicas populares às famílias e ao Berliner Konzertgemeinde a preços baixos. Distintamente, o concerto especial (Sonderkonzerte) de Furtwängler resultava num evento caro e exclusivo e sem subscrição: frequentado por uma fiada de hierarcas nazistas, era transmitido pela rádio como comemoração prévia (*Vorfeier*) do aniversário de Hitler. Nessa esteira, a mando do governo a orquestra fora enviada à

---

124 BArch R55/247, Informe do diretor artístico, 1941-1942. Cf. também A Nossa Música Alemã, infra, p. 189 e s.
125 BArch R55/247, Informe do diretor artístico, 1940-1941.

Exposição Internacional de Paris como embaixadora musical da Alemanha; ali, tocou para um público formado por turistas, jornalistas e diplomatas de várias partes do mundo. Similarmente, o concerto de ano novo era um evento formal de gala, ou de natureza tradicional e aristocrática – começava às 23h00 para que, à meia-noite, o ano novo fosse recebido com champanhe e a "Ode à Alegria". As Reichsmusiktage, em Düsseldorf, enfim, era um ato escancaradamente ideológico – aberto para os membros do partido, estudantes e demais interessados em educação e aprimoramento cultural. A tempo: em 1942, a Filarmônica reprisou a "Nona Sinfonia", sob o mesmo Furtwängler, três vezes num mesmo mês: em 21 de março, como parte dos Philharmonische Konzerte, com a participação do Coro Bruno Kittel; num evento da KdF, no dia seguinte; e no dia 19 de abril, após o inflamado discurso de Goebbels numa festividade do partido por ocasião do aniversário de Hitler.

Delineado, então, este contexto geral, marquemos um ponto. A meta original – firmar a Filarmônica sobre os próprios pés como produtora de seus concertos, livrando-a assim de intermediários "vorazes" como as agências Wolff & Sachs e Backhaus –, jamais foi alcançada. Postas as relações com seus proprietários na cúpula do Reich, com a Reichsmusikkammer, a Berliner Konzertgemeinde, a KdF, o Ministério da Propaganda e várias outras subsidiárias do Estado e do aparato partidário, a orquestra, talvez mais do que antes, acorrentava-se às demandas e imposições de empresários e patronos. Se os Philharmonische Konzerte fluíam *per se*, grande parte da temporada era preenchida com concertos obrigatórios, apresentações oficiais, ou concertos em que a fronteira entre o político e o musical se dissolvia. Isso incluía uma série de concertos beneficentes, em escolas, fábricas, para a Wehrmacht.

Por outro lado, em 1932, no plano de fusão com a Orquestra Sinfônica de Berlim, estava previsto que a programação da Filarmônica passaria a incluir uma dimensão "social". Mas a cidade de Berlim perdeu sua influência na Filarmônica e a previsão não passou de perspectiva. Os trinta "Concertos Sinfônicos Populares" (Volks-Sinfoniekonzerte) projetados transmutaram-se nas funções dos domingos e terças-feiras, que por sua vez acabaram perdendo espaço para os diversos eventos da

KDF e da Konzertgemeinde[126]. Os concertos educativos para a juventude (Jugend Konzerte) – enraizados no lema "o conhecimento e a prática musicais da nossa juventude também a converterão no futuro da Alemanha"[127] –, foram reduzidos de doze para nove, em 1938, e desapareceram com o início da guerra[128]. A inatividade nessas áreas foi compensada por concertos especiais realizados principalmente para a Juventude Hitlerista a partir de um calendário irregular. Através das récitas organizadas pelas inúmeras associações nazistas, a orquestra expandiu como nunca seu público jovem.

Além desses, pontue-se ainda, a orquestra dava concertos beneficentes em prol da Cruz Vermelha da Alemanha, da Associação de Ajuda de Inverno (Winterhilfswerk) e do Retiro dos Artistas (Künstler-Altershilfe), doando a estas instituições seus serviços e a bilheteria. Realizou, ademais, algumas apresentações em fábricas: na Hugo Schneider A.G., em Köpenick, na indústria de armamentos Stock, em Berlim-Marienfelde, para trabalhadores da Telefunken e nos galpões da Siemens e da AEG Berlim[129]. Eram concertos da boa vontade, digamos assim: a Filarmônica tocava de graça e ocasionalmente doava mais do que a receita implicada[130]. Regentes como Furtwängler, que presumivelmente partilhavam do espírito "tocar para os trabalhadores é um dever"[131], recolhiam, não obstante, seus honorários usuais[132]. Porquanto um serviço – híbrido – de caridade, os concertos beneficentes e para trabalhadores de fábrica eram geralmente filmados e publicizados, pelo que se registrava também as atividades de propaganda da orquestra[133]. Por fim, a Filarmônica também se apresentava para os soldados da

---

126 G. Avgerinos, op. cit., p. 54.
127 PWK, *Philharmonische Blätter*, 1935-1936, n. 6.
128 BArch R55/197, Informe do diretor artístico, 1938-1939.
129 BArch R55/247, Informe do diretor artístico, 1941-1942; BArch (BDC) RK 0002, Nota sobre a conversa a respeito do dr. Wilhem Furtwängler, 9.12.1946.
130 ABPHO, Livro principal da Camaradaria da BPhO. Para o Concerto de Ajuda de Inverno, em 1940, a orquestra fez uma doação de RM 3 mil à Cruz Vermelha alemã; a Filarmônica contribuiu com RM 500 em 1940, com RM 1.347 em 1941 e, pelo menos, com RM 900 em 1944.
131 Furtwängler, ibidem.
132 ZBZ, Furtwängler, Legado de Furtwängler B 0:81, BPhO, Stegmann a Furtwängler, 4.3.1940.
133 BArch R55/247, Informe do diretor artístico, 1941-1942.

Wehrmacht, tanto no exterior[134] quanto na Philharmonie[135]. Também aqui as equipes de filmagem estavam a postos para gravar e transmitir a caridade.

Na verdade, atividades como tocar para trabalhadores e soldados ou angariar fundos para o bem público não eram exclusividade alemã ou da orquestra, tanto antes quanto depois da guerra. As orquestras da Grã-Bretanha, dos Estados Unidos e da União Soviética também organizavam eventos beneficentes. A diferença em relação à orquestra berlinense era o quanto suas raízes germânicas estavam enterradas na engrenagem política do Estado. Em abril de 1937, a Filarmônica realizou um concerto beneficente em prol da Liga de Defesa Aérea do Reich (Reichsluftschutzbundes); nesse mesmo ano, numa turnê pela Itália regida por Carl Schuricht, deu um concerto de caridade (*Wohlfahrtskonzert*) com ingressos a preços de gala. Tratava-se de um concerto, como anunciado, "sob a proteção do ministro do Reich para a Propaganda e Educação Popular, dr. Goebbels, e o embaixador da Itália, Attolico"[136]. Em 1944, Von Westerman levantaria a possibilidade de se bisar todos os concertos de Furtwängler "sem custos para membros da Wehrmacht e trabalhadores da indústria de armamentos"[137]. De fato, isso era um balaio onde se atavam orgulho nacional, boa vontade e defesa política dos próprios interesses.

A Filarmônica não podia simplesmente repousar sobre seus louros normatizados. Quem desfrutava de tantos privilégios era moralmente compelido a colaborar com a vida social e os esforços de guerra. A orquestra se preocupava com a construção de sua imagem. Devido às limitações financeiras pela escassez de recursos em 1944, o plano de concertos gratuitos de Furtwängler só pôde ser parcialmente efetivado – dentre outras razões porque o regente não estava disposto a renunciar a seus honorários[138]. No entanto, ao longo da era nazista, a Filarmônica realizou uma enorme quantidade de concertos que, se atos caridosos, mesmo contextualizados precisariam ser

---

134 Cf. Os Embaixadores da Nação Alemã, infra, p. 225 e s.
135 BArch R55/247, Informe do diretor artístico, 1940-1941.
136 PWK, *Philharmonische Blätter*, n. 6, 1937-1938.
137 BArch R55/247, RMVP, Memorando, Ref. aos fundos de nossa sociedade, 22.9.1944.
138 Ibidem.

encarados de uma perspectiva menos ingênua. Um exemplo, ou quase: em 1935, a orquestra executou uma performance especial da "Paixão Segundo São Mateus", de Bach, nas celebrações patrocinadas pela Câmara de Música do Reich que homenageavam Bach, Handel e Schütz. Inicialmente, os músicos deveriam receber um honorário, mas o Ministério da Propaganda comunicou que "apreciaria se a orquestra tocasse sem remuneração em apoio à celebração do Reich"[139]. Gratuitamente, então, a Filarmônica participou de um evento musical reacionário que seria o precursor das Reichsmusiktage, de Düsseldorf. Em seu discurso, Goebbels proclamaria: "pela primeira vez o governo apoia um evento musical desta natureza, que oferece um panorama da obra dos três mestres que protagonizaram uma luta contra o domínio estrangeiro"[140]. Outro exemplo, também de 1935: desta vez com honorários, a orquestra tocou obras de Liszt, Beethoven e Bruckner para a igreja e a organização social Ação Católica (Katholischen Aktion). No Berliner Sportpalast, o evento celebrava a nomeação papal[141]. Dada a estreita relação do Vaticano com o regime de Hitler, o evento não poderia ser considerado um ato neutro, da mesma forma que o concerto de 1937 – no 21º Festival de Música da Silésia – em Breslau, cidade politicamente sensível. Vejamos outros exemplos.

O regime, aparentemente, reconhecia a importância de se modelar a imagem da Filarmônica. Um memorando de 1942, classificado como secreto, descrevia os múltiplos usos e valências de suas atividades:

> Solicitamos à imprensa que atente para o seguinte: a. os três concertos da Orquestra Filarmônica de Berlim com o regente convidado Von Karajan: em benefício da Associação de Ajuda de Inverno, no dia 27 de dezembro (aberto ao público, na Philharmonie); para os trabalhadores da indústria bélica, em Borsigwalde, no dia 28 dezembro; para os feridos, dia 29, na Philharmonie.[142]

---

139 BArch R55/1148, O Presidente da Câmara de Música do Reich Schmidt-Leonhardt, 20.3.1935.
140 F.K. Prieberg, op. cit., p. 7349.
141 BArch R55/1148, BPhO, Stegmann ao RMVP, Ref. ao concerto por ocasião do festejo papal, 17.1.1935.
142 BArch ZSG. 115/16 RPA, 18.12.42: por ordem do RPA Berlin, Karajan dirige em Borsigwalde um concerto da BPhO na firma Alkett (Altmärkische Kettenwerk GmbH). Cf F.K. Prieberg, op. cit., p. 3563.

Aqui, os concertos beneficentes, para os trabalhadores e para os soldados estavam combinados num único programa.

Em setembro de 1939, Goebbels convocou a orquestra para uma série de transmissões radiofônicas: "O sr. Ministro do Reich, dr. Goebbels, decretou que em breve faremos uma série de concertos para a rádio."[143] A primeira transmissão foi ao ar numa segunda-feira, 11 de setembro de 1939, às 20h00. No programa, regido por Karl Böhm, a "Primeira Sinfonia", de Brahms, e a abertura "Leonor nº3", de Beethoven. Houve um ensaio de duas horas antes da transmissão. Assim, conquanto o rádio representasse um novo meio de acesso às glórias filarmônicas para milhões de ouvintes, mais dez concertos – dois deles sob a batuta de Furtwängler – foram transmitidos em setembro de 1939 enquanto ataques relâmpagos (*Blitzkrieg*) rasgavam a Polônia[144]. Essas transmissões formaram a base para a série Música Imortal (Unsterbliche Musik), uma sucessão de concertos radiofônicos e *trailers* de filmes que celebravam, em tom patriótico, a "imortal" música alemã.

As transmissões radiofônicas constituíam um dos ramos das atividades da Filarmônica. Antes de 1933, a Companhia de Rádio do Reich (CRR) fora um suporte financeiro importante à orquestra, e embora permanecesse um sócio ativo, não lhe representava uma fonte econômica vital. A CRR transmitia muitos concertos a partir da Philharmonie, mas também os gravava em seus estúdios para transmissões especificamente radiofônicas. O rádio era um dos meios de propaganda preferidos de Goebbels, que encomendava à CRR uma grande quantidade de programas culturais que nutrissem o sentimento nacionalista. Naturalmente, o estimado ativo musical de Goebbels – a Filarmônica – assumia um papel fundamental nesse jogo, difundindo o orgulho nacional e o deleite artístico para os ouvintes da Alemanha e, em ondas curtas, do exterior.

O contrato entre a CRR e a Filarmônica abarcava quatro campos: concertos para a rádio (Senderkonzerte); a transmissão dos Philharmonische Konzerte; a transmissão de outros concertos da orquestra, e a produção de gravações comerciais. Normalmente, os Senderkonzerte eram emissões

---

143 PJB, BPhO, Circular n. 7, 9.11.1939.
144 BArch R55/247, Informe do diretor artístico, 1939-1940.

comissionadas pelo governo – como a transmissão wagneriana, para a América do Norte e do Sul, de setembro de 1939[145]; a Noite Sueco-Norueguesa, de 1937; o evento comemorativo do 85º aniversário de morte de Chopin. Nesses concertos, sob um regente consensualmente escolhido, a Filarmônica soava a partir de uma formação reduzida de 61 músicos, pois privilegiava obras clássicas mais curtas e populares ou fragmentos sinfônicos. Antes da guerra, aproximadamente cinco dessas récitas eram produzidas no curso de uma temporada. Essa relativa infrequência nascia do alto custo que implicava o transporte dos instrumentos da Philharmonie até os estúdios; do valor dos honorários dos músicos, que cobravam cinquenta marcos por dois ensaios e uma apresentação[146]; do fato da CRR possuir sua própria orquestra (Reichssenderorchester), e, por fim, do temor de que essa atividade pudesse prejudicar a venda de ingressos para a Filarmônica.

Seja como for, a venda dos ingressos não era um problema para os Philharmonische Konzerte que, a partir de 1938, com a benção de Goebbels, passaram a ser transmitidos pela CRR nas segundas-feiras à noite – ao vivo ou pré-gravados – para toda a Alemanha[147]. Pelos direitos de transmissão, a orquestra ganhava RM 45 mil por temporada, valor que assegurava à CRR, a seu turno, o direito sobre duas emissões radiofônicas dos concertos. Direitos à parte, as duas instituições estavam de acordo que "a difusão dos Philharmonische Konzerte através de emissoras estrangeiras é altamente desejável do ponto de vista da política cultural"[148].

De relevante significado político-cultural, igualmente, era a regular radiodifusão dos concertos da Filarmônica não subscritos. Seus direitos de transmissão assemelhavam-se aos dos Philharmonische, mas os valores eram consideravelmente menores. A emissora podia extratar livremente dos programas o que desejasse transmitir[149]. Liberdade especialmente útil em programações radiofônicas estratégicas como, por exemplo, a

---

145 BArch R55/197, Informe do diretor artístico, 1938-1939.
146 BArch R55/247, Contrato entre a CRR e a BPhO GmbH, sem data.
147 BArch R55/197, Informe do diretor artístico, 1938-1939.
148 BArch R55/247, Contrato entre a CRR e a BPhO GmbH, sem data.
149 Ibidem.

que celebrava o aniversário de Hitler, quando o que era musicalmente transmitido, via de regra, não tinha nenhuma relação com a data em questão[150].

Quanto às gravações comerciais, a Filarmônica estava à disposição da CRR e de outras companhias discográficas para registrar praticamente qualquer repertório com qualquer parceiro musical desde que, tendo agenda, os honorários lhe conviessem. Não obstante, os ganhos com a venda de discos estavam apenas começando nessa época, ademais, os discos tinham pouco poder propagandístico em comparação às transmissões radiofônicas, os concertos ao vivo e as turnês. Por isso poucas foram as gravações comerciais da Filarmônica na época nazista, então produzidas por selos distintos, como a Deutsche Grammophon, a EMI-Electrola e a Polydor. Porém, marque-se, esse campo ainda embrionário já ensejava lutas pessoais, políticas e comerciais: em 1938-1939, apenas seis meses depois de Furtwängler ter gravado a "Sexta Sinfonia", de Tchaikóvski, para a EMI, a Filarmônica foi novamente contratada para gravar a obra, só que desta vez para a Polydor e sob a regência de Herbert von Karajan[151].

A enxurrada de transmissões radiofônicas da Filarmônica no começo da guerra foi a contrapartida do valor que os nazistas conferiam à música como fonte de inspiração a sentimentos patrióticos. Simultaneamente, com plena coerência ideológica, na propaganda de guerra doméstica a orquestra foi disposta na linha de frente. Na temporada de 1940-1941, além dos Philharmonische Konzerte que iam ao ar todos os domingos, a Deutscher Rundfunk transmitia sete Senderkonzerte e mais extratos selecionados da pletora de concertos secundários da Philharmonie[152]. Na temporada de 1941-1942, a orquestra produziu quatro gravações para a CRR[153]. A tempo: a importância da música no esforço de guerra foi reforçada por uma série que, morbidamente chamada de Música Imortal dos Mestres Alemães, principiaria na temporada de 1942-1943. Tratava-se de uma espécie de coprodução articulada por duas instituições

---

150 F.K. Prieberg, op. cit., p. 608, 19.4.1941: a BPhO, sob direção de Böhm, oferece na noite que antecede o aniversário de Hitler uma apresentação musical emoldurando o discurso do dr. Goebbels.
151 F.K. Prieberg, op. cit., p. 3554.
152 BArch R55/246, Informe do diretor artístico, 1940-1941.
153 BArch R55/247, Informe do diretor artístico, 1941-1942.

controladas pelo Ministério da Propaganda – a Reichsmusikkammer e a CRR. O objeto, de modo geral, era vincular ideologicamente os esforços de guerra e a grandeza da cultura alemã. Por sua experiência de trabalho com o rádio, Gerhart von Westerman ficou responsável pela densa programação dos concertos que, ainda semanais, tinham, pois, de se valer dos registros feitos não apenas pela Filarmônica, mas por outras orquestras alemãs, bem como de material de arquivo e de gravações de ópera, como o registro de Bayreuth da tetralogia "O Anel dos Nibelungos"[154].

Conquanto os objetivos da série Música Imortal, no ar até 1945, consubstanciassem a mistura ambígua entre o político, ideológico, educativo, estratégico e diversivo – dinâmica que caracterizou muitas das atividades da Filarmônica durante a época nazista –, as discussões sobre ela eram sempre maquiadas com argumentos sobre qualidade. Solidarizando-se com Von Westerman, que em 1944 enfrentava dilemas ante a feitura da programação, Furtwängler afirmaria:

> Entendo perfeitamente seu incômodo com relação à música "imortal". Forjar um programa de excelência a cada oito dias não é um problema menor. Temo que, sem repetições e outras concessões, não seja possível sustentá-la a longo prazo. O fato é que o repertório – para não falar da seleção dos músicos – tem seus limites.[155]

A sensibilidade do comentário era tão reveladora quanto sua lógica notavelmente distorcida, típica da mentalidade dos artistas da época. O paradoxo: Furtwängler e Von Westerman partilhavam o genuíno compromisso com a integridade artística, com um "programa de altíssima qualidade", não com o pastiche propagandístico, ainda que o próprio foro para sua plasmação se corporificasse como uma fonte de tormentos inimagináveis. Quanto a isto, o repertório limitado era uma simbólica advertência.

Seja como for, a temporada de 1939-1940 esteve "sob a insígnia da guerra", como transpareceria no relatório do *Intendant* Von Westerman ao Ministério da Propaganda:

---

154 PKS, Furtwängler para Von Westerman, 10.8.1944.
155 PKS, Furtwängler para Von Westerman, 4.7.1944.

Por decreto do sr. Ministro do Reich para Educação Popular e Propaganda em relação à continuidade dos eventos culturais durante a guerra, realizar todos os concertos planejados para a temporada não é só uma possibilidade, mas uma obrigação. Ao mesmo tempo, tornou-se claro que nossos temores iniciais de que o público seria negativamente afetado pelas medidas impostas pela guerra – blecautes, limitações nos serviços de transporte público etc. – eram infundados. Ao contrário: a experiência da guerra despertou no público alemão um interesse ainda maior e mais intenso pelas apresentações de música séria.[156]

Onde problemas emergiam – como, por exemplo, viajar pela Alemanha para os concertos tradicionais de Hamburgo –, o governo intervinha para assegurar os meios necessários[157].

De fato, os primeiros anos da guerra estão entre as épocas de maior ventura para a Filarmônica, quando todas as peças de sua existência musical, política, comercial e social se harmonizaram perfeitamente. A guerra apresentou à orquestra um fim elevado, conduziu a experiência musical a uma nova dimensão, instilou no público uma nova necessidade e ainda borrou as fronteiras entre o bem público e a propaganda. Entre 1939 e 1942, a Filarmônica estava no ápice, alcançando um equilíbrio notável entre exposição generalizada, sucesso popular, programação consistente e carga de trabalho suportável para os músicos.

Contudo, a maré da guerra mudou. Os blecautes, as limitações de transporte e os ataques aéreos tornaram-se perigosa realidade cotidiana. O interesse pela música séria não havia vacilado, porém tornara-se mais desafiador satisfazê-lo: o público tinha dificuldades para chegar à sala de concerto e os músicos para cumprirem suas obrigações. "O princípio de sobrecarregar o menos possível o sistema ferroviário do Reich – escreveu Von Westerman em seu relatório de 1942-1943 –, levou a que no quarto inverno de guerra nos abstivéssemos completamente das turnês pelo território alemão."[158] Os concertos hamburgueses por assinatura – uma tradição de mais de cinquenta anos – foram interrompidos. No mesmo período,

---

156 BArch R55/247, Informe do diretor artístico sobre a temporada de 1939-1940.
157 PJB, BPhO, Circular n. 34, 18.11.1941: "Viagem para Hamburgo. Só com a intervenção do senhor Ministro dos Transportes é que a orquestra conseguiu viajar para Hamburgo."
158 BArch R55/246, Informe do diretor artístico, 1942-1943.

os concertos da Filarmônica foram adiantados de uma a duas horas, começando às 18h00 ou 18h30[159]. Mais à frente, os programas seriam limitados à uma hora e meia de duração, para que se pudesse voltar para casa antes dos blecautes noturnos[160]. Os programas advertiam que, "na eventualidade de um ataque aéreo, todos deveriam se dirigir às chapeleiras e corredores do andar térreo"[161]. De fato, os concertos seriam crescentemente interrompidos pelas sirenes, levando orquestra e público aos *bunkers* por horas. Em 28 de novembro de 1943, pela primeira vez um concerto da orquestra – tratava-se de um dos Philharmonische Konzerte, regido por Karl Böhm – foi completamente interrompido por um ataque aéreo. Nessa mesma semana, um bombardeio aliado destruiu a histórica Academia de Canto de Berlim (o atual Teatro Maksim Górki)[162], assim como, logo adiante, as seções administrativas da Filarmônica também sucumbiriam. Por razões de segurança, o tradicional concerto de ano novo foi transferido para a tarde do dia 1º.

Temendo o pior, a Filarmônica não hesitou em invocar, por precaução, seus privilégios. Solicitou uma permissão especial a Von Westerman, Stegmann, Lorenz Höber e Friedrich Quante, bibliotecário especializado em música do Ministério da Propaganda, para que, em caso de emergência, lhes fosse facultado o transporte em veículos oficiais ou militares a fim de chegarem o mais rápido possível na Philharmonie[163].

Na noite do dia 30 de janeiro de 1944, exatos onze anos decorridos da nomeação de Hitler como Chanceler, um bombardeio britânico destruiu o prédio da Philharmonie[164]. Apesar da patrulha antiaérea (*Luftschutz*) e das rápidas respostas aos privilégios dos funcionários-chave da orquestra, a Grande Sala queimou completamente, mas a adjacente Sala Beethoven, embora seriamente danificada, ainda podia ser usada. Incontáveis instrumentos, partituras e documentos viraram pó. Os danos materiais foram altos, o choque psicológico imensurável, mas a administração e os burocratas reagiram prontamente: os

---

159 G. Avgerinos, op. cit., p. 66.
160 PHW, Memórias.
161 PJB, Programa 13.3.1942, 18h30.
162 P. Muck, op. cit., t. III.
163 BArch R55/197, BPhO, Stegmann para o RMVP, 13.12.1943.
164 Cf. E. Hartmann, "*Die Berliner Philharmoniker in der Stunde Null*".

Philharmonische Konzerte programados para 7 e 8 de fevereiro aconteceram no auditório da Staatsoper, alugado para isso. Por razões de economia e segurança, em ambos os dias o programa de Furtwängler foi levado pela manhã e à tarde.

Os Philharmonische Konzerte subsequentes – de 20 e 21 de fevereiro – não tiveram a mesma sorte – foram cancelados, assim como o primeiro de dois concertos que Böhm regeria na primeira semana de março[165]. Sem sede, a Filarmônica vagou por uma sortida coleção de hospedeiros: a Staatsoper, o Palácio Titânia (Titaniapalast), o Volksbühne, a Berliner Dom e a Beethoven Saal, dentre outros. Por variarem muito de tamanho, as salas eram escolhidas em função de sua disponibilidade e da estimativa de público. Os concertos de Knappertsbusch, por exemplo, mais concorridos que os de Robert Heger ou Jochum, aconteciam num espaço maior, como a Berliner Dom. A seu turno, récitas com regentes menos conhecidos eram levadas a lugares como a Escola Profissional de Nova Lichtenberg[166]. Os Philharmonische Konzerte, que demandavam uma acústica melhor e um ambiente mais confortável para seu público, foram sediados na Staatsoper, embora a casa dispusesse de menos assentos que a velha Philharmonie. Não obstante, sublinhe-se ao final, o problema de espaço não era o único: a ele se somava o fato de que regentes – principalmente aqueles vindos do exterior – estavam cancelando seus contratos, situação que obrigava a Filarmônica a restituir os valores dos ingressos[167].

Com suas finanças, programação e moral bambeando, e além do mais sem sede, o Ministério da Propaganda decidiu aliviar a situação vivida pela orquestra mandando-a para uma turnê. A maioria dos concertos remanescentes em Berlim tinha sido cancelada, de modo que, em meados de março de 1944, a orquestra foi enviada à Escandinávia. Regressou rápido, animando o aniversário de Hitler sob a batuta de Knappertsbusch. Mas também não tardaria em terras germânicas: uma imprevista viagem de seis semanas para Portugal, Espanha e França a tirou novamente do solo pátrio e nas paragens ibéricas ela gravou um filme de propaganda. Em junho – passando por

---

165 P. Muck, op. cit., t. III.
166 BArch R55/246, BPhO para o RMVP, 15.3.1944.
167 Ibidem.

Paris na mesma semana em que os aliados desembarcavam na Normandia –, a Filarmônica retornou. Imediatamente foi posta em férias de verão[168].

Durante este período vacante, mais uma vez a orquestra se valeu de sua relação privilegiada com o regime. De final de julho a meados de setembro, sob os auspícios do Ministério da Propaganda, os músicos e suas famílias desfrutaram de uma "residência de verão" na relativamente segura cidade de Baden-Baden. Os instrumentos foram postos a salvo – em Plassenburg, na cidade de Kulmbach (Baviera) –, e a orquestra, desobrigada, deu concertos em cidadezinhas como Rastatt, Gaggenau e Lahr, bem como fez algumas gravações para a rádio sob a regência de Robert Heger.

Quando a Filarmônica, em setembro de 1944, regressou a Berlim, não apenas a paisagem da cidade havia mudado, mas sua vida cultural. No outono, todos os empregados fisicamente aptos das instituições culturais alemãs foram mobilizados para o esforço final de uma guerra perdida. Apesar da patronagem de Göring, a orquestra e o *ensemble* da Staatsoper, bem como o Coro Bruno Kittel e o da Filarmônica, entre outras organizações de Berlim, foram dissolvidos, ou maciçamente reduzidos em função dos alistamentos. O teatro e os conjuntos musicais comerciais não tiveram destino diverso. A Filarmônica, literalmente, era a única atração da cidade.

Em tal contexto, o longo hiato musical dos filarmônicos havia permitido que administradores, burocratas e políticos planejassem, com todos os detalhes, a temporada de 1944-1945. Conquanto o primeiro dos Philharmonische Konzerte tivesse ocorrido na então desocupada Staatsoper, de dezembro em diante a maioria dos concertos por assinatura foi transferida para o Palácio Admiral (Admiralpalast), pois uma decisão política havia sido tomada: na Staatsoper teriam lugar "apenas eventos privados, sem venda de ingressos, ao modo das reuniões sociais familiares ou do partido"[169]. Seja como for, em janeiro de 1945, a Staatsoper também foi destruída pelas bombas, empurrando a Filarmônica, nos últimos meses da guerra, para além-Berlim.

---

168 P. Muck, op. cit., t. III.
169 BArch R55/247, Repartição do Secretário de Estado, 2.2.1944.

Nesse quadro patético, o público encolhia e as apresentações escasseavam. A preocupação central da orquestra era maximizar sua exposição. As transmissões radiofônicas e os concertos de massa se transformaram em prioridade. Entre dezembro e janeiro, Abendroth e Keilberth regeram uma série de concertos. Furtwängler regeria seu último Philharmonische Konzerte nos dias 22 e 23 de janeiro de 1945; seu ato seguinte não foi musical, mas a fuga da Alemanha. Então, pedaços da vida musical da Filarmônica de Berlim estrondearam numa rápida sucessão: na cerimônia fúnebre na Kuppelsaal no campo de esporte do Reich, com uma nova obra coral de Willi Traeder (21 de fevereiro); num concerto para a Hitler Jugend (em 24 de março); num concerto beneficente para a Wehrmacht (Wehrmachtsbenefizkonzert), em Zossen (em 27 de março); numa apresentação, na Beethovensaal, do Réquiem de Mozart, com o Coro Lamy – o Coro Bruno Kittel já não existia – (29 e 30 de março)[170]; numa última récita da abertura dos "Die Meistersinger", para soldados e oficiais nazistas na Cidade Olímpica de Berlim (Berliner Olympisches Dorf) – 7 e 13 de abril; e na Beethovensaal, já sem calefação, nos seus concertos finais – que incluíram o "Réquiem Alemão", de Brahms, com os últimos remanescentes da Academia de Canto de Berlim sob a batuta de Georg Schumann (14 de abril)[171].

Não há relatos sobre a hora em que essas últimas apresentações aconteceram, ou quem as escutou. Em meados de abril, o exército vermelho batia às portas de Berlim. Os alemães aptos a servir há muito tinham sido mandados para o *front*. Os assassinos da Volkssturm, a milícia berlinense, governavam as ruas, enquanto os muito jovens e muito velhos se refugiavam nos subterrâneos. A guerra chegara em casa e os músicos da Filarmônica faceavam o terror, sentindo na carne o ciclo de morte e destruição que o seu regime havia desencadeado[172]. Amigos morriam, famílias tinham perecido, casas estavam obliteradas, mas a orquestra tocava, tocava.

---

170   Já em função da apresentação do Réquiem de Mozart, em 26 de novembro de 1944, o coral Bruno Kittel e o coral Lamy se juntaram no intuito de obter uma massa suficiente de vozes para o concerto. P. Muck, op. cit., t. III.
171   P. Muck, op. cit., t. II.
172   Cf. E. Hartmann, op. cit.; memórias de Wiewieorra extraídas dos *Privatnachlass Heinz Wiewiorra*.

Em 1934-1935, a Filarmônica apresentou-se para 151.702 pessoas em mais de 178 concertos[173]. Em agosto de 1936, pontue-se, a orquestra tocou pela primeira vez nas Jornadas Partidárias do Reich, em Nurembergue, e em apenas um dia teve mais da metade do público que em toda a temporada do ano anterior. Na temporada de 1940-1941, ponto máximo de sua atividade concertística durante o nazismo, um total de 222.866 pessoas (incluídos 38 mil soldados) escutaram a orquestra ao vivo. Número que poderia ser ultrapassado se as Jornadas Partidárias e os Jogos Olímpicos – eventos massivos – fossem somados às performances da orquestra realizadas em 1936. Por outro lado, como não pensar também em todos aqueles que semanalmente podiam acompanhar os Philharmonische Konzerte pela rádio?[174].

Mas retomemos o fio, que nos leva ao fim. Para além desses tristes e depressivos concertos finais sob a insígnia nazista, atividades que envolveram até eventos massivos – apresentações para os soldados e para a Hitler Jugend entre o final do inverno e o começo da primavera –, a Filarmônica foi ainda convocada para uma última apresentação. O ministro do Armamento do Reich, Albert Speer, organizara um concerto privado com a orquestra, na Beethovensaal, a poucos metros dos escombros da Philharmonie. Speer era um homem culto e amante da música. A Filarmônica escapou da dizimação quase certa por sua intervenção, que permitiu prorrogar seu *status* de *Uk*, segundo relatos, até mesmo violando instrução contrária de Goebbels. Tocando obras de Beethoven, Bruckner e Wagner, no dia 11 de abril de 1945, a Filarmônica, então, agradeceu a seu salvador, inclinando-se uma última vez frente a um representante do regime que havia levado o seu som a milhões.

---

173 BArch R55/245, BPhO, Estatística do ano comercial 1934-1935, 14.6.1935.
174 BArch R55/247, Informe do diretor artístico, 1940-1941.

5. A Nossa Música Alemã: Programação

Quando a questão era o repertório, os nazistas não disfarçavam suas preferências, que derivavam de uma combinação inconsistente entre valoração estética, princípios ideológicos e gosto pessoal. Seus julgamentos musicais dependiam de um critério interpretativo que se banhava na política, isto é, estava condicionado pelo estatuto ideológico que postulava a unidade entre "música *culta*", *Volksmusik* e "música de entretenimento". Nesse contexto, os compositores da tradição clássica alemã – e aqueles contemporâneos avaliados como seus herdeiros – surgiam enquanto os representantes da verdadeira Alemanha, das raízes do povo germânico (*Volkisch*). Concretamente, os cânones alemães do século XVIII e XIX, e as obras dos contemporâneos alemães de escrita romântica, dominavam o repertório dos nazistas. Aí estavam harmoniosamente articulados dois pressupostos: o preconceito – pseudocientífico e historicista – da existência e continuidade de uma cultura alemã superior e a presunção da batalha fictícia entre os valores mitológicos germânicos, por um lado, e as influências estrangeiras "degeneradas", de outro. Logo, não era uma mera coincidência que o repertório oficial refletisse o gosto pessoal dos membros do partido e dos curadores do Estado.

O suporte para sua música era reforçado pelo viés editorial da imprensa filiada ao partido e controlada pelo Estado, por patrocínios públicos para festivais ou eventos que expusessem a música representativa dos valores culturais postulados pelos nazistas, e pelo endosso – através de patronagem – direto de Hitler, Goebbels, Göring, Rosenberg, Ley e outros. Por discursos, escritos políticos e os muitos porta-vozes da mídia, os nazistas já tinham mostrado suas preferências musicais muito antes de assumirem o poder. Por isso, depois da ascensão de Hitler, em 1933, poucas foram as ocasiões em que o governo teve de determinar explicitamente o que podia ou não ser tocado. O princípio antissemita fora imposto, mas também não foi preciso um peneiramento oficial maior para o restante do repertório.

No caso específico da Filarmônica, as intervenções em sua programação dimanavam, sobretudo, do controle político direto exercido. Mas, de um modo geral, isso só ocorria quando os concertos eram explicitamente auspiciados pelos nazistas, isto é, em funções do partido ou eventos patrocinados pelo Estado. Isso incluiu as apresentações da Filarmônica nas Jornadas Partidárias (Reichsparteitage) de Nurembergue, nos vários eventos musicais e artísticos de Munique e Düsseldorf, ou nas celebrações de aniversários especiais. Via de regra, a censura fundamentalmente definia parâmetros que subentendiam preferências estéticas, embora também deixassem ao artista, de algum modo, a possibilidade de opção. Por exemplo, em 1937, o Diretor de Cultura do Reich (*Reichskulturverwalter*), Hans Hinkel, escreveu a Karl Böhm:

> A pedido do ministro do Reich, dr. Goebbels, você foi designado para reger a música de abertura (uma sinfonia) no encontro anual da Câmara de Cultura do Reich, na manhã de 26 de novembro. Solicito que entre em contato comigo o quanto antes e me faça saber de sua proposta quanto à escolha da peça.[1]

As circunstâncias ditavam o marco das expectativas – esse evento da Câmara de Cultura era uma festa do próprio Ministério

---

1   BArch R56I/126, Hinkel para Böhm. A BPhO, dirgida por Böhm, oferece obras de Wagner e o concerto para violino de R. Schumann, entre outros, para a celebração da Câmara de Cultura do Reich na Ópera Alemã. Solista: G. Kulenkampff (violino).

da Propaganda –, deixando-se para o regente as sugestões específicas. Com músicas de Schumann e Wagner, Böhm apresentou um programa adequadamente festivo e compatível com os requisitos nazistas.

Em 1943, Hitler quis ouvir algumas de suas obras preferidas executadas pela Filarmônica sob a batuta de Furtwängler: "O *Führer* deseja ouvir, no mesmo programa, uma sinfonia de Bruckner e uma de Beethoven."[2] Objetivamente, tais solicitações eram perfeitamente compatíveis com as prerrogativas do ministério, do governo e do partido, pois a orquestra era deles, eles pagavam suas contas e, nesses casos, providenciavam o lugar para as apresentações. De fato, era um luxo extraordinário ter uma orquestra à disposição, mas ao menos Hitler concedia ao maestro e à orquestra a possibilidade de definir as sinfonias de Bruckner e Beethoven a apresentar.

Embora a determinação do programa pelos escritórios políticos significasse uma clara restrição à liberdade artística, a verdade é que as demandas do partido não estavam em desacordo com o repertório prevalente na Filarmônica. Em 1935, por exemplo, nos 178 programas da Filarmônica foram ouvidas 85 obras de Beethoven, 45 de Brahms, 28 de Bach, 16 de Handel, 15 de Pfitzner, 20 de Robert Schumann, 29 de Richard Strauss, 16 de Wagner, 19 de Weber, 16 de Bruckner, 26 de Haydn, 38 de Mozart e 20 de Schubert. O único compositor não alemão que chegou a dois dígitos foi Tchaikóvski, com 18 apresentações[3]. Esta proporção não sofreu alterações significativas ao longo de toda a década seguinte e a maior parte do repertório continuou a ser extraído do cânon germânico. Mesmo após o nascimento da Reichsorchester, as reais necessidades de intervenção do Ministério foram raras: as preferências musicais dos nazistas e o núcleo do repertório da Filarmônica harmonizaram-se desde o início. Tal reciprocidade, ou complementaridade, tinha origem em vários fatores. Em primeiro lugar, as séries mais importantes da Filarmônica, em 1933, eram os concertos "populares" de domingo e terça-feira, bem como os prestigiosos Philharmonische Konzerte. Preocupações comerciais implicavam a programação dos concertos populares, que

2 ZBZ BF 55, Nota do Prefeito Paul Giesler, Munique, 31.5.1943.
3 BArch R55/245, BPhO, Informe anual, 31.3.1935.

para alcançarem sucesso de público apresentavam um repertório bem conhecido e acessível. Típico, nesse sentido, foi o programa de 24 de setembro de 1933, sob a batuta de Heinz Bongartz: o prelúdio de "Die Meistersinger", de Wagner, "Eine kleine Nachtmusik", de Mozart; adágio e fuga da Suíte em Sol Menor, de Bach; a "Abertura Leonora nº 3", de Beethoven; o prelúdio de "Euryanthe", de Weber; obras para violoncelo, de Chopin, Fauré e Popper; por fim, a música do balé "A Rainha de Sabá", de Karl Goldmark. Esse tipo de programa, em estilo *potpourri*, oferecia poucos riscos estéticos. A orquestra não podia se permitir desafiar ou afastar o instável público de classe média berlinense que dispunha de inúmeras opções de entretenimento noturno nos anos de 1930. Os nazistas, por motivos raciais, podiam desgostar de um punhado de compositores, mas a programação popular da Filarmônica – que respondia por quase metade dos concertos da orquestra – costumava ser esteticamente convergente com as diretrizes musicais do partido.

Os programas populares não eram atraentes apenas para o público das classes média e baixa. A orquestra, que até 1934 fora uma empresa privada, estava habituada a modelar programas ao comando e gosto de patronos endinheirados. O amante de música abastado disposto a pagar poderia ouvir exatamente o que desejava. Quando Paul Winkelsesser – o velho mecenas da Filarmônica – faleceu, em 1935, deixou para o grupo a generosa soma de 40 mil marcos. O donativo, entretanto, acompanhava-se de uma condição:

> que, em meados de janeiro, época de seu aniversário, a orquestra fizesse um concerto em sua memória. O programa, que dá testemunho de seus gostos musicais, foi fixado pelo benfeitor: a "Inacabada", de Schubert, o "Concerto Duplo para Dois Violinos", de Bach, e três movimentos da 9ª Sinfonia de Beethoven. Esse programa será sempre executado no dia da recordação[4].

A tradição de concertos em memória de Winkelsesser durou até 1937. Porém, o que mais chama a atenção aqui é a perfeita correlação entre as preferências musicais do mecenas

---

4 ABPHO, *Philharmonische Blätter*, 1935, n. 8.

burguês – Bach, Schubert, Beethoven –, e os valores musicais dos novos ditadores alemães.

Os Philharmonische Konzerte, por sua vez, ficavam sob a direção de Furtwängler. Ele, apenas, era responsável pela programação, incluindo a seleção de solistas, regentes convidados e repertório. No entanto, a autonomia do curador não era completa, porquanto certo cuidado comercial se fizesse necessário. Ora, os Philharmonische Konzerte constituíam a principal fonte de renda da orquestra, de modo que não se podia correr o risco com programas aventurosos. Berlim dos anos de 1920 e 1930, porém, era um ambiente cosmopolita e musicalmente progressista, e a Filarmônica, malgrado seu caráter burguês em termos organizativos e financeiros, não era propriamente um baluarte do conservadorismo. Em 1920-1921, durante a última temporada dos Philharmonische Konzerte sob a direção de Arthur Nikisch, o dez concertos principais da orquestra incluíram peças desafiadoras: "Aparições Fantásticas de um Tema de Berlioz", de Walter Braunfeld; a Sinfonia nº 7 de Mahler; o Concerto para Violino, de Ernst von Dohnányi; o "Rondó para Orquestra", de Eduard Erdmann; e a "Abertura Sinfônica Sursum Corda", de Erich Wolfgang Korngold. Essa seleção de Nikisch mostra sua adesão a uma versão moderada do "modernismo", refratária aos excessos vanguardistas de um Webern ou Varèse, por exemplo.

Embora seu repertório fosse consideravelmente mais amplo que o cânon romântico alemão, a marca de Furtwängler na programação da Filarmônica divergia sutilmente da de seu predecessor. Em sua primeira temporada frente aos Philharmonische Konzerte, em 1922-1923, regeu, ao longo dos dez concertos realizados, sete obras de compositores vivos: "En Saga", de Sibelius; a "Abertura para Käthchen von Heilbronn", de Pfitzner; o Concerto para Violino de Glazunov; "Till Eulenspiegel", de Richard Strauss, a Sinfonia nº 2, de Max Trapp, e as "Cinco Peças Orquestrais op. 16", de Schoenberg. Nas temporadas seguintes, nomes como Stravínski, Mahler, Prokófiev, Schoenberg e Hindemith apareceriam no repertório, mas as escolhas musicais – bem como o caráter de suas próprias composições – ocultavam a preferência de Furtwängler pelo grande romantismo. Mais tarde, ele explicaria como elaborava os programas:

Se me perguntarem por que continuo trazendo ao palco certas obras dos séculos XVIII e XIX, só posso responder de um modo: porque [...] meu comportamento musical não é regido primordialmente pela curiosidade de um peregrino ou por interesses intelectuais, mas pela emoção. Apresento as grandes obras porque sou apaixonado por elas. O entusiasmo, calor, doçura, beleza e grandeza que as obras de escol, e apenas elas, evocam em mim, constituem a fonte, a razão de toda música que faço.[5]

Compositores como Braunfels, Mahler e Korngold não foram interpretados por Nikisch. E o regente não o fez não porque fossem judeus ou tivessem ascendência judaica. Igualmente, afirmar que Furtwängler os evitou deliberadamente é especioso – pense-se, apenas, na sua relação com Schoenberg[6]. Ambos os regentes guiavam-se por diretrizes estéticas, não étnicas. Durante o Terceiro Reich, todos esses compositores – acima listados – escolhidos por Nikisch, em 1920-1921, foram ou completamente banidos dos programas orquestrais ou cruelmente criticados – e não apenas por sua ascendência, mas pelas inclinações musicais progressistas[7]. O repertório de Furtwängler, já em 1922, possuía um perfil adequado à futura orientação nazista. Na temporada de 1932-1933 – que atava o fim da República de Weimar à aurora do império nazista –, o programa dos Philharmonische Konzerte continha seis obras de compositores vivos: O 5º Concerto para Piano de Prokófiev (com o pianista ao teclado); a peça "Variações e Fuga", de Gottfried Müller[8]; duas pequenas peças de Karl Marx e Hugo Reichenberg; "Till Eulenspiegel", de Richard Srauss; e a *première* de "Mouvement Symphonique nº 3", de Arthur Honegger.

Richard Strauss era um clássico em sua própria época. Venerado antes e depois de 1933, seus poemas sinfônicos já estavam enraizados no repertório sinfônico. Para muitos, era o herdeiro de Richard Wagner, e os nazistas não poderiam resistir à sua sedução, assim como Richard Strauss, em grande medida, não poderia resistir à sedução nazista[9]. Os demais composito-

---

5 PKW, Artigo de jornal "Nur weige Musik erschöpft sich nicht".
6 Ainda três músicas de Mahler faziam parte do programa de 15.01.1932.
7 Cf., Dohnányi, Braunfels, Erdmann, Korngold no *Grove Dictionary*.
8 F.K. Prieberg, *Handbuch*, p. 4719.
9 M.H. Kater, *Composers of the Nazi Era*.

res contemporâneos da temporada de 1932-1933, os alemães Müller, Marx e Reichenberg continuaram a ser tocados em Berlim e em outros lugares durante todo o Terceiro Reich. Eles representavam a geração de compositores alemães cujo idioma musical permanecia firmemente plantado no século XIX. Müller se tornou membro do partido em 1933, e dedicou seu "Réquiem a um Herói Alemão" a Adolf Hitler[10]. Apesar dessa bizarrice, a obra foi muito apreciada não só por Goebbels, mas ao que tudo indica, pelo próprio Furtwängler:

> Com a presença do *Führer* num ensaio da Filarmônica e do Coro Kittel, o "Réquiem Alemão", de Müller. Ele escreveu a peça aos dezenove anos de idade. A peça é imatura, mas também vulcânica, hábil, ousada – moderna, porém musical. Talvez um talento significativo para o futuro. O *Führer* está muito impressionado. Furtwängler, que também estava lá, falou muito positivamente. Müller ainda é muito jovem, muito pouco autoconsciente e experiente.[11]

Arthur Honegger, um dos compositores estrangeiros que figuravam no programa dos Philharmonische Konzerte na temporada de 1932-1933, só voltou a ser ouvido na Filarmônica depois da guerra. Até 1933, o compositor francês manteve boas relações com a Filarmônica – não menos que sete de suas peças entraram no programa da orquestra no correr da década de 1920. Inclusive, havia dedicado seu "Mouvement Symphonique nº 3" à Filarmônica e a Furtwängler. Com uma influência idiossincrática de Bach e um idioma harmonicamente rico, a música de Honegger era moderna, mas inofensiva. Não há registros de que suas obras tenham sido oficialmente banidas da Alemanha. Enquanto Debussy, Ravel, Roussel e Jean Françaix, entre outros compositores franceses, continuaram a ser tocados pela Filarmônica sob a regência de maestros como Dimitri Mitropoulos, Leo Borchard e Herbert von Karajan, Furtwängler só voltou a reger Honegger perante a Filarmônica uma única vez – no concerto de comemoração do 70º aniversário da orquestra, em 1952. Por outro lado, a total ausência de Honegger no repertório de Furtwängler entre 1947 e 1954

---

10   F.K. Prieberg, *Handbuch*, p. 4720.
11   J. Goebbels, *Tagebücher 1924-1945*, p. 116.

sugeriria que a ausência anterior – entre 1933 e 1945 – fora motivada por razões musicais, não políticas.

Já as considerações em relação a Prokófiev sob as diretrizes do protocolo musical nazista foram mais contenciosas: sua música era ousada, mas não radical; ele era famoso, mas um cidadão soviético. Tocaram-no duas vezes em 1938-1939. No final de 1939, Claudio Arrau regeu seu 3º Concerto para Piano e, em 1940, em meio às incertezas do pacto entre Hitler e Stalin, Heinz Stanske brindou os alemães com a *première* do 2º Concerto para Violino. Embora o regime tenha encontrado dificuldades em decidir o que fazer com Prokófiev, sua música só foi proscrita depois que a União Soviética entrou na Guerra, em 1941, dada a impossibilidade de promover a arte de um compositor inimigo. Por razões que apenas o maestro deveria conhecer, após a temporada de 1932-1933, Furtwängler jamais incluiu uma obra de Prokófiev em seus programas, o que não deve ter sido consequência de uma proibição ideológica, mas opção pessoal.

Esses dois exemplos – Honegger e Prokófiev – ilustram como as imposições políticas não eram o único meio de harmonizar a cultura sob o jugo nazista. As inclinações naturais de Furtwängler por determinada música facilitaram, *per se*, o processo de reformulação do repertório básico da Filarmônica. Além disso, se não uma total autocensura, ao menos uma maleabilidade na definição das prioridades, combinada com as próprias mudanças na carreira de regente – que transitava do patamar de maestro famoso de idade mediana à lenda teutônica do maestro sênior –, faziam com que os casos mais difíceis fossem marginalizados, descartados ou substituídos por equivalentes alemães.

Por pressão, ou decisão própria, ao elaborar o programa dos Philharmonische Konzerte da temporada de 1933-1934, Furtwängler elegeu apenas compositores contemporâneos alemães para complementar a invariável dieta clássica à base de Beethoven, Brahms, Bruckner, Richard Strauss, Mozart, Bach, Haydn e Schubert. Os escolhidos foram: Paul Graener, Max Trapp, Siegfried Müller, Hans Pfitzner e Paul Hindemith. Depois de Strauss, incontrastável, Hans Pfitzner era o outro grande ancião da música alemã, uma nobre relíquia da tradição oitocentista; Graener, em 1936, foi nomeado vice-presidente da Câmara de Música do Reich; Trapp afiliara-se ao partido em 1932; a música de Siegfried Müller se tornou popular em toda a Alemanha depois de 1933; Hindemith era considerado uma estrela em ascensão no universo compositivo alemão. A nacionalidade comum dos cinco músicos contemporâneos poderia ser mera coincidência, mas também poderia sinalizar uma aquiescência de Furtwängler ou, antes, ser indicativo de seu consciente jogo tático frente ao regime nazista.

O já mencionado "Caso Hindemith", deflagrado em dezembro de 1934, é frequentemente mencionado como uma colisão entre Furtwängler e os nazistas no plano estético[12]. A verdade, porém, é mais complexa. Furtwängler, há muito defendia a música de Hindemith, que era um amigo muito próximo da Filarmônica. Embora sua arte fosse muito desafiadora na avaliação de Hitler ou Goebbels[13], não foi no campo da música que Furtwängler e o regime nazista se altercaram. Em sua carta de renúncia, Furtwängler escreveria: "Quando os nacional-socialistas finalmente violaram o próprio coração do fazer musical, a liberdade de atuação artística das futuras gerações – quando eu fui proibido de tocar Hindemith por razões políticas –, renunciei a todos os meus cargos."[14]

Furtwängler renunciou porque a política o proibiu de estrear a nova ópera de Hindemith, "Mathis, o Pintor", na Staatsoper, em Berlim – um inequívoco crime contra a liberdade artística. Mas, com grande sucesso de públicos e uma crítica dividida, a sinfonia da ópera de Hindemith, em março de 1934, foi estreada por Furtwängler com a Filarmônica. Não obstante, esta apresentação certamente não lhe rendeu o banimento[15]. A performance de "Mathis", no outono de 1934, foi proibida pela Reichsmusikkammer. Essa instituição foi criada por Goebbels, em 1933, com o objetivo de controlar os músicos e as atividades musicais na Alemanha. Antes de uma programação, os novos trabalhos eram submetidos à avaliação dos supervisores da Câmara de Música na Associação dos Compositores (Fachschaft Komponisten). Muitos líderes nazistas, incluindo aqueles da Câmara de

---

12 M.H. Kater, op. cit., p.17.
13 Cf. M.H. Kater, op. cit.; F.K. Prieberg, *Musik im NS-Staat*.
14 BArch (BDC) RK W0002, Furtwängler, Informe, fl. 1516.
15 Cf. M.H. Kater, op. cit.; F.K. Prieberg, *Musik im NS-Staat*.

Música, não apreciavam a estética de Hindemith, fato que por si só desencorajou muitas orquestras e casas de ópera a incluí-lo em seus programas[16]. Porém, nem mesmo os burocratas mais tacanhos podiam banir a música de Hindemith fundados em argumentos raciais ou abstratamente qualitativos. Por outro lado, nem a música, nem o homem constituía-lhes, de fato, um problema. O que chamava a atenção das autoridades, preocupando-as decididamente, era o conteúdo da ópera: "'Mathis, o Pintor', de Hindemith, procura uma resposta para o problema do lugar da arte e do artista numa época de crise política."[17] O tema central da ópera materializava uma temática desafiadora – uma provocação – que os ideólogos e burocratas nazistas, num raro momento de concordância, não podiam admitir.

Entre 1934 e 1935, o papel do artista em tempos conturbados poderia ter se constituído num campo de interesse para Furtwängler, e sua renúncia confirmava que o obstáculo à exibição de "Mathis, o Pintor" era decorrência de fatores políticos, não artísticos. Durante algum tempo, pareceu que Hindemith estava na iminência de ser reabilitado, principalmente porque sua música não era uma experiência terrivelmente aventurosa[18]. Mas, justamente por se tratar de uma luta política, não estética, é que a reabilitação não aconteceu. Então, Hindemith deixou a Alemanha, seguindo para Suíça, depois para a Turquia e finalmente para os Estado Unidos. Furtwängler permaneceu e na sua carta de reconciliação com o regime, em 1935, ofereceu uma resposta ao problema aberto por "Mathis": na Alemanha nazista, o artista tem de ser subserviente à autoridade política. Para Mathis, o pintor essa atitude era inescrupulosa. Para Furtwängler, acomodar-se à situação, ao menos musicalmente, foi um processo tranquilo.

16 Cf. M.H. Kater, op. cit..
17 E. Schmierer, *Lexicon der Oper*, t. II, p. 144.
18 ABPHO, dr. *Fritz Stege in Berliner Westen*, "Komponisten, die Man nicht mehr Aufführt", *Völkischer Beobachter*, 18.11.1934: "Hindemith está proibido. Porém, há música alheia à raça, como a peça de Igor Strawinsky "Frühlingsweihe", que os maestros das orquestras estatais podem inserir no programa sem objeções, e não importa que Strawinsky tenha falado com desprezo dos mestres da música alemã, que tenha dela zombado. É certo que podemos contar com uma revisão de sua decisão, antes que o exterior tome uma posição frente a esta automutilação da vida musical alemã".

Seja como for, pelo "Caso Hindemith" percebe-se que censuras vulgares dessa ordem foram episódios atípicos. Conquanto a política de "unificação" (*Gleichschaltung*) visasse harmonizar a atividade artística com a doutrina nazista, inexiste qualquer documento de 1933 ou 1934, conferência ou outro comunicado onde Furtwängler fosse instruído pelas autoridades sobre o que tocar e/ou com quem tocar. A unificação era muito mais um processo de condicionamento que de imposição: uma atmosfera de hostilidade e suspeitas malquistava desafios e desencorajava riscos, ao mesmo tempo que sinais emitidos davam a conhecer que tipo de escolha seria bem-vinda. A concordância geral das preferências nazistas com o gosto do "grande público" era uma motivação poderosa.

Quando Furtwängler, após o "Caso Hindemith", desvestiu-se do controle artístico da orquestra, sua relação com a Filarmônica permaneceu estreita e influente, mas restringiu-se. A direção artística da orquestra foi assaltada por uma série de nomeações políticas, começando por Hermann Stange, depois Hans von Benda, e, finalmente, Gerhart von Westerman. Na função de diretores artísticos, esses homens eram responsáveis não apenas pelo planejamento do repertório, mas pelo "quando, onde e com quem" da Filarmônica. Tais decisões não eram tomadas sem que Furtwängler fosse consultado, mas igualmente levavam em conta os interesses políticos e comerciais da orquestra, respeitadas as orientações dos superiores que os haviam nomeado. Stange, Von Benda e Von Westerman professavam lealdade ao partido, tendo sido designados a seus cargos na orquestra via Ministério da Propaganda. Os dois primeiros, aliás, foram contratados diretamente pelo governo, não pela orquestra. Sob tal controle, não havia o menor risco de que a programação da orquestra saísse dos trilhos musicais nazistas. Era impossível que os administradores indicados e pagos pelo Ministério da Propaganda propusessem uma música que, por quaisquer razões – políticas, estéticas ou étnicas – se mostrasse indesejada. Posto esse mecanismo de submissão indireta e o objetivo não menos importante de atrair público, não interessava ao diretor ou à orquestra morder a mão que os alimentava.

Mesmo nos primeiros tempos de Furtwängler, a Filarmônica, predominantemente, pisava terreno estreito, mas sólido.

Os subsequentes diretores artísticos da orquestra meramente codificaram esse padrão. Em 1938-1939, pouco mais de 50% do repertório executado provinha de seis compositores: Beethoven, Brahms, Bruckner, Haydn, Mozart e Richard Strauss[19]. Acrescente-se à lista Wagner e temos que, dos 77 programas realizados pela Filarmônica nesse período (excluindo os concertos contratados), apenas onze não incluíram nenhum desses sete compositores[20]. Em 1938-1939, a família Bach, Schubert, Schumann e Weber representava a segunda lista das opções programáticas. Novamente, como em 1934-1935, Tchaikóvski era um dos dois compositores "estrangeiros" que alcançavam dois dígitos: quinze aparições; o outro era Berlioz[21]. No todo, esse cânon compositivo representava mais de 70% da música ouvida: não apenas na temporada de 1938-1939, mas durante toda a vigência do Terceiro Reich[22].

Na crise que se seguiu à renúncia de Furtwängler, a Filarmônica foi entregue aos cuidados artísticos das mãos "protetoras e incentivadoras" da Câmara de Música do Reich[23]. Seus executivos, entre eles Paul Graener, Peter Raabe e Heinz Ihlert auxiliavam os regentes da orquestra em questões referentes à programação, promovendo alguns compositores e desencorajando outros. Esse sistema de controle e influência persistiu mesmo depois do retorno de Furtwängler. Apesar da crise desencadeada pela censura de "Mathis, o Pintor", as opções musicais dos regentes permaneceram sujeitas à sanção oficial[24]. Com o apoio da Câmara de Música do Reich, compositores singularmente medíocres como Emil von Reznicek[25], Arno Rentsch[26], Werner Egk[27] ganharam espaço nos programas da Filarmônica. Pelas bordas do repertório da orquestra,

---

19   BArch R55/197, Informe do diretor artístico, 1938-1939.
20   P. Muck, "*Einhundert Jahre* BPhO", t. III.
21   BArch R55/197, Informe do diretor artístico, 1938-1939.
22   P. Muck, op. cit., t. III.
23   BArch R55/1148, RMVP ao RMK, Ihlert, 17.1.1935.
24   ABPhO, Westerman à Câmara de Música do Reich, Seção de Compositores, 11.9.1942: "Por ordem do secretário Furtwängler tornamos disponível a partitura e o material orquestral da obra mencionada. O senhor dr. Furtwängler pede revisar a partitura e informar ao compositor."
25   F.K. Prieberg, *Handbuch*, p. 5729.
26   Ibidem, p. 5711.
27   Ibidem, p. 1301.

substituíram nomes como Mahler, Korngold, Hindemith e Schoenberg.

A criação, na Filarmônica, de um posto administrativo com controle artístico – um diretor artístico independente do maestro principal – simplificou enormemente as tarefas de programação e planejamento. Com a administração da orquestra integrada à burocracia estatal, as prioridades políticas podiam ser mais eficientemente transferidas à formulação dos programas musicais. Tal intercomunicação não poderia ser interpretada, simplesmente, como afronta à liberdade artística, pois os burocratas atendiam a ambos os lados. Quando, por exemplo, o Ministério da Propaganda enviou um memorando à orquestra apontando a inconveniência da música de Stravínski – "A apresentação de uma peça de Stravínski é indesejada, pois abriria um mal precedente"[28] –, a questão foi tratada como procedimental, tomada como uma manifestação de preocupação, não como um ditame.

Essa forma de cooperação era típica, porquanto promovia uma flexibilidade recíproca entre as partes. No melhor estilo burocrático, pretendia-se regular o repertório sinfônico, mas essa estandardização musical – dos programas – não era mais do que uma aparência sempre interrompida e desfigurada por dúvidas pessoais, inconsistências ideológicas e fatores políticos, dentre outros. Stravínski, por exemplo, era um caso desafiador. Extremamente famoso, antissemita declarado, mas com inclinação para estilos compositivos progressistas, incompatíveis com as preferências nazistas, era difícil categorizar Stravínski. Muito antes do memorando citado acima, a Filarmônica já havia aberto um precedente a respeito de Stravínski. Em 1934, "Le Sacre du printemps" (A Sagração da Primavera) foi apresentada pela orquestra sob a regência de Erich Kleiber. Kleiber deixou a Alemanha pouco tempo depois, mas a Filarmônica, em 1937, tocou "O Pássaro de Fogo", duas vezes. Primeiro com Robert Denzler, depois com Oswald Kabasta, ele próprio membro do partido. Em 1938, Eugen Jochum conduziu "Jeux de cartes" (O Jogo de Cartas) e, neste mesmo ano, num dos Philharmonische Konzerte, o próprio Furtwängler regeria "Le Baiser

---

28 BArch R55/197, RMP, Von Borries ao chefe de pessoal, registro de ata, 25.8.1939.

de la fée" (O Beijo da Fada). Tais programações não representavam desafios ou contestações à hegemonia nacional-socialista: nascidas da compreensível necessidade de se ter algum grau de variedade musical, confirmavam a ambiguidade das diretrizes políticas nazistas e a flexibilidade da sua burocracia.

Novamente, memorandos como esse sobre Stravínski eram exceções, não a regra. O compositor era parte dos 30% do repertório da Filarmônica composto por alemães contemporâneos sancionados pela Câmara de Música do Reich, programas exclusivos de música contemporânea que eram feitos em associação com a Academia de Artes sob a curadoria do compositor e maestro Georg Schumann, e concertos destinados especificamente à música de outros países. Na temporada de 1936-1937, Leo Borchard regeu programas franceses, ingleses e ítalo-húngaros. Em 1937, ainda, deu-se a Noite Sueco-Norueguesa; em 1939, um concerto patrocinado pelo Protetorado da Sociedade Alemanha-Japão; em 1941, um concerto de intercâmbio greco-germânico.

O propósito de isolar a música não alemã e a contemporânea em programas específicos servia a causas similares, a saber, reforçar a identidade alemã pela justaposição com outras tradições. A divisão racista do mundo imposta pela ideologia nazista fazia com que esse tipo de atividade fosse encarado como propaganda, não como uma ocasião para o enriquecimento musical. Os programas e os solistas eram escolhidos no intento de sublinhar as diferenças entre os povos europeus. Composições novas estreadas na Academia de Artes, como os programas "estrangeiros" tratados exoticamente, teriam no denso cânon tradicional da Filarmônica seu termo de medida. Mas a despeito dessa demarcação e distanciamento conscientes entre o nacional e os "outros", um repertório que alcançasse êxito, ainda que modesto, poderia conquistar espaço nos programas principais da orquestra. Essa manobra estratificada, nascida de uma motivação ideológica, radicava-se na existência de algum grau de variedade musical nos programas, o que demandava fontes ocasionais novas e/ou estrangeiras. Dentro de limites muito estreitos, sempre era possível encontrar lugar, de tempos em tempos, para uma obra de Prokófiev ou Stravínski que ladearia uma de Otaka, de Economidis ou de

Heinz Tiessen sem indispor o padrão estético da Filarmônica com as normas nazistas.

Sem dúvida, alguns compositores não eram admissíveis em função de pressupostos políticos ou raciais. No entanto, apesar da vigilância estatal da programação, as mudanças não se puseram automaticamente em 30 de janeiro de 1933. Enquanto Mahler, Schoenberg e Korngold eram rapidamente varridos para baixo do tapete, Mendelssohn, por exemplo, em dezembro de 1933 foi regido por Rudolf von Schmidtseck, membro do partido. E novamente seria escutado em março de 1935, quando o violinista favorito do Ministério da Propaganda, Georg Kuhlenkampff, executou seu Concerto para Violino duas semanas antes de gravar a mesma obra com a Filarmônica, com Hans Schmidt-Isserstedt[29]. Em 1936, a orquestra também gravou excertos de "A Midsummer Night's Dream", para a Deutsche Telefunken[30]. O Ministério da Propaganda não se intrometeu nessas atividades.

Mendelssohn, como parte do cânon alemão tradicional, significou problemas para os nazistas. Ainda que, se comparado ao período anterior a 1933, o número de apresentações de suas obras tenha caído sensivelmente, foi preciso anos de manipulação ideológica, política e musical para que se justificasse o desterro oficial da música de Mendelssohn das salas de concerto alemãs. Segundo a lenda, o busto do compositor nunca foi retirado do *foyer* da antiga Philharmonie, mesmo depois que sua música deixou de ser ouvida por lá[31]. Seria uma leitura romântica interpretar este fato, bem como a relativa persistência da música de Mendelssohn no repertório da Filarmônica, como um sinal de resistência. É mais provável que esses vestígios simplesmente refletissem a ambivalência inerente à ideologia da unificação (*Gleichschaltung*) musical. Antes de cada temporada, os diretores artísticos da Filarmônica eram chamados para apresentar seu planejamento ao Ministério da

---

29 Telefunken E 1824/27, Mendelssohns, "Konzert E-moll für Violine und Orchester"; solista, Georg Kulenkampff. Documento sonoro na DRA:B006205313, cf. F.K. Prieberg, *Handbuch*, p. 4559.

30 Telefunken E 1056, "A Marcha Nupcial" da "Sommernachtstraummusik", de Mendelssohn. Documento sonoro na DRA:B005005663, cf. F.K. Prieberg, *Handbuch*, p. 490.

31 Entrevista com Johannes Bastiaan, 6.2.2005.

Propaganda. Não há evidência de que esses planos tenham passado por uma revisão forçada durante os onze anos de submissão da orquestra ao Estado nazista. Isto significa que o concerto de Mendelssohn, em 1936, e o de Stravínski, em 1939, tinham o consentimento do governo.

Até o começo da guerra, a programação da Filarmônica, em geral, estava bem sintonizada com as expectativas e padrões do nazismo. Por vários motivos: o condicionamento ideológico; a força das razões comerciais; as preferências musicais de Furtwängler; o poder da autocensura; as ações afirmativas da Câmara de Música do Reich e o relacionamento cooperativo entre a burocracia estatal e a administração da orquestra. Mas na temporada de 1939-1940, o contexto impôs um conjunto de circunstâncias que influenciaria a programação. Acima de tudo, a guerra acentuava a distinção entre os aspectos artísticos e os simbólico-propagandísticos da música. A música francesa de Debussy, Franck e Ravel – todos executados até 1939 – desapareceu[32], o mesmo acontecendo à dos compositores ingleses e russos, à medida que o clima político se transformava. As escolhas musicais eram talhadas conforme o momento.

O controle foi se acirrando não apenas em relação à origem étnica da música, mas quanto a seu caráter. Em 1942, um comunicado do Ministério da Propaganda dizia: "O sr. Hinkel deu a conhecer uma decisão do sr. Ministro, segundo a qual, no que concerne à música "séria", nenhuma obra que não tenha provado seu valor pode ser executada. Obras novas e problemáticas não podem ser executadas."[33] Essa mensagem foi encaminhada a todas as orquestras alemãs, não apenas à Filarmônica. O projeto de "unificação" não era mais uma simples questão de converter princípios ideológicos em programas de música, mas de politizar a música, utilizando-a como instrumento motivador. Peças "problemáticas" conflitavam com as necessidades urgentes de organização e ordem político-sociais. O provável, quando da tomada da Polônia, em 1939, é que o próprio Goebbels tenha ordenado a transmissão de um

---

32 Berlioz que, em seu tempo, gozava de mais admiração na Alemanha que na França, continuou sendo um visitante da Philharmonie.
33 BArch R55/695, Hinkel, Protocolo da reunião de programação, 25.3.1942.

programa radiofônico com obras beethovenianas[34]. A ocasião pedia uma música heroica, que movesse e mobilizasse a nação e ninguém poderia tocá-la melhor que a orquestra berlinense. O tradicional Ciclo Beethoven da Filarmônica, transformado por Hans von Benda no mais variado Ciclo Clássico, não por acaso redespertaria, nas temporadas 1939-1940 e 1940-1941, o monopólio beethoveniano. A partir da temporada de 1939-1940, os programas da orquestra tombavam ainda mais sobre as costas de Beethoven, Bruckner, Brahms, Strauss e Wagner[35]. A desintegradora influência da música experimental foi, nesse ínterim, minorada.

O regime tinha consciência de que o poder sugestivo da música não estava limitado a um reforço positivo, simplesmente. O aperto do controle da programação imprimido por Hinkel destinava-se menos a prevenir o ressurgimento de Mendelssohn ou Hindemith ou a infiltração do jazz, do que a situações tais como a de 1941, quando a música de Mozart foi proibida. A razão: no inverno daquele ano as tropas nazistas haviam sofrido um golpe devastador no *front* oriental, não do exército vermelho, mas do inverno russo. Goebbels e seu Ministério desejavam evitar o embaraço de que o "Réquiem" de Mozart imortalizasse, em música, o erro militar de Hitler. Embora Furtwängler obtivesse autorização para gravar a obra, sua transmissão por rádio foi indefinidamente proibida[36].

À medida que a guerra avançava, o controle do governo se acentuava, especialmente em relação à programação radiofônica[37]. As restrições – impostas, voluntárias, ou nascidas da dialética maligna de sua combinação – não estavam limitadas apenas ao repertório. O impulso – dado por determinadas lentes políticas e ideológicas – em direção a certos valores musicais em detrimento de outros, também se estendia ao mundo dos *performers* – tanto a regentes como a solistas.

Em 20 de março de 1933, sob a batuta de Bruno Walter, a Filarmônica estava agendada para realizar o quarto de uma série de cinco concertos sob subscrição. Nesta época, ou desde

---

34 PJB, BPhO, Circular n. 7, 9.11.1939.
35 P. Muck, op. cit., t. II.
36 BArch R55/20585, RMVP, Hadamowsky ao diretor M, dr. Drewes, 27.11.1941.
37 PKS, Furtwängler a Westerman, 4.7.1944.

a ascensão de Hitler, Walter não havia sido o único artista judeu a apresentar-se com a orquestra. Em 6 de fevereiro de 1933, durante um dos Philharmonische Konzerte regidos por Furtwängler, o *spalla* da orquestra, Szymon Goldberg, havia tocado o Concerto para Violino de Beethoven. Três semanas depois, o renomado violinista e pedagogo Carl Flesch solou o concerto de Brahms, também com Furtwängler. Nessa mesma noite – 27 de fevereiro de 1933 – a poucos metros da antiga Philharmonie, o Reichstag era infamemente incendiado. Em 3 de março, Otto Klemperer regeu a "Missa Solemnis", de Beethoven, com Szymon Goldberg e Alexander Kipnis entre os solistas. Porém, em meados de março, em resposta ao incêndio do Reich, os nazistas fizeram uso categórico das medidas draconianas conhecidas por Regulamentação do Presidente do Reich para a proteção do povo e do Estado (Verordnung des Reichspräsidenten zum Schutz von Volk und Staat). Então, evaporavam-se os direitos de proteção assegurados pela Constituição de Weimar, enquanto a SA e a SS ficavam livres para agir violentamente contra quaisquer alvos e opositores do novo governo. Quando os nazistas declararam vitória nas eleições legislativas de 5 de março, Hitler e seu bando se impuseram como autoridade não só pela violência, mas por vias legais. O concerto previsto com Bruno Walter era uma excelente oportunidade para Goebbels – a iminência parda –, Hans Hinkel e Walther Funk – que dentro do Ministério da Propaganda emergiria como o funcionário-chave da Filarmônica – consolidarem suas posições.

O simbolismo de toda esta situação evidenciava-se demais para que os nazistas pudessem resistir: Bruno Walter, aluno de Gustav Mahler, diretor musical da Gewandhausorchester, de Leipzig, e da Berliner Städtischen Oper, era muito famoso; a Filarmônica, entretanto, orquestra que simbolizava a nova capital de uma Alemanha "renascida", estava à beira da bancarrota; por fim, o concerto de Walter havia sido organizado por Wolff & Sachs, a agência judia que atuava por trás dos Philharmonische Konzerte[38]. O *affaire* resultante de tudo isso, enfim, foi uma revolução burlesca, típica da brutalidade e ardil nazistas, que firmou o precedente para o processo de unificação da

---

38   E. Ryding, R. Pechefsky, *Bruno Walter*, p. 221.

programação da orquestra. No jornal do partido, Hinkel expressou sua versão sobre o episódio Bruno Walter nestes termos:

> Pergunta: o partido ou sua Associação de Luta pela Cultura Alemã proibiu ou tornou impossível o concerto berlinense de Bruno Walter? Resposta: não. Jamais proibimos este concerto ou impedimos o sr. Bruno Walter – que na realidade se chama Schlessinger – de regê-lo. É verdade que não foi possível garantir a segurança do evento. Como soubemos, foram os próprios organizadores do concerto que, por conta própria, o cancelaram. Chamo a atenção de vocês para o fato de que Richard Strauss recebeu cartas de ameaça até dos EUA quando aceitou reger no lugar de Bruno Walter, em Berlim.[39]

A explicação oficial de Hinkel era de um cinismo absoluto, muito embora revelasse a brilhante estratégia nazista: desencadear uma pequena crise a fim de colher os frutos desejados. O concerto de Bruno Walter não foi cancelado pelo regime, mas impossibilitado pelas circunstâncias que ele criou. Os relatos sobre o episódio variam, mas está claro que a Wolff & Sachs sofreu uma série de ameaças veladas de Goebbles[40]. Estas ameaças não significam uma ruptura nazista oficial – antes, sugeriam que certos grupos onipresentes na nova Alemanha poderiam não ver com bons olhos a presença do maestro no pódio berlinense. Naturalmente, os nazistas contavam com seu próprio esquadrão de agitadores, mas na nova constelação de poder as estratégias do partido e do governo poderiam ser desdobradas, segundo a conveniência, de forma independente ou complementar. Goebbels falava em nome dos interesses do governo, advertindo para o risco imponderável de distúrbios planejados por setores do partido ou grupos ligados a ele.

Diante de tais ameaças, o evento necessitava de proteção estatal, algo que nem o governo ou o partido estavam em condições de prover, como declararam com seu característico tom sarcástico. Então, sem a proteção necessária para o regente, para a orquestra, para os produtores e o público, o concerto não podia ser autorizado.

Nesse momento, surge a ideia, provavelmente de Walther Funk, de que se Bruno fosse substituído por um maestro menos

---

39 *Deutsche Allgemeine Zeitung*, 5.4.1933, n. 161.
40 E. Ryding, R. Pechefsky, op. cit., p. 221.

polêmico a ameaça à segurança se diluiria e o dilema seria aliviado. Observou-se – não se sabe se um oficial nazista, alguém da Wolff & Sachs, ou o próprio Bruno Walter – que Richard Strauss estava em Berlim e talvez estivesse disponível. Louise Wolff foi contra, pois se tratava de um concerto de Bruno Walter dentro de sua própria série na Filarmônica, de modo que seria absurdo convidar um regente[41]. Walter, porém, entendeu o ardil, declarando: "não tenho mais nada a fazer aqui", e partiu de Berlim naquele mesmo dia[42]. De fato, Walter cancelou seu próprio concerto. Ainda que por razões justíssimas, fez exatamente o que os nazistas desejavam.

Como, exatamente, Strauss veio a substituir Bruno Walter, é algo tão obscuro quanto historiograficamente repisado. Não obstante, o contexto de março de 1933 tornou-se irresistível à propaganda: "abandonada" por Bruno Walter, a Orquestra Filarmônica de Berlim, em tempos de desespero (os concertos de Walter também eram uma fonte de renda imprescindível), foi "salva" por um autêntico herói alemão. Assim, não só o concerto foi realizado, mas Strauss se mostrou corajoso – tapou um buraco a despeito das supostas cartas de protesto, mencionadas por Hinkel, vindas do estrangeiro[43]. Por fim, e mais espetacularmente, Strauss doou seus honorários à combatente orquestra[44].

A magnânima doação de Strauss, sem dúvida, foi feita com a melhor das intenções – beneficiar uma instituição musical em graves dificuldades com a qual estava associado desde o início dos anos 1890. É possível, ainda, que o respeito que o colega substituído lhe inspirava tenha contribuído para tal gesto. Seja como for, no contexto inteiramente politizado de 1933, a Filarmônica, apesar de seu futuro muito incerto, estava já conquistando o manto simbólico que confortavelmente a cobriria pelos próximos doze anos. Os nazistas a tinham escolhido como o cenário para um drama musical: a orquestra era o povo vitimizado, Bruno Walter e Richard Strauss, involuntariamente, desempenhavam os papéis de demônio e anjo salvador.

41   Ibidem.
42   Ibidem.
43   Essas cartas foram impressas em jornais alemães, mas os originais nunca foram encontrados.
44   Franz Trenner, *Richard Strauss Chronik*, p. 536.

O modelo ardiloso que arrancou Walter do pódio seria reeditado muitas vezes no curso dos meses e anos seguintes, com os nacional-socialistas capitalizando a ameaça, as informações falsas e a ingenuidade para transformar a paisagem musical. Ação transfiguradora que antes operava pela influência que pela força. Otto Klemperer, com sua série própria de três concertos quando líder do Coro Filarmônico, seria o próximo a receber o mesmo tratamento que Walter. Uma vez mais nos termos de Hinkel:

> Pelo bem da ordem na Alemanha, foi preciso adiar por tempo indeterminado seu concerto, que estava previsto para dias atrás. Nessa data não podíamos deixar nossas SA e SS – que necessitávamos para coisas mais importantes – à disposição do evento do sr. Klemperer. Além do mais, o público alemão vem sendo provocado há tempos por judeus fracassados nas artes. Klemperer e Bruno Walter, lamentável e compreensivelmente, tiveram de sofrer na própria carne esse sentimento popular.[45]

Segundo Hinkel, Walter e Klemperer eram simplesmente incidentes casuais da fúria antissemita alimentada e justificada pelos nazistas. Em nome das "medidas de segurança", mesmo aqueles que não nutriam especial simpatia pelos nazistas podiam se convencer da inevitabilidade das mudanças em andamento. Durante a temporada de 1933-1934, Klemperer foi substituído por Carl Schuricht como regente do Philharmonischer Chor. A manobra foi menos fanfarronesca do que no caso Walter-Strauss, mas marcada pela mesma sensação inquietante de inevitabilidade.

Carl Schuricht era o mais velho de uma geração de regentes – inclusos Eugen Jochum, Hermann Abendroth, Karl Böhm e Herbert von Karajan – cujas carreiras foram construídas sob a égide do regime nazista. É impossível saber como suas vidas musicais teriam se desenvolvido se a saída forçada de Klemperer não tivesse aberto espaço para Schuricht, se Jochum não estivesse lá para substituir Furtwängler depois do "Caso Hindemith", se Abendroth não tivesse se tornado sucessor de Bruno Walter na Gewandthausorchester, se Fritz Busch não tivesse abandonado Dresden, de modo que Böhm ocupasse seu lugar,

---

45 *Deutsche Allgemeine Zeitung*, 5.4.1933, n. 161.

ou se Göring não houvesse apadrinhado o mestre-de-capela de Aachen, Herbert von Karajan. Todos eram homens de talento excepcional, com carreiras já bem-sucedidas ou em vias de sucesso no começo da era nazista e que, portanto, teriam se destacado independentemente das condições que o nazismo estabeleceu. Clemens Krauss e Knappertsbusch eram também regentes eminentes, muito admirados por homens de vulto no regime de Hitler. Alguns eram membros do partido, outros não. Decisiva, no entanto, não era a convicção política pessoal, mas a poderosa fórmula de talento, ambição e nacionalidade. Esses homens representavam o "melhor da Alemanha", sendo celebrados, comercializados, promovidos e mascateados como brinquedos pela elite nazista. Eram favorecidos e reciprocavam os favores. Cada um tinha sua base ou numa grande orquestra ou numa casa de ópera alemã ou austríaca, mas todos cultivavam uma longa relação com a Filarmônica.

Ocorre que, durante o Terceiro Reich, a Filarmônica também teve de lidar com a sua quota do "pior da Alemanha". Antes de 1933, como empresa privada, a orquestra podia ser contratada para fins de publicidade, marketing ou pura vaidade. Na era nazista, a pressão financeira para aceitar esse tipo de contrato – embaraçoso às vezes – desapareceu. Mas no lugar de charlatães endinheirados surgiram os charlatães arrivistas. Hermann Stange é o exemplo mais flagrante de carreirismo perseguido através do *lobby* político. Werner Richter-Reichhelm, Kurt Overhoff, Otto Frickhoffer, Hans Weisbach e Heinrich Steiner estão entre um punhado de regentes do segundo e terceiro escalão que por conta do partido[46] galgaram alguns degraus. Bateram às portas certas e recorreram diligentemente às autoridades da Reichsmusikkammer até conseguirem a brecha para reger a Filarmônica. A maioria só por uma vez. Alguns nem isso. Do Ministério da Propaganda à gerência da Filarmônica: "O convite para o totalmente desconhecido regente de orquestra de rádio Winter deverá ser abandonado"[47]. Mesmo o nepotismo tinha seus limites.

---

46   F.K. Prieberg, *Handbuch*, p. 5745, 5073, 1683, 7628, 6847.
47   BArch R55/197, RMVP, Von Borries ao chefe de pessoal, registro de ata, 25.8.1939.

A NOSSA MÚSICA ALEMÃ: PROGRAMAÇÃO   211

Assim como poucos são os registros de influência direta sobre o programa da Filarmônica, mínimas foram as vezes que regentes menores – fosse por intrigas políticas, trabalho duro ou sobrevalorização – ficaram à frente da orquestra. À orquestra, seus administradores e governo interessava assegurar que a Filarmônica de Berlim mantivesse seu mais alto nível, sustentasse sua excelência e provesse um fórum para que só "o melhor da Alemanha" brilhasse. A elite do regime não permitiria que seu estimado instrumento se desgastasse nas mãos de inexpressivos regentes de província. Por isso, durante o Terceiro Reich, a orquestra sempre contou com a participação de um panteão de maestros. Na temporada de 1941-1942, Abendroth, Böhm, Jochum, Knappertsbusch e Schuricht tiveram suas próprias séries. No que tange a quantidade de programas por temporada, houve períodos em que cada um destes regentes teve uma atuação mais intensa com a orquestra do que o próprio Furtwängler[48].

Além de seus concertos regulares, Hermann Abendroth, Karl Böhm e Hans Knappertsbusch eram os que mais regiam a Filarmônica em suas apresentações oficiais. A seu favor seja dito, uma vez mais, que Furtwängler procurava se esquivar das obrigações mais bombásticas da Reichsorchester, mas o regime sempre encontrava um substituto adequado. Embora Abendroth fosse o único membro do partido, ele, Böhm e Knaeppertsbusch eram virtualmente intercambiáveis, em termos de programa, quando se tratava de reger a Filarmônica em turnês, para o *Kraft durch Freude*, nas Jornadas Musicais do Reich (Reichsmusiktage), no Dia da Arte Alemã (Tag der Deutschen Kunst) ou nos eventos da Câmara de Cultura do Reich. Knappertsbusch regeu três vezes a orquestra por ocasião do aniversário de Hitler. Em 1941, foi a vez de Böhm, que nesta temporada excursionou pelos Bálcãs, França e Espanha; Abendroth regeu concertos especiais (Sonderkonzerte) sob a patronagem de Göhring e Goebbels em 1942 e 1943, respectivamente. E esses são apenas alguns exemplos[49]. Sintetizando, física e psicologicamente, traços dos ideais nazistas,

---

48   BArch R55/246, Informe do diretor artístico, 1940-1941.
49   P. Muck, op. cit., t. III; F.K. Prieberg, *Handbuch*; ABPHO, Coleção de programas.

os três trabalharam com qualidade e zelaram pelos valores musicais da tradição alemã.

Nos dois anos em que Carl Schuricht esteve à frente do Coro Filarmônico – de 1933 a 1935 –, uma colaboração frutífera com a orquestra despontou. Frequentemente pediam-lhe, no último minuto, que substituísse um colega indisposto, e, pelo repertório e idade, desempenhava o papel de um "Furtwängler de segunda classe". O diretor geral de música (*Generalmusikdirektor*) de Wiesbaden regeu o primeiro dos Philharmonische Konzerte da temporada de 1936-1937, quando Furtwängler estava ausente. Na temporada de 1937-1938 foi-lhe confiada uma série de concertos de música "moderna", incluindo peças de Stravínski e Roussel, quatro Noites Clássicas (Klassischen Abende), e a série completa de seis concertos com obras de Beethoven e Mozart. Schuricht, uma espécie de "faz-tudo" musical, regeu em 1938 programas populares para a KdF, concertos especiais de música contemporânea, um ciclo de Schumann e o festival em homenagem a Max Reger. Na temporada de 1941-1942, Schuricht foi recompensado por sua dedicação com uma série própria de concertos sob assinatura.

Tal como Schuricht, a relação de Eugen Jochum com a Filarmônica foi precipitada por acontecimentos extramusicais. Sua estreia com a orquestra aconteceu em 1932, mas sua carreira na Filarmônica decolou apenas quando o então *Generalmusikdirektor*, em Hamburgo, foi escolhido, por uma combinação de motivos artísticos e políticos, para a tarefa crucial de dirigir o primeiro dos Philharmonische Konzerte após a renúncia de Furtwängler, em 1934. Jochum foi o primeiro regente autorizado a fazer uma turnê com a Filarmônica na ausência de Furtwängler. Desde então, tornou-se uma figura regular no pódio berlinense, mantendo, a partir de 1935-1936, uma série – por assinatura – composta de quatro concertos. Em 1938 e 1940, viajou com a orquestra para a Escandinávia, em 1942 para Paris, e em 1943 regeu um concerto especial no escritório de propaganda do Reich (Reichspropagandaamt).

Se Clemens Krauss, com seus compromissos em Munique, Salzburg e Viena, não regeu a Filarmônica tantas vezes quanto a maioria de seus colegas, em ocasiões importantes ele o fez:

em 1939, para as festividades em comemoração dos 75 anos de Richard Strauss; em 1941, para o aniversário de 75 anos de Sibelius[50]; em 1942, quando acompanhou a grande turnê da orquestra pela França, Espanha e Portugal, onde se apresentou para trabalhadores franceses, para a Cruz Vermelha e para a Wehrmacht, além de realizar um concerto beneficente – aparentemente pelos pobres de Lisboa –, e uma série de apresentações para a elite franquista madrilena. Na turnê pela Península Ibérica, no ano seguinte, foram realizadas duas performances de "Tristão e Isolda" na Lisboa de Salazar: com a orquestra no fosso provavelmente pela primeira vez em sua história, as récitas foram regidas por Robert Heger.

O último a se instalar no panteão dos regentes alemães da Filarmônica foi Herbert von Karajan, recrutado de Aachen para a temporada de 1937-1938 da Berliner Staatsoper. A natureza da ascensão meteórica de Von Karajan permanece envolvida nas ambiguidades e intrigas do período dominado pelo Terceiro Reich. Carismático e ambicioso, duas vezes filiado ao partido, Von Karajan atou à sua habilidade pessoal a força política da proteção de Göring para catapultar-se ao topo de sua classe[51]. Seu primeiro concerto com a Filarmônica deu-se através do convite de Hans von Benda, que explicou: "como os dois concertos bem-sucedidos de Von Karajan na Philharmonie puseram em marcha negociações com a Staatsoper, pareceu-me evidente trazê-lo também à Filarmônica de Berlim"[52]. O concerto ocorreu em 8 de abril de 1938. No programa, a Sinfonia K. 319 de Mozart; a Suíte nº 2 de "Daphnis et Chloé", de Ravel; e a Sinfonia nº 4 de Brahms. Nessa época, Von Karajan tinha apenas trinta anos.

Por mais que Hans von Benda tenha justificado a contratação de Von Karajan sob a alegação de uma ocasião oportuna, o fato é que esse passo nem foi inocente nem poderia ter sido divisado em todas as suas consequências. A lendária *Wunder-Kritik*, na qual o crítico berlinense Edwin von der Müll cunhou a expressão o "milagre Karajan" (*das Wunder Karajan*)

---

50   O concerto para Sibelius ocorreu em 19.3.1941, isto é, quando o compositor já tinha 76 anos.
51   Sobre a filiação de Karajan ao partido cf. Osborne, *Herbert von Karajan*, anexo A, p. 925.
52   BArch (BDC) N0002, Von Benda, Informe, 1939.

em resposta à encenação de "Tristão e Isolda" conduzida por Von Karayan na Staatsoper, foi suficiente para, quase *per se*, criar uma comoção onde antes não havia nada[53]. Na traiçoeira, ardilosa e censurada Alemanha nazista, uma espantosa explosão de louvores irrestritos era sempre suspeita. Furtwängler, dentre outros, enxergava motivações políticas por trás do "milagre" de Edwin von der Nüll, e julgava que a promoção do jovem regente austríaco nascia de uma aliança entre Göring e seu diretor teatral Heinz Tietjen.[54]

"O caso Herbert von Karajan", escreveu Hans von Benda vários meses após a estreia do maestro com a Filarmônica, "foi, afinal, o verdadeiro motivo para o pedido de meu afastamento, pois Furtwängler estava obcecado pela ideia de que Von Karajan seria, doravante, uma arma que o diretor Tietjien utilizaria contra ele até sua demissão."[55] Furtwängler e Tietjien estavam em pé de guerra desde 1934. Os motivos remontavam a conflitos na Staatsoper – incluindo o "Caso Hindemith" –, como também em Bayreuth, onde ambos haviam travado uma disputa de poder pelo controle artístico. Segundo Von Benda, Von Karajan era um instrumento de ataque pessoal tanto na guerra entre Furtwängler e Tietjen quanto na rivalidade entre Göring e Goebbels. Por isso Furtwängler se sentiu imensamente provocado quando Von Karajan foi contratado – referiu Von Benda –, dirigindo-se aos níveis mais altos dentro do Ministério da Propaganda, possivelmente ao próprio Goebbels, para forçar a saída de Hans von Benda.

Pintando a si mesmo como uma vítima inocente, Von Benda disse estar simplesmente visando o bem da orquestra ao contratar uma estrela em ascensão que faria ocupar todos assentos da Philharmonie. Não há como saber ao certo se Von Benda buscava exacerbar a sua relação já aparentemente tensa com Furtwängler ou se imiscuir na contenda Göring-Goebbels. É improvável, no entanto, que o homem

---

53 "Tristão e Isolda" de Wagner não foi o *début* de Von Karajan na Staatsoper. Sua atuação anterior como regente de "Fidelio" foi recebida com certa reserva. Cf. Osborne, *Herbert von Karajan*.
54 BArch (BDC) RK W0002, Desnazificação de Furtwängler, 17.12.1946: "Essa crítica, a meu ver, está totalmente influenciada pelas esferas superiores [...] Só pode ter sido coisa de Göring, de Goebbels é impossível".
55 BArch (BDC) RK N0002, Von Benda, informe, 1939.

formalmente encarregado pela programação da orquestra tenha tomado por si só a decisão de contratar Von Karajan. Além do apoio de Göring, Von Karajan contava com outra importante vantagem profissional: a grande influência de seu agente, Rudolf Vedder.

Já em 1933-1934, Vedder havia tentado se impor na cena musical berlinense resgatando a agência Wolff & Sachs de seus donos judeus. O intento falhou, mas nos anos seguintes Vedder conseguiu reunir um grupo notável de regentes, dentre eles Clemens Krauss, Eugen Jochum, Paul von Kempen, Fritz Lehmann e Willem Mengelberg[56]. O sucesso de Vedder baseava-se numa sensibilidade arguta para aferir talentos e na promoção de seus artistas tanto pela via musical quanto política. Vedder não era apenas um empresário musical e um membro do partido, mas cavara também uma posição elevada no interior da Câmara de Música do Reich, dirigindo, desde sua fundação, o Departamento de Concertos (Konzertabteilung). O conflito de interesses gerado pela sobreposição entre sua atividade como agente e a assumida na Câmara de Música era insustentável, mas Vedder soube explorar magistralmente suas conexões. Mantinha boas relações com as elites da burocracia e da política, e mais tarde tornou-se um SS-*Sturmführer*, estabelecendo uma relação direta com Himmler.

> O sr. Vedder – relatou Gerhart von Westerman, sucessor de Von Benda – se orgulhava sempre da facilidade com que, em pouco tempo, podia consolidar um artista jovem e desconhecido, já que era capaz de colocá-lo de imediato em postos fundamentais nessa ou naquela cidade. [...] O simples fato de que, graças às suas influências, Vedder conseguisse destacar um regente, levava outros a buscar sua intermediação e assim abrirem-se à influência dele sobre seus concertos.[57]

Von Karajan, certamente, não foi o primeiro regente a chegar à Filarmônica através de Vedder, mas talvez tenha sido o caso mais evidente da confluência entre programação artística e intriga política. Foi provavelmente por suas ligações com Göring, Hinkel e Tietjen, dentre outros, que Vedder mediou a

---

56 Relato do dr. Gerhart von Westerman. Sem data, primavera, 1942. Fonte: NL Furtwängler, cf. F.K. Prieberg, *Handbuch*, p. 7352.
57 Ibidem.

negociação que atou Von Karajan e a Filarmônica, muito consciente dos bons frutos políticos e musicais que daí nasceriam.

Após seu primeiro concerto com a orquestra, a despeito da repercussão positiva, a relação de Von Karajan com a Filarmônica permaneceu esporádica. A desconfiança, os ciúmes e os desejos de vingança patológicos de Furtwängler, pressentidos por Von Benda, explicam, até certo ponto, as oportunidades limitadas oferecidas a Von Karajan. Mas o campo de opções de Furtwängler neste âmbito era restrito, pois desde 1934 não mantinha uma posição oficial nem exercia um controle direto sobre a programação. Seja como for, o maestro tinha de reconhecer que, diferentemente dos muitos trapaceiros que haviam chegado à orquestra pelas vias do nepotismo, o jovem rival era um talento genuíno. Assim, recorreu ao único expediente de que dispunha: lançou-se numa guerra por procuração. Explorou suas conexões, inicialmente, para demitir Von Benda e então concentrou-se em Vedder. Em defesa de Furtwängler, Gerhart von Westerman alertou para o risco de que "um comerciante e não um artista exercesse uma influência decisiva sobre a vida musical alemã"[58].

As intrigas de Furtwängler, em que pese uma notória eficácia, explicam, porém, apenas parte dos entraves a um crescimento da parceria entre Von Karajan e a principal orquestra berlinense. O outro obstáculo era o próprio maestro. Afirmava Von Westerman:

> Von Karajan fazia exigências desproporcionais e desejava reger a orquestra a todo custo [...] mas não queria ser posto no mesmo nível de outros regentes, exigindo sempre um *status* especial. Consequentemente, demandava um cachê mais alto do que o de Knappertsbusch. Por isso não foi possível uma cooperação com Von Karajan.[59]

Em função de suas próprias ambições e dos conselhos de seu empresário, Von Karajan apreçou-se acima do mercado filarmônico. Achou mais atraente as condições oferecidas pela Staatsoper e então começou a edificar sua base de poder no acampamento de Göring.

---

58 Ibidem.
59 BArch (BDC) RK W0002, Nota sobre a conversação com o sr. Von Westerman, 7.12.1946.

Entre 1939 e 1942, sem o êxito esperado, Vedder e Von Karajan, alinhando-se a Göring, seguiram lutando contra Furtwängler e Goebbels. Suas estratégias incluíam a criação de uma série independente de concertos por assinatura de Von Karajan na Staatskapelle, e a tentativa de cooptar músicos da Filarmônica para a Staatsoper. Em primeiro lugar, a implantação de uma série visava minar comercialmente as bases da Filarmônica, engendrando uma competição acirrada entre os concertos das séries secundárias da orquestra (Böhm, Schuricht, Knappertsbusch)[60]. O outro passo entendia sabotar o nível artístico da orquestra. Em 1940, o *spalla* Siegfried Borries foi cortejado, transferindo-se para a orquestra de Von Karajan. Um ano depois, um jovem violinista virtuoso que acabara de chegar a Berlim, Gerhard Taschner, resistia à tentação e se mantinha fiel a Furtwängler. Os contatos de Vedder eram fortes e os defensores de Von Karajan tinham força, mas Furtwängler e Goebbels opunham uma resistência difícil de ser expugnada. O caso Taschner terminou em 1942 com a exclusão de Vedder da Câmara de Música do Reich e o naufrágio de seu império musical. Mesmo assim, "o caso Vedder" permaneceu inextricavelmente associado à rivalidade entre Furtwängler e Von Karajan, constituindo-se num ponto de contendas e atritos que se prolongaria para além da era nazista[61].

Em relação a solistas, o esboço inicial para o contrato de Furtwängler como regente principal da Orquestra Filarmônica de Berlim GmbH incluía, em 1934, a seguinte cláusula: "é proibida a contratação de não arianos"[62]. Essa exigência antissemita não tencionava provocar. Antes, era incluída como aplicação da política de unificação racista que então deviam figurar nas relações legais entre o Estado, a orquestra e seu regente titular. Mas

60 BArch R55/197, RMVP, Von Borries ao chefe de pessoal, registro de ata, 25.8.1939.
61 PKS, Furtwängler, carta a Freda von Rechenberg, 28.7.1944: "Acabo de ser comunicado por uma fonte absolutamente informada (que não quer ser identificada), que o Secretário de Estado Naumann incumbiu o representante de Hinkel, dr. Schrade (Secretário Geral da Câmara de Música do Reich), de retomar o caso Vedder no intuito de uma reabilitação do acusado. A ação, aparentemente, também é contra o dr. Drewes [ilegível]. Peço que averigue com cuidado como anda a coisa e comunique a Westerman e ainda a Drewes (mas não por telefone e, sim, pessoalmente) esta informação absolutamente autêntica".
62 BArch (BDC) RK W0002, Contrato, Furtwängler, 1.4.1934.

Furtwängler não assinou o documento e na versão seguinte a cláusula não tornou[63]. Sua supressão, provavelmente, resultou de um recurso do maestro a Goebbels ou a autoridades ainda mais altas. Como sempre, a resistência de Furtwängler à política nazista não nascia de um amor especial por músicos judeus, mas de seu repúdio absoluto às intromissões políticas em assuntos artísticos.

Fundado nesse princípio, Furtwängler foi à guerra, convidando para a temporada de 1933-1934 solistas judeus como Bronislaw Hubermann, Artur Schnabel e Fritz Kreisler[64]. Essa atitude desafiadora era arriscada – uma provocação, um pôquer arrogante, uma tentativa de desmascarar o regime. Mas tratava-se da defesa da liberdade artística, não dos judeus. Furtwängler não era antissemita (ao menos não no sentido nazista), mas seu conflito com o regime não passava pela política racial. Conquanto em muitas ocasiões tenha tentado fazer valer sua influência com os nazistas a favor de problemas individuais de colegas[65], na decisiva questão da programação da orquestra o combate de Furtwängler não era uma resistência moral contra o antissemitismo, mas a defesa de seu próprio direito de contratar quem quisesse e quando quisesse.

Essa atitude enérgica despertava a suspeita de muitos funcionários do partido e burocratas do governo. "Pode-se citar um só judeu que Furtwängler não defenda?"[66], escreveu, com ironia, um funcionário de Hinkel, em julho de 1933. A desconfiança era a reação condicionada pelo medo, do qual o nazismo se alimentava e que nutria seu sistema de propaganda. Furtwängler não era o único sob o microscópio da acrimônia e muitos sofreram terríveis consequências. Porém, por se tratar de um músico de alto nível, celebrado e autoproclamado "Artista Alemão", o pecado de afagar músicos judeus foi comutado em conivência inocente: "é um segredo aberto que a força por trás da preferência de Furtwängler pelos artistas judeus vem da sua secretária judia. Posto o estreito contato pessoal,

---

63 BArch R55/1147, Contrato, Furtwängler, 1.4.1934.
64 B. Geissmar, *Musik im Schatten der Politik*, p. 121; BArch (BDC) RK W002, Informe da Seção de Teatros Musicais Menores, 17.8.1933.
65 Daqui deriva a famosa citação (ZBZ arquivo Furtwängler) em apoio a Schoenberg etc. Cf. debate entre Kater e Prieberg.
66 BArch (BDC) RK W002, ao sr. Comissário de Estado Hinkel, 20.7.1933.

ela e sua mãe exercem forte influência sobre as decisões do maestro"[67].

A reação oficial, em resposta à postura de Furtwängler, distorceu os fatos não para abrandar, mas para ampliar o preconceito antissemita. Rotulada de perniciosa, Berta Geissmar – afirmava-se – estava por trás dos imprudentes intenções artísticas de Furtwängler. Assim, o caso foi visto como mais um exemplo de judeus corrompendo as bem intencionadas decisões dos alemães. A verdade, no entanto, era exatamente o inverso: Furtwängler aproveitava a perseguição aos judeus para atacar as autoridades alemãs. Nessa história, Geissmar estava, efetivamente, vivendo no meio de um fogo cruzado.

Os estragos, porém, já tinham sido feitos. Depois das experiências de Bruno Walter, Otto Klemperer, Max Reinhardt, Arnold Schoenberg e muitas outras vítimas da primeira onda de limpeza étnica brutal desencadeada na Alemanha nazista, o clima político inóspito passou a afugentar os artistas judeus. Furtwängler tinha suporte para desafiar o regime, e se sentia suficientemente seguro em sua estatura para facear os políticos, ideólogos e burocratas. Contudo, nesse ínterim, os músicos judeus tiveram suas identidades como alemães, austríacos ou poloneses roubadas. Na Alemanha nazista não passavam de judeus: judeus que não tinham lugar. A luta de Furtwängler não era por eles, e eles, por sua vez, não queriam ser marionetes de um enfrentamento em que sempre, fosse qual fosse o ganhador, perderiam.

Por isso, os solistas judeus simplesmente não aceitavam os convites de Furtwängler. O violinista Fritz Kreisler, que havia estreado com a Filarmônica em 1899 sob a regência de Nikisch, e vivia em Berlim desde 1924[68], desculpou-se assim:

> Agradeço, sinceramente, seu convite para tocar sob sua direção e, em especial, pela distinção implicada em ser o primeiro artista a quem você confia a missão de reatar laços rompidos. Semelhante tarefa me encheria de orgulho se eu estivesse convencido de ser a pessoa adequada. Mas não é o caso [...] Creio que só um novo comprometimento com artistas como Bruno Walter, Klemperer, Busch etc. poderia acudir e beneficiar as perspectivas da arte na Alemanha e no exterior,

---

67   ZBZ BF 47, Informe da Seção de Teatros Musicais Menores, 17.8.1933.
68   New Grove, Kreisler.

um problema tão caro a mim quanto a você. Quanto a mim, isto só daria lugar à suspeita de que se trata de uma situação de compromisso. Então, estou decidido a postergar minhas apresentações na Alemanha enquanto neste país não for devolvido a todos os artistas o direito de desenvolverem suas atividades a despeito de descendência, religião ou nacionalidade. Confio que em breve tocarei com você uma vez mais.[69]

Bronislaw Hubermann também recusou os rogos de Furtwängler para se apresentar com a Filarmônica. Invocando os nomes de Toscanini e de Adolf e Fritz Busch, músicos não judeus que haviam deixado a Alemanha ou a estavam boicotando, o violinista argumentou que negociar com os nazistas – ou combatê-los sob seus termos – só legitimaria sua retórica e conferiria conscienciosidade a seu ódio:

> Estes exemplos de consciência superior [Toscanini, os Busch, Paderewski] deviam servir para que nenhum colega caia em compromissos aviltantes. É possível que as declarações governamentais que você conseguiu sejam o máximo que se possa alcançar por agora; lamentavelmente não me parecem suficientes para me fazer voltar a participar da vida musical alemã [...]
> Você tenta me convencer: "alguém tem que dar o primeiro passo para atravessar a parede divisória". Ah, se apenas se tratasse de uma parede na sala de concertos! Porém, a questão de uma interpretação mais ou menos competente de um concerto de violino é só um dos múltiplos aspectos – e, sabe Deus, não o mais importante – que obscurece o verdadeiro problema. De fato, não se trata de concertos de violino, tampouco de judeus, trata-se das condições mais elementares de nossa cultura europeia: a liberdade da pessoa e sua autodeterminação ilimitada, independente de qualquer vínculo de castas ou raças![70]

Em lugar de ajudar Furtwängler a desmascarar o regime, Hubermann desmascarava o próprio Furtwängler. Ele havia identificado o calcanhar de aquiles de sua ética: Furtwängler era um artista que colocava a música acima de tudo – o concerto para violino era justamente o que mais lhe importava. O maestro realmente acreditava no poder transcendental da música, ou que "a verdadeira tarefa da arte é elevar a humanidade (*Menschheit*) acima de suas fragmentações

---

69 Kreisler a Furtwängler, 1.8.1933. Transcrição abreviada, em L.P. Lochner, *Fritz Kreisler*, p. 228, cf. F.K. Prieberg, *Handbuch*, p. 1753.
70 B. Geissmar, op. cit., p. 128-130.

(*Zersplitterung*)"[71]. Porém, subestimara gravemente a extensão da ruptura que Hitler desencadeara. Hubermann percebeu o perigo que representava escaramuçar trivialidades quando o medo e o autoritarismo destruíam a tolerância e as responsabilidades individuais.

Às usurpações ideológicas do nazismo, Furtwängler respondia com a luta por preservação, por sua liberdade artística, consequentemente, pela autonomia de *sua* orquestra. Até certo ponto Furtwängler teve êxito, mas devido às concessões garantidas pelos nazistas em troca da legitimação de sua plataforma peçonhenta. Os solistas judeus rejeitaram tornar-se alvo do desprezo do regime ou peões do enfretamento entre Furtwängler, Goebbels, Göring, Hinkel, Funk e Hitler.

Em 1946, no interrogatório a que foi submetido em função do processo de desnazificação, Furtwängler relevou muito seu empenho em convidar músicos judeus a tocar com a orquestra na temporada de 1933-1934. "Gradativamente, os grandes solistas estrangeiros começaram a faltar", explicou. "Era cada vez mais difícil realizar meus programas."[72] Embora Kreisler, Hubermann e Artur Schnabel tenham se recusado a participar, a primeira temporada da Filarmônica sob o regime nazista não foi nem fundamentalmente alterada devido às negativas, nem estava desprovida de solistas judeus. Entre setembro de 1933 e abril de 1934, o *spalla* da Filarmônica Szymon Goldberg fez cinco apresentações como solista com a orquestra, e o primeiro violoncelo Joseph Schuster tocou os concertos de Dvorák e Saint-Saëns. Ainda em novembro de 1934, Nicolai Graudan executou o concerto para violoncelo de Schumann e, nesse mesmo outono, participou dos Philharmonische Konzerte sob a regência de Furtwängler. Até o *Halbjude* Hans Bottermund, em novembro de 1936, tocou com a Filarmônica o Concerto para Violoncelo de Dvorák, seis semanas depois de dividir o programa com o fagotista Karl Leuschner, apelidado "Mestiço" (*Mischling*)[73].

A presença constante de músicos judeus na orquestra constituía, sim, um problema, mas apresentá-los proeminentemente

---

71 PPM, Informe, Furtwängler, p. 13.
72 BArch (BDC) W0002, Desnazificação de Furtwängler, 9.12.1946.
73 P. Muck, op. cit., t. III.

como solistas nos programas de concerto poderia ter representado uma posição abertamente desafiadora. Se essas escolhas tivessem simbolizado o protesto de Furtwängler – ou da orquestra – contra as leis e sentimentos antissemitas que violavam a liberdade artística no começo da era nazista, teria sido natural tê-las apontado, mais tarde, no período do pós-guerra, como exemplo de uma resistência consciente e conscienciosa. Mas este não era o caso. A atuação de solistas como Goldberg, Schuster, Graudan, Bottermund e Leuschner fazia parte da longa tradição da Filarmônica de exibir seus principais instrumentistas. Que fossem judeus era apenas uma coincidência. Nesse sentido, a continuação dessa tradição, após 1933, não caracterizou um desafio. Antes, refletia a incerteza de artistas e administradores em se acomodarem às novas condições culturais da Alemanha.

Esta incerteza supôs, pontue-se, um período de consolidação, que se estendeu entre 1933 e 1936, aproximadamente. Período onde os programas da Filarmônica mantiveram sua tradição, de modo que ofereciam uma livre mistura humana – que absorvia desde artistas judeus até os que eram membros do partido. Em 14 de novembro de 1933, por exemplo, Joseph Schuster solou o Concerto para Violoncelo de Saint-Saëns com o regente Helmut Kellerman, afiliado ao partido[74]. No primeiro dos Philharmonische Konzerte de Furtwängler da temporada de 1934-1935, atuaram os solistas Nicolai Graudan, Siegfried Borries e o membro do partido Walter Gieseking[75].

Não obstante, mesmo depois dos artistas judeus desaparecerem dos programas da Filarmônica, não foi criado nenhum modelo que apoiasse abertamente os membros ou simpatizantes do partido em detrimento de colegas politicamente menos favoráveis. Ativos defensores de Hitler, os pianistas Elly Ney e Winifried Wolf atuavam nas temporadas com a mesma frequência que Edwin Fischer e Karlrobert Kreiten – o primeiro era um suíço apolítico acérrimo; Kreiten, denunciado e preso pela ss, foi assassinado[76]. Em 26 de fevereiro de 1936, a orquestra deu um concerto com obras de Bach, Schumann

---

74   F.K. Prieberg, *Handbuch*, p. 3613.
75   Ibidem.
76   F. Lambart (ed.), *Tod eines Pianisten*.

e Ravel: o regente Dimitri Mitropoulus era um homossexual declarado; o pianista Wilhelm Kempff, depois da guerra, foi incluído na lista negra dos norte-americanos como um representante cultural-chave do regime nazista. Em 1938, no Ciclo Beethoven-Mozart dirigido por Carl Schuricht, os violinistas Röhn, Kolberg e Reinhard Wolf apresentaram-se como solistas, como também o francês Robert Casadesus, a pianista-prodígio Anna Antoniades (russa) e a pianista da Ucrânia Lubka Kolessa, amiga de Bruno Walter.

Na verdade, solistas estrangeiros eram raros. Usual era a presença de regentes estrangeiros durante o Terceiro Reich. Beecham e Mengelberg, por exemplo, tinham relações de longa data com a Filarmônica. Beecham continuou indo a Berlim mesmo depois que os nazistas chegaram ao poder: primeiro para reger a Filarmônica, depois em turnê com sua própria London Orchestra. Apesar de sua estreita relação com a obra de Mahler, Mengelberg, muito respeitado, permaneceu como um convidado regular. Nos anos seguintes, os regentes estrangeiros, independentemente de suas posições políticas individuais, tendiam a representar os países "amigos" do Reich: por exemplo, Victor de Sabata, da Itália; Hisatada Otaka, do Japão; Georges Georgescu, da Romênia; Václav Talich, da Tchecoslováquia. Nesse sentido, concertos como a série Regentes Estrangeiros com Solistas Alemães, de 1937 – onde, por exemplo, o regente Lovro von Matacic tocou com Hugo Kolberg obras de Wagner, Mussorgsky, Lalo e Bruckner –, serviam para legitimar o regime nazista e ao mesmo tempo manter uma fachada de tolerância. Seja como for, tanto a gerência como os funcionários, os ideólogos e os músicos, estavam de acordo quanto a convidar apenas regentes do mais alto nível para atuar com a Filarmônica[77].

Naturalmente, para os concertos da KdF, eventos do partido ou funções contratadas pelo regime só regentes e solistas alemães eram encarregados. Se possível, membros do partido. Assim se organizou A Noite Wagner e Weber, da KdF, de 31 de janeiro de 1937 – Erich Orthmann dirigiu, Tiana Lemnitz e Hans Hermann Nissen cantaram, todos do partido. Do mesmo

---

77 ABPHO, *Philharmonische Blätter*, 1935-1936, n. 13.

modo, nas frequentes récitas da Filarmônica da 9ª Sinfonia de Beethoven, seus colaboradores regulares incluíam os cantores Rudolf Watzke, Walther Ludwig e Elizabeth Hoenger, assim como o coro de Bruno Kittel, cujo regente não só era um amigo próximo de Furtwängler, mas também um leal e antigo membro do partido[78].

Tais eventos, abertamente políticos e decorosos, exigiam, pois, uma programação – em termos de repertório, maestro e solistas – condizente. Contudo, a qualidade musical dos concertos sempre era o objetivo primário de cada função. Sem dúvida, a politização da música e da programação musical na Alemanha nazista foi levada a cabo a um altíssimo preço. A cultura musical alemã sofreu danos irreparáveis em consequência da insensata política antissemita do regime. A mudança de modelo ou, antes, de foco, em relação ao repertório, também negou a diversidade e tolheu um crescimento musical progressivo. No entanto, a Filarmônica de Berlim se aclimatou jeitosamente às novas condições, gozando seu papel de principal expoente da cultura musical germânica, que foi estimulada a cumprir dentro do mais alto nível. Inadvertidamente, então, a orquestra colaborou habilmente com o nazismo, mantendo a excelência sem Walter, Klemperer, Schnabel, Kreisler, Huberman, Busch ou Toscanini, levando adiante a tocha do cânon musical alemão sem Mendelssohn, Schoenberg, Mahler e Hindemith. "Hitler era o primeiro a julgar os artistas de acordo com sua orientação política"[79], testemunharia Furtwängler mais tarde. O julgamento de Hitler, porém, pareceu adequar-se muito bem ao público e aos artistas.

---

78 F.K. Prieberg, *Handbuch*, p. 3678.
79 BArch (BDC) W0002, Nota, Furtwängler, 7.12.1946.

6. Os Embaixadores da Nação Alemã

as viagens internacionais da filarmônica

> *Chamamos especialmente a atenção para as nossas turnês de concerto pelas zonas de fronteira ameaçadas. Na época da ocupação tocamos nas regiões do Reno e do Sarre. O entusiasmo com que fomos recebidos pela população mostrou-nos que os concertos da orquestra da capital do Reich eram vistos como símbolos de fidelidade à pátria e da unidade dos povos germânicos*[1].
>
> LORENZ HÖBER ao Ministério de Finanças da Prússia, 27 de janeiro de 1931.

A Filarmônica de Berlim viveu, desde seus primeiros anos, em turnês. Suas excursões pela Alemanha e ao exterior – à França, Grã-Bretanha, Escandinávia, Itália, Rússia e Países Baixos – tinham um duplo propósito: cultivar seu prestígio internacional e prover o suplemento – crucial – às finanças.

Porém, foi apenas nos anos de 1920, com a deterioração de sua situação financeira que esses dois aspectos convergiram. Para assegurar fundos públicos, a Filarmônica abraçou a causa patriótica, proclamando-se embaixadora cultural indispensável de Berlim e de toda a Alemanha. Aliando sua excelência musical e prestígio internacional à retórica nacionalista muito adequada à época, a orquestra logrou, de Berlim e do governo alemão, a subvenção pretendida. Já antes de 1933, a orquestra era vista – e de certo modo se via – como um meio de propaganda efetivo, capaz de unir os alemães e difundir no exterior aquilo que o país tinha de melhor.

Quando, porém, a orquestra foi subsumida pelo Ministério de Goebbels, o que antes era uma satisfação orgulhosa e uma necessidade transformou-se em dever. Ao longo de seus 125

---

1 GStA, BPhO, Lorenz Höber ao Ministro de Finanças da Prússia, 27.01.1931.

anos, a orquestra nunca deu tantos concertos por temporada ou visitou tantos países diferentes como nos tempos do nacional-socialismo. Efetivamente, as turnês foram o aspecto mais consistente de sua existência durante o Terceiro Reich. De sua bancarrota, em 1933, até o período de concertos posterior à destruição da Philharmonie, em 1944, a orquestra viajou ao exterior regularmente. Uma tradição que precedeu a ascensão do nazismo e perdurou após sua queda. À parte os concertos realizados para a Wehrmacht e outros eventos musicais de jaez especificamente político, as turnês da Filarmônica ao longo dos anos nazistas mantiveram seu objetivo primário – a saber, impressionar o exterior com a grandeza da cultura alemã –, conquanto a motivação se fizesse levemente turvada. Em outros termos, nas turnês que se realizariam a partir de 1933, a dimensão missionária vis-à-vis ao interesse comercial ganharia importância, ainda que o lado financeiro fosse claramente considerado.

A Filarmônica sempre teve clara consciência de seu potencial como instrumento de propaganda. O elogio de Lorenz Höber, reproduzido no começo deste capítulo, é de 1931, época em que a orquestra sentia as fortes dores de outra grave crise financeira. Entretanto, a orquestra compreendeu seu duplo valor simbólico: como um farol doméstico, mostrava aos alemães as realizações superiores de seus "povos" (*Stämme*), ao mesmo tempo que difundia para o mundo o melhor do gênio musical germânico. Sem dúvida, na lógica da propaganda cultural de Goebbles, o fator doméstico contava. Mas era a segunda dimensão, ou a internacional, que tornava o controle da orquestra uma proposição efetivamente atraente a seus olhos. De fato, após a tomada do poder por Hitler, a Filarmônica viajou por toda a Europa – à Grã-Bretanha, em todas as temporadas entre 1933 e 1938; à Holanda, entre 1933 e 1935, em 1937, 1940 e 1941; à França, entre 1933 e 1944; à Itália, em 1937, 1938 e 1941; à Espanha e a Portugal, entre 1941 e 1944; à Suíça, em 1933, 1934, 1938, 1941 e 1942; aos Bálcãs, em 1936, 1940, 1943; à Hungria, em 1940, 1942 e 1943; à Romênia, em 1936, 1940 e 1943; à Escandinávia, em 1937 e entre 1940 e 1942; à Polônia, entre 1941 e 1944, entre outros lugares.

À diferença do passado – quando as viagens, como hoje, eram organizadas com uma antecedência de anos, por razões econômicas –, entre 1934 e 1944 várias semanas eram reservadas às turnês a cada temporada, embora os destinos fossem frequentemente definidos a curto prazo. As viagens ao exterior sempre ocorriam "por indicação do sr. Ministro do Reich". Goebbels e seu ministério determinavam os itinerários em função de uma avaliação do cenário político-cultural dos países europeus, que podia mudar a qualquer momento. Como relatou Karl Stegmann, em 1942: "Apenas nestes últimos dias ficou decidido que o Ministro não quer que a orquestra viaje à Suíça e à Suécia, como fora planejado, mas que faça uma turnê de cinco semanas por Espanha e Portugal."[2]

A ideologia nacionalista, antes mesmo do Terceiro Reich, havia transformado a Europa num campo de batalha cultural, com a Filarmônica como porta-bandeira musical da Alemanha. Pelas turnês, o objetivo era maximizar a efetividade da propaganda da orquestra, que exibia as melhores qualidades alemãs. Isto poderia ser feito através da imagem de uma conquista musical – num sentido metafórico –, ou pela criação de uma atmosfera de cordial intercâmbio artístico. Quando a orquestra foi à França, a ordem era esmagar as ilusões francesas de ascendência cultural; na Espanha, Itália e mesmo na Inglaterra – até 1939 –, a tarefa era persuadir os amigos e potenciais aliados das qualidades de uma raça superior. A Filarmônica era uma arma não tão secreta assim, marchando de acordo com as necessidades iminentes da guerra cultural. E, em grande medida, teve êxito:

> As críticas aos nossos concertos nos jornais estrangeiros têm provado que nossa performance artística superlativa é um meio de propaganda cultural extraordinário. "Vocês, músicos filarmônicos", disse-nos um diplomata estrangeiro ano passado, em Reval, "são verdadeiros 'demônios'". Também o embaixador falecido, Von Hoesch, primeiro em Paris e mais tarde em Londres, definiu a orquestra como o melhor instrumento da propaganda da Alemanha.[3]

Como já referido, a Filarmônica representou o Reich na Exposição Mundial de Paris, em 1937. Por outro lado, os nazistas também organizavam suas próprias feiras culturais internacionais – o Reichsmusiktage, em Düsseldorf, o Tage der Deutschen

---

2   ABPHO, Stegmann a Rechenberg, 12.12.1942.
3   BArch R55/951, BPhO, Von Benda, Stegmann ao RMVP, 1.6.1938.

Kunst, em Munique, e os Jogos Olímpicos, realizados em 1936, em Berlim, onde a Filarmônica desempenhou um papel proeminente. Mas era no exterior que a orquestra alcançava seu maior impacto, para orgulho dos músicos. O violinista Werner Buschholz celebra:

> Não há quem não se convença da necessidade de semelhantes viagens de concerto e propaganda. Pois no seu melhor e mais verdadeiro sentido, propaganda significa, justamente, esses concertos que como convidados fazemos em outros países. Mais do que o artista internacional, no qual se vê, em primeiro lugar, o talento excepcional de um indivíduo, uma grande orquestra – com sua disciplina artística, suas sonoridades enraizadas na vida do povo e seu modo próprio de tocar – representa a nação, transmite aos outros povos seu desejo de cultura e elevação [...] É aí onde a Filarmônica de Berlim enxerga sua maior missão patriótica: ser a mensageira da arte alemã e povo alemães.[4]

As turnês da orquestra no exterior serviam, pois, tanto ao governo – que decididamente a usava como instrumento de propaganda –, quanto aos músicos – que se orgulhavam do êxito obtido, de sua superioridade e distinção plenamente exibidas, causando inveja ao mundo. O sentimento de onipotência da orquestra dada sua dimensão internacional era surpreendente. "O mundo se tornou tão pequeno", proclamou o jornal da Filarmônica, que "não ficaríamos surpresos se um dia desses ouvíssemos, pela rádio, um concerto da orquestra transmitido de um Zeppelin ou Hindenburg num voo sobre o Atlântico Sul"[5].

Performances aéreas de albatrozes migrantes à parte, o fato é que, em suas turnês, a Filarmônica tocava para os públicos mais díspares e pelos motivos mais diversos. Então, nessas ocasiões, dava-se à maior audiência possível uma amostra do que a cultura alemã possuía de mais primoroso. Em média, a orquestra dava cinco concertos por semana. Viajava-se à noite, a fim de ganhar tempo. O caráter de cada concerto – aberto ou fechado, para um público local ou alemão, de elite ou popular – era estabelecido pelo Ministério da Propaganda[6]. Os concertos, em sua grande

---

4 PJB, Werner Buchholz, "Musik als Propagandamittel", *Philharmonische Blätter*, n. 8, 1937.
5 PJB, "Das Berliner Philharmonisches Orchester im Mittelpunkt des Kulturaustausches", *Philharmonische Blätter*, n. 7, 1936-1937.
6 BArch R55/246, BPhO, Stegmann ao RMVP, 21.8.1941.

maioria, eram públicos, comumente adornados pela presença de oficiais, mas destinados à sociedade em geral – ou ao menos a um de seus estratos –, que então poderia admirar em primeira--mão a "grandeza distintiva" da música alemã.

Quando a guerra começou, a esses concertos a orquestra somou os que realizava para os soldados alemães acampados em território estrangeiro. No outono de 1940, por exemplo, empreendeu uma turnê pelos Países Baixos para apoiar a Wehrmacht. No seu retorno da Espanha, quando de uma parada em Bordeaux – sob a regência de Arthur Rother –, voltaria a tocar para a tropa. Nesse sentido, a Filarmônica participava de eventos em fábricas não só em seu país, mas também nos territórios ocupados. Em 1942, cite-se, sob a regência de Clemens Krauss, realizou uma matinê – um Concert de Récréation – para trabalhadores parisienses. O concerto – com Schubert e Wagner – reprisou o da noite anterior para soldados da Wehrmacht, programa que ainda seria ouvido no dia seguinte numa apresentação pública no Trocadéro[7]. Em 1943, ao repetir para públicos diferentes – em dias consecutivos e no mesmo local – um mesmo programa, a orquestra, agora em Varsóvia, cumpriria um padrão similar: o concerto público com Von Karajan fora repetido no dia seguinte "exclusivamente para soldados e feridos da Wehrmacht"[8]. Em 1942, a par dos concertos para civis e militares na Dinamarca, França e Polônia, a Filarmônica também realizou em cada um desses países concertos especiais exclusivamente para *Auslandsdeutschen* (alemães no exterior): concretamente, para um grupo formado por *Volksdeutschen* (alemães-étnicos) que viviam em Copenhague, Paris e Cracóvia, e representantes das forças de ocupação nazistas[9].

Nas turnês da Filarmônica, os clássicos alemães – Beethoven, Brahms, Wagner Schubert, Richard Strauss – invariavelmente constituíam o programa. Tal repertório refletia a missão propagandística dos concertos – promover a cultura alemã – expondo a orquestra a partir de suas melhores qualidades musicais. Um número ponderável de concertos terminava

---

7   PJB, BPhO, Programas para França, Espanha e Portugal, 17.4.1942.
8   ABPhO, Programas para os eventos culturais de Varsóvia, 17 a 24 de outubro, 1943.
9   BArch R55/247, Informe do diretor artístico, 1941-1942.

com um destaque wagneriano – como o prelúdio de "Tannhäuser" ou de "Die Meistersinger" –, fossem as obras parte do programa ou tocadas como bis[10].

Não obstante, a programação da orquestra era nuançada e de modo algum se reduzia ao impacto de uma simples propaganda musical bombástica. Os concertos no exterior, tal como os berlinenses, eram talhados segundo o nível de interesse da audiência. Grandes concertos sinfônicos – como os de Paris, Londres ou Madri – podiam geralmente incluir duas sinfonias completas, um concerto e/ou poema sinfônico, além de uma seleção de aberturas. Aqueles para trabalhadores e soldados, distintamente, eram mais breves e compostos por uma única sinfonia mais curta e por um cardápio leve e popular[11].

Na escolha do regente estavam implicadas tanto questões artísticas quanto políticas. Na temporada de 1933-1934, previa-se que Furtwängler regeria todos os concertos da Filarmônica nas turnês. Com sua renúncia, em dezembro de 1934, a viagem para Londres, planejada para janeiro seguinte, foi cancelada. O Ministério da Propaganda, tentando contornar essa situação negativa, buscou convencer *sir* Thomas Beechan a assumir os concertos londrinos, ao menos[12]. Mas Beechan, que não queria se tornar presa da mesma armadilha ética em que caíra Richard Strauss – pego por ter substituído Bruno Walter, em 1933 –, declinou do convite. A turnê, então, foi cancelada, e um bom tempo transcorreria até que se pudesse determinar quando e com quem a orquestra novamente excursionaria. Com exceção de um único concerto em Den Haag, regido por Jochum, a Filarmônica suspendeu todos os compromissos agendados no exterior para o resto da temporada de 1934-1935.

Furtwängler, porém, retornou com relativa rapidez à cena filarmônica, liderando uma turnê inglesa já no inverno de 1935. Em seu processo de desnazificação, o maestro assegurou que, a partir do início da guerra, não mais havia regido a Filarmônica num país ocupado[13]. Afirmação suspeita. Em 1941, regeu-a na Itália (aliada da Alemanha), voltando a seu pódio na Suécia e na

---

10 PJB, Cartazes.
11 Ibidem.
12 BArch R55/1147, RMVP, Schmidt-Leonhardt, Nota, 11.12.1934.
13 PPM, Furtwängler, Informe.

Dinamarca, em 1942. Em 1942 e 1943, atuou com a Filarmônica de Viena na Dinamarca ocupada[14]. É fato que a Filarmônica de Viena não era um símbolo político do Reich tão categórico quanto a Filarmônica de Berlim. Mas, seja como for, Furtwängler regeria a Filarmônica de Berlim na inauguração do Teatro Nacional Alemão de Praga e num concerto em homenagem aos cinco anos do Protetorado da Boêmia e Moravia, ambos em 1944. Sobre este último concerto se comentaria:

> À cabeça dos convidados do partido, Estado e exército foi possível distinguir os chefes distritais Henlein e Eigruber, o general do exército do Protetorado do Reich para o distrito da Boêmia e Moravia, o general da divisão blindada Ferdinand Schaal, e o governo do Protetorado. Como convidados de honra estiveram presentes numerosos feridos dos hospitais de Praga.[15]

Não obstante o quadro esboçado, a relutância de Furtwängler em tomar parte de eventos politicamente delicados, principalmente no exterior, era fonte constante de frustrações para muitos burocratas[16]. Um informe de Von Benda a autoridades superiores sublinhava a tênue linha ética na qual o maestro se equilibrava:

> Empenhei-me sempre ao máximo para que Furtwängler viajasse ao exterior com a orquestra. Mais conflitos teríamos protagonizado se à época eu soubesse, como acabo de saber, que ele regeu as orquestras locais da Suíça, da Hungria e, em janeiro de 1939, também da Dinamarca, ao passo que agora, em meio à guerra, e apesar de haver sido eleita para esse tipo de missão, a Orquestra Filarmônica de Berlim não fez um só viagem ao exterior [com ele].[17]

E tal reticência de Furtwängler – que justificava suas atuações individuais no exterior alegando que os convites "eram dirigidos a mim como artista independente"[18] –, criou as condições para que outros regentes estabelecessem relações duradouras com a Filarmônica.

14 BArch (BDC) RK W0002, Nota da conversa referente ao assunto "Dr. Wilhelm Furtwängler", 9.12.1946.
15 *Prager Abend* VI/65, 17.3.1944, cf. F.K. Prieberg, *Handbuch*, p. 1856.
16 BArch (BDC) RK N0002, Hans von Benda, Esclarecimento, 18.9.1939.
17 Ibidem.
18 BArch (BDC) RK W0002, Nota da conversa referente ao assunto "Dr. Wilhelm Furtwängler", 9.12.1946.

Por se objetivarem num importante artigo de exportação – por estarem na mira da opinião pública –, os concertos da Filarmônica realizados durante as turnês exigiam um alto padrão artístico, não só por sua dimensão propagandística, mas simplesmente em função do orgulho de seus músicos. A Filarmônica e o regime estavam atados pela suprema necessidade de êxito internacional. Assim Furtwängler permanecia a primeira opção, deixando-se em aberto "em que medida a orquestra poderia realizar turnês com outros regentes de peso"[19]. Quando Furtwängler não podia ou queria reger a orquestra no exterior, somente maestros de estatura adequada podiam tomar seu lugar. Erros e nepotismo não eram admissíveis, de sorte que figuras como Stange, Havemann ou Reichwein não representariam o Reich perante o mundo. Eugen Jochum, Clemens Krauss, Hans Knappertsbusch, Karl Böhm, Robert Heger e, mais tarde, Herbert von Karajan foram alguns dos selecionados para dirigir a orquestra em turnês e o governo tudo fez para obter sua colaboração.

As escolhas dos maestros eram feitas pelo diretor artístico (*Kunstlericher Leiter*) da Filarmônica, com uma dose de lábia do Ministério da Propaganda (um representante de Goebbels assinava todos os contratos)[20]. Os regentes ficavam tão comprometidos com o regime quanto com a orquestra. Se necessário, a fim de assegurar a prioridade da turnê, o ministério se encarregava da liberação de compromissos que, eventualmente, houvessem sido anteriormente assumidos pelo regente convidado.

Telegrama. Cônsul alemão para Professor Knappertsbusch, San Sebastian. Envio pedido urgente, em nome do Ministério, para assumir viagem aos Bálcãs. Duração: 24 de setembro a 16 de outubro. Solicito confirmação telegráfica e notificação de compromissos a cancelar. Se necessário o ministério poderá intervir. Programa a ser compilado do repertório ensaiado.[21]

Como em tantas ocasiões de apropriação instrumental da orquestra pelo regime, o processo relativo às turnês era imediatamente explícito e caprichoso. Em 1942, embora os músicos fossem informados, antes das férias de verão, sobre "uma

---

19   BArch R55/197, Informe do diretor artístico, 1938-1939.
20   BArch (BDC) RK N0002, Hans von Benda, Esclarecimento, 18.9.1939.
21   ABPHO, Telegrama, Von Westerman a Knappertsbusch, 6.9.1942.

viagem durante todo o mês de setembro por ordem do Ministério da Propaganda"[22], datas, destino e regente só foram confirmados pouco antes da partida. Furtwängler manejou para se esquivar da escalação provável – "isto era uma arrogância de Furtwängler", registraria Von Westerman mais tarde –, mas não sem antes se assegurar que, sob nenhuma circunstância, a orquestra viajaria para Istambul, pois "neste concerto ele via propósitos única e exclusivamente políticos"[23]. O itinerário inicial incluía uma apresentação em Atenas, que não aconteceu[24]. Como era de se esperar, Furtwängler cancelou sua participação no último momento. Coube a Knappertsbusch, novamente, assumir.

Por "repertório ensaiado" entenda-se o coração da música alemã, familiar à orquestra e ao seu regente pelos recentes programas berlinenses apresentados. A turnê de 1942 pelos Bálcãs, por exemplo, incluía uma "Noite Beethoven" ("Abend Beethoven"), com a abertura "Egmont" e as Sinfonias n.º 1 e 3. Além desse programa, mais dois foram apresentados. Num deles, a "Eine Kleine Nachtmusik", de Mozart, era ladeada por excertos wagnerianos; no outro, ouviu-se o "Till Eulenspiegel", de Richard Strauss, "Les Préludes", de Liszt, ou a música do balé de "Rosamunda", de Schubert, um *scherzo* de Pfitzner, e a 4ª Sinfonia de Brahms.

No que concerne aos solistas, seja para economizar gastos, seja para luzir-se, a Filarmônica raramente viajava com artistas convidados – normalmente, apresentava seus próprios músicos como solistas. Na turnê de 1942 pela Escandinávia, o *spalla* Gerhard Taschner foi o solista do concerto para violino de Beethoven. Seu colega Erich Röhn, juntamente com Tibor de Machula – líder dos violoncelistas – solaram o Concerto Duplo de Brahms. Na turnê pela Espanha, nesse mesmo ano, Taschner e Röhn alternaram-se no Concerto para Violino n.º 1 de Bruch. Numa outra apresentação, na primeira parte Röhn interpretou um concerto de Mozart; na segunda parte, tocou o solo de "Uma Vida Heroica" ("Ein Heldenleben"), de Strauss[25].

22 PJB, Circular n. 1, Stegmann aos senhores membros da BPhO, 30.7.1942.
23 BArch (BDC) RK W0002, Nota da conversa com o sr. Von Westerman na casa de Schmidt referente ao dr. Furtwängler, 7.12.1946.
24 BArch R55/246, BPhO, Stegmann ao RMVP, Divisão de Orçamento, 27.7.1942.
25 Peter Muck, *Einhundert Jahre BPhO*, t. II.

Em algumas ocasiões, pianistas e cantores convidados eram contratados pela Filarmônica, tal como na turnê de setembro de 1940 pela França e Países Baixos. Aqui, os solistas – Elly Ney, Wilhelm Kempff e Rosalind von Schirach – eram abertamente nacional-socialistas. Um ponto alto, em 1943, foram as representações – mencionadas no capítulo "A Nossa Música Alemã"[26] – de "Tristão e Isolda", dirigidas por Robert Heger, na Ópera de Lisboa.

Sob demanda, a Filarmônica empreenderia turnês com efetivo reduzido – em pequenas formações camerísticas ou enquanto Kammerorchester. Von Benda havia criado a Orquestra de Câmara da Filarmônica de Berlim (Kammerorchester der Berliner Philharmoniker) pouco depois de reunir-se à orquestra, em 1935, como já aludido. A fundação deste grupo serviu a propósitos pessoais e políticos. De um lado, o conjunto satisfazia sua ambição musical como regente, que não estava mergulhada em desmesurada pompa e arrogância, como estivera a de seu predecessor, Hermann Stange. Constituída por 25 músicos da Filarmônica, o grupo executava, sobretudo, repertório barroco. Gravações e viagens eram as atividades principais do *ensemble*, de sorte que Von Benda poderia exercitar sua carreira sem atrair as luzes da crítica. Por outro lado, a criação da Kammerorchester foi um ato político: o agrupamento era um meio de que Von Benda dispunha para consolidar para si a proteção do regime, e sua criação, sublinhe-se, refletia outrossim a vontade do Ministério. Von Benda justificava nos seguintes termos: "percebi a vantagem de uma orquestra de câmara de aproximadamente 25 membros como ferramenta para a propaganda no exterior, pois é mais fácil de mobilizar, bem como apresenta gastos muito menores que os de uma grande orquestra"[27].

Se assim é, por intrigalhas de oportunismo mútuo envolvendo a autopromoção de Von Benda e a sede do Reich por exportação cultural, a Kammerorchester converteu-se num representante ativo da Filarmônica e do Reich no exterior. O Ministério da Propaganda patrocinou turnês independentes do grupo pela Alemanha, Escandinávia e Báltico, dentre

---

26 Cf. supra, p. 189 e s.
27 BArch (BDC) RK N0002, Von Benda, Informe, 1939.

outros destinos. O conjunto alcançou tamanho sucesso que na temporada de 1938-1939 ofereceu mais concertos no exterior que a própria Filarmônica[28]. Depois de sua demissão, em 1939 – em parte devido ao sucesso de seu projeto favorito –, Von Benda continuou viajando pela Alemanha com uma rebatizada Benda Kammerorchester, integrada por músicos que não eram da Filarmônica.

Outras formações camerísticas da Filarmônica igualmente excursionavam. O Philharmonische Quartett, composto por Erich Röhn, Carl Höfer, Werner Buchholz e Wolfram Kleber, apresentava-se regularmente. O grupo tocava sozinho – ou ocasionalmente com colegas da Filarmônica – sob a denominação Associação de Música de Câmara da Filarmônica de Berlim (Kammermusikvereinigung der Berliner Philharmoniker), e esses concertos eram produzidos e organizados pela *Geschäftsführung*. Um exemplo: em 1943, o Departamento de Propaganda da Governadoria Geral da Cracóvia solicitava à Filarmônica um decoro exigido: o "acompanhamento musical para a abertura e encerramento da conferência do sr. Intendente Geral dr. Drewes"[29]. Karl Stegmann ofereceu o Quarteto Filarmônico, mais um contrabaixista e um trio de sopros para um programa Beethoven-Schubert. Stegmann ainda estabeleceu os termos de viagem, como o honorário de 2 mil marcos para esta jornada de um dia.

Esse caso ilumina alguns aspectos-chave da organização das viagens da orquestra para o exterior. A saber, a gerência determinava o já esperado conteúdo do programa; igualmente designava o grupo e/ou pessoas – aqui, talvez casualmente, mas de forma explícita, o nacional-socialista Quarteto Filarmônico, ou aquele dominado por membros do partido; por fim, ao estabelecer os honorários, revelava que mesmo uma demanda musical encarregada pelo Ministério da Propaganda não implicava, necessariamente, gratuidade. E com 2 mil marcos, o cachê de uma execução camerística equivalia, aproximadamente, a um quarto do custo de um concerto da orquestra completa[30]. Fossem

---

28 BArch R55/197, Informe do diretor artístico, 1938-1939.
29 ABPHO, BPhO, Stegmann a Kormann, Departamento de Propaganda (div. cultura) da Governadoria Geral da Cracóvia, 25.9.1943.
30 BArch R55/247, Comentário sobre as receitas, 1941-1942.

quais fossem as razões – comerciais, políticas, de propaganda –, quando a Filarmônica se apresentava no exterior, recebia. E havia ainda os custos de transporte, logística e hospedagem.

Com ou sem subvenções estatais, as turnês sempre foram um negócio lucrativo para a Filarmônica. Quando a turnê à Inglaterra de janeiro de 1935 foi ameaçada pela renúncia de Furtwängler, Karl Stegmann escreveu ao Ministério da Propaganda no intento de evitar o cancelamento. "É sabido que também aos olhos do Reich as viagens internacionais da Filarmônica são a melhor propaganda para a cultura alemã". E acrescentou: "Eu recomendaria que se tentasse levar a cabo ao menos esta viagem que, de fato, sempre trouxe bons resultados financeiros."[31]

Pelo novo sistema de financiamento da orquestra, vigente a partir de 1934, ao Reich cabia a responsabilidade de suas turnês. Isto significava que nem o custo dos traslados e do hotel, ou gastos secundários, recairiam sobre o orçamento dela. Na medida do possível, a Filarmônica utilizaria a infraestrutura que o Reich punha à disposição, apresentado-lhe a conta de gastos adicionais. A gerência da orquestra (*Geschäftsführung*), sobretudo Karl Stegmann, negociaria as condições. A orquestra poderia receber verbas antecipadamente – outorgadas em função de uma estimativa orçamentária apresentada[32] –, ou ser reembolsada *a posteriori*[33]. Com essa segurança financeira, a orquestra deixava de depender dos rendimentos de suas apresentações. O sistema era tão generoso que, na temporada de 1938-1939, a Filarmônica devolveu ao Reichsbank mais de 6 mil francos suíços, 41.100 liras italianas e 57 mil francos franceses, dinheiro proveniente dos ingressos dos concertos[34].

Mesmo quando a guerra caminhava para o fim, depois da destruição da Philharmonie, e as turnês haviam se convertido na atividade mais importante da orquestra, o sistema de tarefas estratégicas ainda permanecia ativo. Então, o Ministério da Propaganda enviava a Filarmônica a determinadas regiões e

---

31 BArch R55/1148, BPhO, Stegmann ao Presidente da Comissão de Controle, Secretário de Estado, Funk, 19.12.1934.
32 BArch R55/246, RMVP, Parecer da Divisão de Orçamento, 3.8.1942.
33 ABPhO, Ministério da Economia do Reich à BPhO, 15.9.1943.
34 BArch R55/197, Informe do diretor comercial, 1938-1939.

assumia os custos. Em 1944, ainda se ouvia dizer: "A orquestra, presumivelmente, continuará viajando", embora com a crise da guerra "não seja possível dar maiores detalhes a respeito, pois essas viagens exigirão um subsídio *especial* do Ministério."[35] Nessas circunstâncias, estimativas eram impossíveis.

A quantia de RM 170 mil para despesas de viagens (*Reisekostenzuschuss*) – que em 1936 Goebbels concedeu à Filarmônica, possivelmente atendendo à vontade do próprio Hitler[36] –, acabou se convertendo num complemento salarial para os membros da Filarmônica. Não se tratava de um auxílio-viagem para a instituição, mas de uma contrapartida em reconhecimento "aos êxitos artísticos e à especial importância político-cultural da orquestra"[37]. O *Reisekostenzuschuss* e as diárias – calculados por pessoa – eram uma verba bancada pelo Ministério da Propaganda destinada às turnês. A esse valor, a cada viagem internacional Goebbels adicionava um reembolso por gastos materiais de até 100 mil marcos[38]. A Filarmônica se encontrava numa excelente situação: além de seus salários regulares, os músicos recebiam esse bônus individual, e a orquestra, ainda, ganhava por suas apresentações – fosse através de cachês, fosse pela venda dos ingressos. De outro lado, reitere-se, a administração podia contabilizar as despesas "materiais" de viagem na conta do Estado.

As diárias pagas para os membros da orquestra geraram, especialmente, muitas dificuldades e ressentimento. O *Reisekostenzuschuss* foi incorporado ao salário mensal dos músicos. O valor das diárias, ao contrário, baseava-se na estimativa do custo de vida de cada país de destino. Orgulho e aplausos à parte, os músicos sabiam que as turnês internacionais eram empreendidas por ordem do Ministério. "Durante as turnês, as atividades cotidianas dos músicos vão do início da manhã até tarde da noite", argumentava Stegmann, em nome da Filarmônica, no intento de obter um pagamento melhor pelos esforços que o Estado exigia[39]. O Ministério, numa novela burocrática

---

35 BArch R55/247, Comentário sobre as receitas, 1944.
36 GStA B2281/27.10.36, RMVP ao Ministro de Finanças da Prússia.
37 Ibidem.
38 BArch R55/246.
39 BArch R55/246, BPhO, Stegmann ao RMVP, Ref. às diárias, 30.7.1942.

sem fim, fez várias tentativas de fixar diárias específicas para cada país envolvido. Mas as cifras, em geral, eram inconsistentes, fosse porque as condições econômicas mudavam em função da guerra, fosse por intervenção política. Teoricamente, as diárias independiam dos custos de hospedagem e transporte. Contudo, assim como os *Zuschuss* (subsídios), elas provinham da mesma cesta estatal, e logo se converteram no pomo da discórdia entre os ministérios das Finanças, Economia e Propaganda. Os departamentos responsáveis pelo caixa naturalmente queriam baixar os custos, mas para o Ministério da Propaganda o importante era manter seu principal ativo musical na estrada.

Como cada turnê era específica, a orquestra se deparava com circunstâncias distintas a cada caso, e era difícil fixar custos. Às vezes, o alojamento não estava incluído nas diárias; em outros casos, havia anfitriões para assumir os gastos com alimentação. As condições de cada viagem variavam muitíssimo. Estimativas nem sempre coincidiam com os gastos reais e, ao final, algum departamento teria de desembolsar dinheiro. Para a estada sueca de 1941, por exemplo, o Ministério da Propaganda liberou RM 27 diários, soma que deveria cobrir gastos gerais, incluindo o hotel. Já na Noruega e Dinamarca, nesta mesma turnê, a hospedagem foi provida pela Wehrmacht, reduzindo as diárias a módicos RM 13,80[40]. No ano seguinte, para a Suécia os valores se mantiveram os mesmos, enquanto que para os demais destinos os músicos receberam RM 18 diários, pois se lhes provia alojamento, mas não a alimentação[41]. Em 1942, numa turnê pela Grécia, o Ministério estabeleceu um *per diem* de RM 18. Porém, já na viagem anterior a Atenas, Karl Stegmann chamou a atenção para a inflação galopante do país:

> Uma garrafa de água mineral custa, segundo o critério do comerciante, de RM 4 a 5; um par de sapatos custa RM 1.500. Um quilo de batatas, uns RM 20; uma garrafa de vinho, 17 RM; um bule de chá sem biscoitos, RM 11; um almoço num hotel, RM 40. Logo percebi que eu não tinha como dar conta das refeições com uma diária de RM 18 + 30%.[42]

40   BArch R55/246, BPhO, Stegmann ao RMVP, Ott, 28.6.1941.
41   PJB, Circular n. 39, Stegmann à BPhO, 28.1.1942.
42   BArch R55/246, BPhO, Stegmann ao RMVP, Ref. a despesas durante minha estada em Atenas, 3.9.1942.

Em outra ocasião, observou:

> Como a França é a terra das uvas, costuma-se beber vinho nas refeições. Os gastos com bebidas são muito grandes porque hoje em dia [1942] o vinho também escasseia na França e os preços subiram enormemente [...] Portanto, com uma diária de RM 14,50 não se poderia cobrir nenhuma necessidade para além da alimentação.[43]

As negociações, então, eram intermináveis. Em alguns países, a soma acordada comprava apenas o básico; em outros, como na Espanha, onde as diárias aprovadas pelo Ministério da Propaganda durante a guerra perfaziam generosos RM 32,00, os músicos podiam gastar com refeições sofisticadas e comprar suvenires valiosos[44].

Minúcias contábeis à parte, o problema em jogo era mais fundamental. Enquanto a burocracia, como é de sua natureza, tentava perpetuamente impor regulação, a agenda ideológica nazista, por seu lado, buscava promover valores normativos. Nesse sentido, como em outros aspectos da vida da orquestra, na questão das diárias irrompia a colisão entre diretivas funcionais e instrumentais. Embora jamais tivessem sido explicitamente encaradas como um bônus por desempenho (*Leistungszulage*), para a gerência da Filarmônica – e alguns funcionários do Ministério da Propaganda – elas estavam vinculadas à ordem tarifária das orquestras culturais alemãs (*Tarifordnung der deutschen Kulturorchester*). Karl Stegmann escreveria: "não é aceitável que outros grupos recebam diárias mais altas para suas viagens do que a Orquestra Filarmônica de Berlim"[45]. Ora, mais do que um simples reembolso de gastos – algo naturalmente devido a qualquer grupo que o governo enviasse ao exterior –, a Filarmônica sentia-se autorizada a demandar diárias mais elevadas que de outras orquestras em função das exigências de sua agenda e de seus méritos qualitativos. Outros grupos alemães também faziam turnês, mas segundo Stegmann, no caso da Filarmônica, as diárias constituam menos uma questão prática e econômica do que uma recompensa pelos serviços filarmônicos

---

43 BArch R55/246, BPhO, Stegmann ao RMVP, Ref. às diárias da viagem Espanha--Portugal-França, maio de 1942, 30.7.1942.
44 BArch R55/246, BPhO, Stegmann ao RMVP, Ott, 28.6.1941.
45 BArch R55/246, BPhO, Stegmann ao RMVP, Ott, 17.10.1941.

exemplares da orquestra, que estavam além e acima do *Reisekostenzuschuss* de Goebbels.

O fato desencadeante dessa reivindicação de Stegmann foi, novamente, a interferência da política em questões administrativas. A concorrente local da orquestra, a Staatsoper, de Göring, uma vez mais estava envolvida na questão. Em 1941, a Ópera Estatal Alemã, a convite da congênere francesa, realizou uma série de concertos na Ópera de Paris. Com interferências na cadeia política de comando, seus músicos receberam a tremenda diária de RM 40. E conforme as notícias chegavam à Filarmônica, mais detalhes vazavam: além desta pensão diária exorbitante, o grupo havia ficado no sofisticadíssimo Grand Hotel; na Itália, no mesmo ano, os músicos da Staatsoper receberam diárias de RM 27 e não tiveram gastos com acomodação, sendo hospedados "num grande hotel de luxo"[46]. Nas engrenagens deste cenário, a usual intriga mesquinha: a disputa infantil entre Göring e Goebbels desaguava em prêmios magnânimos para seus respectivos brinquedos musicais. E para inflar ainda mais os ressentimentos da Filarmônica, soube-se depois que, em suas turnês pela França, Países Baixos, Hungria e Itália, a Deutsche Opernhaus, de Göring, recebera diárias significativamente mais altas que a Reichsorchester, a suposta "embaixadora da arte alemã"[47].

A preocupação de Stegmann assomava como um problema ético: na inevitabilidade da interferência política na esfera burocrática, ao menos se poderia balizá-la em critérios de mérito e justiça, não num cabo-de-guerra infantil. O gerente da Filarmônica, nomeado para supervisionar o processo de "unificação" da Reichsorchester, notaria: "Na nossa instituição estabelecemos, desde o início, o princípio da austeridade e do gasto adequado dos recursos, conscientes que, ao fim e ao cabo, o dinheiro que recebemos vem dos impostos públicos."[48] Ato contínuo, Stegmann submeteu uma conta retroativa pelo benefício de 2 marcos diários extras por pessoa recebido pela Deutsche Oper na sua última estada em Paris[49].

---

46 BArch R55/246, BPhO, Stegmann ao RMVP, Ott, 28.6.1941.
47 Ibidem.
48 BArch R55/246, BPhO, Stegmann ao RMVP, Ott, 17.10.1941.
49 Ibidem.

Esse jogo perdurou durante os anos centrais de guerra. Reclamações e acusações eram trocadas incessantemente. "É de conhecimento geral que nada fica em segredo entre os músicos. O que acontece em Munique em pouco tempo chega a Berlim, e vice-versa."[50] Quiçá, o respeito pelo dinheiro público estivesse na cabeça dos músicos e administradores quando, no exterior, reclamavam do preço da comida, do vinho e do tabaco. Mas o princípio fundante seguiu sendo a responsabilidade para com o sistema alemão de propaganda, não com o contribuinte.

Seja como for, enfim, o Estado não podia mais suportar toda essa indulgência. Em 1943-1944, ainda que a orquestra operasse um orçamento que se expandia, outros setores necessitavam mais urgentemente de recursos. Após a perda da Philharmonie, na primavera do penúltimo ano da guerra, a orquestra foi incumbida de uma turnê. Na bagagem, uma dupla advertência: "Os gastos diários no exterior devem ser mantidos no mínimo"; e à frente, "os integrantes da turnê não poderão usar o dinheiro para a compra de produtos não mais disponíveis no Reich"[51]. Talvez, finalmente conscientes de que agora seu grande privilégio era simplesmente poder escapar da Alemanha, os músicos, dessa vez, não criaram caso em função das diárias.

Conquanto o Estado financiasse generosamente as viagens, eram os gerentes que negociavam as condições com os organizadores e as agências do exterior, tal como se dava antes de 1933. Não obstante, o advento da Reichsorchester engendrou uma forma específica de organização mista, de parceria público-privada. Em termos concretos, o Ministério da Propaganda se encarregava da entrega da orquestra no país de destino, mas daí em diante ela mesma discutiria com os organizadores locais de cada país questões como honorários, participação na venda de ingressos, direitos de transmissão radiofônica dos concertos públicos.

Mesmo durante a guerra e a ditadura, os interesses comerciais tinham seu peso nesse tipo de negociação. Durante a ministerialmente autorizada turnê outonal à Polônia,

---

50 Ibidem.
51 BArch R55/247, RMVP, Secretário de Estado, Ref. às apresentações da BPhO na Espanha e em Portugal, 20.4.1944.

Romênia, Tchecoslováquia, Croácia e Hungria, por exemplo, a Filarmônica tocaria em Budapeste imediatamente após a apresentação da Filarmônica de Viena na casa de ópera da cidade. A agência húngara associada aos berlinenses era o Consorzio Musicale (Associação Harmonia de Interesses Artísticos). Karl Stegmann escreveu ao sr. Von Fischer, diretor da agência, requerendo condições melhores do que as firmadas com a orquestra de Viena. Dentre outras demandas, solicitou dois terços da bilheteria, a garantia mínima de 7.500 pengös (moeda húngara) e 10% da renda da transmissão radiofônica[52]. Von Fischer, conciliador, assegurou que com a Filarmônica de Viena os lucros só haviam sido repartidos numa razão 60-40, mas advertiu que o êxito dos vienenses deveu-se em grande parte à presença de Furtwängler, "uma grande atração para o público de Budapeste, algo que podia ser medido pelo aumento do preço dos ingressos"[53]. O público estava disposto a pagar mais por uma estrela como Furtwängler e Von Fischer pressionou Stegmann para que o trouxesse. Ao fim, a Filarmônica obteve 7.500 pengös e o público de Budapeste conformou-se com Abendroth.

Conforme as circunstâncias, a Filarmônica barganhava uma porcentagem dos ingressos em função de uma garantia mínima, ou de um honorário, que girava em torno de 8 mil marcos[54]. De fato, a combinação de propaganda, excelência artística e interesses comerciais era algo tão incomum, que negócio e ideologia comumente colidiam. Assim ocorreu na Suíça, por exemplo, onde a parceira da orquestra para a turnê de 1942 foi uma agência chamada Kantorowitz[55]. Na Iugoslávia, similarmente, foi necessário ignorar os princípios racistas, pois, segundo Stegmann, "só existiam firmas judias com que trabalhar, dado que neste negócio simplesmente inexistem empresas arianas"[56]. A Filarmônica, não obstante, viajou diversas vezes à Iugoslávia. Durante todo o período nazista, seu *status* incomum lhe permitiu a relação comercial com agências judias no

---

52 ABPHO, BPhO, Stegmann à Sociedade Filarmônica de Budapeste, 16.7.1943.
53 ABPHO, *Harmonia*, Von Fischer, à BPhO, Stegmann, 7.8.1943.
54 BArch R55/247, Comentários sobre as receitas, 1939.
55 F.K. Prieberg, op. cit., p. 2338.
56 BArch (BDC) RK 00024, BPhO, Stegmann ao RMVP, Müller, 3.6.1939.

exterior, situação que desnudava a notável hipocrisia dos vários níveis da administração. Seja lá o que tenham sentido os produtores musicais judeus ao promover eventos dos embaixadores musicais da Alemanha nazista, certo é que, ao menos em alguns casos, o pragmatismo comercial triunfou sobre os princípios ideológicos. Do lado dos alemães, a propaganda eficaz tinha mais préstimo que o furor antissemita.

Na organização de seus concertos internacionais a Filarmônica não trabalhava apenas com entidades privadas; igualmente, coordenava-se com diversos setores do Estado e do partido na busca de suporte técnico e logístico. Especialmente durante a guerra, quando vastíssimas porções territoriais estavam sob o controle das forças alemãs, a Wehrmacht e a associação nazista KdF proporcionavam, regularmente, uma assistência valiosa à orquestra com alimentação, transporte, alojamento e documentos oficiais de viagem (vistos, autorizações etc.). Esta assistência era gratuita e a Filarmônica podia utilizar livremente todas as rotas de comunicação e abastecimento abertas durante as invasões. Ademais, a Wehrmacht e especialmente a KdF cooperavam com agências de viagens privadas em alguns planos elaborados para deslocar pela Europa, com conforto e eficiência, um grupo de cem músicos. Assim, por exemplo, a agência francesa MER se encarregou da organização da viagem da orquestra à Bélgica, França e Espanha em 1943. O plano de viagem, para um só dia, era o seguinte:

Segunda, 30/8/1943. De Bruxelas (7:35) a Paris-Norte (14h40).
MER: transporte do vagão de instrumentos da estação do Norte a Austerlitz (trem noturno especial).
KdF: Transporte dos artistas, com bagagem de mão, da estação do Norte à de Austerlitz – de ônibus. O trem noturno especial estará disponível às 15h00, para que cada artista possa guardar sua bagagem. O trem será controlado por funcionários da MER e por todos os guardas-noturnos.
KdF: Distribuição dos cupons de alimentação.
KdF: Jantar no alojamento dos artistas, às 19h00.
KdF: Transporte depois da janta, do alojamento à estação de Austerlitz.
MER: Trem noturno especial Paris-Hendaye, sem refeitório (planejamos o café da manhã do dia 31/08/1943 na Espanha).
MER: O sr. Diretor Stegmann deseja que a bagagem de mão seja assegurada contra roubo em Paris?

Quem reservará os cem assentos Bruxelas-Paris na segunda classe?
Quem se responsabilizará pelo transporte do vagão de instrumentos Bruxelas-Paris?
Quem se encarregará pelo almoço no trem Bruxelas-Paris?
A MER comprará as passagens Berlim-Bruxelas-Paris-Hendaye-Paris.

A KdF entregará as autorizações da Wehrmacht para pessoas e instrumentos do trecho Paris-Berlim.[57]

Ao envolver no planejamento das turnês a Wehrmacht, a KdF e outras instituições existentes no exterior – que, como em Paris, por exemplo, providenciavam refeições, meios de transporte e documentação –, o Reich podia obter um notável efeito de sinergia comercial entre os distintos braços de seu império expandido. Isto permitiu que a orquestra viajasse mais, cada vez mais longe, e a custos substancialmente menores.

Desenhado este quadro, sublinhe-se que a armação da logística burocrática, técnica, física e política das turnês da Filarmônica era uma tarefa desafiadora. Alguns problemas, como o transporte dos instrumentos, foram sempre endêmicos. Obstáculos como liberações policiais, passes militares e vistos de trânsito internacional, eram o fruto das rigorosas limitações de mobilidade impostas pelo regime. Fora da Alemanha, as regulamentações costumavam ser muito menos rigorosas. Com o apoio dos consulados, vistos podiam ser concedidos na fronteira e autorizações de estadia validadas *in loco*[58].

Para um membro da Filarmônica era mais fácil entrar num país estrangeiro do que sair do próprio. Os músicos passavam por três etapas para conseguirem uma permissão de viagem, então, o processo burocrático tinha de ser iniciado muito antes da turnê em questão – às vezes, quando ainda nem se sabia quando, onde e com quem se faria a turnê: "Uma viagem de primavera está prevista. Regente e destino ainda são desconhecidos. Mas solicitamos que chequem seus passaportes e informem caso tenham expirado [a validade era de seis meses]."[59]

Os músicos eram responsáveis por manter seus passaportes em dia. Isso significava que deviam estar atentos não apenas

---

57 PJB, MER-Direktion (Paris) à BPhO, Stegmann – turnês à Espanha e França, 23.8.1943.
58 PJB, Passaporte, documento com data de vencimento, Comandante da Grande Paris.
59 PJB, Circular n. 6, Von Westerman à BPhO, 26.11.1942.

à sua renovação antes do fim do prazo legal, mas também às regulamentações concernentes, que com frequência invalidavam prematuramente os documentos[60]. Cada músico devia apresentar seu passaporte ao distrito policial (*Polizeirevier*) local acompanhado de uma carta especial do Ministério da Propaganda, que dizia:

> Ao distrito policial encarregado. [Nome] é membro da Orquestra Filarmônica de Berlim, e como tal está obrigado a participar da turnê [Destino], ordenada pelo sr. Ministro do Reich, dr. Goebbels. Solicitamos conceder ao supramencionado a autorização de viagem pertinente e confirmá-la por escrito.[61]

A polícia checava os antecedentes do músico em questão para assegurar-se de que estava criminalmente limpo e livre de denúncias. Se tudo estivesse certo, num envelope selado uma declaração lhe concedia a autorização de viagem. Além disso, os músicos deviam solicitar "férias militares" (*Werhrurlaub*) no comando militar de seu distrito. Embora Goebbels confirmasse o duplo-*Uk* dos membros da orquestra, por idade e estado de saúde a maioria era ainda oficialmente convocável, o que os obrigava a fazer seus registros nas suas respectivas seções militares e a estarem acessíveis a qualquer momento. Antes das férias, os músicos eram lembrados de que deviam informar seus endereços de contato[62]. Como o *status* de *Uk* era concedido pelo comando militar de cada distrito, as licenças militares de férias e a permissão para deixar Berlim em função de uma turnê musical não eram questões puramente formais. Ocasionalmente, a administração da orquestra ou o Ministério da Propaganda tinha de interceder para assegurar que a orquestra viajasse com todos os seus músicos[63].

Finalmente, munidos do passaporte e da carta do *Polizeirevier*, da *Werhrurlaub* e de até uma dúzia de fotos de passaporte

---

60 PJB, Circular n. 38, Stegmann à BPhO, 9.1.1942: "Com base em novas determinações, todos os passaportes anteriores a 1.1.1940 estão vencidos"; Circular n. 35, Stegmann à BPhO, 15.12.1941: "Pedimos para examinarem e confirmarem se os passaportes estão válidos para viagens internas. Todos os passaportes que perderem a validade para viagens internas antes do dia 15 de fevereiro de 1942, devem ser renovados".
61 PJB, RMVP ao posto policial encarregado, 11.8.1942.
62 PJB, Circular n. 1, 30.7.1942.
63 ABPHO, Heinemann.

nos bolsos⁶⁴, os músicos podiam enfim se dirigir à administração da orquestra. Então, uma secretária enviava à *Polizeipräsidium* toda a papelada dos músicos, juntamente com um plano de viagem formal e uma lista oficial do grupo. Depois de revisar os documentos, a *Polizeipräsidium* expedia os vistos de saída dos músicos e do pessoal acompanhante⁶⁵. Sob nenhuma circunstância era permitido que esposas, filhos ou outros familiares viajassem com a orquestra. Os músicos eram ainda lembrados pela administração da orquestra que "os passaportes que não ficarem prontos a tempo não poderão ser levados à chefatura. Nesse caso, a pessoa deverá tratar de todos os trâmites por si mesma"⁶⁶. Não há, porém, notícias de músicos que alguma vez tenham perdido os prazos deste complicado processo. Certamente, eram advertidos e incentivados a evitar essa situação.

A Filarmônica viajava quase exclusivamente de trem. A exceção foram as viagens de navio à Inglaterra, entre 1935 e 1938, e de avião para a Escandinávia, em 1941⁶⁷. Exceto estes casos, as viagens da orquestra constituíam uma rede intrincada de conexões ferroviárias. O trem era confiável e barato, mas lento. Durante a guerra, o trecho Berlim-Munique consumia mais de nove horas⁶⁸; Budapeste-Viena, cinco⁶⁹; Barcelona-Valência, dez. A Filarmônica viajava em trens de linha, em trens especialmente alocados e nos de transporte militar. Em função da disponibilidade, horários e custo, quando viajava em trens de carreira o fazia na segunda ou na terceira classe ou em vagões-leito⁷⁰. Neste último caso, dos músicos se solicitava o desembolso de uma taxa suplementar⁷¹. Algumas vezes, na impossibilidade da reserva de assentos, os músicos eram distribuídos em diferentes classes dentro do mesmo trem, ou divididos em grupos e dispostos em trens escalonados. Para um trajeto longo, como o da turnê à Espanha, a orquestra

---

64 PJB, Circular n. 35, Stegmann à BPhO, 15.12.1941.
65 ABPHO, Plano de viagem da orquestra, turnê pelos Bálcãs, 1942.
66 PJB, Circular n. 38, Stegmann à BPhO, 9.1.1942.
67 ABPHO, Fotos privadas.
68 PJB, Viagem de concerto à Suíça, 1942.
69 PJB, Viagem de concerto sul-leste, 1942.
70 ABPHO, BPhO, Stegmann a Schober, 19.10.1943.
71 BArch R55/246, BPhO, Stegmann ao RMVP, Ott, 17.10.41.

poderia reservar trens ou vagões especiais, então todos viajariam juntos.

Durante a guerra, a Filarmônica era tratada e mobilizada como uma unidade militar, valendo-se, assim, da rede de transporte do exército alemão que se estendia por quase toda a Europa. Frequentemente viajava em trens de transporte militar, um dos mais confortáveis. Na turnê de 1942 à Polônia, Áustria e aos Bálcãs, por exemplo, a orquestra viajou exclusivamente em trens da Wehrmacht[72], que habitualmente possuíam vagão-restaurante; os de linha, nem sempre. Ademais, dependendo do espaço disponível e da apresentação de documentação requerida, camas poderiam ser oferecidas[73]. Por outro lado, os trens da Wehrmacht tinham prioridade nas vias férreas, normalmente congestionadas, o que assegurava a pontualidade da chegada. Como as agendas da Filarmônica em *tour* eram apertadas, conexões bem sucedidas tinham grande importância. Viajar no mesmo dia do concerto era algo comum. Em algumas ocasiões, quando a orquestra não podia contar com a Wehrmacht, recebia um tratamento igualmente privilegiado de outras instituições públicas parceiras, como o Ministério dos Transportes (Reichsverkehrministerium) ou da Direção da Reichsbahn (Reichsbahndirektion), a quem devia muitíssimos favores:

> Agora que retornei são e salvo a Berlim, gostaria de agradecer, uma vez mais, à Direção por haver cuidado tão bem dos músicos da Filarmônica. Inclusive a volta de Viena ocorreu tal como esperávamos. Ainda que tenha sido no último minuto, conseguimos tomar o trem previsto para Berlim, e daí em diante tudo correu melhor.[74]

Originalmente, a organização das viagens competia a Berta Geissmar. Enquanto secretária privada de Furtwängler, tratou de todas as questões essenciais relativas às turnês da orquestra entre 1922-1933. De 1933 a 1934, Geissmar prosseguiu com o mesmo

72 PJB, BPhO, Itinerário de viagem sul-leste, set. 1942.
73 PJB, MER-Direktion (Paris) à BPhO, Stegmann, viagem Espanha/França, 23.8.1943: "Veículos Mitropa cõm cama de Paris para Berlin/Munique precisam ser reservadas para algumas pessoas. Para esse pedido precisamos de uma 'autorização de viagem relevante para serviço de guerra' do Ministério da Propaganda ou da KDF".
74 ABPHO, BPhO, Stegmann ao conselheiro de Transporte Ferroviário do Reich Schober, 19.10.1943.

trabalho – agora como membro não oficial, mas remunerado, da equipe administrativa da orquestra. Depois da renúncia de Furtwängler e da emigração forçada de sua secretária, a organização da viagem passou para as mãos da administração. Quando, a partir de 1933, a Filarmônica revisitava países em que havia estado antes da ascensão nazista, a viagem, hospedagem, programação e acordos comerciais eram descomplicados e podiam ser resolvidos por telefone ou correspondência escrita. Quando, porém, o destino era pouco familiar – como Grécia ou Portugal –, um representante da administração – Karl Stegmann, ocasionalmente Gerhart von Westerman, ou Lorenz Höber – viajava previamente para negociar e organizar o evento.

As acomodações nas turnês variavam muito: de casas particulares a hotéis privados, passando por hotéis confiscados, vagões de trens alugados, instalações militares. Geralmente, os músicos dividiam o espaço com dois ou três colegas[75] e a qualidade da hospedagem dependia de quem a pagava. Em viagens onde os concertos eram principalmente oferecidos à Wehrmacht, não havia ingressos para cobrir os custos, e as instalações que os militares disponibilizavam eram "às vezes muito miseráveis"[76]. Para os concertos prestigiosos na Inglaterra ou Itália, onde a venda dos ingressos estava garantida, reservavam-se hotéis. Em 1942, em Portugal, parte da orquestra teve de se alojar nas casas de membros da comunidade alemã lisboeta, solução que não agradou a muitos:

> Para reduzir os gastos com hospedagem, a colônia alemã em Lisboa se ofereceu para receber aproximadamente trinta membros da orquestra [...] Quero aqui apelar ao espírito comunitário de todos os músicos e pedir encarecidamente, no interesse de todos, que trinta cavalheiros voluntariamente se destinem a essas casas privadas, de modo que possamos fazer uso dessa amável oferta da colônia alemã em Lisboa.[77]

Os anfitriões haviam sido investigados e, como se informou depois, ao menos alguns deles eram acérrimos (überzeugter) defensores de Hitler[78].

---

75 PJB, Circular n. 37, Stegmann aos senhores da BPhO, 6.1.1942.
76 BArch R55/246, BPhO, Stegmann ao RMVP, Ott, 28.6.1941.
77 PJB, Circular, Stegmann aos senhores membros da BPhO, 12.3.1942.
78 Entrevista com Johannes Bastiaan, fev. 2004.

Durante a guerra, e não poderia ser diverso, as viagens foram se tornando mais complicadas, mas os fatos eram tratados eufemisticamente. Karl Stegmann escreveria a Furtwängler, em 1942: "O sr. Ministro do Reich, Albert Speer, nos fez saber, através do prefeito de Nurembergue, Willy Liebel, que todas as nossas turnês devem ser consideradas essenciais para os esforços de guerra."[79] Mas apesar desses apoios, os problemas cresciam. A turnê à Itália, em 1943, foi cancelada "por dificuldades para viajar"[80]. Os músicos, deliberadamente, eram mantidos em completa ignorância sobre a gravidade da situação militar e sobre a forma como a guerra afetava os planos da orquestra[81]. Em 1943 e 1944, as condições de viagens à Península Ibérica – tanto de ida quanto de volta – eram precárias: "Lamentavelmente, não estou em posição de detalhar, ante a assembleia da orquestra, as dificuldades que envolvem esta viagem, dificuldades que têm se tornado maiores e mais numerosas, seja na Alemanha, seja nos países a serem visitados."[82] Em tempo: a maré na frente oriental também estava mudando em 1943-1944:

> Na volta tivemos má sorte, pois grande parte da orquestra teve que fazer um desvio para Ostrowo, chegando com grande atraso a Posen; assim, não teve tempo sequer de respirar antes do concerto. Mas isto, pura e simplesmente, são fatos inerentes a cinco anos de guerra."[83]

Seja como for, em tempos bons ou maus, os concertos filarmônicos no exterior eram sempre eventos importantes. Se concertos públicos, apresentações para soldados, ou eventos fechados para dignatários, as performances da orquestra eram noticiadas entusiasticamente pela imprensa local e estrangeira – fosse esta livre ou controlada. Desembolsando somas generosas para ouvir uma das melhores orquestras do mundo, raramente o público se desapontava. Uma propaganda

---

79 ABPhO, Stegmann a Furtwängler, 15.8.1942.
80 PJB, Circular n. 6, Von Westerman à BPhO, 26.11.1942.
81 ABPHO, Westerman a Furtwängler, 27.3.1944: "A probabilidade de que a viagem para a Espanha se realize é extremamente pequena. A orquestra, que amanhã parte para a Dinamarca, obviamente não faz ideia desse golpe".
82 PJB, Circular, Stegmann aos senhores da BPhO, 12.3.1942.
83 ABPHO, BPhO, Stegmann ao *Oberbereichsleiter* Schmonsees, Centro do Governo Geral de Varsóvia, 2.11.1943.

fanfarronesca descarada, ou regalias, dificilmente irrompiam nesses concertos públicos no exterior: o repertório e a qualidade da apresentação eram suficientes para atrair e convencer a assistência, isto é, a orquestra, *per se*, justificava-se a si e à cultura alemã.

De qualquer modo, distinguir entre admiração autêntica e adesão ao blefe propagandístico era algo quase impossível. De fato, nem o governo nem a orquestra desconheciam o dilema. Num memorando aos seus superiores no Ministério da Propaganda, Karl Stegmann referiria em 1939: "a melhor propaganda é a que não revela obviamente suas intenções"[84]. A Filarmônica fazia questão da qualidade musical, e o Reich facilitava largamente sua exposição, capitalizando, no mais das vezes de forma sutil, a opinião pública internacional. Na verdade, quase inexistiriam diferenças entre as apresentações da Filarmônica – em qualquer capital europeia – antes ou depois de 1933. A parafernália do simbolismo nazista só surgia explicitamente nua nos eventos claramente políticos ou ideológicos, como a Exposição Mundial, a inauguração do Teatro Nacional Alemão de Praga ou as apresentações com presença de hierarcas nazistas.

Enquanto a imprensa nos países ocupados era severamente controlada, na Alemanha, o Ministério da Propaganda integrava a orquestra à sua máquina publicitária a partir de uma novíssima dimensão: em programas de rádio, ou por matérias entusiastas publicadas nos meios de comunicação locais, divulgava para o público alemão os triunfos e façanhas da Filarmônica no exterior. Em muitos aspectos, o sucesso dos concertos das turnês era a sua maior propaganda em território alemão, onde comentários jubilosos como "um novo triunfo da música alemã na França"[85] ecoavam vivamente. Frequentemente a imprensa local inoculava nos êxitos da orquestra uma dimensão política que inexistira na atuação real da orquestra, ou, quando muito, havia sido implícita. Em 1942, por exemplo, foi publicado:

> Agora o povo de Portugal sabe o que a música alemã significa para o mundo. Esta vitória que a Filarmônica de Berlim obteve na terra

---

[84] BArch (BDC) RK 00024, Stegmann, BPhO ao RMVP, Müller, 3.6.1939.
[85] PJB, Artigo de jornal Triumph deutscher Musik im Paris: Furtwängler und die Berliner Philharmoniker in Paris, s./d.

neutra em meio às guerras e àquele *front* que há pouco um jornal inglês definiu como "invisível", jamais será esquecida em Lisboa.[86]

Embora as récitas da Filarmônica fossem apresentadas ao público como um benigno deleite puramente musical, o conjunto nem sempre era bem-vindo no estrangeiro. Círculos politicamente conscientes de alguns centros europeus viam os músicos como embaixadores de um regime hediondo. Daí os eventuais piquetes e protestos contra as apresentações. Em Paris, meses depois da posse de Hitler como Chanceler, um grupo denominado Ligue Internationale contre l'Antisémitisme invadiu a sala de um concerto da Filarmônica no intervalo e lançou panfletos dos balcões – a mensagem dizia:

> Você que acaba de escutar, comovido, esta bela música; você, que é a elite da sociedade parisiense, tenha em conta que 700 mil homens, mulheres e crianças estão condenados a morrer de fome num país civilizado! Nós vos ajudaremos a fazer tudo o que for humanamente possível para que esse crime monstruoso tenha fim! Apesar de nossa determinação em continuar e aprofundar o boicote à Alemanha hitlerista, não queremos impedir este evento musical, que foi organizado muito antes dos acontecimentos atuais e cujos responsáveis, em nome da arte, protestaram corajosamente contra estas exações abomináveis. Junte-se a nós, e a todos os homens de coração para infamar, em nome da dignidade e da consciência humana, esta volta da barbárie e salvaguardar a paz mundial.[87]

Em sua mensagem, os manifestantes reconheciam o perigo que a Alemanha de Hitler representava, mas não faziam uma associação direta entre a orquestra e o regime nazista. A Ligue utilizou o concerto como pretexto para uma manifestação que pretendia advertir sobre a barbárie que impendia sobre a Europa. O panfleto era dirigido a uma educada classe francesa frequentadora de concertos, mas respeitava o caráter neutro de um ato musical, principalmente se "organizado muito antes dos acontecimentos atuais".

Em 1935, passados dois anos e meio de ditadura hitlerista, a Filarmônica se apresentou na Inglaterra. Em Londres,

---

86   PJB, Artigo de jornal Die Philharmoniker in Lissabon, Begeisterungsstürme, de Gerhard Timm, 1942.
87   P. Muck, op. cit., t. II, p. 104.

as manifestações durante o concerto filarmônico partiram de uma organização chamada German Anti-Facist Musicians. Lia-se no manifesto:

> Saudamos os membros da Orquestra Filarmônica de Berlim como representantes de um país cuja cultura, antigamente, esteve entre as maiores da história da humanidade [...] Sob os maiores regentes, apresentou a música alemã antiga e contemporânea ao público de outros países, oferecendo-lhe o altíssimo padrão da execução orquestral germânica. Desse modo, a orquestra, através de suas visitas ao exterior, tem carreado muitos admiradores para a Alemanha e sua civilização, e seguramente voltará a fazê-lo nesta ocasião [...] Hoje em dia, o progresso e a liberdade perigam de tal modo que não devemos nos esquecer, ao escutar a gloriosa marcha de abertura de "Egmont", das centenas de milhares de homens honestos que, torturados pela solidão e terror, estão amarradas às terríveis metas do fascismo alemão. E ainda: esses homens nada fizeram senão tentar salvar a honra do grande povo alemão. Com bravura, lutaram e seguem lutando contra um regime que traiu o real desejo de paz do povo e que destruiu uma grande civilização em benefício de alguns poucos [...] Permita que a experiência musical de ouvir a Filarmônica de Berlim também seja um ato de celebração desses heróis antifascistas. Honre com seu aplauso o antifascista desconhecido, que pode estar diante de você na orquestra ou trabalhando – na Alemanha, na Itália, na Áustria etc. – contra a guerra, as forças reacionárias e a destruição da civilização, em seu perigoso movimento subterrâneo.[88]

Esse protesto, como o francês, não interrompeu a apresentação musical, mas utilizou o concerto da Filarmônica como tribuna para uma ampla mensagem política. Na verdade, o protesto londrino deu alguns passos a mais que a manifestação de Paris. Os Músicos Alemães Antifascistas – talvez um agrupamento de músicos alemães exilados e/ou comunistas – não só faziam uma distinção entre a orquestra e o regime, mas sugeriam que o evento fosse recebido como um mensageiro da resistência. Além disso, davam a entender que os membros da orquestra podiam ser dissidentes do regime, não só por sua atividade musical, mas também por "seu perigoso trabalho subterrâneo". A sugestão de que Beethoven seria uma sentinela contra o totalitarismo e que, de algum modo, pela conexão com sua arte os músicos da orquestra estariam inatamente em

---

88 Ibidem, p. 125.

sintonia com esta luta pela liberdade, era uma ideia ecoada por homens como Furtwängler e Thomas Mann. Se, não obstante, os músicos da Filarmônica consideravam que sua performance de "Egmont" era um símbolo de protesto contra o regime que, antes e acima de tudo, garantia sua existência, pagava seus salários e os havia levado para a Inglaterra, não sabemos. Seja como for, do ponto de vista da Filarmônica, a contradição entre a agenda política dos nacional-socialistas e a preservação da "grande civilização" alemã não era evidente. Na medida em que apoiavam a orquestra e viabilizavam suas turnês, a orquestra poderia muito bem ter visto os nazistas como benéficos à "grande civilização", da qual a Filarmônica era o principal depositário.

A equação Filarmônica de Berlim-Reich foi integralizada apenas com a guerra. Por sua extensa agenda de viagens, a orquestra tornou-se conhecida como a "Vorkämpfer der Fallschirmjäger" (no sentido militar, "Vanguarda dos Paraquedistas")[89], levando, assim, perigo aos concertos realizados em países não ocupados. Em 1940, protestos agressivos em Belgrado provocaram o cancelamento da apresentação tanto nessa cidade quanto da que ocorreria em Zagreb, uma semana depois. Os manifestantes advertiam:

> A Filarmônica de Berlim dará seu primeiro concerto em Belgrado no dia 19 de maio de 1940. Trata-se da mesma Filarmônica que, em 15 de março, fez um concerto em Praga e, dias antes dos ataques alemães, em Oslo e Copenhague. A chegada dos 118 músicos é um mau presságio de conquista política e militar. Por trás dos sons encantadores de seus instrumentos é possível ouvir o estrondo dos veículos de guerra e dos transportes militares.[90]

Não mais um entretenimento neutro que oferecia música boa e inspiradora, a forma e os sons da Filarmônica portavam ameaças. E a própria música estava afetada. Nas zonas ocupadas, a segurança dos concertos da Filarmônica estava sob a responsabilidade das forças alemãs – como, desde 1933, ocorria na própria Alemanha. Não há informações de que problemas tivessem acontecido nos Países Baixos ou na Polônia. Já

89   Ibidem, p. 151.
90   Ibidem, p. 152.

nos territórios não ocupados protestos ocorriam. Em 1942, na França de *Vichy*, manifestações interromperam as apresentações. Ao regressar a Berlim, Gerhart von Westerman apresentaria um relatório minucioso:

> Assunto: informe sobre os concertos da Orquestra Filarmônica de Berlim em Marseille e Lyon nos dias 17 e 18 de maio de 1942. [...] As apresentações foram os primeiros eventos culturais alemães na zona não ocupada da França depois do armistício. Ambos os concertos foram um grande sucesso. As casas, lotadas, responderam com aplausos entusiasmados, que assumiram um tom expressivo ao final [...].

"Expressivo", em Marseille, foi o fato de que manifestantes, nas galerias, tinham organizado uma ruidosa saída em massa no meio do concerto. Em resposta, a segurança para Lyon estava acirrada. Nas palavras de Von Westerman, que assim continua o detalhado relato:

> Lamentavelmente, o controle policial em Lyon foi muito ostensivo. Todos os acessos à sala de concerto estavam bloqueados pela polícia, disposta a cerca de quarenta metros de todas as esquinas. O público só poderia entrar por um único ponto, após apresentar bilhete e documento pessoal. Em frente ao cordão policial haviam se concentrado, em vários pontos, grandes grupos de manifestantes, que vociferavam ou cantavam a "Marselhesa". Para dispersá-los, recorreu-se a alguns destacamentos militares menores, mas a manifestação continuou durante o concerto. Na venda dos ingressos para a apresentação detectamos que todo o pacote seria adquirido por judeus e comunistas. [...] Na manhã do concerto, em toda a cidade eram distribuídos panfletos que ameaçavam interromper a apresentação e impedir que a Filarmônica tocasse. Provavelmente esta situação foi o motivo para uma presença policial extraordinária e embaraçadora.[91]

Não está claro se as manifestações em Marseille e Lyon visavam atingir o regime nazista em geral ou especificamente a Filarmônica. Mas ao receber o relatório de Von Westerman, o Ministério da Propaganda suspendeu todo "intercâmbio cultural" com a França não ocupada[92].

---

91 BArch R55/198, BPhO, Von Westerman ao RMVP, 21.5.1942.
92 F.K. Prieberg, op. cit.

Finalmente, durante uma turnê pela Suíça com Furtwängler, tanto a orquestra quanto o regente provariam o primeiro gosto amargo dos debates polarizados que estavam por vir, contendas polêmicas que no pós-guerra caracterizariam as ambiguidades éticas de suas respectivas carreiras e destinos:

> Furtwängler é um "conselheiro estatal" prussiano que conta com a benção de Goebbels. Não queremos tais funcionários estatais oferecendo-nos uma arte sancionada pelo Estado, ainda que se trate de Furtwängler. Vocês poderiam ter pensado: "Enquanto os nazistas estiverem com Brahms e Bruckner, a coisa não pode ser tão grave". Mas é isso, justamente, o que o sr. Goebbels quer. Eis porque existe a "Divisão Suíça" dentro do Ministério da Propaganda de Berlim. Os compositores mortos, indefesos, são obrigados a permitir que suas obras sejam utilizadas a serviço do refinado aparato de propaganda exterior do nacional-socialismo. Eis porque se recruta uma agência de concertos judia em Zürich!
> Furtwängler: um expoente da dependência escrava! Toscanini: um gênio livre! Vida longa a Toscanini![93]

Esse foi um dos primeiros protestos a expor a argúcia com a qual operava o sistema de propaganda nazista operava, um sistema onde Furtwängler e qualquer músico da Filarmônica eram potencialmente substituíveis. Se a agência de concertos Kantorowitz era ou não parte de um dissimulado esquema de propaganda – se era ou não uma invenção dos nazistas –, ou se existiam questões práticas e comerciais que realmente levaram a essa parceria insólita, foi um problema que não vetou ao autor do manifesto o reconhecimento da qualidade dos artistas. Não obstante, ele clamava à plateia suíça que despertasse da ingenuidade. Lorenz Höber, por exemplo, e Furtwängler eram tão nazistas quanto Bruckner ou Brahms. Porém, o gênio nacional-socialista havia engendrado um sistema de dependência onde a identidade dos músicos era tragada por uma engrenagem que politizava tudo o que criava. O regime nazista politizava a arte ao atrelar música e músicos, material e espiritualmente, ao Estado. Então, a representação de Furtwängler – e por extensão da orquestra – como escravo de Hitler, completava a transfiguração da imagem da Filarmônica frente à opinião pública internacional – de expoente do belo à encarnação do mau.

---

[93] P. Muck, op. cit., t. II, p. 168.

Essa visão crítica, entretanto, não era a opinião prevalente. Na maioria das vezes, a orquestra era muito bem recebida no exterior, não só por dignatários, fãs idólatras e jubilosos críticos de música, mas igualmente pelos amantes da música e público em geral. Viajar para o exterior era um luxo inalcançável para a maioria dos alemães. Mas os músicos, diferentemente, podiam estabelecer relações, visitar parentes e comprar produtos já não mais disponíveis na Alemanha. Este último ponto, aliás, os mobilizava especialmente, por isso aguardavam com ansiedade as normas concernentes à importação antes de se abastecerem de café, especiarias, joias e outros presentes para a família e os amigos que ficaram em casa[94]. Muitos músicos tinham amigos e parentes no exterior, sempre sedentos por notícias do país, sendo natural que, como mensageiros, lhes trouxessem notícias e encomendas. Em contrapartida, os músicos em turnê tinham acesso a fontes de notícias estrangeiras, algumas controladas, outras não. Mesmo durante a guerra, eles podiam visitar cidades atraentes e desfrutar da liberdade de locomoção. A memória algo tendenciosa de Werner Buchholz em relação ao contato com a população local assim depunha:

> Em cada viagem sempre tomam parte uns cem cavalheiros, e cada um deles faz algum contato pessoal, de modo que temos oportunidades ilimitadas para transmitir ao representante da nação estrangeira – que em geral só conta com informações de uma imprensa tendenciosa – um quadro mais completo e positivo de nossa pátria. É algo repetidamente experimentado, e psicologicamente explicável, que o artista seja depositário de uma confiança especial. Por sua profissão, é visto como alguém que está acima das coisas, que não tem paixões políticas, portanto, que avalia com mais independência e objetividade. Os músicos da Filarmônica, em seu contato pessoal com outros povos, provaram testemunhos inesquecíveis de hospitalidade autêntica e simpatia cordial e afetiva.[95]

Provavelmente, a maioria dos músicos não estava interessada em convencer os estrangeiros de seu suposto apolitismo enquanto os apascentava, por frases feitas, com os esplendores de sua pátria. Porém, os músicos da orquestra tinham

---

94 Ibidem, p. 155.
95 PJB, *Philharmonische Blätter*, n. 6, 1936-1937, *Musik als Propagandamittel*.

consciência de que eram embaixadores da Alemanha e que deles era esperado um comportamento correspondente. Estarem sempre convenientemente trajados e se comportarem com dignidade eram demandas que vinham de cima[96].

Mas tornemos aos fatos. Em contraste com o relato de Buchholz, a realidade: os músicos não confraternizavam muito com a população local. Para além das barreiras idiomáticas e da agenda fatigante da orquestra, as atividades dos músicos eram vigiadas. Não há registros de que tenham existido informantes dentro do grupo, nem que inspetores do governo houvessem acompanhado as turnês. Ao que parece, os artistas se comportavam com extremo cuidado, enquanto que os administradores filiados ao partido – Kleber, Schuldes, Woywoth e Stegmann – os mantinham sob olhos constantes. A disciplina da orquestra nascia da limitação e intimidação. Na linguagem própria da época, os músicos eram relembrados de que "é dever natural de todos obedecer a essas medidas sem protestar e seguir as ordens da gerência ou de seus representantes incondicionalmente"[97]. Ademais, para minimizar o contato com o exterior, na maioria das vezes os músicos faziam as refeições em conjunto e os eventos sociais, como coquetéis pós-concerto, destinavam-se restritamente a convidados.

Tão disciplinada e bem administrada era a orquestra que em lugar de despertar a suspeita de que fosse controlada por informantes infiltrados, pensava-se que ela própria exercesse a função de espia. Tanto que no processo de desnazificação de Furtwängler, alguém afirmou que "seria possível supor que, sob certas circunstâncias, esse tipo de viagem era aproveitado com objetivos [...] de espionagem". Estas especulações apontaram inclusive na imprensa nazista. A *Illustrierter Beobachter*, uma revista semanal ilustrada do partido, publicou um *cartum* com o seguinte texto:

> A Orquestra Filarmônica de Berlim converteu-se num braço do serviço secreto. Fará uma turnê em países neutros. Temos evidências de que a maioria dos membros do grupo pertence à Gestapo. Utilizar a orquestra para a espionagem é muito astuto, já que os "artistas" terão

---

96 Entrevista com Johannes Bastiaan, 6.2.2004.
97 P. Muck, op. cit., t. II, p. 157.

a oportunidade de se aproximar de pessoas do mais alto nível, algo impossível a outros espiões.[98]

Ainda que pensado apenas como humor, o esquete roçava a natureza excepcional das turnês da Filarmônica, ao mesmo tempo que reconhecia as "oportunidades" invejáveis que os músicos desfrutavam. Ademais, materializava a simbiose entre os encargos da Filarmônica e os interesses do regime.

A desconfiança em relação à Filarmônica, que crescia no exterior, deu margem ao aparecimento de histórias fictícias, como esta que circulou em novembro de 1942:

> Um dia, em Copenhague, aconteceu que alguns músicos da orquestra beberam mais do que a sede pedia. E sob efeito do álcool, um deles se fez mais conversador do que convinha aos interesses nazistas. O fato teve lugar no restaurante Oskar Davidsen, do Aaboulevard, famoso por seu cardápio de pratos, o mais extenso do mundo. Os anfitriões dinamarqueses, divertindo-se com a cena, observavam seus hóspedes alemães, que começaram sua refeição com quatro ou cinco copos de *aquavit Aalberg* e a terminaram com uma significativa quantidade do perigoso suco que leva o significativo nome de *Gronsteds Blaa*. Não demorou para que um dos nazistas, de tão bêbado, perdesse o autocontrole e se pusesse a falar de coisas que, se não convinham aos ouvidos de seus compatriotas, quem dirá aos dos anfitriões dinamarqueses, que nessa época eram neutros.
>
> Os anfitriões apuraram os ouvidos. Ao que parece, entre seus hóspedes havia alguns nazistas que utilizavam as caixas de seus violinos como pretexto para travar contato com artistas estrangeiros. Os papéis estavam bem distribuídos e serviam aos objetivos nazistas. Alguns agiam como espiões, outros se ocupavam da propaganda oral a favor de Hitler. Um terceiro grupo funcionava como "supervisor" de seus colegas dentro da orquestra.
>
> Os dinamarqueses anotaram alguns nomes que foram mencionados durante a conversa. A partir daí, passou a reinar um silêncio gélido sempre que esses "artistas" se achavam presentes. As autoridades da Gestapo não podiam entender porque violinistas como Franz Leuchtenberg e Hans Boekel já não tinham tanto sucesso quanto antes.
>
> A princípio, o segredo dos músicos da Gestapo foi revelado só a um grupo pequeno de conhecidos, mas logo a Filarmônica recebeu o nome de "Orquestra Desarmônica de Berlim".[99]

---

98   Ibidem, p. 162.
99   R. Zorba, "ABC Weekly", 28.11.1942. Tradução, cf. F.K. Prieberg, op. cit., p. 1851.

Essa história não é verdadeira. Talvez seja uma descrição como as que fez Von Buchholz, aumentada por rumores fantasiosos e exagerados. A "propaganda oral" e a espionagem só teriam prejudicado a missão mais importante da orquestra. Foi se dedicando à música que a Filarmônica deu seu melhor aporte à propaganda.

Claro está que, no âmbito privado, os músicos estabeleciam seus contatos no exterior e os conservavam. Especialmente durante a guerra, notícias do exterior mantinham os músicos informados. Nem sempre vindas da imprensa, mas de conhecidos bem informados. Na Suíça, a informação circulava de forma mais ou menos livre. Foi ali, em 1942, que os músicos ouviram pela primeira vez sua sentença: "Para vocês a guerra está perdida."[100]

Não apenas os músicos, mas também os membros da administração da orquestra faziam uso privado dos contatos que surgiam durante as viagens. Numa carta para o chefe superior do governo geral do distrito de Varsóvia – um sr. Schmonsees –, Karl Stegmann agradeceu o apoio dado à Filarmônica na turnê polonesa. Em seguida, aproveitou a oportunidade para abordar um tema pessoal e perguntou pela saúde do filho de Schmonsees, um soldado alemão ferido na guerra[101].

Em 1944, durante a turnê da orquestra pela França e Espanha, uma empresa privada de produção rodou um filme para o Ministério da Propaganda. "Vai ser um sucesso", anotou Goebbels em seu diário, depois das discussões iniciais. "Já tenho todo o cenário na minha cabeça."[102] O filme, que levou o título de *Philharmoniker*, teve sua *première* em Berlim, em dezembro de 1944. Era um longa-metragem em que alguns dos atores mais conhecidos da época atuavam no papel de músicos da orquestra. Porém, mais interessante do que o

---

100 Entrevista com Johannes Bastiaan, 6.2.2004
101 ABPHO, BPhO, Stegmann a Schmonsees, 2.11.1943: "Meu filho, Leutnant Helmut Stegmann, foi ferido e está em [...] Brest-Litowsk. Ele escreveu pela última vez no dia 23 de outubro e deveria ser transferido para um leprosário. Minha mulher e eu gostaríamos, o quanto antes, de falar com ele ou encontrá-lo. Talvez seja possível que o senhor, daí onde está, consiga ligar para esse leprosário [em Brest-Litowsk], de modo a saber pessoalmente de meu jovem quando ele será transportado para a Alemanha."
102 J. Goebbels, *Tagebücher 1924-1945*, IV, p. 661.

enredo do filme é seu *backdrop* mostrando como a Filarmônica impressionava centenas de espectadores franceses e espanhóis com obras de Beethoven e Bruckner. De modo notável, o filme reflete a semiótica singular e aterrorizante do momento: era uma obra de arte sobre arte, um filme de propaganda sobre propaganda.

EPÍLOGO
Os Herdeiros da Reichsorchester

No dia 14 de dezembro de 1933, o prefeito de Berlim, o dr. Heinrich Sahm, escreveu ao Ministério da Propaganda reclamando que dos 109 funcionários da Filarmônica de Berlim nenhum era mutilado[1]. Segundo a carta, um acordo firmado no outono de 1933 previa que a orquestra deveria empregar dois mutilados na sua equipe musical ou administrativa. Desde então, contudo, apenas um havia sido empossado[2]. Sahm estava perdendo a paciência: nessa questão, "as autoridades e instituições do setor público devem dar bons exemplos. Rogo que da Orquestra Filarmônica de Berlim seja exigida a contratação imediata de um segundo mutilado"[3]. Em 1933, enquanto a burocracia do Ministério da Propaganda subordinava a si a Filarmônica, a da prefeitura de Berlim a açulava. De fato, essas duas instâncias públicas estavam se molestando reciprocamente: uma instigava a outra para que agisse no sentido de mover a orquestra num assunto, pois, burocraticamente trivial – os mutilados. Em última instância, silhuetavam-se aqui

1 BArch R55/1148, Prefeito Sahm ao RMVP, 14.12.1933.
2 Friedrich Fischer, um violinista que foi ferido na perna durante a Primeira Guerra Mundial.
3 BArch R55/1148, Prefeito Sahm ao RMVP, 14.12.1933.

muitos dos temas que constituiriam as experiências da Filarmônica nos anos seguintes.

Primeiro: o procedimento burocrático – marcado pela inflexibilidade – exigia e valorizava o próprio processo. Nos tempos em que fora uma organização privada e independente, a orquestra nunca esteve subordinada a paradigmas, modelos, práticas ou orientações de qualquer natureza. Quando, porém, coube ao Estado sua subsistência, a Filarmônica se sujeitou às obrigações legais e condições concretas de trabalho do setor público. Com a radicalização política, instalada na Alemanha após 30 de janeiro de 1933, orquestra e país tiveram que se acostumar com o fato de que a política se transformara em pragmática. Havia uma enorme pressão política e ideológica, mas enquanto o serviço público era controlado pela autoridade nazista, a engrenagem burocrática mitigava um pouco sua ferocidade ideológica. A linguagem da pregação – a palavra ideológica – espraiava-se, mas os problemas práticos exigiam soluções efetivas. A adesão aos *próprios* processos e seus rigorismos – como, por exemplo, o da compra legal das ações da Orquestra Filarmônica de Berlim GmbH, a formalização de uma nova constituição para a orquestra, a interposição de uma gerência profissional, a ratificação ou anulação de contratos e mesmo a obrigação de empregar deficientes físicos – era parte dessa transformação vulgarizadora, mas fundamental.

Segundo: a politização dos valores. Como o prefeito em sua carta ao Ministério havia dito claramente, prover um serviço público não era uma questão de responsabilidade pública, mas de exemplo público, da preeminência do simbólico sobre o utilitário. Não se sabia muito bem como um conjunto musical dessa ordem empregaria um mutilado. Porém, o dever da orquestra era superar o problema, prover à sociedade um símbolo dos "verdadeiros valores alemães" pela admissão de uma dupla de veteranos. Do ponto de vista prático, o dever beirava o grotesco, mas na cena nacional e internacional a orquestra elevava-se a símbolo da Alemanha, do melhor da cultura alemã, mesmo se esta cultura estivesse se autoconsumindo em violência e ódio.

Terceiro: o crônico sistema de tráfico de influências, sintoma das incestuosas relações de poder e da cultura do nepotismo que cercaram a Filarmônica durante o Terceiro Reich. O prefeito Sahm apelou ao Ministério da Propaganda para que exercesse sua influência no caso dos mutilados. Em 1939, no intento de conseguir a demissão de Von Benda, *Künstlerischer Leiter* (diretor artístico) da Filarmônica, Furtwängler também foi ao ministério de Goebbels. Em 1935, um músico da orquestra procurou Furtwängler para se livrar de Hermann Stange. Por sua vez, Stange mandou cartas a todos os seus contatos para conseguir um emprego onde quer que fosse. As interdependências desse sistema faziam-no maduro, próprio, à exploração. Em muitos casos, a orquestra lutou contra as consequências de tal estrutura, mas, ao fim e ao cabo, explorou as imbricações entre valores ideológicos, ambições políticas e sensibilidade artística, entrelaçamento que, se a colocou no topo do mundo musical, também a pungiu.

Em 1939, o Ministério da Propaganda elaborou um plano para seguir reorganizando a Filarmônica. Propôs "transformar a GmbH num braço do Reich"[4]. O plano previa "a conversão da GmbH em um modelo similar ao dos nossos teatros estatais mais importantes"[5]. Os músicos, assim, prestariam serviço diretamente ao Ministério, com o que se destituiria a orquestra até mesmo de sua aparência de entidade independente. Embora o plano devesse ser confidencial[6], Stegmann se inteirou da iniciativa; privadamente, escreveu ao Ministério:

> Uma das tarefas essenciais de nossa orquestra é fazer propaganda cultural no exterior através dos concertos. A melhor propaganda é sempre aquela que não revela abertamente suas intenções. Por isso, a forma exterior que nossa organização vem mantendo – uma GmbH – tem sido muito apropriada, já que a orquestra pode assim ser vista como uma companhia privada.[7]

O argumento de Stegmann era sensato: porque interferir num mecanismo que funcionava bem? Poderia ter sido um sinal da integração bem-sucedida da orquestra se a burocracia

---

4   BArch (BDC) PK T0051, RMVP, Nota, 26.7.1939.
5   BArch (BDC) RK 00024, RMVP, Chefe de pessoal ao sr. Secretário de Estado, 3.5.1939.
6   BArch (BDC) RK 00024, RMVP, Naumann ao chefe de pessoal, 11.5.1939.
7   BArch (BDC) RK 00024, BPhO, Stegmann ao RMVP, Müller, 3.6.1939.

ficasse rascunhando memorandos gratuitos propondo medidas supérfluas – um exemplo, aliás, de como os burocratas faziam política em lugar de serem o apoio dela. Talvez a Filarmônica tenha tomado conhecimento dos planos, talvez Furtwängler tenha sido informado das intenções em marcha. Seja como for, alguns meses depois o Ministério arquivou o caso. Como mencionou Stegmann, a dissolução da GmbH não melhoraria a eficiência organizativa da orquestra e prejudicaria sua eficácia como instrumento de propaganda. Goebbels não podia contestar esse argumento.

Quando Furtwängler renunciou, em dezembro de 1934, muitos, dentro e fora da orquestra, pensaram que se tratava do início do fim. Lorenz Höber, por exemplo, estava convencido de que sem as ações de Furtwängler a Filarmônica "teria se transformado numa orquestra nazista e certamente declinado em sua qualidade artística"[8]. Nessa época, as duas possibilidades eram reais, mas nenhuma estava nas intenções do governo, pois para os nacional-socialistas outra orquestra nazista medíocre não tinha serventia. Esse caminho teria anulado os propósitos de Goebbels em consolidar e dominar a Filarmônica. Em verdade, a perspectiva era fortalecer a excepcionalidade da orquestra, então permutaram-se pequenos favores, gozados por Furtwängler e pela a orquestra, por cooperação, ainda que ela fosse reticente.

Quando Otto Klemperer voltou a Berlim, em 1947, Erich Hartmann, contrabaixista da Filarmônica, descreveu o comportamento duro do maestro e especulou: "Talvez contribua para isso o fato de que, como judeu expulso da Alemanha, esteja agora ante uma orquestra que foi uma das instituições privilegiadas do regime, conquanto nunca tenha sido uma orquestra nazista."[9] Independentemente das razões subjetivas de Klemperer, Hartmann reconheceu o dilema ético que a orquestra teve de enfrentar no pós-guerra: a Filarmônica fora extraordinariamente estimada, provida e protegida pelo regime nazi. Mas por seu espírito, constituição, e pela relação com o partido, não foi uma orquestra nazista. E essa não era uma condição necessária

---

8   BArch (BDC) RK W0002, Nota da entrevista com o sr. Höber a respeito de Furtwängler, 4.12.1946.
9   E. Hartmann, "*Die Berliner Philharmoniker in der Stunde Null*", p. 49-50.

para bem servir aos objetivos nazistas. Em verdade, não ser era o desejável. E o regime não poupou esforços para proteger e promover a unicidade de seu louvado ativo musical. À medida que a Alemanha de Hitler se aproximava de seu naufrágio terrível, evaporou-se a imunidade da Filarmônica perante a barbárie que os nazistas haviam cometido na Alemanha e na Europa. No inverno de 1943-1944, era já impossível ignorar a visão do muro de *Belshazzar*. Um memorando do Ministério da Propaganda, de 3 de janeiro de 1944, expressava a ambiguidade perturbadora da situação:

> O *Geschäftsführer* Stegmann informou que, no ataque de 22 de novembro, o edifício oficial [da orquestra] foi completamente incendiado. Desde então, a administração da orquestra está alojada numa residência particular [...] Naturalmente, até o fim da guerra não se poderá contar com um espaço adequado [...].

E o documento segue com esta passagem críptica, que refere as "circunstâncias especiais" do momento, portador de "incertezas": "Este é um dos muitos casos onde, devido aos danos causados pelas bombas, criou-se uma situação que em termos legais pode ser avaliada sob diversos ângulos, e cuja eventual resolução processual não pode ser prevista com segurança."[10] O pragmatismo, aqui, é substituído por uma linguagem opaca, vaga, que reflete a precariedade – ou mesmo a incredulidade – do momento. A destruição da Alte Philharmonie, três semanas depois, foi apenas o símbolo mais tangível dessa vulnerabilidade da orquestra. Muitos músicos também tiveram suas casas bombardeadas. "Era difícil para nós compreender tudo aquilo", recordava o contrabaixista Erich Hartmann[11]. Não obstante, a Filarmônica seguia com seus privilégios, generosos. No verão de 1944, os músicos foram transferidos de Berlim para a relativa segurança de Baden-Baden[12]; por precaução, os instrumentos foram enviados à Baviera. No outono de 1944, a maioria das instituições culturais fechou as portas, pois homens e recursos eram transferidos para lutas perdidas. Mas não os músicos

---

10 BArch R55/246, RMVP, chefe R ao sr. Conselheiro Ministerial dr. Getzlaff, 3.1.1944.
11 E. Hartmann, "*Die Berliner Philharmoniker in der Stunde Null*", p. 16.
12 Peter Muck, *Einhundert Jahre BPhO*, t. II, p. 178.

da Filarmônica. Sob a mão protetora de Albert Speer, o *status* de *Uk* dos membros da orquestra seguiu vigente, conquanto os comandantes carniceiros da Volkssturm estivessem mandando para as ruas de Berlim crianças armadas com pedras para serem explodidas pelos tanques do exército vermelho. Por uma mistura de ingenuidade e soberba, a Filarmônica se enxertara tão hermeticamente na estrutura cultural e política da Alemanha nazista, que seu coração permaneceu batendo até o fim. O final, em si mesmo, não foi glorioso, mas para a orquestra foi rápido e indolor.

Os últimos concertos da Filarmônica sob o Terceiro Reich aconteceram na segunda semana de abril de 1945: ao lado das ruínas da Philharmonie, na Beethovensaal que já não contava com calefação, foram ouvidos Beethoven, Wagner, Weber e Brahms. Furtwängler havia fugido para a Suíça meses antes. As atuações finais foram regidas por Robert Heger e Georg Schumann. Os solistas foram, dentre outros, Gerhard Taschner, Siegfried Borries, Tibor de Machula e a soprano Gertrud Rünger. A última obra foi uma escolha tão simbólica quanto sentimental: "Morte e Transfiguração", de Richard Strauss. Dez dias depois, Hitler estava morto.

Em 4 de maio de 1945, quatro dias antes da rendição incondicional do Reich, a Wehrmacht entregou Berlim ao exército vermelho. Por volta de 17 de abril, a orquestra se dissolveu. Alguns músicos se incorporaram voluntariamente à Volkssturm, outros foram obrigados, alguns fugiram da cidade. Entre o inverno de 1943 e abril de 1945, a orquestra perdeu seis membros: o violinista Alois Ederer e o timpanista Kurt Ulrich morreram num bombardeio; o violista Curt Christkautz foi sequestrado por tropas da Volkssturm e morreu em algum lugar da Frente Oriental; três homens – o violinista Bernhard Alt, o contrabaixista Alfred Krüger e o fagotista Heinrich Lieberum – suicidaram-se; por fim, o violinista Hans Ahlgrimm faleceu em abril de 1945, durante o cerco final a Berlim. No caos selvagem que tomou a capital, também perderam a vida o oboísta Willy Lenz e o harpista Rolf Naumann, ambos atacados por uma turba nas redondezas de Diekholzen[13]. Segundo

---

13 G. Avgerinos, *Künstler Biographien*.

relatos, nas últimas semanas da guerra o trompetista e membro do partido Anton Schuldes se apresentou voluntariamente para o serviço militar. Em 1947, foi declarado oficialmente "vítima de guerra". É possível que tenha sido um dos milhares de prisioneiros alemães que nunca regressaram dos campos soviéticos[14].

Com a cessão das hostilidades, os músicos da Filarmônica imediatamente tentaram contatar-se. Sem telefone, correio ou outros meios de comunicação, aqueles que estavam escondidos nas vizinhanças de Schöneberg, Wilmersdorf e Steglitz foram os que mais rapidamente puderam se reencontrar. Os que moravam nos distritos orientais, ou que haviam fugido de Berlim permaneceram dias, e mesmo semanas, incomunicáveis[15]. Nas reuniões informais pós-capitulação, os músicos puderam comprovar que a maioria deles havia sobrevivido e que, ademais, um bom número de partituras e instrumentos igualmente tinham se salvado, de um modo ou de outro. Um aspecto muito pungente dessas primeiras reuniões – embora improvável que deliberadamente simbólico – foi o local: a casa do clarinetista Ernst Fischer e sua esposa judia, Edith, que conseguira eludir a perseguição nazista[16].

Em maio de 1945, a sobrevivência da Filarmônica era incerta, ou melhor, seu futuro estava severamente ameaçado. A autoridade política de Berlim era frágil e inexistia uma administração da esfera cultural. A orquestra não possuía sede, *status* ou dinheiro. A Filarmônica, agora, não passava de um grupo de uns cem músicos de primeiro nível desempregados, em estado de choque, e cujo nome estava estruturalmente maculado. Eles haviam sido embaixadores culturais proeminentes de um regime que trouxera terror, monstruosidade e ruína. Se a orquestra desejava sobreviver, os músicos precisariam decidir, soberanamente, sobre o que ela deveria ser, como deveria ser dirigida e por quem deveria ser composta.

Nesses tempos de crises duas grandes características do grupo vieram à tona: seu combativo espírito comunitário e sua sagacidade política. A primeira qualidade permitiria que a comunidade se reorganizasse e persistisse. Ela não era uma orquestra

---

14 Ibidem; F.K. Prieberg, *Handbuch*, p. 6344.
15 E. Hartmann, op. cit., p. 35.
16 Ibidem, p. 36.

nazista. A Filarmônica nascera antes de 1933 e havia plasmado seus caminhos em tempos tremendamente difíceis, seus músicos estavam determinados a sobreviver aos tiranos nazistas. Mas para isso tinham de tomar a iniciativa. Os embaixadores musicais de Hitler eram um bando infamado. No fluxo dos acontecimentos atordoantes que se seguiram à morte do ditador, a Reichsorchester corria sérios riscos. Por um problema de consciência individual e coletiva, mas também por urgentes razões práticas, os músicos precisavam agarrar a primeira oportunidade para se distanciarem de seu passado. Urgia que se redefinissem por si mesmos antes que fossem maculados e arrastados por forças externas na onda de repulsa antinazista que certamente irromperia.

Embora o conjunto estivesse intacto, suficientemente equipado e ansioso por retomar suas atividades, havia vários problemas a resolver: onde tocariam? Quem os financiaria? Que organismo, público ou privado, assumiria os concertos? Quem os regeria? E o mais importante: quem e o que seria a Orquestra Filarmônica de Berlim na Alemanha pós-Hitler? Para encontrar respostas, a orquestra foi empurrada à sua genética raiz de autogovernança.

A volta da Filarmônica a um estado de completa autonomia, porém, estava fora de questão. Por duas razões. Primeiro, na Berlim de maio de 1945, ações, reuniões e deslocamentos requeriam permissão expressa. As repartições de autorização eram numerosas, mas débeis. Para reconstruir-se, a orquestra carecia de representantes e da aliança de um *pool* de parceiros. Segundo, de uma cooperada orquestra privada orgulhosa de sua autonomia, ao alistar-se no serviço público mutilara porções de sua autonomia. A comunidade orquestral continuava a ser a cabeça e o tronco da instituição, mas a GmbH não mais poderia lhe prover as pernas de sustentação. Após onze anos de serviço público, a Filarmônica necessitava do apoio das autoridades públicas para se redefinir, e não menos para evitar seu despedaçamento.

A preocupação imediata, porém, era tentar restabelecer a funcionalidade musical da orquestra. Os detalhes ficariam para depois. Duas pessoas – decisivas para o grupo há muito – foram fundamentais nesse novo começo. O incansável Lorenz Höber voltou a tomar as rédeas como porta-voz dos músicos e líder organizativo. Nos primeiros dias e semanas após a capitulação, não se poderia falar, propriamente, de um gerenciamento. Höber assumiu a responsabilidade por forjar, em nome da orquestra, as conexões com interlocutores locais, municipais, regionais, militares e das forças de ocupação. E seu primeiro êxito veio rápido: uma semana após a capitulação, obteve a autorização para as reuniões dos músicos, sendo-lhes também facultados passes de viagem e o uso da bicicleta para poderem ir a Wilmersdorf, local dos encontros[17]. Por outro lado, politicamente experiente, a orquestra também acionou Von Westerman, formalmente, ainda, seu primeiro *Geschäftsführer*. Pelo que se sabe, Von Westerman não foi o modelo de um nazista zeloso, mas foi membro do partido, e seu ingresso na Filarmônica contou com a benção de Goebbels. A orquestra não podia ignorar a dubiez moral que implicava pedir e aceitar a ajuda desse homem. Porém, o pragmatismo do grupo fazia dele uma escolha óbvia. Suas capacidades gerenciais eram muito prezadas, embora outro elemento jogasse a seu favor. Ocorre que nas primeiras semanas de maio de 1945 Berlim estava sob completo domínio soviético, e Von Westerman, nascido na cidade de Riga, capital da Letônia, falava perfeitamente o russo (seu alemão ainda se tingia de um leve sotaque báltico). Assim, os músicos utilizaram seu autoproclamado *Intendant* – imposto pelos nazistas – para negociar diretamente com os oficiais soviéticos em seu próprio idioma. Os passes de locomoção para os membros do conjunto eram redigidos nas duas línguas.

Pragmatismo, astúcia política e habilidades linguísticas também assumiriam relevância na escolha de um novo regente. Furtwängler permanecia a liderança espiritual indiscutível da orquestra, mas seu destino, naquele momento, era incerto. A Filarmônica, por sua vez, desejava, o quanto antes, dar um sinal de si. Para tanto, precisava tanto de um maestro quanto de um mensageiro. A escolha de Leo Borchard não foi casual. Sua relação com a orquestra era antiga, remontando a um concerto de Haydn, Beethoven e Brahms nos idos de 1933. Durante o período nazista fora um convidado regular e bem-quisto, até que, em 1943, a Reichsmusikkammer o incluiu na lista negra[18].

17 P. Muck, op. cit., t. II, p. 187.
18 Cf. M. Strässner, *Der Dirigent Leo Borchard,*.

A partir daí, Borchard juntou-se à resistência alemã: "colocava panfletos contra os nazistas e a loucura da guerra nas caixas de correio e nas portas dos edifícios – contou Erich Hartmann –. Todos os dias arriscava a vida por suas convicções"[19].

Borchard estava familiarizado com a orquestra e era conhecido do público berlinense. Do ponto de vista político, como membro da resistência e vítima do nacional-socialismo, poderia projetar uma clara ruptura moral da Filarmônica com seu passado recente. Um outro ás: filho de pais alemães, mas criado em São Petersburgo, Borchard dominava o russo, de modo que as relações com as autoridades de ocupação soviéticas seriam mais cômodas. Finalmente, quando a guerra acabou, estava em Berlim, diferentemente de Furtwängler, Böhm, Jochum, Von Karajan e outros grandes regentes que haviam fugido quando o colapso do regime se avizinhava; Borchard podia ser recrutado prontamente, e a orquestra, assim, poderia dar o ansiado arranque. Era, pois, o candidato ideal à ressurreição da Filarmônica.

Desejo coletivo e astúcia da orquestra aliados ao triunvirato Höber-Von Westerman-Borchard tornaram possível à Filarmônica realizar seu primeiro concerto pós-guerra, que aconteceria no dia 26 de maio de 1945, no Palácio Titânia, distrito de Steglitz. No programa, a abertura para "Sonho de uma Noite de Verão", de Mendelssohn; o Concerto para Violino em Lá Maior de Mozart – com Ulrich Grehling como solista –; e a sinfonia nº 4 de Tchaikóvski. A escolha de Mendelssohn era, naturalmente, significativa, de fato simbólica. Segundo relatos, o bibliotecário e trombonista da orquestra, Friedrich Quante, havia escondido as partituras, salvando-as da barbárie nazista à espera do dia em que Mendelssohn pudesse ser novamente ouvido[20]. Plasmando-se nas notas de Mendelssohn pelas mãos de Borchard, a Filarmônica de Berlim buscava sua legitimidade pós-guerra.

O concerto foi um triunfo. Mas voltar a tocar era só o começo. Muitos músicos que haviam sofrido sob o nacional-socialismo acreditavam que havia chegado a hora de uma reparação. O violinista Erich Bader, socialista convicto e crítico do nazismo antes de 1933, parecia exigir a expiação imediata

---

19 E. Hartmann, op. cit., p. 38.
20 E. Hartmann, op. cit., p. 37.

daqueles que haviam sido do partido, ou pelo menos que dele participaram de uma forma mais agressiva[21]. Outros membros da orquestra se mostravam mais conciliatórios, reconhecendo a suscetibidade ética do terreno em que pisavam. Ambos os lados somaram vitórias e sofreram derrotas nessa guerra civil virtual pelo rumo da nova Filarmônica.

Em virtude da ausência de documentação concernente, a natureza específica das discussões travadas entre os membros da Filarmônica nas primeiras reuniões dessa nova era está perdida para a História. Claro está, apenas, que alguns músicos não quiseram ou foram chamados a participar da reorganização. Entre os que não voltaram – seja por razões políticas, pessoais, musicais ou profissionais – estão os *spallas* Erich Röhn e Gerhard Taschner, o violista Reinhard Wolf, o primeiro-violoncelista Arthur Troester e o trompetista Adolf Scheerbaum. As motivações dessas renúncias não nos parecem claras. Uns resolveram por si, outros podem ter sido forçados pelo grupo. Alguns, como Wolf, haviam sido do partido, outros, como Troester, não. Scheerbaum havia pertencido ao partido, mas parece que estava tão mal tecnicamente que, de todo modo, não podia mesmo continuar como primeiro-trompetista[22]. Taschner, por sua vez, firmara um contrato especial em finais de 1944, juntando-se à orquestra fundamentalmente pela proteção do *status* de *Uk*; agora, estava livre para seguir carreira solo[23]. Röhn, Troester e Reinhard Wolf rapidamente pularam para posições mais seguras e lucrativas em Hamburgo[24].

Ademais, músicos foram afastados da orquestra durante os processos de "desnazificação". Debates violentos irromperam dentro da Filarmônica – tanto entre os músicos quanto no interior de um grupo musical lobista. Este grupo tentava chegar àqueles representantes políticos que, em conjunto com autoridades executivas, supervisionavam o desengate da orquestra de seus doze anos de associação com o Estado nazista. Dentre os supervisores havia funcionários municipais e mediadores das forças aliadas. Antes do fim de maio

21 Entrevista com Dieter Gerhard, dez. 2006.
22 PKS, Furtwängler a Von Westerman, 25.6.1944.
23 Ibidem.
24 G. Avgerinos, op. cit.

de 1945, o violinista Alfred Graupner, o contrabaixista Arno Burkhardt, o violista Werner Buchholz, o violoncelista Wolfram Kleber e o violinista Hans Woywoth foram suspensos da Filarmônica por suas atividades nazistas. Tudo aconteceu com tal diligência que é possível pensar que as denúncias partiram dos próprios colegas. Subsequentemente, Graupner e Burkhardt foram reabilitados[25].

O estatuto legal e a jurisdição da Filarmônica, nesse meio tempo, permaneciam indefinidos. Exitosamente contatada por Höber e Von Westerman, a prefeitura de Berlim – sob controle soviético – se dispôs a apoiar financeiramente o conjunto. O Palácio Titânia, provisoriamente, mas por tempo indeterminado, foi cedido à Filarmônica[26]. Com seus primeiros concertos, a orquestra começava, com sucesso, a tomar distância de seu passado mais recente. Mas estávamos apenas em junho de 1945, o tempo transcorrido era mínimo e as forças de ocupação tinham mais o que fazer do que examinar em detalhes os arquivos da Filarmônica. Até que esse momento chegasse, as autoridades confiaram o conjunto a Leo Borchard, cujas credenciais políticas e musicais eram indubitáveis. A Borchard deu-se carta branca e poder legal para lidar com todas as questões relativas à orquestra segundo seu próprio discernimento pessoal.

> Até que se tome a decisão final, o sr. Borchard ficará encarregado da direção artística e geral da Orquestra Filarmônica de Berlim, incluindo a regência dos concertos. O sr. Borchard tem o direito de afastar da orquestra aqueles membros que tenham sido partidários ativos do NSDAP.[27]

Borchard foi notadamente leniente na execução de seu direito de cortar os membros do partido ora à mercê dos acontecimentos. Ele deve ter sido o grande interlocutor dos debates internos da orquestra, mas agiu com prudência e moderação. Membros do partido politicamente ativos, como Buchholz, Kleber, Woywoth e outros, embora colegas, não haviam apenas perdido a credibilidade moral: sua permanência ameaçava os esforços de reforma. Não se sabe se foram expulsos por Borchard,

---

25 Ibidem.
26 P. Muck, op. cit., t. II, p. 190.
27 ABPHO, D Bor 5, Confirmação do Magistrado da Cidade de Berlim, 2.6.1945.

pelas autoridades políticas ou pela comunidade orquestral. Em pouco tempo, porém, todos encontraram trabalho em Berlim, mas o fim de suas carreiras na Filarmônica coincidiu com a derrocada do regime que apoiaram politicamente.

Foram necessários meses para que os processos de desnazificação, coordenados pelas quatro forças de ocupação instaladas em Berlim, deslanchassem. Todos os alemães tinham de preencher longos questionários – sobre suas atividades, simpatias e filiações durante o nazismo – que eram analisados por funcionários locais. Como servidores públicos do Estado nazista, os músicos da Filarmônica eram ainda submetidos a interrogatórios conduzidos por investigadores aliados. Quando os soviéticos recuaram para o setor oriental, a Filarmônica, com sua base provisória em Berlim-Steglitz, foi transferida para a jurisdição norte-americana. Então, os músicos eram submetidos a duas séries de interrogatórios: uma a partir da zona de residência, outra em função do local de trabalho. Esse sistema, incontornavelmente, produziria uma miríade de incoerências.

Em muitos casos, requeria-se dos músicos que testemunhassem sobre colegas. O primeiro-violino Johannes Bastiaan, por exemplo, fez uma declaração a favor de seu colega de naipe Hans Gieseler, membro do partido desde 1932[28]. Em relação à fidelidade política de seu amigo, Bastiaan referiu a confiabilidade do colega e sua abertura a toda discussão política e, ainda, que ele jamais tentara impor suas opiniões políticas ou intimidar alguém[29]. Essa declaração, aparentemente fidedigna, ajudou Gieseler, portador de um passado manchado, a permanecer na Filarmônica.

A distinção entre "bons" e "maus" membros do partido era um julgamento arriscado, movediço, tanto do ponto de vista moral quanto sob uma angulação meramente burocrática. Em relação aos colegas Alfred Graupner e Arno Burkhardt, Erich Hartman escreveu: "Estes dois jamais causaram o menor dano a quem quer que fosse. Eram grandes artistas e verdadeiros colegas."[30] Artistas e amigos esses homens podem ter sido, mas distinguir graus de nazismo ofuscava a coragem e a inte-

28 ABPHO, Lista, 1947.
29 PJB, Bastiaan ao Branch Military Government, American Sector, 1945.
30 E. Hartmann, op. cit., p. 9.

gridade dos que haviam resistido absolutamente às pressões para o ingresso no partido. E esse problema moralmente desafiador se tornava ainda mais intrincado pela natureza subjetiva e descoordenada das avaliações individuais. Investigadores dos diferentes setores das forças aliadas sustentavam opiniões distintas sobre graus de culpabilidade e a escala das medidas disciplinares variava entre norte-americanos, soviéticos, britânicos e franceses. Gieseler, Friedrich Quante e Herbert Teubner, por exemplo, nada sofreram por sua filiação partidária. Mas sobre o trombonista Heinz-Walter Thiele, de ficha igualmente suspeita, a mão aliada foi mais severa. Membro do partido desde 1933, Thiele foi investigado e sentenciado por funcionários estadunidenses:

> Por determinação das autoridades militares americanas, informamos que, com efeito imediato, todas as atividades culturais no setor americano lhe estão vedadas. Solicitamos, assim, que a partir desse momento considere extinto seu vínculo com a Orquestra Filarmônica de Berlim. O sr. pode apresentar recurso ante o Comitê Alemão de Avaliação (Berlim W.15, rua Schlüter, 45) para revisão e reabilitação.[31]

As decisões eram tomadas pelas autoridades dos respectivos setores aliados, depois comunicadas à Filarmônica, que ficava encarregada de notificar seus membros. Cartas similares a esta, em papel timbrado da orquestra, foram enviadas a pelo menos nove músicos. Assim como Graupner e Burkhardt, Heinz-Walter Thiele também foi suspenso, mas apelou ao Comitê Alemão. Após nova investigação, foi reabilitado[32]. Em outros casos, como o do trompista Georg Hedler, membro do partido, as autoridades não foram tão lenientes. Helder não fora um nazista fanático, e seu papel mais destacado no Terceiro Reich foi um breve mandato no Conselho de Confiança (*Vertrauensrat*) da orquestra. Contudo, ao que parece, foi suficiente para sentenciar seu futuro com a orquestra. Não se sabe se recorreu ou se o recurso foi rejeitado, mas em dezembro de 1945, após 24 anos de serviços, Hedler foi mandado embora[33].

---

31   ABPHO, G. Thie, Ernst Fuhr a G. Thiele, 29.05.1946.
32   G. Avgerinos, op. cit.
33   Ibidem.

Considerando o descoordenado e setorial processo de desnazificação, expulsar um membro da Filarmônica não significava, necessariamente, deixá-lo desempregado. Conquanto um músico pudesse estar proibido de atuar neste ou naquele setor da cidade – a Thiele, por exemplo, era vetado tocar no setor americano até sua reabilitação –, podia, em princípio, buscar trabalho em outro. De fato, havia em Berlim uma demanda por músicos do nível da Filarmônica. Georg Hedler conseguiu um posto na orquestra sinfônica da rádio estadunidense, no setor americano; o violista Werner Buchholz aterrizou na Staatsoper Unter den Linden, no setor soviético; e o antigo porta-voz da Filarmônica, Wolfram Kleber, acabou como integrante do naipe de violoncelos da orquestra da Deutsche Oper, no setor britânico[34]. Dos aproximadamente vinte músicos da Filarmônica filiados ao partido, dois morreram durante a guerra; sete deixaram a orquestra – de forma voluntária ou obrigatória – entre 1945 e 1946; três foram suspensos por autoridades aliadas, em 1945, e mais tarde reabilitados. Os demais foram absolvidos nos processos de desnazificação[35].

As autoridades aliadas, contudo, não estavam interessadas apenas em caçar nazistas. Como revelou o longo processo de desnazificação de Furtwängler – convocado a depor sob a alegação de ser "culpado pela disseminação das ideologias nazista ou fascista"[36] –, o exame da filiação era somente parte de um complexo bem mais amplo. Britânicos e americanos estavam atentos ao aspecto semiótico dos processos, isto é, ao modo como as pessoas se expressavam verbalmente, como utilizavam a linguagem. Entendiam que uma determinada terminologia adotada, que uma específica forma de apropriação da língua, embutia e traía uma cumplicidade ideológica com o nazismo. Os nacional-socialistas tinham uma língua própria.

34 Ibidem.
35 O ex-violoncelista da Filarmônica, Dieter Gerhard – ativo na orquestra desde 1955 –, recorda os encontros com Wolfram Kleber nos anos de 1950. Kleber era frequentemente contratado por seu velho amigo Karl Rammelt – outro "ex-camarada do partido" – como reforço (*Aushilfe*) para gravações da Filarmônica de Berlim. As gravações não estavam sujeitas às restrições referentes às apresentações públicas setoriais ou às proibições de pessoal da Filarmônica.
36 BArch (BDC) RK W0002, Nota da conversa referente ao assunto "Dr. Wilhelm Furtwängler", 9.12.1946, p. 3.

Uma vez encerrada a varredura inicial dos membros do partido, a própria Filarmônica seria investigada. O fato é que a orquestra havia prestado serviços ao Estado nazista. A sustentar e orientar os julgamentos punha-se, predominantemente, o problema da cumplicidade, não o das relações políticas individuais. Nesse caminho, a orquestra sofreu outras duas baixas. A primeira foi Friedrich Mayer, violoncelista e *Vorstand* da Camaradaria. No final da guerra, Mayer estava em Steinhude, na Baixa Saxônia[37]. Daí, seguiu para Munique. Nessa época, havia articulado seu retorno a Berlim, mas o clima político se alterara. A cooperação tecida com o regime nazista em função da Camaradaria foi considerada suspeita. Então, reconhecendo a dificuldade da situação[38], abandonou as esperanças de retornar a Berlim e à Filarmônica, permanecendo em Munique, onde um amigo dos velhos tempos, Hans Knappertsbusch, o ajudou a arranjar um emprego na Orquestra Estatal da Baviera (Bayrischer Staatsorchester)[39]. A segunda perda, talvez, foi a mais dura, e seria a última guilhotina da desnazificação filarmônica. Em 4 de abril de 1946, os americanos suspenderam Lorenz Höber como violista e como *Geschäftsführer*[40]. Foi um golpe devastador. Höber apelou da sentença, mas depois de pouco mais de um ano as autoridades britânicas confirmaram a decisão do setor americano:

> Notificamos que, devido a sua anterior participação em organizações políticas, fica-lhe proibido participar de qualquer *performance* pública e de escrever ou compor para apresentações no setor britânico de Berlim. Para recurso, dirija-se, por escrito e com copia tripla, ao Comitê de Avaliação para os Trabalhadores da Cultura, Berlim W.15, rua Schlüter, 45.[41]

Lorenz Höber, líder, esteio e defensor da orquestra, nunca havia se ligado ao partido. As únicas "organizações políticas" a que pertencera foram a Reichsmusikkammer, cuja filiação era

---

37 G. Avgerinos, op. cit.
38 Ibidem.
39 Ibidem.
40 Ibidem.
41 BArch (BDC) RK D20 PRSC, Branch Military Government, British Troops Berlin A.M.P. Lynch para Lorenz Höber, 25.6.1947.

obrigatória durante o nazismo e a Filarmônica de Berlim. O funcionário encarregado da investigação de Höber foi preciso na acusação: "A pessoa em questão foi membro do conselho diretor da Orquestra Filarmônica de Berlim GMBH."[42] Desinvestido de sua posição e dignidade, Lorenz Höber, seis meses depois, estava morto, aos 58 anos.

"Uma orquestra é como o povo, cada um tem seu lugar, deve fazer o melhor que puder e se funde ao desejo do coletivo."[43] Tais palavras foram ditas por um Wilhelm Furtwängler ficcional na primeira versão do roteiro de *Die Philharmoniker*, filme que é o testamento de Goebbels sobre a natureza tautológica da propaganda. Muito além de exaltar a submissão voluntária e coletiva, a frase bem poderia ser aplicada à totalidade das experiências da Filarmônica no nazismo. Nesse sentido, também capturou as forças que levaram Lorenz Höber à ruína.

Höber, ao longo de tempos extremamente difíceis, conduziu e serviu a Filarmônica com uma devoção incomum. De sua posição, deu seu melhor nos serviços à sua comunidade orquestral. Por sua vez, o coletivo também tentou o melhor de si por seu público, por seu país e por ele mesmo. E certamente a Alemanha, como um todo, não tinha nenhum interesse em desencadear a destruição, o terror, a guerra e o genocídio sobre si mesma ou sobre o mundo. Mas "uma orquestra é como o povo" e a Filarmônica de Berlim, como o povo alemão, sujeitou-se a uma estrutura política – o Estado nazista – que envolveu o coletivo completamente, conduzindo-o por uma senda de horror indizível. Embora os nacional-socialistas falassem a linguagem da força, a experiência da Filarmônica revelava a dialética para a qual o Estado nazista poderia ser empurrado. Por haver sido um grande líder – por se engajar, confrontar e trabalhar com os nazistas para alcançar o êxito de sua orquestra –, Lorenz Höber pagou com a moeda da tragicidade.

Seu legado, no entanto, permanece indelével. As transformações sofridas pela Filarmônica sob sua liderança, assentaram as bases sobre as quais opera desde então. Entre 1933-1934, Höber guiou-a do comunal-privado para o serviço público. Embora

---

42   BArch (BDC) RK D20, Intelligence Section ISC Branch Case Report, Lorenz Höber, maio 1947.
43   ABPHO, *Die Philharmoniker* (esboço), Musikverein, 1943.

o modelo de gestão comunitária tenha sido completamente dissolvido, Höber cuidou para que a autogovernança permanecesse sua característica típica, mesmo sob um regime totalitário. Ainda hoje, a decisão final sobre o regente está nas mãos dos músicos.

Conquanto Höber fosse um defensor da autodeterminação da Filarmônica, teve a percepção de que o modelo de uma cooperativa não seria adequado à realização de suas metas artísticas e institucionais. De outro lado, tendo em vista a grande distorção nascida da experiência com o Ministério da Propaganda, teve o bom senso de rejeitar a parceria pública. Um de seus atos finais como líder da orquestra foi assegurar a cidade de Berlim como seu principal suporte financeiro no ano de 1945[44]. Esse relacionamento legal e econômico com a cidade perdurou até a criação da Fundação da Filarmônica de Berlim (Stiftung Berliner Philharmoniker), em 2002.

Quando o Estado nazista absorveu a orquestra, em 1934, Lorenz Höber era *Orchestevorstand* e *Geschäftsführer*. Fatores políticos, práticos e ideológicos demandaram uma reorganização da estrutura administrativa da orquestra, mas Höber, por sua habilidade e conhecimento, era indispensável. Durante todo o período da Reichsorchester, Höber foi a voz dos músicos. Do ponto de vista administrativo, as tarefas que realizava sozinho requeriam ao menos duas pessoas. A criação dos cargos de *Intendant* e *kaufmännischen Direktor* foi uma consequência direta do exemplo que Höber constituíra por suas habilidades multíplices. Ambos os cargos, adventos da era nazista, estão hoje enraizados na estrutura institucional da Filarmônica, cabendo ao *Orchestervorstand* da orquestra o mesmo nível hierárquico.

Como *Orchestervorstand*, Höber não era responsável apenas pelos assuntos internos dos membros da Filarmônica, mas por representá-los perante a gerência, o governo, a imprensa e o público. Quando os nacional-socialistas decidiram transferir a representação dos músicos para um grupo que lhes fosse mais próximo, favorável, criaram o Conselho de Confiança (*Vertrauensrat*). No pós-guerra, o *Vorstand* voltou a ser o porta-voz oficial da orquestra. O Conselho de Confiança,

---

[44] P. Muck, op. cit., t. II, p. 192.

antes amontoando membros do partido, passou a se chamar Conselho dos Cinco (*Fünferrat*), herdando responsabilidades por questões internas antes da alçada do *Vorstand*. Até hoje é o principal órgão de mediação interna da orquestra.

Durante o Terceiro Reich, Höber nunca se sentiu bem com a abdicação da autonomia da Filarmônica. Embora a fundação da Camaradaria não tenha sido iniciativa sua, Höber foi fundamental para estabelecer ali a esfera de autodeterminação da orquestra. O regime nazista hesitou muito em sancionar sua criação, mas o fez porque a entendeu e dispôs para si como um meio de agitação política e disseminação ideológica. Mas a Camaradaria, por muito tempo, sobreviveu às intenções de Goebbels, e rebatizada como Associação Filarmônica (Philharmonische Gemeinschaft) prossegue sem interrupções seu trabalho social desde 1937.

Ao invés de simplesmente repudiar os adventos, compromissos e imposições do Terceiro Reich, a Filarmônica, como um organismo, integrou essas experiências em suas artérias de pós-guerra. Por essa razão, não só o legado de Lorenz Höber, mas toda sua odisseia nazista de doze anos ataram-se inexoravelmente a seu presente e futuro.

Em 23 de agosto de 1945, num *checkpoint* britânico-americano da capital dividida, Leo Borchard foi assassinado pelo tiro de um soldado americano descontrolado. Hermann Bethmann, violinista da Filarmônica, foi quem propôs que Sergiu Celibidache, regente romeno de 33 anos, o sucedesse[45]. Diferentemente de Borchard, Celibidache não tinha uma história com a Filarmônica. Contudo, a orquestra já havia se restabelecido e pressionava as autoridades civis e militares para obter uma permissão definitiva de trabalho. Celibidache era um rosto novo para um começo novo. As autoridades supervisoras da Filarmônica não podiam agir senão no sentido de sua aprovação. E era mesmo uma vantagem que não fosse alemão. Suas ideias musicais contrastavam radicalmente com a tradição da orquestra. Curiosidades e apreensão à parte, os músicos sabiam que só Celibidache – ou alguém como ele – poderia ajudar a orquestra a avançar e, ao mesmo tempo, deixar espaço para o previsto

---

45   E. Hartmann, op. cit., p. 43.

regresso de Furtwängler[46]. Embora um risco, ou mesmo uma escolha um tanto radical, Celibidache representava a necessária completação do processo de desprendimento do passado nazista e o apontar de um caminho para o futuro.

Em 1° de dezembro de 1945 Celibidache foi coroado pelas autoridades americanas "licenciadas" junto à Filarmônica de Berlim. Ao músico competia todas as questões relativas à orquestra, principalmente, mas não exclusivamente, as musicais. Celibidache seria uma espécie de "parteira" nomeada para desacostumar a orquestra dos seus antigos hábitos. Sob sua guarda, o expurgo final da instituição – incluindo Friedrich Mayer e Lorenz Höber – foi concluído. Mahler e Schostakóvitch, dentre outros compositores, foram reincorporados ao repertório. Relutantes, Bruno Walter e Otto Klemperer retornaram. A Filarmônica saiu em turnê – não com destino a Madri, Paris, Bucarest ou Estocolmo, mas a Postdam, Leipzig, Lübbecke e Bünde. De fato, era uma nova era.

Em dezembro de 1946, Furtwängler recebeu a sanção legal de seu processo de desnazificação. Inocentado, poderia retornar ao pódio berlinense. Coincidentemente, no mesmo momento, 1º de janeiro de 1947, a dois músicos era concedida a permissão para trabalharem ao lado de Celibidache. Na primeira sentença, o líder espiritual e musical da Filarmônica fora exonerado; e, ainda mais significativo, com o licenciamento dos membros da Filarmônica Richard Wolff, violinista, e Ernst Fuhr, violoncelista, a autoridade americana restaurava a honra coletiva do conjunto. A orquestra havia demonstrado maturidade suficiente para compartilhar o controle do próprio destino.

Em 25 de maio de 1947 – quase dois anos depois do primeiro concerto da orquestra no pós-guerra –, Furtwängler regeu a Filarmônica. Certamente foi um momento de comoção profunda. Maestro e músicos haviam partilhado muito juntos. As lembranças devem ter sido agudas, a um só tempo afetuosas e melancólicas. Mas o regente, a orquestra e o mundo haviam

---

46 A aproximação de alguém com maior visibilidade, ou outro alemão, ou então outro regente cujo repertório conflitasse com o de Furtwängler, teria agravado de forma severa e irremediável as relações entre a orquestra e Furtwängler, independentemente do resultado do processo de desnazificação deste último.

mudado. Enquanto Furtwängler, exitosamente, havia defendido seu passado, a orquestra olhava o futuro. Seu leme já não estava nas mãos de Furtwängler. Celibidache tinha a confiança das autoridades americanas, embora não o entusiasmo de todos os músicos. Músicos-chave do tempo de Furtwängler já não estavam lá; a concepção estética da orquestra estava mudando. Mas, acima de tudo, a Filarmônica havia aprendido uma lição fundamental: seu bem mais precioso era sua força coletiva. Por dois anos tumultuados o grupo sobrevivera sem Furtwängler, suportando desafios tão ameaçadores quanto aqueles dos inícios dos anos 1930. Os músicos eram gratos ao maestro pelos benefícios que ele havia obtido e concedido, mas estavam decididos a seguir um novo rumo.

De fato, não se tratava propriamente da Filarmônica ter aprendido uma lição. Talvez fosse o caso de dizer que ela se lembrou do que sempre fora: uma comunidade orquestral autogovernada nascida da revolta. Com a volta do antigo regente, a luta de poder entre Furtwängler e Celibidache era virtualmente inevitável[47]. Mas, como de hábito, a orquestra focou primeiro os seus interesses. Furtwängler representava o passado, amado com travo; Celibidache era a escolha inspirada no momento, mas não personificava o destino da orquestra. A reforma pós-guerra da Filarmônica foi concluída em 1954 quando, após a morte de Furtwängler, os próprios músicos elegeram o homem que acreditavam ser "a personalidade artística capaz de dar continuidade às suas tradições"[48]: Herbert von Karajan, o protegido de Göring, o nêmesis de Furtwängler, o anti-Celibidache.

Forças poderosas, particularmente aquelas vinculadas ao passado nazista da Alemanha e da Filarmônica, urdiram em sintonia para influenciar a decisão[49]. Apesar de pressões contrárias, a orquestra – por uma resolução coletiva – tornou a se engatar num vagão eticamente duvidoso, embora a escolha tenha sido astuta do ponto de vista comercial, político e musical. Uma repetição do malfadado experimento Reichsorchester?

---

47 Cf. K. Lang, *Lieber Herr Celibidache*, p. 27, 47.
48 P. Muck, op. cit., t. II, p. 272.
49 Ibidem, p. 290. Tanto as autoridades americanas quanto a Columbia Artists queriam que, por razões políticas e comerciais, o diretor da primeira turnê da Filarmônica de Berlim pela América do Norte fosse um alemão.

Não. Em 1954, a Filarmônica não se achava numa posição vulnerável, erguendo-se com firmeza sobre os escombros deixados pelos "embaixadores da arte alemã" de Goebbels. Reerguia-se ao imbricar seu passado com reformas impressionantes – tanto pelo caráter astucioso quanto pela velocidade –, movimento que pouparia sua reputação singular. Como instituição atingiu um patamar de maturidade que lhe permitiria ter como regente – sem que isso acarretasse danos – um homem duas vezes filiado ao partido nazista.

Quando a orquestra fez sua primeira turnê pelos Estados Unidos, em 1955, ocorreram protestos vigorosos daqueles que não queriam deixar o mundo esquecer do que havia acontecido dez anos atrás. Porém, eles não se insurgiam contra a orquestra, como sucedera durante a guerra, quando os músicos – então apelidados de "vanguarda dos paraquedistas"[50] –, justificadamente eram vistos, de forma cada vez mais acirrada, como instrumentos do regime infausto de Hitler. Os manifestantes protestavam, sim, contra Herbert von Karajan, um ex-membro do partido, e contra o velho-novo gerente da orquestra, Gerhart von Westerman que, em 1952, enfim, havia recebido seu cobiçado título de *Intendant*[51]. Mitologia, ardil, instinto e um sentido radical de autodeterminação permitiram à orquestra silhuetar de si uma imagem livre de acrimônia. À determinação comunal uniu-se uma habilidade coletiva. Nesse sentido, os músicos da Filarmônica do pós-guerra ressoavam seus antecessores da Cooperativa e da Reichsochester – músicos que foram os herdeiros de um legado visionário.

---

50 Ibidem, p. 151.
51 ABPHO, Fur 4 VIII, 1955 3 & 4.

POSFÁCIO
De uma Alma Sonora "Humaníssima"?

> [...] *obstinar-se [o povo alemão] em ser nação original, desvairar-se em uma autocontemplação de mau gosto e uma autoglorificação, e até em governar o mundo na estupidez e pela estupidez...Povo infeliz... não terá bom fim, pois não quer compreender a si mesmo, e cada má compreensão de si mesmo não desperta somente a gargalhada, mas também o ódio do mundo, e o põe em extremo perigo. Vá o Destino castigá-los por se traírem e não quererem ser o que são! serão dispersados sobre a terra como os judeus, com razão, pois suas melhores personalidades viveram sempre no exílio, primeiramente, depois na dispersão!*
>
> Personagem Goethe,
> em *Carlota em Weimar*, de Thomas Mann,

Sublinhe-se em traço marcado, como passo inicial da reflexão que se inicia: tamanha deferência e valor a Alemanha romântica atribuiu à música, tão vistosa e protagonista fez-se a arte dos sons na cultura do século XIX alemão, que pensar em arte oitocentista alemã é, imediatamente, pensar em música. Thomas Mann, em diversos textos ficcionais e teóricos, pontuaria esta situação e lógica[1]. Nesse sentido, não decorre de uma opção exclusivamente literária que o *Fausto* manniano – quiçá, a mais instigante representação contemporânea sobre as relações entre música e vida social –, teça-se na e pela vida de um músico e de sua música. Se, no romance, o movimento e destino de uma Alemanha que progressivamente se emporcalha, perverte e vindima se entrelaçam aos de um compositor de carnes e espírito germânicos, tal imbricação não nasce

---

1 Na pontuação de Vaget, consentânea: "Devido a seu engajamento singular – apaixonado e articulado – com a música e a Alemanha em geral e com Wagner em particular, Thomas Mann é indispensável em qualquer tentativa de enfrentamento das questões de música e identidade nacional alemã." Cf. Hans Rudolf Vaget, National and Universal: Thomas Mann and the Paradox of "German" Music, em Celia Applegate; Pamela Potter (eds.), *Music & German National Identity*, Chicago: University of Chicago Press, 2002, p. 155.

de uma abstrata escolha subjetiva do autor[2]. Numa palavra, música e Alemanha, no curso dos anos oitocentos, mutuaram-se à exaustão, ou mesmo se sinonimizaram.

Em *A Orquestra do Reich*, Misha Aster narra a história das relações entre a Filarmônica de Berlim, fundada em 1882, e o regime nazista, que, em 1933, a encampa. Doravante, como orquestra *do* Reich – como Reichsorchester – cumpri-lhe, antes e acima de tudo, universalizar mundialmente a grandeza da música alemã, isto é, as virtudes da "germanidade", a preeminência da terra e do povo que pariu Beethoven e Brahms. Em tempos nazistas, quando se falava da Orquestra Filarmônica de Berlim (OFB), não se pensava e falava especificamente em música, mas *também* em música: tratava-se, sim, de raça, de superioridade, de exemplaridade, que *pela* música *alemã* podiam e deviam ser afirmadas, propagandeadas, expandidas.

Aster, porque escava a orgânica objetiva e subjetiva da OFB, põe o leitor frente a um universo que é composto de uma só substância: a *germanidade*. E o faz por uma narrativa lucidamente fundada nos fatos. Seu relato, que traz à luz fundamentalmente a vida operativa da orquestra entre 1933 e 1945, e que revela as engrenagens e mecanismos pelos quais ela se constitui em seus anos nazistas, faculta-nos uma visão concreta do contraditório *modus vivendi* de um organismo artístico que então serviu à bestialidade. Em palavra indubitável, que se deve citar *in limine*: "O conteúdo, a nova doutrina e ação, a teoria e a prática da revolução nacional-socialista é a bestialidade – apenas isso."[3]

Mas por que a OFB, tida ainda hoje como o mais nobre e refinado agrupamento do gênero, serviu-lhe? Por que a música lhe foi serva? Por outro lado, e talvez seja esta a questão mais relevante: que espécie de música um organismo que serve à besta-fera tenderá a criar, ou melhor, a *re-criar*? Em termos mais específicos, qual a *lógica da sonoridade* – do *som* – que *in potentia* está implicada num contexto humano e artístico que supõe e apregoa a própria superioridade cultural, e rácica? Isto é, e generalizando o problema, qual o suposto humano e ideológico que nutria o *modus faciendi* dessa orquestra romântica

---

2   Na consideração de Mann, incontrastável: "se Fausto deve ser um representante da alma alemã, ele deve ser musical", apud M.R. Vaget, op. cit, p. 159.
3   Thomas Mann, *Ouvintes Alemães,* Rio de Janeiro: Zahar, 2009, p. 72.

alemã da segunda metade do século XIX, posta a *germanidade* cultural dominante na Alemanha romântica e pós-romântica? Em suma, que som foi parido e apascentado pela germânica OFB, e por quê?

Se, de modo algum, coloco-me o propósito de dar uma resposta – mesmo que numa aproximação genérica – a esse espinhoso e imensamente complexo campo interrogativo, sei, porém, que é vital identificar algumas de suas categorias constitutivas. Agindo assim, não apenas consubstancio e avigoro, para o leitor, a exposição eloquente e rigorosa de Misha Aster, mas trago à tona problemas de natureza musical que, inteiramente centrais no cenário teórico e prático contemporâneos, são, pois, *nossos* próprios problemas artísticos. Problemas, refira-se desde já, que portam em si um incômodo musical e humano. Incômodos cuja afloração, polêmica, é revolver da vida porque da música, como se verá. Afloração alavancada neste ensaio a partir de três momentos expositivos estruturais que se mutuam intimamente, como se verá.

Tomemos, então, as vias escorregadias e de cores insalubres do século XIX alemão, forjador de uma caixa de Pandora que se esvaziaria por completo apenas com o nacional-socialismo, apenas com Hitler, amante maior de sua recantada cultura germânica: esta, para os alemães, o ventre da "música pura". *Pura!*

I. A "MISÉRIA ALEMÃ": NACIONALISMO, RAÇA E MÚSICA

1.

A consciência teórica do retardo econômico da Alemanha e da peculiar mesquinhez filisteia de suas relações sociais não é devida apenas às radicais categorizações concernentes de Marx. De fato, o reconhecimento de seu descompasso histórico – já afigurado nos anos seiscentos –, e das miseráveis consequências humanas aí embutidas, não escaparia ao jovem Goethe. Pense-se, por exemplo, em *Os Sofrimentos do Jovem Werther*, obra publicada na década de 1770. Mais à frente no tempo, numa atitude peregrina em sua pátria, Goethe pública e ousadamente apoiaria as invasões napoleônicas da Europa, e a da Alemanha em particular. Mesmo que divisasse a barbárie que as guerras trazem no ventre ao assolarem terras e indivíduos, distinguia que Napoleão significava o progresso, o avanço, a superação da anacrônica cangalha feudal que ainda pesava sobre os ombros dos povos europeus. Para Goethe, Napoleão implicava a necessária universalização da modernidade burguesa, que teria de vir a cavalo – pela força da espada francesa. A letra marxiana, indignada e sarcástica em "Projeto de Lei sobre a Revogação dos Encargos Feudais", artigo publicado na Nova Gazeta Renana, defronta-nos com um quadro bizarro se não trágico; veemente na forma, e mais no conteúdo, o texto jornalístico, do qual tomo um passo expressivo, aflora um anacronismo social que é a própria trama e espírito da sociabilidade germânica; descreve Marx, em 1848:

> Se alguma vez um renano pôde esquecer o que deve à "dominação estrangeira", à "opressão do corso", que leia o projeto de lei sobre a revogação sem indenização dos diferentes encargos e tributos que o senhor Hansemann[4], no ano da graça de 1848, envia "à consideração" de seus ententistas. Suserania, tributos alodiais, tributos sobre falecimento, direito de mão morta, mortalha, pagamento por proteção, direito de justiça, tributo de três coisas, tributo de criação, tributo do selo, tributo do prado, dízimo sobre as abelhas, etc. – quão estranhos, quão bárbaros soam estes nomes absurdos a nossos ouvidos civilizados pela destruição franco-revolucionária do feudalismo, e pelo Code Napoléon! Quão incompreensível é para nós toda esta miscelânea de prestações e tributos medievais, este gabinete de história natural das velharias carcomidas da época antidiluviana!
>
> E contudo, patriota alemão, descalça-te, pois pisas em solo sagrado! Estas barbaridades são os escombros da glória germano-cristã, são os últimos elos de uma corrente que perpassa a história e te une à grandeza de teus pais, remontando às florestas dos cheruscos[5]. Este ar confinado, este lodo feudal, reencontrados aqui em sua clássica pureza, são os produtos mais originais de nossa pátria e aquele que for um verdadeiro alemão deve exclamar com o poeta [Heine, *Alemanha*: *Um Conto de Inverno*]:
>
>> É este sim o ar de minha pátria!
>> Minha face ardente o sentiu!
>> E este barro dos grandes caminhos,
>> É a crosta de minha pátria![6]

4   Ministro das Finanças da Prússia.
5   Francos.
6   Karl Marx, *Nova Gazeta Renana*, São Paulo: Educ, 2010, p. 177.

Sem o intento, descabido, de tanger aqui as razões que enraizaram a eclosão de um pensar e sentir alemães que diminuíam o mundo e exaltavam miticamente a própria experiência humano-social, deve-se aludir que a *singular* eclosão nacionalista vivida pela Alemanha do século XIX deitou raízes em seu profundo e nefasto atraso social. Alemanha, em verdade, que não era uma nação, mas um punhado de territórios mais ou menos autônomos e em concorrência recíproca. E uma sociabilidade que objetiva e subjetivamente é *negada* pelos avanços materiais e espirituais da burguesia e do capitalismo francês e inglês – sociabilidade que, por suas condições internas, não consegue materializar ou desenvolver estes avanços de natureza universal –, a eles responderá com uma trocada negação do mundo. Vale dizer, denegará todo e qualquer *modus vivendi* que não seja o seu. *Modus* particular que pensado e arroganteado como valor universal, dessa universalidade, então, necessariamente carece. Resposta negadora que deflagra, no que tange à esfera cultural, uma ação mais ou menos consciente no sentido do fortalecimento e dileção dos próprios – e desmedidamente louvados – valores e características humano-culturais. Dileção que os enrijece, cristaliza, mitifica, distorce, pois não se tratam mais, neste contexto, de valores e características reais, mas abstratamente *ideais*, isto é, nacionalistas. No lugar da universalidade inalcançável das categorias da vida burguesa "clássica", o particularismo socialmente adstrito da vida alemã visto e proposto como justa universalidade. Neste contexto, a música terá um papel muitíssimo ativo. Vejamos.

2.

Se a inquietação intelectual alemã com o nacional tem origem no século XVIII, é apenas no curso de sua segunda metade que a música assume um posto de combate neste cenário patriótico. E o assume não em função da prática compositiva, mas pela teoria musical. O que nos permite entrever que a questão nacionalista – problema nodal para o pensamento e arte do Romantismo alemão – antes de ser de ordem artística e estética é uma esfera de natureza muito mais ampla, cuja gênese não é imediatamente cultural; diversamente, o nacionalismo, dimensão concreta da vida alemã, funda-se em terreno econômico, político, e, mediatamente, ideal. Posto combativo cuja forma de objetivação, como se atinará, denota a centralidade da música na sociabilidade germânica setecentista, ao mesmo tempo que prenuncia aquela mais efetiva – a centralidade cultural que lhe caberia no século seguinte. Na palavra de Vaget, que a partir do exame do ideário musical de Thomas Mann assim considera:

> O uso da música, por Mann, como metáfora para a nação [alemã], não era uma ideia nova. Já em 1859, o historiador da música J.M. Fischer argumentava que o desenvolvimento do *caráter nacional* alemão estava intrinsecamente relacionado às realizações da *música alemã*. [...] Das noções de Mann – elaboradas após a Primeira Guerra Mundial – da *Alemanha como autorrealização de sua música* para o *Doctor Faustus*, tratou-se para ele de um pequeno passo conceitual[7].

Se aqui não há espaço para uma análise mais específica da importante reflexão de Vaget sobre Mann, da citação se deve aqui tomar e sublinhar, contudo, a afirmação de que para a *intelligentsia* germânica a Alemanha oitocentista e *sua* música entenderam se mutuar espiritualmente. Mutuação, ou mesmo *equivalência*, que em meados do século alcançava esta explicitação de Fischer. Explicitação que pode se substantificar na medida em que, "a partir do romantismo, a música começou a adquirir *supremacia* [na Alemanha], e assim prosseguiu por todo o século XIX"[8]. Mutuação teoricamente firmada que quase sessenta anos antes J.N. Forkel corporificava com sua biografia de Bach. Obra, publicada em 1802, que não era uma "simples" biografia. Forkel,

> que trabalhou como diretor musical na Universidade de Göttingen e como pesquisador musical, sintetizou a nova participação dos músicos na vida intelectual da *nação cultural*. A biografia significou a primeira afirmação completamente realizada da existência de uma música *especificamente alemã* [...] Além disso, Forkel afinou categoricamente a música com o projeto nacionalizante da cultura literária [alemã] (como Rochlitz tinha feito com seu periódico ao associar música e *Bildung* [formação]) ao designar Bach como a contraparte musical dos clássicos gregos e romanos, tão centrais para o currículo humanista do

---

7   M.R. Vaget, op. cit., p. 161. (Grifo nosso.)
8   Ibidem, p. 159. (Grifo nosso.)

Gymnasium e das universidades reformistas. Bach era "o primeiro clássico que sempre foi, e talvez sempre será", então "um inestimável patrimônio nacional, com o qual *nenhuma nação tem o que comparar*."[9]

Germanização de Bach que se enlaça ideologicamente à iniciativa de Friedrich Rochlitz[10], consubstanciada poucos anos antes: Rochlitz,

> praticamente desde o início, empenhou seu novo periódico [*Allgemeine Musikalische Zeitung*] para enunciar o caráter exclusivamente alemão de determinada música, como também a contribuição crucial desta para a cultura nacional alemã. Em 1799, escreveu que seria muito importante para os alemães entender seu passado musical não como uma sucessão de realizações de homens de talento, mas, numa curiosa formulação, como parte "da história da constituição (*Bildung*) da nação como um todo" – ou em outro passo, como a história "do cultivo da música pelos alemães contemporâneos e ainda enquanto formação (*Ausbildung*) da nação através desta arte."[11]

A afirmação (teórico-retórica) de um suposto caráter nacional abstratamente perseguido e afirmado, de um lado, e a música *alemã*, de outro, surgiam, pois, substancialmente atados. Imbricação real e/ou ideal que se estreitaria sensivelmente no correr do século XIX alemão, marcado por um ideário nacionalista que crescentemente se acirraria, apoucando-se idealmente, *racificando-se*, brutalizando-se. Neste contexto, música e *germanidade* tenderiam, à luz de um Romantismo que se desdobra, a uma associação simbiótica, a uma íntima reciprocidade categorial, ao menos retoricamente. De sorte que tomar a música como uma orgânica primordialmente *alemã*, firmá-la e projetá-la como categoria *própria* das terras e alma germânicas, e então anunciá-la como arte *superior* frente às diferentes manifestações estrangeiras, foram passos teóricos objetivados. Ideário que fez da música ferramenta à propulsão de "princípios" nacionalistas que, empobrecendo a vida espiritual, necessariamente desumanizariam o pensar e agir germânicos. Princípios, a seu tempo,

---

9   C. Applegate; P. Potter (eds.), op. cit., p. 5. (Grifo nosso.)
10 Friedrich Rochlitz, nascido em 1769, era dramaturgo e crítico musical. Em 1798 funda um periódico musical, que edita até 1818. Goethe era um de seus interlocutores.
11 C. Applegate; P. Potter, op. cit., p. 4.

que *naturalmente* apropriados pelo nacional-socialismo irromperiam na forma da barbárie cabal. Na letra que substancia e conclui este momento argumentativo:

> Hans Pfitzner ofereceu [em 1926] uma linear e nacionalmente centrada interpretação da história da música, comparando o desenvolvimento da música em tempos modernos com um bebê que, inicialmente sob os cuidados de uma babá holandesa, após uma temporada num internato italiano constrói, a partir de meados do século XVIII, sua casa na Alemanha como uma "bela, vigorosa jovem".[12]

E Riethmüller inteira este quadro problemático, que bate às nossas acríticas portas musicais, tanto teóricas quanto práticas:

> Também em anos recentes uma atitude similar [à de Pfitzner] tem se refletido na historiografia musical alemã. Mas a jornada de terra em terra é substituída por um colar de pérolas com Schültz e Bach através de Beethoven, Schumann, Wagner e Brahms até Schoenberg e Webern, e dependendo da própria disposição, até Stockhausen (à medida que progride em direção ao presente, o desenvolvimento é tomado tanto como um ascenso ou descenso). Quando muito, os compositores estrangeiros são colocados às margens desta tal história verdadeiramente legítima da música, que por si só preserva e garante a autêntica tradição musical da Alemanha.[13]

Alemanha, terra da música *autêntica*! – dispõe a teoria alemã.

3.

Para que o exposto acima ganhe clareza e sentido efetivo é preciso tomar as seguintes questões: como a teoria definiu *música alemã*? O que seria o genuinamente germânico da música alemã, ou sua especificidade absoluta, caracterização necessária à sua afirmação teórica enquanto esfera tipicamente germânica? Que gênero musical encarnaria estruturalmente a

---

12 Albrecht Riethmüller, "Is that not something for *Simplicissimus*!?" The Belief in Musical Superiority, em C. Applegate; P. Potter (eds), op. cit., p. 291.
13 Ibidem.

germanidade? No intento de elaborar respostas não mais do que aproximativas, arma-se a argumentação sequente.

Se não houve como peculiarizar aquilo que seria o *verdadeiramente alemão* na música alemã – impossibilidade nascida do descabimento que implica esta caracterização –, sua tentativa, contudo, marcou a reflexão de muitos, logo, o afloramento de uma abundante, e muitas vezes duvidosa argumentação concernente. Na menção oportuna: quando Wagner "pensou [teoricamente] sobre a questão 'o que é alemão', deixou o problema suspenso, irresolvido, sem resposta"[14]. Beethoven, mencione-se, não assumiu posições artísticas e políticas que pudessem ser simplesmente rotuladas de nacionalistas, conquanto sua reação positiva a Napoleão transfeita em negativa em função das invasões europeias, o tivesse alinhado a um discurso de ranço patriótico talhado e defendido pela larga maioria da *intelligentsia* alemã. No caso de Schumann e Wagner, uma "marcada preocupação com a importância da Alemanha no mundo musical europeu caracterizou seus trabalhos [teóricos], e ainda mais o trabalho de seus imitadores"[15]. De fato, Schumann

é muito conhecido por ter fundado, em 1834, a *Neue Zeitschrift für Musik*. O fez, em parte, para manifestar suas preocupações sobre o declínio dos padrões da vida musical alemã: expressando frustração sobre a falta de um sucessor de Beethoven, propondo empreender uma guerra contra os gostos musicais degradados de seu país, patentes no culto ao piano virtuoso, tencionou usar seu periódico para expor as mediocridades da música contemporânea, *todas* as quais [*afirmava*] eram de origem *estrangeira*[16].

Se no Schumann teórico preconceito e superioridade musicais são latentes, ou mesmo objetivados, isto não deve surpreender. A "preocupação com a Alemanha", bem como com a caracterização da *germanidade* da música alemã implicariam, primariamente, o nascimento de uma reflexão e afirmação *conscientes* da (suposta) supremacia musical germânica. Elucidemos genericamente o problema a partir de alguns poucos passos.

---

14 C. Applegate e P. Potter (eds.), op. cit., p. 12.
15 Ibidem, p. 14.
16 Ibidem, p. 8. (Grifo nosso.)

Johann Scheibe, em texto do longínquo ano de 1737, já na perspectiva de traçar "o alemão na música", confere à arte dos sons alemã uma superioridade artística em nada cautelosa e disfarçada. Neste contexto, não obstante, Scheibe critica na música germânica aquilo que entende ser exatamente sua característica específica e de fundo: a "pomposidade". Sua famosa censura a Bach repousa sobre este fundamento. Bach que, por via negativa então, aparecia-lhe como o protótipo, o característico, do *puramente* alemão em música. Para Scheibe, contudo, Bach se positivava como uma dualidade. De um lado, sua música instrumental era por ele tida como *absolutamente incomparável* – se germanicamente tortuosa, "pomposa", era também aquilatada como singularmente "profunda". Num vaticinante tom imodesto afirmava: com Bach instrumental, "certamente podemos desafiar os estrangeiros"[17], os quais, acreditava Scheibe, são menos densos, menos internos, menos espirituais, como sua música. Mas, de outro lado, também referia: a música vocal bachiana – posta a superabundância sonora de cada uma das vozes que ainda se entrecruzam – não alcançava essa mesma excelência e incomparabilidade. Scheibe, de um modo ou de outro, ancorava na música vocal italiana a referência do canto, e não poderia ser diverso no século XVIII. Assim, um canto como o bachiano – *modulatio* que se avizinha antes do instrumental do que do *propriamente* vocal –, deveria então provocar uma estranheza no compositor e teórico Scheibe, e não apenas nele[18]. Nesse sentido, seu germanismo pressupunha o banhar de toda a música alemã em águas universais: banho fecundo que, se visto com algum desconforto, parecia-lhe ainda assim incontornável. Em seus próprios termos: "A música alemã é primariamente tomada dos estrangeiros [italianos e franceses], e dela se diferencia somente pelo trabalho duro, regularidade das frases e profunda sensibilidade da harmonia."[19] Tomadia,

17 Apud Bernd Sponheuer, Reconstructing Ideal Types of the "German" in Music, em C. Applegate; P. Potter (eds), op. cit., p. 46.
18 Aluda-se, para além da questão tratada: a querela entre Rameau e Rousseau não foi apenas um pessoal e vago embate sobre um problema estilístico ou de gosto. No coração da desavença, a disputa prática e teórica sobre a lógica e sentido da *voz humana*, portanto sobre os fundamentos categoriais de uma melodia vocal.
19 Apud Bernd Sponheuer, op. cit., p. 45.

pois, que é apenas o ponto de partida: o que se deve alcançar, ao final, é a plasmação de uma música genuinamente alemã, que, considera Scheibe, é fundamentalmente a instrumental. Música dos instrumentos, adverte, que já se sobressai universalmente por sua *"profunda* sensibilidade" (harmônica) e rigor (frásico). Numa palavra, para Scheibe a música alemã aperfeiçoa, substancializa, *elevando* de nível artístico aquela da qual parte ou "imita". Perspectiva que o pensamento musical alemão expandirá altivamente no curso do século XIX, fazendo desta abstrata *superioridade* suposta, afirmada e repetida, a própria natureza – abstrata – de sua música. Que a música de Bach e Beethoven encerrem em si uma distinta universalidade histórica é um dado objetivo; que esta universalidade seja pensada pela teoria musical alemã como encarnação de lógica e valores *puramente* alemães, e superiores, aí então estamos no terreno de uma interessada distorção teórica, mais ou menos absorvida a cada caso pela práxis compositiva. Nos incontidos termos *germânico-nacionais* de Scheibe, reveladores *per se*: é ao caráter "imitativo" e à "diligência incansável" da música alemã

que devemos agradecer pelo aperfeiçoamento dos estilos musicais italiano e francês, e através do que nós, mais do que ninguém, temos dado ao padrão uma forma mais impressiva, que nenhum italiano jamais alcançou. E quem pode ter certeza que a assim chamada música italiana, como hoje a conhecemos pelos trabalhos dos nossos maiores compositores alemães, não é de herança alemã, e que de outra maneira não teria alcançado o prestígio que hoje goza!? Sim, nós finalmente encontramos o bom gosto na música, tal como a Itália não nos mostrou ainda em sua inteira beleza. A criação do bom gosto na música tem sido, portanto, obra do espírito alemão, e nenhuma outra nação pode orgulhar-se de si com tal distinção[20].

No centro da reflexão de Scheibe, pois, a ideia, de um lado, de que a música alemã opera uma síntese, um aprimoramento musical, via que a *superioriza*. De outro, e em visceral relação com isto, que esta síntese *germanificadora* é o nascimento da música instrumental *positiva*, de *excepcionalidade*. A autêntica música parida do ventre alemão, sustenta-se, é a música *pura* – a *reine Musik* –, como J.K.F. Triest *"especificamente* designava

20 Ibidem.

a música *instrumental alemã*"[21]. Arte sonora, então, concebida pela reflexão teórica germânica enquanto música inexcedível, ou cuja asseverada expressividade inata – sua recantada "profundidade", "totalidade" – a fizera objetivação alemã e incontrastável. Scheibe, portanto, sublinharia o valor da música instrumental de Bach não apenas por achá-la grande em si, mas, em íntima conexão com isso, por identificá-la, posta a julgada superioridade, como um fruto musical (*abstratamente*) alemão, de alma inalienavelmente alemã. Na pontuação de Sponheuer, que entremostra a ressonância do ideário de Scheibe, e assim o pulso teórico-musical nacionalista das terras germânicas setecentistas, particularmente em sua segunda metade: a receptividade do ideário de Johann Triest, homem nascido em 1764, é ampla no século XIX, onde "muitos adotam sua aceitação de Bach como fundador de uma era da música alemã", bem como "sua identificação *do alemão* com música pura ou música absoluta"[22]. Afirmação da arte instrumental como expressão incomparavelmente germânica – propositura teórica ainda hoje dominante, atente-se – cujos supostos teóricos não se radicariam apenas em solo alemão; enraizariam-se também em terreno histórico mais universal: a saber, na mudança do eixo estético-musical europeu, que se orientava na franca direção da música instrumental.

    Mas sublinhe-se, por rigor histórico e pelas consequências práticas e teóricas que o fato teria na esfera musical alemã oitocentista e novecentista: foi o século XIX germânico – engatado esteticamente no final do XVIII, que lhe prepara e de certo modo antecipa –, que efetivou essencialmente o deslocamento da predominância da voz para a do instrumento. Predomínio que foi o substrato daquilo que se chamou romantismo musical alemão. Não foi a Itália, a França ou a Inglaterra, mas sim as terras germânicas que estacaram no coração da música o som puro enquanto entidade maior, musicalmente mais plena, autêntica, ao que a teoria alemã necessariamente responderia nacionalisticamente. Ao expor a estrutura do ecoado estudo que Triest publica em 1801 ("Comentos Sobre o Desenvolvimento da Música na Alemanha no Século XVIII"), Sponheuer silhueta a visão teórica que acompanhou essa basilar reordenação das tendências musicais

21 Ibidem, p. 52. (Grifo nosso.)
22 Ibidem, p. 53.

no sentido da superiorização dos instrumentos, dos *sons*. Ao mesmo tempo em que desta reflexão se reescava a determinação de que Triest – assim como Scheibe – tomava a música alemã como a consubstanciação de uma *síntese superior* que partia de Bach instrumental[23]. Estabelecendo, em "Comentos", três estacas histórico-musicais articuladas – o que é feito a partir do suposto (inconsequente) da existência de uma *evolução* em música, concepção que desarranja o sentido real trilhado por ela na história –, seu autor assim considera, germanicamente:

> De 1700 até 1750, com o predomínio inicial do estilo culto e da harmonia ("com Bach como o maior e mais profundo harmonista de todos os tempos"), o verdadeiro 'espírito estético' foi perdido, dada sua concentração na "lógica" interna da música. A predominância posterior do sensual e agradável no segundo estágio de desenvolvimento (1750-1780) trouxe à Alemanha a primavera brilhante da beleza melódica através dos "raios quentes" da Itália e França, mas ele sofria de 'vacuidade melódica'. Longe de ser desesperador, porém, ambas [as etapas] provaram-se necessárias para a síntese subsequente do "poético" (1780-1800), que combinou o racional ao sensual ("encanto sensível italiano e energia francesa com *totalidade* alemã"). Somente por ter temporariamente concedido às forças da "música aplicada" (*angewandte Musik*), a "música pura" realizou sua expressão "poética" da "estética das ideias" na música dos clássicos vienenses.[24]

Música alemã, *idealmente*: síntese que é ventre da "música pura"; representação sonora do "*puramente* humano", porque densa, plena, interioridade; mundo dos sons tomados enquanto misteriosa expressividade superior. Isto é, crença numa supremacia cultural e musical afirmada à exaustão[25]. Crença radicada no

23 Aluda-se, posto o contexto: a história da música de Franz Brendel, de 1852, texto outrossim repercussivo, toma a música alemã, igualmente, como histórica *síntese* que superioriza. Firma Sponheuer, a partir de Brendel e com ele: "Similarmente engrenado na direção da síntese, [para Brendel] o 'pináculo da arte' exibiu 'a profundidade do caráter alemão combinado com a mágica da beleza italiana', exemplificado no 'universo musical' do 'compositor do mundo', Mozart." Cf. B. Sponheuer, op. cit., p. 55. "Síntese" que pressupõe, por sua vez, que a Alemanha "reúna todos os outros povos em torno do trono da monarquia universal alemã." Cf. Brendel apud Sponheuer, p. 55. Sobre a determinação de Quantz ter sido o primeiro a modelar o campo conceitual da *síntese* como categoria da música alemã, cf. p. 46-48.
24 B. Sponheuer, op. cit., p. 53. (Grifo nosso.)
25 Na palavra de Riethmüller, que remete ao passado e diz do presente ao evocar esta exaustão: "Com certa indiferença em relação às realidades existentes,

mito germânico de uma *profundidade sui generis* de espírito, que, tida como culturalmente determinante, sustentaria a autoafirmada supremacia intelectual, portanto a da música – excelsa dimensão germânica. Abstrata profundidade teoricamente insistida que se objetiva na e pela música instrumental, cuja força específica é sua expressão *arcana porque superior, imperscrutável porque absoluta*. Música instrumental alemã: objetivação artística superlativa – porque interioridade germânica, que é mais "profunda", "perfeita", "rigorosa", "pura". Pureza, pois, que apenas os sons *puros* – os não contaminados pela dimensão *sensível* que a palavra aporta à sonoridade, dessubstanciando-a –, poderiam entecer. Música de excepcionalidade e supremacia porque humanamente superior, sustenta a teoria musical – música esta que no romantismo atingirá maioridade. Numa menção histórica que se deve dispor: "o que pode ser dito com segurança é que a crença numa dominância musical foi completamente desenvolvida a meados do século XIX"[26]. Em suma, na sonoridade instrumental levada a seu *absoluto sonoro* – *de per si* imperscrutável *de fato* –, a música suprema. Então, a superioridade da pátria, de seu povo. Pela música superior, uma nação superior, porque apenas um povo superior possui um espírito superior, isto é, uma música superior – resultado maior dessa espiritualidade, da alta "*natureza predominantemente intelectual* da Alemanha"[27], como referia Brendel. Pela excepcionalidade da música, o povo; pela excepcionalidade do povo, a música!

Música alemã: orgânica artística excepcional porque sons – expressão – de uma alma de excepcionalidade, de um povo de caráter "predominantemente intelectual", de espírito completo, "profundo" – *profundamente humano*. Espírito alemão, *maior*, que apenas o som *em si* – por seu vigor mimético-subjetivo

---

a noção de que o próprio país – se não geopoliticamente ao menos culturalmente – é superior a outras nações tem sido uma suposição generalizada na Alemanha [...]." E completa, com o que evoca a cena romântica: "Toda a mídia que veicula matéria musical dissemina esta mensagem [de superioridade], seja em salas de aula, programa de concertos, livros de música, jornais, rádios, na internet ou estudos musicológicos acadêmicos [...]." Em suma, a "crença nesta superioridade existe independentemente de convicções políticas ou de orientações ideológicas, e, mais ainda, da experiência musical." Cf. A. Riethmüller, op. cit., p. 290.

26 Ibidem, p. 297.
27 B. Sponheuer, op. cit., p. 55. (Grifo nosso.)

arcano, por sua transcendência, sua grandiosa imperscrutabilidade, por sua infinitude e imperiosidade ingênitas – pode revelar, *engendrar*. "Assim começou o *mito* [germânico] da cultura *nacional* que se desenvolveu na primeira metade do século XIX: a formação de um 'reino espiritual' imaginário da música alemã, no qual a música *absoluta* retrospectivamente forneceu a significativa identidade."[28] Reino espiritual, ou, como Brendel qualificava a música alemã, o espaço da "introspecção subjetiva" – da subjetividade *mais* humana. Se de música alemã se trata, de uma subjetividade *transcendental* – de um ser e sentir abstratos – se trata, firma o pensamento teorético. Espiritualidade (*romanticamente*) humanizada no reino da música que não pode pulsar na vida real, esfera da mesquinhez ingênita e da miserabilidade humana indelével. Vale dizer, o autêntico humano só pode ser plasmado e vivenciado na música alemã *dos sons* – isto é, no espaço mimético-afetivo transcendente que a teoria musical sustenta que esta música cria –, mas nunca experimentado na vida, porque esta é entendida apenas como filisteia, prosaica, contingente. Tomando o segundo mais alemão dos compositores (talvez Wagner seja o primeiro), Brendel raciocinava em mítica desproporção histórica e estética, mas em sintonia com seu substrato alemão: "'Beethoven foi o primeiro, na era moderna, a contrariar a ideia comumente sustentada de que a arte é pensada exclusivamente para o prazer, e despertou as pessoas para a ideia de que ao artista é confiada a revelação dos mais altos significados da humanidade.'"[29]

Música alemã: alma *in abstracto*! À concreção desta assertiva, um exemplo de dimensão histórica: a sublimidade mítica conferida por Schumann à arte beethoveniana, desvelava sua concepção de que esta música, para ele insuperável, evocava o universo de uma (abstrata) interioridade plena, livre, de uma subjetividade mais ampla e humana do que a real. Verdadeiramente humana só a (irreal) interioridade *in música*, tecida pelos superlativos sons puros de compositores alemães. Ao imaginar um templo a ser tão merecidamente erguido para Beethoven, Eusebius, falando a Florestan, pondera em declarada espiritualidade germânica: neste "templo",

28   Ibidem, p. 51-52. (Grifo nosso.)
29   Ibidem, p. 55.

o povo da Alemanha, de tempos em tempos, se reuniria para cantar. […] Ou outra ideia! […]Poder-se-ia pintar [Beethoven] numa estrutura gigantesca, como São Borromeo na sua ilha no Lago Maggiori, de tal modo que ele pudesse olhar para as montanhas como fazia em vida. E quando os navios passassem no Reno, e os estrangeiros perguntassem quem era o gigante, qualquer criança poderia responder: 'É Beethoven'! E os estrangeiros suporiam que ele era um *Imperador Alemão*. Ou, ao se preferir algo útil para a vida, funde-se uma academia em sua honra, uma *Academia de Música Alemã*, na qual seus conceitos seriam ensinados – conceitos segundo os quais a música não é algo a ser praticado por todos como qualquer ofício comum, mas, antes, um *reino sagrado* a ser administrado por sacerdotes e reservado para o *eleito*, uma escola para poetas, uma escola de música no sentido grego do termo. Em suma, vá em frente, e lembre-se que o memorial será *o seu próprio*[30].

Sponheuer, ao avocar Hoffmann, figura basilar do pensamento musical romântico, robora a determinação de que música e subjetividade se entrelaçam em nó górdio no ideário alemão: "O 'tremor misterioso' e o 'horror interior' evocado pelas 'regras míticas do contraponto' na música de Bach, pertence ao mesmo 'reino espiritual infinito' que Hoffmann ouve nas sinfonias de Beethoven."[31] E complementa, sintetizando: a construção da "constelação de Bach e Beethoven como símbolos da música absoluta (dificilmente justificável quanto à história da música) é uma construção mítica do *alemão na música*: uma realidade estética assumida na fé"[32]. Síntese que Sponheuer ainda substancia:

a impressionante constelação de Bach e Beethoven, algumas vezes expandida para incluir Brahms, Wagner, Bruckner, ou a Segunda Escola Vienense, formou o núcleo do 'mito da música alemã'. Idealizando tanto o passado quanto o futuro, o mito trabalha, fundamentalmente, para dar à música alemã seu lugar predominante na história do mundo[33].

Numa palavra: música alemã, *in teoria*: música instrumental, recusa do concreto, do empírico – metafísicos sons de uma alma absoluta afirmada como suprema. E por que – pergunte-se

---

30 Robert Schumann, *Schumann on Music: A Selection from the Writings*, New York, Dover, 1988, p. 94-95. (Grifo nosso.)
31 B. Sponheuer, op. cit., p. 50.
32 Ibidem, p. 50-51. (Grifo nosso.)
33 Ibidem, p. 54.

em arremate – a música é assim tomada, ou pode ser? Ora, os sons musicais "puros", as sonoridades "absolutas" de uma orquestra que *abstratamente* evocam o mundo anímico, acolhem *tudo* em si, porque sobre eles *tudo* pode ser pensado e dito. Da abstração sonora, a teoria que então abstratiza, distinguindo na sonoridade *pura* a *pureza* da alma germânica[34].

Uma última consideração. Na medida em que a música instrumental se fez inconstrastável na vida alemã romântica – e também universalmente –, a teoria que acompanhou este movimento tomou-a com fé crescente, projetando-a como valor superior, porque germânico. Tomadia que irradiando esta supremacia arrogantizada, implicaria o forjamento tanto de mediações analíticas duvidosas quanto de categorias conceituais inautênticas. Inautenticidades que tornadas valor e consenso cultural predispuseram a música alemã, no caminho para o fim do século XIX, a servir de instrumento político para uso e abuso do *status quo* nacionalista. Nacionalismo que transformado em mão assassina no desdobrar macabro da história alemã, teria também na música, *e na teoria musical concernente*, seus desvirtuados representantes culturais maiores. Da vida ninguém escapa, nem mesmo a *música (da alma) pura*. Na direção de silhuetar este problema – do *modus faciendi* da "*ciência da música*" e de sua genealogia –, movimento que é passo necessário à resposta das perguntas autopostas no início deste texto, ora prossegue a reflexão.

II. *MUSIKWISSENSCHAFT*: DE SUAS RAÍZES E FRUTOS PUROS

Numa carta de 1949 a H.J. Moser, influente e renomado musicólogo alemão, Curt Sachs evoca-lhe a atitude inqualificável dos musicólogos em tempos nazistas. Sim! Sachs generaliza: dos musicólogos. Não se trata de um punhado de transviados, mas de uma inteira categoria, *pura* em sua alma germânica. Assim lhe diz, com langor, a determinado passo:

---

34 Sobre o problema da abstratividade da música instrumental e da relação texto-música, cf. meu livro *Música Serva d'Alma*, Perspectiva, 2009.

Esses senhores [musicólogos alemães] não enxergam que há uma linha reta entre o nacionalista ardente e o executor em Auschwitz [...] Você também, como muitos outros estudiosos, ajudou a preparar a mentalidade que ao final levou aos matadouros e às câmaras de gás do campo de concentração nacional... Aqueles que serão os líderes intelectuais da Alemanha devem ser confrontados com o fato de que a desgraça horrível que subjugou o mundo e que também causou a você tanto sacrifício pessoal, não foi ato de alguns fanáticos, mas a explosão de um material incendiário armado por uma geração de pseudointelectuais dolosos como Chamberlain[35], Woltmann[36] ou Günther[37] (os intelectuais estrangeiros os achavam risíveis), e nutrido por uma geração de professores e catedráticos. Somente quando o alemão aprender a amar sua terra pátria sem berrar a alma alemã e o homem alemão no ouvido dos outros, somente quando ele perceber que o exibicionismo nacional não é uma virtude, mas uma depravação, somente então haverá paz – para a Alemanha e para os outros.[38]

Uma visão emocional, então, hiperbólica, de Sachs, sobre a alma e comportamento nada *puro* de musicólogos e tantos outros intelectuais? Quiçá uma avaliação banhada no rancor da perseguição e expurgo pessoalmente sofridos, que então subjetivou seu juízo, negativizando-o? No tom sereno de Pamela Potter, para quem a perseguição nazista é apenas matéria de estudo: o encontro de musicologia em Düsseldorf, como parte do Reichsmusiktage[39],

foi divulgado como o *primeiro encontro musicológico no novo Reich*, e seu foco foi o problema da "Música e Raça", tema supostamente

---

35 Houston Stewart Chamberlain, genro de Wagner, em *Os Fundamentos do Século XIX*, texto bastante divulgado, sustenta e promulga o racismo e o antissemistismo.
36 Ludwig Woltmann foi um seguidor das teorias rácicas de Gobineau.
37 Hans F.K. Günther foi um dos mais conhecidos e lidos teóricos da raça, alcançando um posto de professor na Universidade de Viena.
38 Curt Sachs apud Pamela Maxine Potter, *Most German of the Arts: Musicology and Society from the Weimar Republic to the End of Hitler's Reich*, New Haven: Yale University Press, 1998, p. 259.
39 *Jornadas Musicais do Reich*. O evento que inaugura essas *Jornadas* ocorreu em 1938, em Düsseldorf, e foi patrocinado por Goebbels. Nesse encontro, longa e cuidadosamente planejado pelo Reich, do qual "Música e Raça" foi parte, teve ainda lugar a exposição "Música Degenerada". O objetivo dessa "exposição": denunciar publicamente as obras que contrariavam o ideário nacional-socialista, principalmente as de judeus. Além de se poder ouvir trechos de gravações de obras "degeneradas", ali também foram expostos livros, partituras, fotos, e caricaturas difamantes.

sugerido por Goebbels e proferido por Friedrich Blume no discurso programático [que lhe coube]. A DGMW[40] não foi a única organização a realizar a Reichsmusiktage, mas foi uma das poucas que adotou como tema central um que complementava a exposição Música Degenerada. Como a exposição vilipendiava o judeu, ou os charlatões musicais de influência judaica do período Weimar, os musicólogos do encontro concentraram a atenção sobre os aspectos da pesquisa *racial*, que, potencialmente, poderia respaldar *cientificamente* tal vilipêndio[...][41].

Encontro musicológico, atente-se, cuja "lista de participantes é impressionante"[42], e que "mostrou como a DGMW via com seriedade o engajamento musicológico nas questões centrais da concepção de mundo do Nacional Socialismo"[43].

Seja como for, em função da busca de uma compreensão honesta das coisas, é preciso pôr a questão: o *Reichsmusiktage* foi um caso musicológico isolado? Um comprometimento intelectual fortuito, pontual? Um escorregão rácico oportunista da associação musicológica? Na letra que radica e ilumina os supostos, as raízes, de um evento tão *puramente nacional-alemão* como "Música e Raça",

o fenômeno Nazi revela a natureza inerentemente política da musicologia. Dizer que a musicologia nunca foi nazificada não significa afirmar que nunca foi política. [...] Efetivamente, se poderia argumentar que a musicologia foi uma disciplina política desde seu início, particularmente por sua ênfase *germanocêntrica*, e jamais deixou de ser política. Os trabalhos pioneiros do século XIX *originaram-se* num clima político que

---

40 *Deutsche Gesellschaft für Musikwissenschaft* (Sociedade Alemã de Musicologia).
41 Pamela Potter, *Most German of the Arts: Musicology and Society from the Weimar Republic to the End of Hitler's Reich*, New Haven: Yale University, 1998, p. 78. (Grifo nosso.)
42 Ibidem. (Grifo nosso.) Nomeio alguns de seus conferencistas e seus respectivos temas: Hans Joachin Therstappen (Música na Grande Alemanha), Joseph Müller-Blattau (O Alemão na Música), Theodor Kroyer (A Peculiaridade do Estilo Alemão na Música), Rudolf Gerber (Volkstum e Raça na Personalidade e Arte de Johannes Brahms), Walter Vetter (Características Nacionais nas Óperas de Mozart), Heinrich Besseler, Gerhard Pietzsch (Nação e Música), Rudolf Steglich, Theodor Werner (O Intelectual da Música e a Realidade), E. Kirsch (Mudança de Perspectiva nos Estudos da História da Música), Werner Korte (As Tarefas da Musicologia), Werner Danckert (Folclore, Tribo e Raça à Luz das Pesquisas sobre a Canção Popular), Gotthold Frostscher (Tarefas e Problemas da Pesquisa sobre o Estilo Musical da Raça). Cf. p. 78-79.
43 Ibidem, p. 80.

pretendia formular a identidade alemã, e a área continuou a se desenvolver sob circunstâncias que demandavam repetidamente um reforço positivo desta identidade: a campanha pela unificação de 1871, a desmoralização [alemã] que se seguiu à Primeira Guerra, a promoção da superioridade racial alemã e a eliminação das inferiores sob Hitler, e a missão de alastrar a cultura alemã por toda a Europa durante a guerra[44].

Em determinação mais concreta,

a musicologia seguiu caminhos metodológicos quase idênticos àqueles da [teoria] literária: oscilou entre os princípios da *Geistesgeschichte* e do neopositivismo, buscou modelos teóricos a partir das ciências, e, no curso dos anos 30 [do século XX], concentrou-se na definição da *essência alemã* em todos os períodos da história [da música]. *Nacionalismo, teoria racial, glorificação do Volk,* e *antissemitismo,* tão proeminentes nestes anos 30, têm suas raízes nos séculos XVIII e XIX – tanto na [teoria] literária alemã quanto *na musicologia*[45].

A musicologia, "ciência" de um ventre germânico de conatural substrato nacionalista, nasce como projetação teórica de sua música, como fundamentação teorética de uma presumida e proclamada superioridade cultural e musical. Teoria, pois, onde a música instrumental alemã – entendida como a hoffmanniana arte da "pureza" e "profundidade" metafísicas –, é pressuposta

---

44   Ibidem, p. 263. (Grifo nosso.) Celia Applegate e Pamela Potter delineiam um breve quadro da origem e primeiros passos da disciplina musicologia. Tomo-a pela clareza e corroboração que carreia à argumentação em curso. Assim referem: "A musicologia alcança seus primeiros direitos como uma específica disciplina acadêmica exercida por pesquisadores em tempo integral, também neste período [segunda metade do século XIX]. Alemães e austríacos tomaram a liderança, desenvolvendo a área na direção de uma organizada, ativa, e efetiva carreira acadêmica. Com a nomeação do crítico Eduard Hanslick como professor de história da música e estética, em 1861, a Universidade de Viena foi a primeira a constituir a musicologia como um departamento acadêmico. Dali, segue-se o estabelecimento da cadeira em Estrasburgo (1897), Berlim (1904), Munique (1909), e Bonn (1915). Conforme o século XX avançava, intelectuais alemães e austríacos distinguiam-se como os pioneiros na pesquisa, metodologia e organização [musicológicas]. Eles estabeleceram padrões ao criarem catálogos, índices, e edições críticas de obras musicais. Alemães e austríacos provaram ser os primeiros dinamizadores da organização da disciplina. [...] Oskar Fleischer encabeçou a fundação da Sociedade Internacional de Musicologia, em 1904, e de sua ilustrada revista – *Sammelbände der Internationalen Musikgesellschaft*. É notável, porém, que a despeito desta marca internacional demonstrada por estas iniciativas, os pesquisadores envolvidos continuavam dedicando a maior parte de seus esforços à proliferação dos trabalhos dos mestres alemães e austríacos." Cf. C. Applegate; P. Potter (eds), op. cit., p. 18-19).

45   Ibidem, p. xiii. (Grifo nosso.)

como a materialização e prova de uma inconstrastável soberania espiritual, anímica. Musicologia, como disciplina, que figuras como Scheibe e Brendel, Hoffmann e Schumann, Triest, Forkel e outros, esboçaram a partir de um mutuado traço comum, não obstante suas diferenças teóricas[46]. Ou, se não chegaram a lhe esboçar de fato, entalharam seu pulso ideológico-musical: se não lhe modelaram um corpo, plasmaram seu espírito, que ao positivismo caberia encarnar. Germânica ciência da música: *nacional-alemã* em *gênese, natureza* e *frutos*.

À pergunta levantada acima, uma resposta, agora possível: o encontro "Música e Raça" não foi, rigorosamente, um ponto fora da curva. Não era o fruto podre da cesta musicológica. Se as veias genéticas da musicologia se nutriram do sangue *puro* germânico – tão puro quanto sua música *pura* –, a raça, como categoria e tema, não poderia lhe ser corpo estranho ou desconhecido, sobremodo em tempos nazistas. Nestes, de fato, era-lhe muito familiar, teoricamente ativa, e mesmo central. E como não ser central para os musicólogos da era hitlerista se eles, *lato sensu*, aliaram-se ideológica e praticamente às perspectivas nacional-socialistas? 1. Atuando como uma espécie de agentes catequizadores do Reich nas zonas ocupadas; 2. assumindo o papel de educadores musicais na Alemanha, isto é, propondo para músicos amadores e para organismos nazistas (como a juventude nazista, por exemplo) um nacionalismo artístico de jaez rácico, e a imersão numa idealizada esfera *Volkisch*; 3. afirmando, a partir da teoria academicamente produzida, a "excepcionalidade" da arte musical alemã – o que, por outro lado, gerou também o importante levantamento e resgate de música alemã historicamente importante, logo, uma larga publicação concernente (coletâneas, obras comentadas, etc.) –, a musicologia repercutiria o ideário nacional-socialista, estivessem os musicólogos *mais* ou *menos* de acordo com os projetos e ações do III Reich, ou mesmo lhe fossem indiferentes. Na longa referência de Potter, que importa facultar ao leitor em sua totalidade:

---

[46] Na letra consentânea de Sponheuer, que se deve atentar: "Como se o tempo tivesse estancado entre Forkel e Adorno, o discurso do *alemão na música* adere essencialmente aos mesmos modelos de pensamento e motivos, a despeito das extensas mudanças na história da música de Beethoven a Schoenberg." Cf. B. Sponheuer, op. cit., p. 38. (Grifo nosso.)

Para além dos [eventuais] motivos individuais mesquinhos, a natureza da participação musicológica nas aventuras do governo e partido [nazistas] assumiu um caráter *per se*. As autoridades [do governo] observavam com especial cuidado a centralidade da música na cultura alemã e reconheceram o potencial do especialista em música no apoio à execução dos maiores objetivos do estado Nazi, especialmente para além das fronteiras de antigo Reich. A música era central para qualquer programa de *germanização* cultural nos territórios recém conquistados, e os planos para remodelar a vida musical nos países ocupados tinha de emergir do entendimento pleno, pela equipe de especialistas, das tradições musicais locais.

Os musicólogos, de sua parte, interessaram-se por uma posição firme no desenvolvimento da *Ostpolitik* ["Política do Leste" (europeu)] como caminho para ganhar *status* e esteio na hierarquia cultural e educacional nazistas. O Sonderstab Musik [Grupo Especial de Música] foi além da mera pilhagem [nos países ocupados] ao fazer a avaliação do clima da futura posse alemã da vida musical. Como [Herbert] Gerigk instruiu [Wolfgang] Boetticher, a missão incluiria a estimação da confiabilidade política dos músicos arianos com vistas a encorajá-los a trabalhar pela causa da cultura alemã. Musicólogos procuravam habitantes cooperadores e aferiam sua receptividade ao futuro estabelecimento de instituições alemãs.[47]

E P. Potter acrescenta, ao *necessário* arrepio da musicologia,

A *Ahnenerbe*[48], similarmente, procurava não apenas pilhar, mas, ainda, estabelecer uma relação de trabalho com a população nativa, executando as tarefas político-culturais de promover a cooperação e a educação dos alemães étnicos nativos na perspectiva do nacional-socialismo. Musicólogos eram mais do que intelectuais diligentes que poderiam emprestar credibilidade intelectual às operações de Himmler. A ss neles reconheceu, provavelmente, um compromisso que se estendia para além da pesquisa detalhada e entrava nos domínios do emprego de suas habilidades como consultores e administradores na *germanização* do Reich em expansão.[49]

Numa palavra, acompanhando com orgulho e "ciência" as invasões europeias e anexações decorrentes:

---

47 P. Potter, op. cit., p. 163.
48 Fundada em 1935 por Himmler, Hermann Wirth e R.W. Darré, a Ahnenerbe era uma "sociedade" voltada ao "estudo" da história da raça ariana, e mantinha relações diretas com a ss.
49 P. Potter, op. cit., p. 164.

Os musicólogos, inspirados na doutrina *Lebensraum*[50], produziram uma justificativa musicológica para os concomitantes avanços militares ao alargarem muito a definição de música alemã para poder incluir a maior parte da Europa.[51]

Alargamento, aluda-se, que significou a substantificação da tese improvável mas defendida de "que os músicos alemães, por séculos, tinham exercido uma profunda influência sobre estes territórios"[52]. Tese politicamente interessada que, legitimando culturalmente as ocupações, imbricou *praticamente* nazismo e teoria musical, que lhe serviu.

Em dizer que prepara a conclusão deste espaço argumentativo: raça e *germanidade* são irmãs siamesas, consanguinidade genética que com o nazismo se faria incestuosa bestialidade letal. Ou será que Schering, presidente eleito da Sociedade Alemã de Musicologia – note-se, *eleito*! – não pensava em pureza alemã e raça quando declarava, em correspondência de 1933 endereçada a seus associados, que pretendia moldar as "realizações" da Sociedade na direção da "cultura da alma alemã", ou quando "proclamava", na mesma carta, "o unânime reconhecimento do *Führerprinzip*"!?[53]. Ora:

Os musicólogos alemães mostraram-se todos muito dispostos a tirar proveito da situação [nacional-socialista]: em 1933, Wilibald Gurlitt, que perderia seu posto acadêmico pela parcial linhagem judaica, bem como em função da esposa judia, reconheceu as demandas de Hitler para estudar a essência da *germanidade*, e a crescente popularidade das ciências raciais nos anos 1930 deu aos musicólogos novos métodos potenciais para derivar as propensões musicais alemãs.[54]

De fato, a adesão ao nazismo de nomes substantivos da musicologia alemã alarma. Mas, se o próprio Webern, aluno *próximo* de um homem perseguido por sua música e "raça",

---

50   *Lebensraum*, ou "Espaço Vital", termo cunhado pelo geógrafo e etnólogo alemão Friedrich Ratzel, nascido em 1844. Politicamente atado à criação do Estado nacional alemão, Ratzel apoiou a dimensão expansionista sustentada por Bismark.
51   P. Potter, op. cit., p. 228-229.
52   Ibidem, p. 228.
53   Ibidem, p. 67.
54   C. Applegate; P. Potter (eds), op. cit., p. 26.

"abertamente expressava seu apoio ao regime"[55], não pode ser de todo surpreendente, conquanto acerbo, que nomes de musicólogos de talhe internacional formassem uma longa e adesista lista faustiana. Concretamente:

> Líderes de reputação internacional, como Henrich Besseler, Friedrich Blume, Karl Gustav Fellerer, Helmuth Osthoff, Heinrich Husmann, Arnold Schering e Hans Joachin Moser, estiveram frequentemente à altura de servir entusiasticamente ao regime nazista e de endossar seu programa de fortalecimento da identidade da nação alemã através da música.[56]

Nesse sentido, figuras como Alfred Lorenz, Gustav Friedrich Schmidt, Georg Schünemann, Gotthold Frotscher, Joseph Müller-Blattau, Hans Engel, Rudolf Gerber, Werner Danckert, Karl Blessinger, Raabe Peter, Siegfried Goslich igualmente devem ser mencionados, dentre tantos outros que se poderia nomear ou destacar.

Nacionalistas extremados, almas germânicas, racistas, e em alguns casos simples carreiristas, estes musicólogos operam a partir de uma teoria de fundo positivista à qual atam uma dimensão rácico-ideológica estrutural. Música, para eles, não é "só" música, mas distinguibilidade, universalidade, *germanidade*, superioridade, e, em última instância, *guerra*! A arte dos sons é – firmam – predominantemente esfera alemã: sua grandeza, a grandeza de um passado e de um *futuro* germânicos. Ideário que está promovendo o suporte e a defesa ideais da universalização pela beligerância deste espírito e cultura supremos, que pela música – sustenta implícita ou explicitamente a musicologia – fizeram-se objetivação incontrastável.

Nacionalismo demoníaco e racismo bélico, que infestam o pensamento musicológico, nascidos do nacional-socialismo?

---

55 Ibidem. Anton Webern, na saudação às invasões da Dinamarca e Noruega, asseverava: "'Esta é a Alemanha atual! Mas é uma Alemanha *nacional-socialista*, com certeza! Não qualquer uma! Este é exatamente o novo Estado, cuja raiz foi plantada há vinte anos. Sim, é um estado novo, um estado que nunca existiu antes!! É uma coisa nova! Criado por este homem único!!![…] *Cada dia se torna mais estimulante.* Vejo um futuro tão bom. Será diferente também para mim.'" Cf. A. Webern apud Alex Ross, *O Resto é Ruído*, São Paulo, Companhia das Letras, 2007, p. 344. Sobre a *profunda* e *contraditória* simpatia de Webern em relação ao nazismo, cf. M.H. Kater, *The Twisted Muse: Musicians and their Music in the Third Reich*, Oxford: Oxford University Press, 1997, p. 72-74.

56 C. Applegate; P. Potter (eds), op. cit., p. xvi.

Sim! Mas na gênese de ambos, pontue-se, o romantismo alemão. Numa menção significativa, que a partir de Thomas Mann, e com ele, ata e desata a um só tempo Romantismo e barbárie:

> Enquanto Mann [após a Primeira Guerra] distanciava-se de seu primeiro nacionalismo e abraçava uma perspectiva política mais liberal, a Alemanha, simultaneamente, involuía para uma forma extrema de nacionalismo que culminou no nacional-socialismo. Dos dois lados, a questão musical assumia uma posição crucial. Enquanto o nacional-socialismo usou a herança musical alemã para legitimar seus propósitos políticos, Mann, agora, considerava responsabilidade sua advertir contra o culto da música e prevenir contra sua exploração política.[57]

Um nacionalismo lícito, chamemos assim – que tem no culto liberal da música uma dimensão peculiar e central –, transfunde-se – involui – em nacional-socialismo, e a música em raça pura. Mudança de perspectiva e natureza que encontrou na teoria musical sustentação e justificativa!? Ora, a *Musikwissenschaft* – a lícita e a ilícita, que não obstante se avizinham em função de supostos teoréticos e procedimentos analíticos mutuados –, foi parida de ventre romântico. Quando Adorno, talvez o "musicólogo" mais ecoado do século XX assevera, na esteira de uma tradição alemã, a disformia do jazz[58]; e, principalmente, quando silhueta a existência de uma *linhagem superior* da música, linhagem que partiria de Beethoven (ou Bach) e teria no serialismo integral seu ponto de chegada através de Wagner e Schoenberg – então, Adorno entende que a música moderna e contemporânea *autênticas* são alemãs, nascidas da composição alemã, a qual se consubstanciaria, pois, como a melhor e mais própria condição *da música*, isto é, a *instrumental germânica* –, não estaria ele por estas asseverações reatualizando o espírito musical romântico[59]? A razão adorniana, ao

---

57 H.R. Vaget, op. cit., p. 161-162.
58 Na palavra que exemplifica: "Na sociedade alemã [pós-guerra], velhos preconceitos contra o jazz como produto dos "negros" continuavam e foram efetivamente endossados do alto por teóricos do porte de Theodor W. Adorno. Adorno achou certo polemizar contra o jazz – como já havia feito antes e depois de 1933 – porque tido, meramente, como uma forma de 'música popular' com altas pretensões injustificáveis." Cf. M.H. Kater, *Composers of the Nazi Era*, p. 276.
59 Cf. supra nota 46.

determinar que a vanguarda musical significou a dissolução da tonalidade – (*suposta*!) dissolução que se iniciaria com Wagner, caminharia para o atonal schoenberguiano e daí para desdobramentos posteriores igualmente alemães –, assim desdobraria a crença romântica na superioridade musical germânica. Desdobramento teórico que *só pode* existir em função desta *pretendida supremacia*. Que a música instrumental alemã tenha ocupado, nos séculos XIX e XX, uma posição artística e referencial predominantes no cenário europeu e mundial é uma coisa; que, a partir disto, ou também por isto, derive-se a superioridade da cultura e da música, é outra!

Derivação, é preciso assinalar, que a teoria musical germânica, *e não apenas ela*[60], corroboraria no curso de *todo* o século passado, de um modo ou de outro. *Musikwissenschaft* que, ideologicamente embebida na crença de uma superioridade cultural, enxergaria na sua música *pura* a esfera do humano *mais humano*. Presumido – e alardeado – universo musical *absoluto* do qual a musicologia se apropriaria através de conceitos que parecem explicativos, concretos, determinativos, mas que de fato, num aparente paradoxo, o indeterminam, deixando escapar seu ser e lógica. De uma orgânica musical da qual não busca o substrato humano, a ciência da música dela se avizinha equipada com um ferramental analítico dominantemente inspirado na teoria estruturalista literária. Assim, a música instrumental é apresentada como *linguagem*: linguagem do indizível, e, se alemã, de um indizível supremo. Indizível ou insondável que a teoria não pode – considera então a musicologia – alcançar conceitualmente,

---

60 Não se deve esquecer, de um lado, a influência estrutural da musicologia alemã sobre a americana. Recordemos, por exemplo, que Alfred Einstein emigrou para os Estados Unidos. Por outro lado, a influência de musicólogos da era nazi é, ainda hoje, presente. Como pontua Potter, e se deve aqui expor: "O conhecimento musical coevo ainda confia fortemente no trabalho daqueles que estavam ativos no Terceiro Reich, e frequentemente utiliza estudos de referência produzidos naqueles anos. Em tais ocasiões, um pesquisador pode ser confrontado com inesperadas e, aparentemente, incongruentes referências a questões políticas contemporâneas, ou mesmo com linguagem nazista em diversos trabalhos acadêmicos respeitáveis. [...] Os nomes de muitos intelectuais engajados em escritos propagandísticos e atividades colaborativas de guerra não são estranhos aos musicólogos hoje, na Alemanha e exterior, e, compreensivelmente, é desconfortante descobrir que alguns deles podem ser professores de musicólogos proeminentes ou autores de trabalhos ainda consultados." Cf. P. Potter, op. cit., p. 262.

agarrar *in essentia*. Linguagem que então examinada através do *modus operandi* de suas tônicas e dominantes – que se atam a subdominantes e tantas outras dominantes secundárias que cadenciam e tornam a cadenciar – desvelaria, propõem seus representantes, algo de sua natureza, ou da natureza de uma obra em análise. Obras que assim reduzidas a uma abstrata ossatura descarnada irrompem como esqueletos harmônicos, cujas carnes melódicas nada mais fazem do que tornar seus ossos harmônicos linguagem – uma linguagem arcanamente superior! Linguagem assim entendida, afinal, que teria de encontrar na *tecnicidade abstrata* sua contraparte teórica consentânea. Nas palavras indelevelmente lúcidas de Riethmüller, que deveriam ser lidas com especialíssimo cuidado:

> A comunicação e propagação desta crença [alemã na superioridade de sua música] conta com a linguagem, que nestes casos emprega categorias *nebulosas* e *indefinidas*, que tão mais efetivas quanto mais ambíguas. *A indeterminação, começando pela própria palavra "Alemão", persiste*. A grade terminológica inclui palavras e expressões tais como o *sinfônico* (ou sinfonia), o *espiritual* (*Geistiges*), *lógica musical, trabalho temático, contraponto/polifonia, gravidade, profundidade, Innerlichkeit, música pura, música absoluta*, e outros – todos apresentados como traços nacionais (o que não são, é claro), e empregados como sinônimos íntimos da música alemã. Juntos eles formam um plexo que *sugere superioridade musical*, o que, por sua vez, sustenta a crença de que a música é "a mais alemã das artes", que o ocidente encontra sua realização musical na composição alemã, e assim por diante.[61]

Na letra que fecha essa argumentação, e prepara a sequente: nacionalismo lícito que se tornará barbárie; prevalente música alemã, *pura*; teoria musical germânica que persegue uma identidade nacional e carrega em si a crença na música e na raça: contexto que radicou a práxis orquestral alemã de finais do século XIX até, pelo menos, o pós-guerra; em verdade, radicou-a por mais tempo! Contexto sem consequências para a concepção e lógica sonoras da Filarmônica de Berlim? Em outros termos, a construção técnica e estética de uma interpretação musical, bem como de uma sonoridade, podem ser paridas sem um contexto, sem um *mundo* objetivo e subjetivo que as enraíze

---

61 A. Riethmüller, op. cit., p. 297. (Grifo nosso.)

e possibilite? Em função de rascunhar uma resposta para essa questão, ordena-se o argumento final deste posfácio.

III. DOS SONS ORQUESTRAIS DE UM POVO SUPERIOR: ALGUMAS REFLEXÕES IMPURAS

1.

Furtwängler, provavelmente a mão artística mais influente na construção artística e organizativa da OFB, era um *alemão*. Em termos mais específicos: "Que Wilhelm Furtwängler gostava de se denominar *um músico alemão* é algo provado por suas notas e correspondência. Esse era um traço que ele compartilhava com os nazis, mas também com muitos poetas e filósofos do século XIX."[62] Não por acaso uma "das expressões-chaves nas recorrentes reflexões de Furtwängler é 'alemão'"[63].

Furtwängler não contraria ou mesmo se distancia da perspectiva ideológica alemã dominante de seu tempo. Nascido em 1886, sua formação intelectual e alma aliam-se ao espírito romântico-nacionalista de sua quadra histórica. De fato, este maestro que antes desejaria ter sido um compositor não só não se descola deste espírito, mas, efetivamente, sua postura e ação são momentos de sua substantificação. "*Kultur*, uma educação clássica, códigos de comportamento guilherminianos, um senso de valores que *não deixa espaço para dúvidas*"[64], marcavam o pulso interno e cultural de Furtwängler, para quem a música é o incorruptível, o espaço do humano mais humano inalcançável na e pela realidade dos homens. Furtwängler – um alemão!

Muito eloquente quanto ao substrato ideológico de Furtwängler é uma carta de abril de 1933 a Goebbels, onde o músico tece considerações sobre o antissemitismo vigente e argumenta sobre seus danos *culturais*; assim reflete a seu destinatário:

---

62 Fred K. Prieberg, *Trial of Strength: Wilhelm Furtwängler and the Third Reich*, London: Quartet Books, 1991, p. 14. (Grifo nosso.)
63 M.H. Kater, *The Twisted Muse*, p. 197.
64 F.K. Prieberg, op. cit., p. 16.

Sinto que antes e acima de tudo sou um artista, e que sou, portanto, apolítico no sentido de política partidária. Arte e artistas existem para criar amor, não ódio; para unir, não dividir. Em última análise, existe apenas uma linha divisória que eu reconheço: aquela entre a boa e a má arte. Porém, enquanto a linha divisória entre judeus e não judeus está sendo traçada com uma precisão teórica absolutamente impiedosa, mesmo quando a conduta das pessoas implicadas ante a política nacional é irrepreensível, esta outra linha divisória que a longo prazo é muito importante para nossa vida musical – a decisiva linha divisória entre bom e mal – parece estar sendo tragicamente negligenciada.

[...] Se os concertos não oferecem nada, então a população não os assistirá; eis porque a questão da QUALIDADE não é apenas uma ideia virtuosa: é de importância vital. Se a luta contra o judaísmo se concentrar naqueles artistas que são desenraizados e destrutivos, e que buscam o sucesso através do *kitsch*, da virtuosidade estéril, e assim por diante, então isto é inteiramente aceitável; a luta contra estas pessoas e a atitude que elas encarnam (como, infelizmente, fazem muitos não judeus) nunca poderá ser realizada na completude e sistematicidade necessárias. Mas, se esta campanha for dirigida contra os verdadeiros grandes artistas, então deixa de ser do interesse da vida cultural da Alemanha. [...]

Então repito: nossa luta deveria ser contra os desenraizados, os subversivos, e os espíritos destrutivos, mas não contra o artista real, que em sua arte é sempre, a despeito do que dele se pense pessoalmente, uma figura criativa que "ama" seus materiais, e como tal ajuda a construir nossa cultura. Isto é o que quero dizer quando apelo ao senhor, em nome da arte alemã, na esperança de que danos talvez irreversíveis, que prejudicariam a reputação da arte e cultura alemãs, possam ser evitados.[65]

Se suas palavras destilam anti-semitismo, não se pode simplesmente afirmar que Furtwängler sentisse e praticasse este preconceito em termos rácico-nazistas. Sabe-se que por sua intervenção direta vidas judias foram salvas dentro e fora da OFB. Sua ambiguidade em relação à questão é, em última instância, a confirmação da existência de um genérico pulso antissemita que até Thomas Mann, em distintas ocasiões, manifestaria. Kater considera:

Foi seu constante respeito pela autoridade, herança dos dias guilherminianos, que pré-condicionou Furtwängler a ser elitista e antidemocrático, um homem que não somente acolheu o retorno da regra e

---

65 Furtwängler, apud F.K. Prieberg, op. cit., p. 340.

da ordem sob Hitler (que ele pensou ser o desfazedor das injustiças de Versailles[66], dentre outras), mas que ainda foi partidário de certos preceitos do antissemitismo nazista. A "Questão Judaica", é claro, foi por ele vista como um problema antes cultural que racial: ele conheceu judeus com uma propensão à grandeza (uma vez disse que somente judeus sabiam como tocar violino), e outros com uma inclinação para o ordinário, barato, decadente. No início do Terceiro Reich, ele concordou com Goebbels que os elementos [judeus] destrutivos deveriam ser removidos. Em 1933, em defesa do professor de Hindemith, Sekles, Furtwängler mencionou que este erudito era "um dos poucos judeus que conhecia há quinze anos que tinha sido *positivamente construtivo*, a ponto de ser capaz de demonstrar um sentimento de afinidade natural com a música alemã". Tal argumento sugere veredictos perigosamente seletivos e até discriminatórios, que levaram a estereótipos [até mesmo] musicólogos nazistas identificados com compositores "judeus", como Mendelssohn.[67]

Fosse qual fosse o batimento subjetivo de seu antissemitismo, o que se deve marcar é que na prática sua atitude não o promoveu, ou não parece tê-lo promovido, conquanto Furtwängler assumisse como verdade abstratos "estereótipos discriminatórios". Assunção lábil que não é, pois, o elemento que estruturalmente explica sua longa, insistida e inquebrantável relação com o nazismo. O substrato ideológico e musical do maestro é outro, não o rácico, e nele se enraízam, assim me parece, as motivações reais de sua ligação com o nacional-socialismo. Ligação, frise-se, recíproca e não pouco comprometida de lado a lado. Como especifica e esclarece Kater, a partir de dois argumentos: muitas das performances de Furtwängler com a OFB

aconteceram dentro de estruturas altamente propagandísticas [em relação ao Reich], tornando sua arte eminentemente política. Dentre as primeiras performances estava, ironicamente, sua direção do *Die Meistersinger*, de Wagner, na mesma reunião do partido [nazista] que prenunciou as Leis Raciais antijudaicas de Nurembergue, de setembro de 1935 – uma ação de Furtwängler que zombou de seu amplo compromisso de salvar judeus. [...] Ao serviço de Hitler, Goebbels e Göring, Furtwängler continuou a reger exatamente como fazia antes[68].

66 O Tratado de Versailles foi o acordo de paz assinado pelos países europeus que oficialmente põe fim à Primeira Guerra. Os termos duros do tratado, que incluem pesadas reparações econômicas da Alemanha, são frequentemente citados como motivações para a ascensão do nazismo.
67 M.H. Kater, op. cit., p. 197.
68 Ibidem, p. 200.

E acrescenta à frente, substanciando o quadro:

> Enquanto a mortalha da guerra lentamente caía sobre a Europa, Furtwängler tornava-se importante para o Terceiro Reich por sua habilidade como embaixador cultural, um papel que, em geral, aceitou de bom grado. Uma vez mais ironicamente, o maestro estava pronto para demonstrar ao público não alemão a *personae* musical de Beethoven, Brahms e Bruckner, que os próprios nazistas tinham como os únicos representantes legítimos da Alemanha, mas que Furtwängler, segundo seu testemunho pós-guerra, considerava pertencer a uma outra Alemanha [não nazista]. [...] Furtwängler e sua segunda esposa vangloriavam-se, depois da guerra, de que uma coisa que o regente jamais se inclinara a fazer tinha sido auxiliar a propaganda nazista regendo em países ocupados. Não somente isto era mentira, porque Furtwängler trabalhara na Dinamarca ocupada em fevereiro de 1942, mas também era falso em função de um sentido mais amplo de "ocupado", que incluiria estados satélites nazistas. Ora, Furtwängler regeu a Filarmônica de Viena em Praga, no Protetorado Nazista dos tchecos derrotados, numa missão especificamente designada por Goebbels como propaganda, em novembro de 1940, e novamente em março de 1944. Visitou Oslo uma semana antes da Noruega ser atacada pelas tropas alemãs, e ainda sancionou uma viagem da Filarmônica de Berlim à Holanda, Bélgica e França ocupadas, em 1940, embora sem tomar parte pessoalmente. Furtwängler deu concertos na Hungria, aliada ao eixo, na Suíça e na Suécia, dois países neutros onde sua mera presença fazia soar a sirene nazista.[69]

Mas tornemos ao ponto, ou à determinação do fundamento estético, ideológico, que sustenta a vida musical de Furtwängler. Efetivamente, a carta a Goebbels o desvela, iluminando o coração, as motivações de suas concepções e práxis artísticas. A saber, para Furtwängler a arte – portanto a música – é uma esfera *superior*, que se realiza e constitui, *qualitativamente, acima* da vida real dos indivíduos. A música, concebe em clara adesão ideológica ao romantismo alemão, consubstancia-se como uma espécie de "dimensão paralela" metafísica que nega a vida cotidiana, que desautoriza ou impugna as vivências concretas dos homens por ser humanamente maior. A esfera estética – e a música especialmente – são o espaço possível do "bem" irrealizável na vida, que banhada na insubstancialidade das experiências individuais comuns, corriqueiras, é o reverso de um universo

---

69 Ibidem, p. 201.

espiritual humano autêntico, que só a arte substantifica. As obras de Goethe e Beethoven, pensa Furtwängler, positivam perspectivas e conteúdos *invariavelmente* interditos aos indivíduos na vida real, marcados que são por uma sociabilidade que tendencialmente os apouca, degenera. Só na arte se pode alcançar e sentir o humano mais humano. Por isso, rigorosamente, a arte e a cultura são tidas por Furtwängler como instâncias sociais hierarquicamente superiores e prevalentes. Instâncias que *têm* (têm!) de ser resguardadas, preservadas antes e acima de tudo. Nem judeus "destrutivos", nem ações nacional-socialistas desmedidas são aceitáveis: a música alemã – realização suprema desta arte; esfera da positivação dos valores alemães, que são universais por seu conteúdo e insuperáveis em sua valência; bastião da pureza e grandeza d'alma –, tem de ocupar um lugar absolutamente preponderante na vida. Tem porque a música, a arte e a cultura são mais relevantes do que os indivíduos, do que suas vidas insuficientes. Então, é preciso priorizar socialmente a música, combater por ela e em seu nome, algo que Furtwängler, de fato, buscou pôr em prática durante todo o seu percurso profissional. Numa palavra, a música é a representação do humano que vale a pena, por isso tem de estar decisivamente presente na vida, seja qual for o contexto e o custo desta presença. Na frase que tão bem sintetiza a plataforma do ser e agir deste músico: "Sinto que antes e acima de tudo sou um artista".

E se este é, *lato sensu*, o pressuposto estético-musical de Furtwängler, a música alemã tomada enquanto hoffmaniana metafísica espiritual é a crença a partir da qual este maestro estrutura e move seu *modus faciendi* musical. Crença de Furtwängler que se faz clara na menção de que a arte "cria o amor", isto é, enforma um reino metafísico puro, autônomo, livre do humano comum e real, por isso "apolítico". Em termos mais concretos, Furtwängler pensa a idealizada superioridade da música alemã como a consubstanciação da *absoluta* autonomia da interioridade – como interioridade positivada num pleno isolamento e liberdade (míticos). Subjetividade esta, então, estimada como substantificação de sua condição superior porque entendida como subjetividade que superou as adstringências humanas insuperáveis da vida real, isto é, que se realizou enquanto subjetividade *pura*, *abstrata*. Condição superiorizada que supõe, *in limine*, a negação da objetividade e da subjetividade humanas. Crença de Furtwängler que o século XIX delineara *in essentia*. Vale dizer: "A *elevação* do 'intelectual e cultural' sobre o 'político e social' afirmado por Brendel, naturalmente deu preferência à *música* como arte da *introspecção*."[70] Introspecção subjetiva, interioridade pura, subjetividade absoluta, ou seja lá como se queira denominar, que concebida como condição mais verdadeira da música e da alma fez da música *instrumental* alemã sinônimo de música maior. Quando Prieberg, coerentemente, aponta que para Furtwängler "a música instrumental, especialmente, estaria acima das disputas [político-]partidárias do dia-a-dia, [que ela seria para ele] um santuário da beleza, da verdade e do bem no qual não deveria ser permitido seu disturbar pela atividade suja da política"[71], possibilita-nos silhuetar o suposto musical deste artista, bem como sua concepção de música instrumental, claramente assentada na tradição romântica. Posto um nacionalismo que afirma a especificidade cultural de um povo pela música instrumental, esta assume o jaez, na pena teórica mitificante, de pureza subjetiva, de grandeza *per se*. Avocando argumento anterior: e por onde, se não por uma música instrumental universalmente reconhecida como maior, poder-se-ia afirmar com tal vigor a absoluta grandeza da subjetividade alemã? Pela ingênita indeterminação da abstrata sonoridade instrumental, a subjetividade abstratamente evocada se faz, miticamente, suprema alma alemã.

A música instrumental alemã é a própria alma alemã, vislumbrava, pois, Furtwängler. Por suas próprias palavras:

> O que tenho visto na atividade orquestral por todo o país (Colônia, Frankfurt, Essen, Mannheim etc) não pressagia nada de bom para o futuro. Temo pela sobrevivência da *mais espiritual* e talvez da *mais alemã* forma de arte que nosso povo possui – refiro-me, sobretudo, "à música *absoluta*".[72]

Palavra furtwängleriana que torna imediatamente compreensível o porquê da seguinte distorção da verdade histórica: Furtwängler

---

70 B. Sponheuer, op. cit., p. 54. (Grifo nosso.)
71 F.K. Prieberg, op. cit., p. 29.
72 Furtwängler, apud F.K.Prieberg, op. cit., p. 62. (Grifo nosso.)

conseguiu refinar conceitos como "sinfonia" e "sinfônico" a tal ponto, que, contrariando a sólida evidência da pesquisa musical, sentiu-se enfim autorizado a declarar que eles eram "alemães", e que "uma genuína sinfonia jamais foi escrita por um não alemão"[73].

Nacionalismo adulterador – namorante incestuoso do espírito rácico –, que ao violar a verdade distorce a lógica musical, então *sentida* como *germanidade*, como espiritualidade superior, como afirmação da raça.

Ideário inocente do ponto de vista interpretativo? Se, como avaliava Furtwängler, "a Alemanha foi a 'verdadeira criadora da música instrumental pura' [...] de uma sinfonia real"[74], sua concepção e práxis musicais, sua interpretação de Beethoven ou Brahms, sua forma de reger, de plasmar a sonoridade da orquestra, estariam salvas desta crença nacionalista que enlaça música e raça, *germanidade* e pureza, sons absolutos e alma absoluta, superior?

2.

Furtwängler e os músicos da OFB fizeram música a partir da lógica e supostos estéticos que vivenciaram, enraizados numa teleologia musical socialmente vigente, e não poderia ser diverso. A plasmação de uma sonoridade, a realização de uma interpretação, a concepção de um fraseado pressupõem uma referência de música, de arte, de vida. Minha sonoridade, minha execução, minha obra, minha musicalidade são paridas no mundo em que vivo, mundo que me radica e *mediatamente* as possibilita. Contrário ou favorável às tendências ideais dominantes de uma determinada quadra histórica, o artista sempre opera *in communitate*.

Um nacionalismo romântico extremado fundou a vida artística de Furtwängler porque fundou sua vida privada. Ou alguém, *durante todo o nazismo*, faz música com o símbolo mais destacado da cultura alemã – a "Orquestra do Reich" – e isto não está implicando absolutamente nenhuma proximidade

---

73 F.K. Prieberg, p. 148-149.
74 Ibidem, 149.

ideológica com o nacional-socialismo? O maestro não era um nazista, como foi o filósofo, que no primeiro discurso como reitor empossado da Universidade de Freiburg sustentava, em 1933: "Vossas vidas não serão mais reguladas por dogmas e ideias! O próprio *Führer*, e apenas ele, é a realidade presente e futura para a Alemanha e suas leis"[75]. Mas se não era um Heidegger, que em maio de 1933 se filia ao partido nazista para não mais se desligar, Furtwängler também *pensava em alemão*! O respeito cegante pela "regra" e "ordem", uma mão radicada no autocrático face à condução da coisa orquestral, a certeza indelével na própria *crença* e ato, se são características particulares da personalidade de Furtwängler, ao mesmo tempo transpiram, por todos os poros, tendências e formas das diretrizes sociais nacionalistas e ultranacionalistas. No mito do "Alemão" e da Alemanha; no pulso rácico imanentemente latente nisto; na crença *naïf* e sinistra na música alemã como expressão superior de uma interioridade superior – música purificada porque puramente alemã como conteúdo – não pulsam, *in abstracto*, as marcas da individualidade de Furtwängler? *Marcas da superioridade*, digamos assim, que todos os músicos, *mutatis mutandis*, não tenderiam a desenvolver posta a sociabilidade vivida?

Furtwängler, alemão de alma num tempo de alma alemã! Então, se este é o pulso humano e musical universalmente experimentado pela sociabilidade germânica, e singularmente pelo mentor da OFB, poderia causar surpresa que a orquestra, logo a sinfonia, fossem tomadas pelo maestro enquanto *a* expressão musical *de* e *da* alma alemã? Se a música instrumental é sinônimo de supremacia, de *germanidade*, a orquestra teria de ser incontrastavelmente entendida como a corporificação maior, mais plena, mais positiva, mais concreta da música instrumental. Por se efetivar, no curso do século XIX, como um agrupamento que tende a uma totalidade exaustiva, à completude instrumental, esta intrínseca força massiva, que é sonoridade geneticamente autocrática, silhueta uma *superioridade abstrata*, tão própria, necessária e cara ao nazismo. A música é maior que os homens, e melhor que eles! Uma orquestra como a OFB é a materialização aparente deste entressonho romântico

---

[75] Heidegger, apud P. Potter, op. cit., p. 102.

e, assim, furtwängleriano: seu tamanho, potência, grandiosidade, sua indeterminação expressiva que nos apouca pela grandeza da insondabilidade humana e cósmica que a sonoridade nos defronta, parece tornar real o metafísico universo da grande alma germânica. Sublinhe-se: a OFB serviu plenamente ao nazismo porque sua música é maior que os homens. Uma orquestra lhe serviu, atente-se, e não outra música instrumental. Ora, de uma obra camerística, distintamente daquela destinada à orquestra, não poderia emanar tal veemente e mítica energia *suprema*. A orquestra, tendencialmente, cria um estranho prazer, que é o de nos fazer sentir menor frente ao hiperbólico intraduzível e dominador que dela irrompe. Uma prazerosa "sinfonia" beethoveniana, e fiquemos apenas neste compositor, é pensada, romanticamente, como a audição de uma verdade muito *superior* do que cada um de nós, ouvintes individuais, é ou alcança; sua sinfonia é a mediação do contato pleno com a raça, com a pureza da metafísica alma germânica, vigorosa, altissonora como a orquestra beethoveniana. Música que assim concebida por Furtwängler – concebida como *perfectibilidade* rácica, musical, sonora –, demanda-lhe intensidade e *perfectibilidade* executivas[76]. À perfectibilidade da alma, a alma perfeita das notas. Universo sinfônico que pela ingênita força impositiva de exuberantes sons arcanos perfeitos, nos toma e sujeita de algum modo ou em algum momento, transpondo-nos, pela altivez do som, ao absoluto altivo, que os conceitos não podem exprimir, ou mesmo arranhar. Na menção que ata pela raiz Furtwängler a E.T.A. Hoffmann:

A música instrumental "desvela ao homem um reino desconhecido, um mundo que não tem nada em comum com o mundo sensível exterior que o cerca, um mundo no qual ele deixa para trás todos os sentimentos que poderiam ser expressos por conceitos para abandonar-se

---

[76] Intelecção de Furtwängler claramente ancorada no século XIX. Ao comentar o livro de Franz Brendel – *Geschichte der Musik in Italien, Deutschland und Frankreich* (História da Música na Itália, Alemanha e França) –, de 1851, Riethmüller firma, precisamente, que neste texto "Beethoven é coroado como o nacionalista, e é apenas 'o nacional', categoricamente salientado, que justifica o fenômeno Beethoven. [E] Estas afirmações se referem não somente a Beethoven no contexto social, mas também à sua composição – a inegável razão pela qual [Brendel afirma que] ele é lembrado." Cf. A. Riethmüller, op. cit., p. 293. (Grifo nosso.)

aos que não podem ser expressos" em palavras. [...][Música], "o reino do infinito" [que é alemão].⁷⁷

Sinfonia: alma germânica revelada! Determinação que conduz, enfim, ao argumento final deste posfácio. A saber: se a imbricação entre *música pura e germanidade-sinfônica* funda e impulsa um concreto *modus faciendi* musical, não seria natural, e mesmo indeclinável, que a orquestra regida por Furwängler plasmasse uma sonoridade tecida no *absoluto*, isto é, que ela se consubstanciasse enquanto uma sonoridade incondicional, categórica, impreterível, sonoridade que, como a alma de seu maestro, não tivesse ou demonstrasse "dúvidas" sobre os caminhos a trilhar na vida e na arte? Em palavra assertiva: posta a furtwängleriana busca interpretativa da *germanidade*, não existe casualidade em que uma homogeneidade sonora, que necessariamente compacta e *intensifica* a sonoridade; que uma austeridade na divisão rítmica, que *severiza* o ritmo; que uma espécie de marcialização do som, que o *acerba*, orientassem as perspectivas e escolhas sonoras e musicais de Furtwängler. Perspectivas e escolhas que parecem evitar uma flexibilidade agógica ao não priorizarem a natural variação do pulso humano que a música encerra. Talvez o número de músicos da OFB – que contou com mais cem aos tempos de Furtwängler – dificultasse a realização de uma modulação agógica. Mas, se este número é um obstáculo real, a tendência à regularidade rítmica e frásica parece encontrar no suposto da *germanidade*, no desejo de projetar em sons a alma *absoluta*, razão mais determinante. Para uma alma imperiosa, os sons imperiosos de sua alma!

Agógica esquiva que desconsiderou, ou simplesmente desconheceu, as lições musicais de Leopold Mozart, pai de um *alemão* inconteste, o qual, não obstante a dimensão universal de sua arte, jamais seria efetivamente encarado pela tradição romântica como membro da grande "constelação" compositiva germânica. E Wolfgang ali não figurou, talvez, por se ter considerado que sua música sinfônica não refletia, na dimensão necessária, a força e a intensidade sonoras próprias da eloquente alma alemã. Seja como for, e isto é o que se quer mormente marcar,

---

77 Apud Mark Evan Bonds, *Music as Thought: Listening to the Symphony in the Age of Beethoven*, Princeton: Princeton University Press, 2006, p. 27.

do *Versuch einer gründlichen Violinschule* colhe-se a insistida instrução de L. Mozart de que a regularidade rítmica necessária ao violinista é uma condição musical a ser conquistada a partir e no interior de uma irregularidade, que assim a modela e realiza. A divisão rítmica *não é* pensada como mediação à cunhagem de uma sonoridade linear, *exata*, matemática, mas de uma pulsátil, desuniforme, humana. Mozart ensina, enfim, que a irregularidade entece a regularidade necessária, vale dizer, que um pulso agógico deve ordenar as relações rítmicas, regulares[78]. E como L. Mozart não pensaria assim se para ele música é movimento anímico, afeto *in vita*? Apenas uma referência, que enlaça e mutua arco e sentimento:

o arco dá vida às notas; produz um som ora modesto, ora impertinente, ora sério ou divertido; ora bajulador, ou grave e sublime; ora uma melodia triste ou alegre; é pois o meio, a partir de um uso sensato, pelo qual estamos aptos a despertar nos ouvintes os supracitados afetos. [Então completa]: E digo que isso pode ser feito se o compositor fizer escolhas razoáveis; se ele escolher melodias que correspondam a cada emoção[79].

Nos termos que iniciam o desfecho desta reflexão: a OFB serviu ao nazismo porque serviu à alma germânica. Assim, sua sonoridade estranharia a de L. Mozart, que não poderia, de fato, constituir-se na plataforma para a execução da *alma absoluta*. Estranha situação: o pai de Mozart, aquele que não apenas *instruiu musicalmente* o filho, mas escreveu uma das obras pedagógicas mais relevantes da segunda metade do século XVIII, não seria levado em conta por Furtwängler quando penetrava terreno mozartiano. Maestro que ao executar Mozart ou Beethoven tinha por substrato interpretativo a *germanidade* romântica, não o *arco* e a *articulação* que sustentaram a música de Wolfgang, e também a de Beethoven.

A OFB deu vida a uma sonoridade *inexorável*. Ou, se quisermos, a uma sonoridade *do* inexorável. Se Beethoven, comumente, parecia dispor de no máximo cinquenta músicos quando regia sua música sinfônica[80] –, o vigor sonoro exigido em tempos

---

78 Cf. Of the Many Varieties of Bowing, *A Treatise on the Fundamental Principles of Violin Playing*, Oxford: Oxford University Press, 2. ed., 1985, p 114-124.
79 Ibidem, p. 114.
80 Cf. John Spiltzer; Neal Zaslaw, *The Bird of the Orchestra*, Oxford: Oxford University Press, 2004, p. 316-334.

modernos demandava o dobro, ou mais. Exigência romântica que adequadamente serviu ao nacional-socialismo porque romantismo e nazismo naturalmente se mutuariam pelo culto mítico da superioridade alemã. Superioridade suposta que, ao fim e ao cabo, transformou-se em alma culta bestial.

OFB: sons de uma cultura superior, de um império que deveria durar mil anos! Sons, então, que acompanharam o evento *"Música e Raça"*, onde Furtwängler, pessoalmente, regeria. Sons *nacionalistas* que se coube a Furtwängler ordenar, sintetizar orquestralmente – como também a outros maestros que lhe acompanharam na tarefa –, nasceram *a partir* e *no interior* da própria orquestra. Ora, a OFB existiu enquanto tal porque seus integrantes eram alemães formados em solo germânico. A formação musical de cada instrumentista, bem como seus princípios artísticos – rigorosamente os mesmos que moveram Furtwängler –, constituíram a pré-condição do som da orquestra tal como ele se objetivou. Hitler existiu porque a Alemanha existiu. Princípios que Von Karajan, a seu tempo, seguiu, e universalizou. E os seguiu porquanto também *pensava em alemão*, como seus músicos!

Von Karajan!? Por que a lembrança? Por que a avocação, aparentemente deslocada? Porque ele é a consubstanciação dos vitoriosos valores ético-musicais romântico-nacionalistas na segunda metade do século XX. Tomo, como último momento reflexivo, a questão, que é *hoje*, *ainda*, a *nossa* questão.

Sublinhe-se em traço calcado: com Herbert von Karajan, a OFB se fez efetivamente mundial – a sonoridade da Filarmônica e seus pressupostos interpretativos tornaram-se *valores universais a serem mundialmente reproduzidos*. Von Karajan significou a universalização da concepção musical da OFB, de seu *modus* sonoro. Universalização planetária alcançada, de um lado, porque Von Karajan fez da orquestra um produto discográfico de excelência e mundialmente disponível; logo, de outro, porque tanto o mundo leigo quanto o musicalmente iniciado (instrumentistas, professores, maestros, compositores) assumiram ativamente a ideia de que a música instrumental autêntica, de valor, de qualidade, é germânica, de sorte que as referências desejadas para sua execução não poderiam deixar de ser estruturalmente alemãs. De fato, e como tantas vezes antes marcado, a música instrumental alemã é a expressão típica, central, das formas sonoras "puras". Enquanto tal, natural e amplamente dominante no cenário artístico desde o século XIX. Dominância que a musicologia alemã – que é, *lato sensu*, a de todo o mundo – fundou e reafirmou teoricamente. Von Karajan, regente do corpo orquestral europeu mais determinante da história moderna, a partir do advento das gravações se tornaria, pois, onipotente, conquanto também Furtwängler tivesse sido personalidade referencial. Onipotência que significou, em verdadeira escala global, a afirmação, pela práxis executiva, da *germanidade* como valor universal. *Germanidade* musical universalizada que não se restringiu ao repertório germânico. Vivaldi, aluda-se por exemplo, tomava forma por uma orquestra (alemã, francesa, italiana, inglesa, etc.) que numericamente lhe distorcia de saída, que tendia a germanizar sua melodia, então severizada, da mesma forma que Bach surgia, dados a cor e o peso sonoros das execuções orquestrais, como um proto-wagneriano. Nesse sentido, dada a assunção, mundial, de que a música instrumental que conta e referencia – compositiva e executivamente – é a alemã, e como os instrumentistas de ontem e de hoje são descendentes dos princípios sonoros da OFB, como uma orquestra, de qualquer país, não faria de toda música sinfônica, ou mesmo de toda a música, o mundo próprio da germânica alma "absoluta"? E como, então, a discografia não priorizaria o fato sonoro a partir do século XVIII, desestimando *in limine* a história anterior?

  Von Karajan, austríaco nascido em 1908, filia-se ao partido nazista – por convicção, simples carreirismo, ou por um pouco de ambos – em 1933. Sem dúvida, o oportunismo o move para posições simpatizantes e colaborativas. Porém, não se perceber que estas posições têm arrimo numa visão de mundo anterior, *primária*, é desconhecer que as perspectivas e ações dos indivíduos têm um fundamento maior, genérico, um substrato. No caso de Von Karajan, do ponto de vista musical e cultural, é a crença na superioridade da Alemanha ou de sua música, o que dá exatamente no mesmo. Qual a origem do rigorismo sonoro de suas interpretações? De onde dimana o vigor altivo que Von Karajan imprime em "sua" orquestra, altivez sonora que na frase *em piano* parece ceder, mas *piano* que talhado em equilíbrio executivo imperturbável é igualmente som supra-humano, metafísico, "*puro*", "absoluto"? Ora, o ventre desta sonoridade é o mito romântico, nacionalista e nacional-socialista alemães da alma absoluta, da supremacia cultural, que com o nazismo se faria *ação* rácica.

A universalização, por Von Karajan, do *modus* sonoro da OFB significou, pois, o enraizamento profundo de uma dada lógica interpretativa, a radicação difusa de uma *forma* de se executar e de se *ouvir*. Lógica mundialmente ativa, de fato, embora seja preciso referir, de um lado, que Abbado, por exemplo, a tenha "suavizado"; de outro, que cada grande orquestra forja – a partir e no interior de uma *germanidade* sonora buscada e estruturante – suas especificidades interpretativas. Lógica executivo-interpretativa, ademais, que influencia o campo camerístico e solístico porque o *modus* sonoro orquestral, por seu posto musical hierárquico, prevalece e orienta. Na palavra que ata planos aparentemente desatados: Von Karajan, ou melhor, sua ideologia musical e a sonoridade de sua orquestra representam para a atual esfera da interpretação – aqui inclusos os músicos que realizam repertório contemporâneo – o que a tradição musicológica alemã representa para o pensamento musical coetâneo: *uma inquestionável mas impura referência fundante*. No terreno da reflexão musicológica, recante-se, quantas vezes seus representantes, de maior ou menor estatura, não raciocinam e produzem a partir de um batimento teórico de caráter duvidoso? De Kater, que faz menção a Friedrich Blume e Wolfgang Boetticher, escava-se este fato: o universo musicológico coevo não raras vezes se apoia ou nutre – com maior ou menos consciência a cada caso – em concepções musicais de natureza obscura, em supostos insubsistentes; na palavra que é apenas a ponta de um *iceberg* que à musicologia ainda caberá examinar e esclarecer efetivamente:

> Em 1939, Blume tinha apoiado os objetivos do "trabalho musical na juventude hitlerista". Ele era "profundamente alemão", escreveu o nacionalista Alfons Ott – bibliotecário de música em Munique – no *New Grove* de 1980, pois Blume deixou sua marca no pós-guerra como editor da mais importante enciclopédia musical da Alemanha Ocidental, *Musik in Geschichte und Gegenwart* [Música no Passado e Presente]. Aqueles dezessete volumes, com o primeiro publicado em 1949 e o último em 1986 (após a morte de Blume, em 1975), não foram substituídos até o

final dos anos 1990. Como eram manuais padrão para todos os estudantes alemães de música, mesmo um exame superficial revelou uma negligência flagrante quanto à música do século XX, bem como a eliminação sistemática do passado nazista de todo o músico alemão biografado.[81]

E à frente:

> De Wolfgang Boetticher [*importante* pesquisador de Schumann] descobriu-se, no final dos anos 1990, que ele, enquanto um jovem musicólogo e membro da ss, ajudou ativamente – especialmente na França – a pilhagem de guerra de artefatos musicais nos países ocupados [conduzida] por Alfred Rosenberg. Em 1942 editou cartas e ensaios de Schumann num volume patrocinado pela antissemítica Hohe Schule, de Rosenberg; a introdução estilizou Schumann – e Wagner – como um herói alemão, contrastando-o positivamente com seus contemporâneos judeus Mendelssohn e Meyerbeer. Boetticher se aposentou como professor de musicologia da Universidade de Göttingen de acordo com os planos, e ainda estava ministrando cursos em 1998, quando a universidade foi forçada, por pressão da opinião pública, a tirá-lo de circulação.[82]

Num exemplo que nos é mais familiar, e menos comprometedor para os envolvidos: Adorno e Dahlhaus contribuiriam com artigos numa publicação que homenageava os setenta anos de Müller-Blattau (*Festschrift zum 70. Geburtstag von Joseph Müller-Blattau*), influente musicólogo nazista[83]. Algo que causa estranheza, postos os nomes em jogo? E, se atentamos à afirmação de Dahlhaus de que seria inadmissível "duvidar da integridade política e moral de Carl Orff"[84] – compositor que cortejou e foi cortejado pela perspectiva nacional-socialista –, à estranheza sentida se soma o assombro frente ao autocrático injustificado. Injustificado que se desdobra em outras tantas sombras teóricas. Sombras nascidas de supostos teóricos também injustificáveis[85].

---

81 M.H. Kater, *Composers of the Nazi Era*, p. 278-279.
82 Ibidem, p. 279.
83 Cf. M.H. Kater, *Composers of the Nazi Era*, p. 278.
84 Ibidem, p. 112.
85 A propósito: ao historiar a trajetória política percorrida por *Carmina Burana*, a determinado passo Kater traça uma argumentação que importa dar a conhecer posta a relevância e as implicações do problema musicológico controverso que levanta. Refere: "Para além [da questão] da origem da música de Orff na cultura de Weimar, e de sua preferência por Stravínski (que, coincidentemente, mais do que flertou com o fascismo, como também era um antissemita), o uso de ritmos ostinatos, a economia melódica, o diatonismo

Em palavra indagadora, ao concluir: quanto, pois, daquilo que acreditamos teoricamente e do que ouvimos e gostamos não estaria diretamente ligado à concepção germânico-nacionalista de música, ou mesmo à de talhe nacional-socialista? Conquanto a musicologia alemã tenha produzido bons frutos e aberto caminhos investigativos profícuos, o Schumann de Boetticher seria de fato Schumann, ou um Schumann caricaturalmente nacionalista? Da autocracia sonora da OFB poderia nascer o Mozart de vida e sons iluministas? As dramáticas paixões beethovenianas estariam vivas em sua natureza *humana* com Furtwängler ou Von Karajan? Ou essas batutas deram forma a paixões supraindividuais, metafísicas, rígidas, absolutas, que talvez o próprio Schumann, *lato sensu*, aprovasse? De fato, Hitler e Goebbels as aprovaram sob o comando desses maestros, bem como a musicologia que os nutriu e por eles foi nutrida.

Seja como for, e a despeito da resposta que cada um consiga entrever e formular, o que importa, primeiramente, é enxergar a relevância e significado destas perguntas, que encerram "problemas" e dimensões musicais cuja não reflexão ou simples negação despreocupada faz da vida teórica e/ou interpretativa do músico realidade acrítica, constrita, inartística. Quando Bronislaw Huberman recusou um convite de Furtwängler para que solasse junto à OFB na temporada de 1933-1934, assim lhe considerou:

> Você [Furtwängler] tenta me convencer: "alguém tem que dar o primeiro passo para atravessar a parede divisória". Ah, se apenas se tratasse de uma parede na sala de concertos! Porém, a questão de uma interpretação mais ou menos competente de um concerto de violino é só um dos múltiplos aspectos – e, sabe Deus, não o mais importante – que obscurece o verdadeiro problema. De fato, não se trata de concertos de violino, tampouco de judeus, trata-se das condições mais elementares de nossa

rudimentar, a repetição e monofonia, e alusões temáticas ao *Volksmusik* and *Hausmusik* eram genericamente consanguíneos de uma estética peculiarmente nazista na música alemã entre 1933 e 1945. Mesmo quando pressionados, os musicólogos, hoje, mostram-se relutantes em identificar na música de Orff, e especialmente em *Carmina Burana*, uma distintiva qualidade "fascista". Por outro lado, uns poucos intelectuais respeitados, por exemplo aqueles mais isolados como Albrecht Riethmüller (Berlim) e Richard Taruskin (Berkeley), admitiram que acham a cantata de 1937 quinta-essencialmente nazista." Cf. ibidem, p. 128.

cultura europeia: a liberdade da pessoa e sua autodeterminação ilimitada, independente de qualquer vínculo de castas ou raças![86]

A arte, diz Huberman, não é maior ou mais relevante que a vida!

Furtwängler assim não entendeu, como também Von Karajan. Maior que a vida é a alma alemã, e sua música. Suposto que a musicologia, sob formas mais ou menos veladas, mais ou menos conscientes, acolheu e medrou. Música que deve ser preservada, pensa Furtwängler, a qualquer custo, ainda que o acordo com o demônio seja o caminho possível. "Preserve-se a música, pois *ela é a verdade da alma alemã*, então *da minha! A verdade! Pura! Preserve-se!*", mesmo que seu patrocinador a tome e use como propaganda da raça, da superioridade, da bestialidade, do inferno, da morte.

Então, *que* música se preserva? Na resposta perguntante: se a música da OFB se consubstanciou por uma articulação entecida numa severa igualdade rítmica predominante, como reconhecer nesta sonoridade de sons pesadamente cavados dos instrumentos e produzidos por cem músicos ou mais, o humano *ad hominem*? Que a leitura de Misha Aster substancie, arrime, e impulse esta reflexão fundamental, e tantas outras. Leitura que é consciência de um tempo histórico e de suas repercussões. Repercussões que dizem respeito a cada um de nós – na vida e na arte, tenhamos ou não consciência disto. Nos termos balzaquianos, que ecoam vivamente a *Poética* de Aristóteles: "A história não tem por lei, como o romance, propender para o belo ideal. A história é ou deveria ser o que foi; ao passo que *o romance deve ser o mundo melhor*."[87] O mundo melhor! Não sua ausência ou mitificação! Jamais! Jamais!

Ibaney Chasin

---

86   Cf. supra, p. 220.
87   Balzac, Prefácio, *A Comédia Humana*, São Paulo, Globo, v. XVII, 1993, p. 674. (Grifo nosso.)

Fontes Documentais

BArch: Arquivo Nacional, Berlim
    R55   Ministério do Reich para o Esclarecimento do Povo e Propaganda
    R561 Câmara de Cultura do Reich
    NS18 Direção de Propaganda do Reich do NSDAP
    RKK   Pastas de nomes

BArch (BDC): antigo Centro de Documentos de Berlim
    RK   Câmara de Cultura do Reich/Câmara de Música do Reich
    RPK   Pastas pessoais do Ministério do Reich para Esclarecimento do Povo e Propaganda

GStA: Arquivo Secreto de Estado (Preussicher Kulturbesitz), Berlim
    IB 2281-2287   Ministério das Finanças da Prússia

ABPho: Associação do Arquivo da Orquestra Filarmônica de Berlim
    A   Epistolário pessoal
    F   Coleção de fotos
    G   Listas da orquestra
    P   Coleção de programas
    Z   Documentos pessoais

ZBZ: Biblioteca Central de Zurique
    FN BF até BO   Legado, cartas e documentos de Furtwängler

Cadernos Privados (*Privatsammlung*)
    PJB   Coleção privada Johannes Bastiaan
    PKS   Coleção privada Klaus Stoll
    PWK   Coleção privada Walter Küssner
    PPM   Coleção privada Peter Muck
    PCH   Cadernos privados Carl Höfer
    PHW Cadernos privados Heinz Wiewiorra

Bibliografia

AVGERINOS, Gerassimos. *Das Berliner Philharmonische Orchester als eigenständige Organisation: 70 Jahre Schicksal einer GmbH, 1882-1952.* Berlin: Gerassimos Avgerinos, 1972.

_____. *Künstler-Biographien die Mitglieder im Berliner Philharmonischen Orchester von 1882-1972.* Berlin: Gerassimos Avgerinos, 1972.

_____. *Eulenspiegelein, Narreteien: Drei und fünfzig der schönsten Geschichten aus dem Dasein des Berliner Philharmonischen Orchesters – gesammelt und nacherzählt von Gerassimos Avgerinos.* Berlin: Gerassimos Avgerinos, 1971.

BERLINER PHILHARMONISCHES ORCHESTER. *50 Jahre Berliner Philharmonisches Orchester*, mit Alfred Einstein und Wilhelm Furtwängler, Charlottenburg, [s.n.], 1932.

BRINER, Andres. *Paul Hindemith.* Zürich: Atlantis, 1988.

BRINKMANN, Reinhold; WOLFF, Christoph (eds.). *Driven into Paradise: The Musical Migration from Nazi Germany to the United States.* Berkeley: University of California Press, 1999.

BURLEIGH, Michael. *The Third Reich: A New History.* London: Macmillan, 2000.

CUOMO, Glenn R. *National Socialist Cultural Policy.* New York/Basingstoke: St. Martin's Press/Macmillan, 1995.

DÜMLING, Albrecht. *Entartete Musik: Dokumentation und Kommentar zur Düsseldorfer Ausstellung von 1938.* Düsseldorf: DKV, 1993.

EVANS, Richard J. *The Third Reich in Power, 1933-1939.* London: Allen Lane, 2005.

_____. *The Coming of the Third Reich.* London: Allen Lane, 2003.

FETTHAUER, Sophie. *Deutsche Grammophon: Geschichte eines Schallplattenunternehmens im "Dritten Reich".* Hamburg: Von Bockel, 2000.

FURTWÄNGLER, Elisabeth. *Über Wilhelm Furtwängler*. Wiesbaden: Brockhaus, 1980.
GEISSMAR, Berta. *Musik im Schatten der Politik: Erinnerungen*. Zürich: Atlantis, 1945.
GERSTBERGER, Walter (ed.). *Der legendäre Geiger Gerhard Taschner*. Augsburg: Bernd Wissner, 1998.
GOEBBELS, Joseph. *Tagebücher 1924-1945*. München: Piper, 1992.
GOLDSMITH, Martin. *The Inextinguishable Symphony: A True Story of Music and Love in Nazi Germany*. New York: J. Wiley, 2000.
HAFFNER, Herbert. *Furtwängler*. Berlin: Parthas, 2003.
HARTMANN, Erich. *"Die Berliner Philharmoniker in der Stunde Null": Errinerungen an die Zeit des Untergangs der alten Philharmonie*. Berlin: Musik- und-Buchverlag Werner Feja, 1996.
HERZFELD, Friedrich. *Wilhelm Furtwängler: Weg und Wesen*. Leipzig: Wilhelm Goldmann, 1941.
JÄCKEL, Eberhard. *Hitler's World View: A Blueprint for Power*. Cambridge: Harvard University Press, 1981.
KAPP, Julius (Hrgs.)*200 Jahre Staatsoper im Bild. Aus Anlass des 200jährigen Jubiläums der Berliner Staatsoper im Auftrage der Preussischen Staatstheater*. Berlin: Max Hesses, 1942.
KATER, Michael H. *The Twisted Muse: Musicians and Their Music in the Third Reich*. New York / Oxford: Oxford University Press, 1997.
_____. *Composers of the Nazi Era: Eight Portraits*. New York / Oxford: Oxford University Press, 2000.
KATER, Michael; REITHMÜLLER, Albrecht (eds.). *Music and Nazism: Art under Tyranny, 1933-1945*. Laaber: Laaber, 2003.
KERSHAW, Ian. *Popular Opinion and Political Dissent in the Third Reich: Bavaria 1933-1945*. Oxford: Clarendon, 1983.
LANG, Klaus. *Lieber Herr Celibidache – Wilhelm Furtwängler und sein Statthalter: ein philharmonischer Konflikt in der Berliner Nachkriegszeit*. Zürich: M & T, 1988.
LEVI, Erik. *Music in the Third Reich*. Basingstoke: Macmillan, 1994.
MEYER, Michael. *The Politics of Music in the Third Reich*. New York: Peter Lang, 1993.
MUCK, Peter. *"Einhundert Jahre Berliner Philharmonisches Orchester": Darstellung in Dokumenten*. Tutzing: Hans Schneider, 1982.
OSBORNE, Richard. *Herbert von Karajan: A Life in Music*. London: Chatto & Windus, 1998.
PERMOSER, Manfred. *Die Wiener Symphoniker im NS-Staat*. Frankfurt-am-Main: Peter Lang Europäischer Verlag der Wissenschaften, 2000.
PRIEBERG, Fred K. *Kraftprobe: Wilhelm Furtwängler im Dritten Reich*. Wiesbaden: F.A. Brockhaus, 1986.
_____. *Musik im NS-Staat*. Frankfurt-am-Main: Fischer Taschenbuch, 1982.
RYDING, Erik; PECHEFSKY, Rebecca. *Bruno Walter: A World Elsewhere*. New Haven/London: Yale University Press, 2001.
SHIRAKAWA, Sam H. *"The Devil's Music Master": The Controversial Life and Career of Wilhem Furtwängler*. Oxford: Oxford University Press, 1992.
SPEER, Albert. *Spandauer Tagebücher*. Frankfurt-am-Main: Propyläen, 1975.
_____. *Erinnerungen*. Berlin: Propyläen Verlag, 1969.

STRÄSSNER, Matthias. *Der Dirigent Leo Borchard: Eine unvollendete Karriere*. Berlin: Transit, 1999.

STRAUSS, Richard. *Der Strom der Töne trug mich fort: Die Welt um Richard Strauss in Briefen*. Tutzing: H. Shneider, 1967.

STRESEMANN, Wolfgang. *Philharmonie und Philharmoniker*. Berlin: Stapp, 1977.

VRIES, Willem de. *Sonderstab Musik: Music Confiscations by the Einsatzstab Reichsleiter Rosenberg under the Nazi Occupation of Western Europe*. Amsterdam: Amsterdam University Press, 1996.

WACKERNAGEL, Peter; FURTWÄNGLER, Wilhelm. *Die Programme der Konzerte mit dem Berliner Philharmonischen Orchester 1922-1954*. Wiesbaden, [s.n.], 1965.

WALTER, Michael. *Richard Strauss und seine Zeit*. Laaber: Laaber, 2000.

WEISSWEILER, Eva. *Ausgemerzt!: Das Lexikon der Juden in der Musik und seine mörderischen Folgen*. Köln: Dittrich, 1999.

Índice Onomástico

Abendroth, Hermann 88, 141, 151, 165, 172, 173, 186, 209, 211, 242
Achatz, Karl 81
Adam, Franz 146, 147
Ahlgrimm, Hans 266
Albéniz, Isaac 155
Alt, Bernhard 92, 266
Ansermet, Ernest 164
Antoniades, Anna 223
Arrau, Claudio 196
Attolico, Bernardo 176
Audilet, Oskar 87
Avgerinos, Gerassimos XXIV, XXV

Bach, Johann Sebastian 150, 155, 177, 191-193, 195, 196, 200, 222, 288-290, 292-295, 298, 307, 322
Back, Gilbert 56, 58, 61, 63, 64, 67, 146
Bader, Erich 270
Bastiaan, Johannes XVIII, XXVI, 81, 85, 273
Beecham, sir Thomas 230
Beethoven, Ludwig van 93, 106, 141, 147n, 148, 150, 168, 172, 173, 177, 178, 183, 184, 187, 191-193, 196, 200, 205, 206, 212, 223, 229, 233, 235, 253, 260, 266, 269, 284, 290, 291, 293, 297, 299, 303n, 307, 313, 316, 318n, 320

Benda, Hans von 19n, 37, 39-46, 62, 63, 65, 67, 73, 77, 79, 106, 118, 126, 129, 130, 148, 149, 163, 164, 171, 172, 199, 205, 213-216, 231, 234, 235, 263
Berlioz, Hector 29n, 200, 204n
Bilse, Benjamin XIX
Bockelmann, Rudolf 148
Bodanzky, Arthur 17
Boekel, Hans 259
Böhm, Karl 150, 165, 168, 172, 178, 180n, 183, 184, 190, 191, 209, 211, 217, 232, 270
Bongartz, Heinz 172, 192
Borchard, Leo 154, 195, 202, 269, 270, 272, 279
Borries, Siegfried 60, 123, 124, 217, 22, 266
Böß, Gustav 4, 50
Bottermund, Hans 63, 64, 81, 124, 221, 222
Brahms, Johannes XIX, 18, 81, 168, 178, 186, 191, 196, 200, 205, 206, 213, 229, 233, 255, 256, 266, 269, 284, 290, 298, 301n, 313, 316
Braunfels, Walter 193, 194
Bruch, Max 233
Bruckner, Anton 144, 148, 152, 168, 177, 187, 191, 196, 200, 205, 223, 255, 256, 260, 298, 313
Buchardo, Carlos Lopez 155

Buchholz, Werner 71, 72, 83, 147, 228, 235, 256, 259, 272, 275
Bülow, Hans von 156, 157
Burkhardt, Arno 71, 272-274
Burleigh, Michael XXI
Busch, Fritz 209, 219, 220, 224

Calabrini, Piero 155
Casadesus, Robert 223
Casals, Pablo 18
Caturla, Alejandro García 155
Celibidache, Sergiu 279-281
Cherubini, Luigi 155
Chopin, Frédéric 179, 192
Christkautz, Curt 87, 266
Cuomo, Glenn XXIII

Debussy, Claude 195, 204
Denzler, Robert 201
Diburtz, Georg 77, 78, 82
Dohnányi, Ernst von 193
Drewes, Heinz 83, 84, 217n, 235
Dvořák, Anton 221

Ederer, Alois 73, 87, 266
Egk, Werner 150, 200
Eigruber, August 231
Economidis, Philoktetes 155, 202
Elmendorff, Karl 173
Erdmann, Eduard 193
Evans, Richard XXI

Fabini, Eduardo 155
Fauré, Gabriel 192
Fischer, Edith 267
Fischer, Edwin 60, 122, 169, 222
Fischer, Ernst 267
Fischer, Friedrich 261n
Fischer, M. Von 242
Flesch, Carl 58n, 159, 206
Français, Jean 195
Franck, César 204
Frickhoffer, Otto 210
Fuhr, Ernst 77, 280
Funk, Walther 21, 22, 26, 30, 36, 38, 125, 145, 206, 2047, 221
Furtwängler, Wilhelm XII-XIV, XIX, XXI-XXIV, XXVII, 1, 8, 12-26, 28-33, 35-47, 51-55, 57-68, 70, 74, 83, 85, 88, 89, 91, 92, 97, 99, 101-103, 105, 116, 119-123, 126, 137, 141-151, 157-159, 204-206, 209, 211, 212, 214, 216-222, 224, 230-233, 236, 242, 248, 249, 251, 253, 255, 256, 258, 263, 264, 266, 269, 270, 275, 277, 280, 281, 310-322, 325, 326

Geissmar, Berta XXIII, XXIV, 16-19, 52, 60, 162, 219, 248
Georgescu, Georges 223
Gieseking, Walter 122, 222
Gieseler, Hans 273, 274
Glazunov, Alexander 193
Goebbels, Joseph XII, XIII, XX, XXI, XXV, XXVII, 7, 8, 10, 12, 13, 15, 17, 19, 21, 26, 28-35, 38, 40, 41, 43, 45, 46, 53-55, 57-60, 62, 64, 66, 79, 83, 85, 87, 88, 93, 95, 101, 102, 104, 109, 122, 123n, 125, 127, 128, 132-135, 145-148, 150, 152, 153, 164, 167, 174, 176-180, 187, 190, 195, 197, 204-207, 211, 214, 217, 218, 221, 225, 227, 232, 237, 240, 245, 255, 260, 263, 264, 269, 277, 279, 282, 300n, 301, 310, 312, 313, 325
Goldberg, Szymon 56, 59, 60-64, 206, 221, 222
Goldmark, Karl 192
Gomes, Carlos 155
Göring, Hermann XXI, 17, 29, 30, 33, 34, 43, 125, 127, 129-131, 134, 135, 145, 152, 185, 190, 210, 213-216, 221, 240, 281, 312
Graener, Paul 196, 200
Graudan, Joanna 652
Graudan, Nicolai 56, 59, 61-64, 146, 221, 222
Graupner, Alfred 71, 73, 272-274
Grehling, Ulrich 270
Greiner, Erich 9n, 21-23, 27, 28
Guadagnini, Giovanni Battista 95
Guarneri, Pietro 85

Handel, Georg Friedrich 177, 191
Hafemann, Wilhelm 9, 56-58
Handke, Adolf 84
Harris, Roy 150
Hartmann, Erich XVIII, XXIV, 82, 91, 92, 264, 265, 270, 273
Hartmann, Fritz 73
Havemann, Gustav 18, 123n, 167, 172, 232
Haydn, Joseph 191, 196, 200, 269
Hedler, Georg 274, 275
Heger, Robert 184, 185, 213, 232, 234, 266

ÍNDICE ONOMÁSTICO

Henlein, Konrad 231
Hess, Otto 64, 65
Hess, Rudolf 34
Heyl, M. 54, 55
Himmler, Heinrich 215, 304
Hindemith, Paul 29, 62, 146, 166, 193, 196-199, 201, 205, 209, 214, 224, 312
Hinkel, Hans 33-35, 37, 38, 62, 63, 67, 127, 128, 132, 133, 150, 190, 204-209, 215, 217n, 218
Hirschfeld, Gerhard XXI
Hitler, Adolf XII, XIII, XX-XXII, 6, 7, 11, 12, 16, 21n, 26, 29, 33, 38, 39, 52-56, 63, 69, 83, 84, 125, 132-135, 144-148, 150-152, 163, 173, 174, 177, 180, 183, 184, 186, 187, 190, 191, 195-197, 205, 206, 210, 211, 221, 222, 224, 226, 237, 249, 251, 252, 256, 259, 265, 266, 268, 282, 285, 302, 305, 311, 312, 321, 325
Höber, Lorenz 6, 9-11, 16, 19, 21, 23, 31, 35, 36, 45, 53, 56-58, 67-69, 72-74, 81, 90, 111-113, 118, 123, 144, 159n, 183, 225, 226, 248, 256, 264, 268-270, 272, 276-280
Höber, Wilhelm 82
Hoenger, Elizabeth 222
Hoesch, Leopold von 227
Höfer, Carl XXVI, 72, 235
Höfer, Paul 150
Honegger, Arthur 194-196
Huberman, Bronislaw 18, 218, 220, 221, 224, 325, 326
Humperdinck, Engelbert 34

Ihlert, Heinz 35, 37, 200
Ito-Novol 150

Jäckel, Eberhard XXI
Jastrau, Franz 26n, 118
Joachim, Joseph XIX, 156
Jochum, Eugen 35, 152, 165, 168, 172, 184, 201, 209, 211, 212, 215, 230, 232, 270
Jung, Friederich 32

Kabasta, Oswald 201
Karajan, Herbert von XII, XIV, XVII, 43, 177, 180, 195, 209, 210, 213-217, 229, 232, 270, 281, 282, 321-323, 325, 326
Kater, Michael XXII, XXIII, 218n, 311, 312, 323, 324n
Keilberth, Joseph 186

Kellermann, Helmut 222
Kempen, Paul von 215
Kempff, Wilhelm 122, 222, 234
Kern, Gustav 83
Keudell, Otto von 21
Kielland, Olav 169
Kipnis, Alexander 206
Kittel, Bruno 106, 148, 153, 170, 174, 185, 186, 195, 224
Klatovsky, Jan Skrivan 155
Kleber, Wolfram 53, 69-73, 81, 90, 235, 257, 272, 275
Kleiber, Erich 31, 165, 201
Klemperer, Otto 57, 119, 164, 206, 209, 219, 224, 264, 280
Knappertsbusch, Hans 150, 164, 168, 172, 184, 210, 211, 216, 217, 232, 233, 276
Kolberg, Hugo 61, 64-66, 123, 140n, 223
Kolessa, Loubka 223
Konoye, Hidemaro 153, 155
Korngold, Erich Wolfgang 193, 194, 201, 203
Krauss, Clemens 164, 210, 212, 215, 229, 232
Kreisler, Fritz 218, 219, 221, 224
Kreiten, Karlrobert 222
Krüger, Alfred 92, 266
Kulenkampff, Georg 169

Lamy, Rudolf 186
Landecker, Peter S. 111, 112, 115, 160
Langeweg, A.A. 150
Lehmann, Fritz 215
Lemnitz, Tiana 223
Lenz, Willy 266
Leuchtenberg, Franz 259
Leuschner, Karl 62, 82, 221, 222
Levi, Erik XXII
Ley, Robert 153, 167, 190
Liebel, Willy 249
Lieberum, Heinrich 92, 266
Liszt, Franz 177, 233
Livabella, Lino 150
Lualdi, Adriano 155
Luckasch, Hans 150
Ludwig, Walther 223
Lupu, Radu 60

Machula, Tibor de 61, 81, 85, 124, 233, 266
Mahler, Gustav XIX, 193, 194, 201, 203, 206, 223, 224, 280

Mahling, Friedrich 37
Mann, Thomas xv, 253, 283, 284n, 288, 307, 311
Manteuffel, Joachin von 21
Marx, Karl 194, 195, 285, 286
Massarani, Renzo 150
Mayer, Friedrich (Fritz) 79, 80, 276, 280
Mendelssohn Bartholody, Felix 203-205, 224, 270, 312, 324
Mengelberg, Willem 215, 223
Meyer-Giesow, Walter 172
Meyer, Michael xxii
Mignone, Francisco 154
Mitropoulos, Dimitri 195, 222
Mommsen, Hans xxi
Monnikendam, Marius 150
Mozart, Wolfgang Amadeus xv, 34, 172, 186, 191, 192, 196, 200, 205, 212, 213, 223, 233, 270, 295n, 301n, 320, 325
Muck, Peter xxiv
Müller, Gottfried 194, 195
Müller, Otto 24n, 81, 112, 113
Müller, Siegfried 196, 197

Naumann, Rolf 217n, 266
Neander, Walter 54
Ney, Elly 167, 222, 234
Nikisch, Arthur xix, 1, 13, 17, 157, 159,3 193, 194, 219
Nissen, Hans Hermann 223
Nüll, Edwin von der 213, 214

Orthmann, Erich 169, 223
Otaka, Hisatada 155, 202, 223
Ott, Eugen 21
Overhoff , Kurt 210

Parodi, Giovani Battista 155
Petridis Evangelatos, Petros 155
Pfitzner, Hans 151, 165, 191, 193, 196, 233, 290
Pfundtner, Hans 21
Piatigorsky, Gregor 60, 62
Pilss, Karl 150
Pizzetti, Ildebrando 155
Popper, David 192
Porrini, Ennio 155
Porter, Quincy 150
Potter, Pamela xxiii, 300, 302n, 303, 304, 308n
Prieberg, Fred K. xxii, xxiii, 218n

Prokófiev, Serguêi 29n, 193, 194, 196, 202

Quante, Friedrich 71, 183, 270, 274

Raabe, Peter 147n, 148, 165, 200, 306
Rammelt, Karl 80, 257n
Ravel, Maurice 195, 204, 213, 222
Rechenberg, Freda von 18, 217n
Reger, Max 212
Reichenberger, Hugo 194, 195
Reichwein, Leopold 32, 166, 232
Reinhardt, Max 57, 219
Rentsch, Arno 153, 200
Reznicek, Emil von 200
Riadis, Emilios 155
Richter-Reichhelm, Werner 210
Röhn, Erich 60, 72, 85, 124, 223, 235, 291
Rosenberg, Alfred xxii, 146, 148, 166, 190, 324
Rother, Arthur 173, 229
Roussel, Albert 195, 212
Rünger, Gertrud 266

Sabata, Victor de 223
Sahm, Heinrich 6, 261, 263
Saint-Saëns, Camille 221, 222
Salazar, Antonio de Oliveira 213
Sanders, Robert L. 150
Schaumburg-Lippe, Friedrich Christian 75
Scheerbaum, Adolf 271
Scheller, Thilo 75
Schirach, Rosalind von 234
Schmidt-Isserstedt, Hans 203
Schmidt-Leonhardt, Hans 55
Schmidtseck, Rudolf von 19-24, 28, 30, 36, 45, 53, 59, 118, 146, 203
Schmonsees 259
Schnabel, Artur 18, 60, 218, 221, 224
Schoenberg, Arnold 193, 194, 201, 203, 218n, 219, 224, 290, 303n, 307
Schostakóvitch, Dmítri 280
Schröder, Fritz 52, 53, 55, 69, 70, 72, 77, 81
Schubert, Franz 191-193, 196, 200, 229, 233, 235
Schuldes, Anton 53, 69-71, 73, 81, 257, 267
Schumann, Georg 186, 202, 266
Schumann, Robert 190n, 191, 200, 212, 220, 222, 290, 291, 297, 303, 324, 325
Schuricht, Carl 22, 28n, 165, 168, 172, 173, 176, 209, 211, 212, 217, 223

ÍNDICE ONOMÁSTICO

Schuster, Joseph 56, 59-61, 63, 64, 221, 222
Schütz, Heinrich 177
Scotto, Marc-Cesar 150
Sellschopp, M. 24
Serkin, Rudolf 62
Shirakawa, Sam XXIII
Sibelius, Jean 193, 213
Skalkottas, Nikos 155
Soro Barriga, Enrique 155
Speer, Albert 93, 187, 249, 266
Spörri, Paul 81, 87
Sprongl, Norbert 150
Stange, Hermann 33-39, 45, 118, 165, 166, 172, 199, 210, 232, 234, 263
Stanske, Heinz 196
Stegmann, Karl 24-28, 30, 31, 35, 38, 45, 46, 62, 63, 66, 67, 73, 76, 77, 84, 86, 103, 104, 16, 109, 112, 113, 17-121, 124, 126, 129, 130, 135, 143, 145, 165, 168, 169, 183, 227, 235, 236-245, 248-250, 257, 259, 263-265
Steiner, Heinrich 210
Stenzel, Bruno 63, 64
Strauss, Richard 1, 32, 35, 146n, 149, 153, 156, 159, 168, 191, 193, 194, 196, 200, 205, 207-209, 212, 229, 230, 233, 266
Stravínski, Igor Fiodorovitch 193, 201, 202, 204, 212, 325n

Talich, Václav 223
Taschner, Gerhard 85, 88, 89, 217, 233, 266, 271
Tchaikóvski, Piótr 180, 191, 200, 270
Teubner, Herbert 274
Thiele, Heinz-Walter 274, 275
Thierfelder, Helmuth 150
Thomas, Kurt 150
Tiessen, Heinz 203
Tietjen, Heinz 127, 130, 132, 136, 214, 215
Toscanini, Arturo 220, 224, 225
Traeder, Willi 186

Trapp, Max 38n, 193, 196, 197
Troester, Arthur 124, 271

Ulrich, Kurt 87, 266, 270

Varèse, Edgar 193
Vedder, Rudolf 159n, 215-217
Vondenhoff, Bruno 1752

Wagner, Richard 147n, 150, 168, 187, 190n, 191, 192, 194, 200, 205, 214n, 223, 229, 266, 283n, 291, 291, 297, 298, 300n, 307, 308, 312, 324
Walter, Bruno 57, 119, 164, 165, 205-209, 219, 223, 230, 280
Watzke, Rudolf 223
Weber, Carl Maria von 168, 191, 192, 200, 223, 266
Webern, Anton von 193, 290, 305, 306n
Wehe, Paul 24
Weisbach, Hans 148, 210
Westerman, Gerhart von 13, 43-47, 80, 88, 91, 93, 108, 118, 164, 172, 176, 181-183, 199, 215, 216, 217n, 233, 248, 254, 255, 269, 270, 272, 282
Wiewiorra, Heinz XXVI, 186n
Winkelsesser, Paul 192
Wolf, Hugo 148
Wolf, Reinhard 71, 223, 271
Wolf, Winifred 222
Wolff, Hermann XIX, 156,3 157, 159
Wolff, Louise 159n, 160, 208
Wolff, Richard 53, 64, 65, 70, 81, 82, 280
Woywoth, Hans 71, 257, 272

Yamada, Kazuo 154
Yamada, Kosaku 150

Ziller, Martin 84, 131, 132